OVERVIEW OF THE GOLF REAL ESTATE

高尔夫地产一本通

周德喜 杨石文 田野◎编著　　天火同人工作室◎策划

重庆出版集团　重庆出版社

图书在版编目（CIP）数据

高尔夫地产一本通 / 周德喜编 . —重庆：重庆出版社，2014. 02
ISBN 978-7-229-07221-6
Ⅰ . ①高… Ⅱ . ①周… Ⅲ . ①高尔夫球运动—房地产业—基本知识 Ⅳ . ① F293. 3
中国版本图书馆 CIP 数据核字（2013）第 284714 号

高尔夫地产一本通

OVERVIEW OF THE GOLF REAL EASTATE

周德喜 杨石文 田野 主编

出 版 人：罗小卫
责任编辑：邹 禾 陈 昱
责任校对：何建云
封面设计：杨春烨

重庆出版集团
重 庆 出 版 社 出版

重庆长江二路 205 号 邮政编码：400016 http://www.cqph.com

广州佳达彩印有限公司制版
广州佳达彩印有限公司印刷
重庆出版集团图书发行有限公司发行

开本：889mm×1194mm 1/16 印张：31.5 字数：286 千
2014 年 2 月第 1 版 2014 年 2 月第 1 版第 1 次印刷
印数：1~500 册
ISBN 978-7-229-07221-6
定价：488. 00 元

编委会

序言 1

高尔夫文化及其运动精神已经得到越来越多中国爱好者的认同和热捧。中国大陆高尔夫产业短短 30 年的历史，是房地产与高尔夫产业相互绑架的发展史。

高尔夫作为一项古老的竞技性运动项目，将于 2016 年回归奥运会。从 1745 年最原始的一页纸的运动规则开始，经历了近 300 年的淬炼与发展，至今已经成为世界上最严谨、最自律、规则最复杂的体育运动项目。关于高尔夫运动的意义，我想与大家一起分享 David Forgan 一段经典的描述："高尔夫是一门科学，你竭尽全力却无法征服；高尔夫是一场竞技和决斗，你需要勇气、技能、战略和自我控制；高尔夫意味着步入神的天地，贴近大自然，呼吸新鲜空气，将纷乱的心尘一扫而空，让疲惫的身心尽情享受。"

高尔夫场地环境优美，空气新鲜，豪华会所的配套已经成为中国高尔夫地产规划的不二模型，高尔夫球场的配套已经给地产项目深深烙上高端、豪华、尊贵、稀缺的印记。高尔夫可以给地产带来热销和增值，热爱高尔夫的业主往往也是日后高尔夫球场营业额的基本保障，双方相得益彰。因此围绕着高尔夫与房地产两大主题的组合，演绎出很多休闲地产、体育地产、度假地产、养老地产多种美妙的故事。

本书作者纵观中国高尔夫产业 30 年的演变，以地产配套开发的模型、运作以及政策法规为要素，以多个著名景点的实际案例，揭示高尔夫房地产投资需要遵循的基本规律和流程。富有深厚行业经验分享式的案例点评，给予读者身入其境的体验。书中详细的统计以及相关历史数据，具有非常实用的参考和引用价值。

纵观国内外，高尔夫俱乐部的投资者中有许多是地产开发商，而且高尔夫球场项目也大多同步开发地产。以地产开发、球场及其配套项目的持续经营产生盈利，正是这类项目的投资初衷。但这两者如何“1+1>2”，达到投资开发项目的盈利预期，而不是两张皮，甚至相互牵纠和负面影响，造成企业经营和品牌受损，正是我们高尔夫企业的管理者和投资人需要研究的课题。

本书从普及高尔夫常识及经营管理特点的角度，为高尔夫综合地产项目的建设、经营做出了一些探索。书的作者都是资深业内人士，从他们各自的视角和经验，为大家提出一些见解和案例分享，为现有高尔夫职业和学历教育的教材资料补充了一些新内容，这是好事。

阻碍中国高尔夫的长远持续发展的因素很多，既有国情和产业政策，也有客观的土地属性以及期限问题，也有开发商主观上缺乏对高尔夫文化和精神的理解，对高尔夫文化、传统的尊重程度不够，以及经营者片面追求短期的绩效和利益等问题。作者从高尔夫最基本的运作原理和理论，阐述了高尔夫企业的品牌和文化长期建设的观念，可以帮助经营者以及从业人员系统、完整地理解和认识高尔夫产业发展的基本规律，希望本书的出版为中国高尔夫健康持续的发展带来正能量。

上海交通大学海外教育学院高尔夫管理分院

执行院长　吴名

2013 年 7 月 18 日

序 言 2

Golf and real estate development have long been established in markets like North America and Europe but are very new to the emerging and expanding market in China. The development of golf courses and the real estate that surrounds them is a complex one that takes a team of dedicated professionals such as land planners, building architects, engineers, environmental consultants, landscape architects, lighting experts, irrigation consultants, golf course architects, construction companies, etc.

The need for a book to guide the developers in China in how to properly plan, permit and construct a golf/real estate development has been needed for some time and that is exactly what this book does. It offers valuable insight and guides the developer thru this difficult process and if followed closely will help them immensely, save them time and money by knowing what to do and what not to do.

The development of golf courses and the communities that surround them can be beneficial for all involved. They can promote income for the developer by the selling of real estate and golf memberships, they create jobs for locals who are there to construct the course, build the homes, roads, hotels, etc. that surround the golf ccurse, then create long term permanent jobs after the development is finished. These projects create tax revenue for the local government, showcase the area that is developed and help promote local tourism as well. If designed and built properly they also create lots of permanent green space including the golf course, parks and environmental areas that are built into golf and real estate developments. All of these things help to increase the standard of living for many people for many different reasons.

I highly recommend this book and think every developer would benefit from reading it.

Dana Fry

Dana Fry Straka Global Golf Design

译文：

在北美以及欧洲，高尔夫地产有很长的历史，市场体系也早已经完善地建立。但在中国，高尔夫房地产还是一个新兴行业，正在发展壮大中。高尔夫球场以及围绕它的地产开发是一个复杂的综合体，需要一个专业的团队来为之努力，比如说总体规划师、建筑设计师、土木工程师、环境咨询顾问、园林景观设计师、灯光设计专家、喷灌顾问、高尔夫球场设计师、施工单位、专业营销顾问等等。

在现时中国，正需要有这方面的书籍，给予发展商一些指导。比如说如何恰当地规划，获得政府许可，以及建造一个高尔夫地产社区。本书应运而生，很好地满足了市场的需求。本书能提供一些极有价值的市场洞察力，以及指导发展商如何正确地解决这些复杂问题的程序，这也将极大地给予开发商有力的帮助，让他们理解了什么该做，什么不该做，极大地节约成本和时间。

高尔夫球场以及围绕它建设的居民社区以及周边区域发展，对所有与之相关的人都是非常有益的。这些可以帮助发展商提升地产以及会员证的销售，当地居民可以通过球场的施工，包括建筑物、道路、酒店等项目的施工实现就业，而且就算开发完成后，许多当地居民也能实现长期就业。这些项目也可增加当地政府的税收，这些开发、经营的项目如同一个对外开放的窗口，大大推进了当地的旅游。如果这些项目能合理设计和正确施工、经营，还能够为当地创造一个绿色空间，包括高尔夫球场、景观公园以及环境保护区等，这些都是高尔夫地产综合项目开发的一部分。种种情况都能很好地证明，高尔夫地产开发能够很大程度上提高人们的生活标准。

我极力推荐这本书，我认为这是一本对每一个此类发展商都非常有意义的书。

美国 Hurdzan & Fry 世界高尔夫设计公司合伙人

美国高尔夫球场设计师协会会员 达纳·福艾

附：达纳·福艾先生在中国已有多个作品，包括深圳聚豪高尔夫球场、广西桂林山水球场改造、浙江凤凰山庄高尔夫球场、丝宝集团高尔夫球场项目等。

目录
CONTENTS

第一章
Chapter ONE
高尔夫发展史概述

01

SECTION ONE

第一节

高尔夫球运动的起源

国家：英国	国家：中国	国家：荷兰
时间：十四世纪中叶	时间：唐朝	时间：1297 年前后
地点：苏格兰	地点：中国	地点：荷兰
发起人：牧羊人	发起人：官宦世家	发起人：乡村村民
击球工具：牧羊棍、圆石子	击球工具：圆木棍、瘿本球	击球工具：木棒、木质或皮质小球

本节阅读导图

图：高尔夫森林球场

关于高尔夫球运动的历史起源，目前在学术界尚有争议，并未形成历史定论。比较常见的有三种学说，第一种是起源于苏格兰，第二种是起源于荷兰的一种冰球运动，第三种就是中国古老的“捶丸”说，但业内占主流的说法是起源于苏格兰。

一 苏格兰 起源说

按照《大不列颠百科全书》记载，现代高尔夫球运动起源于十四世纪中叶的苏格兰。这也是业界和考古界的主流观点。

01 高尔夫运动起源

进入现代工业文明之前，苏格兰境内无论东西部地区还是中部地区，都土地肥沃，牧草茂盛，牧场连绵不断。传说数百年前，一名苏格兰牧羊人在圣·安德鲁斯镇的海滩放牧，闲来无聊，一次偶然的机会，用牧羊棍将一颗圆石子击入了兔子洞中。这种饶有趣味的玩法得到了其他牧羊人的响应，大家纷纷玩起这种“趣味游戏”以打发无聊时光。之后，这种与生俱来带有强烈休闲特点的“草根”运动，得到了附近戍边驻守海疆的士兵们的响应，该运动进入军营深受“子弟兵”喜爱，并逐渐扩散到贵族阶层——当时的军官大多是贵族子弟。

时间：十四世纪中叶
地点：苏格兰
发起人：牧羊人
击球球具：牧羊棍、圆石子

一项深受大众喜爱的体育运动便如此这般发明和流传开来。

图：李小鉴油画作品《苏格兰风》

02 “高尔夫”语义起源

从语义上看，高尔夫的英文名为“Golf”，来自于苏格兰的方言 Gouf，意为“击、打”。

有史料表明，“高尔夫”这个词最早出现在 1457 年苏格兰的议会文件中。

当时，高尔夫球盛行，许多年轻人（尤其是“高干”子弟们）从传统而枯燥无味的军事训练转投到高尔夫运动中，政府便下令禁止该项运动。1457 年 3 月，苏格兰王室颁布了一项“完全停止并且取缔高尔夫球”的法令，原因是这项运动消遣性极强，妨害了青年们操练苏格兰的“国术”——射箭。有意思的是，连主持制定该法令的苏格兰国王詹姆士四世（James Ⅳ of Scotland）自己后来也喜欢上了这种运动，他成为高尔夫球场上的常客，可谓“嗜球成癖”。他的继承人苏格兰国王詹姆士五世（James Ⅴ of Scotland，英格兰都铎王朝亨利八世的外甥）及其王后，也效法其父打起了高尔夫球。

上有所好，下必胜焉，这种发源于民间的小球运动，一时成为苏格兰上流社会的时尚，并逐步扩大到英伦全境，成为贵族圈子颇受推崇的生活方式之一。

高尔夫专业笔记

如今的高尔夫球运动已经发展到全球数亿人参与，与五星级酒店一样成为各地经济、文化和群众休闲体育事业发展程度的标志之一，高尔夫运动的商业价值已稳居世界四大球类运动之列。

之后，随着统一的大不列颠“日不落”帝国的崛起与扩张，高尔夫球运动成为“英伦风”的一部分，走出英国版图，进入英国覆盖世界各地的殖民地国家，并在二十世纪初的美国取得长足发展。随着英、美两国的强盛，高尔夫球运动进而扩散到全球，成为广受喜爱的群众性运动。

图：圣·安德鲁斯高尔夫球场（深圳《高尔夫周刊》提供）

图：圣·安德鲁斯第十八洞决战盛况（深圳《高尔夫周刊》提供）

03 高尔夫俱乐部的起源

有证据表明，英国早在1608年就成立了“皇家黑石楠”高尔夫俱乐部，遗憾的是现在缺乏史料证明这个俱乐部成立的确切日期。

1754年，圣·安德鲁斯镇正式组织了“圣·安德鲁斯皇家古典高尔夫俱乐部”，该俱乐部的最初会员由22个贵族和绅士组成。这个俱乐部为高尔夫球运动做的最大贡献是，他们制定了13条高尔夫球运动的基本规则。至今，他们制定的规则及原则还深深影响着全球数亿球迷和数万座高尔夫球场的运营及管理。由圣·安德鲁斯皇家古老高尔夫俱乐部有限公司和美国高尔夫球协会共同制订和颁布的《高尔夫球规则》每四年修订一次，成为高尔夫球运动爱好者和经营管理者必须遵守的行为准则。

04 高尔夫球场的起源

苏格兰海滨的圣·安德鲁斯镇，地理条件得天独厚。

圣·安德鲁斯镇海边宽阔而较为平整的沙滩土壤上长满了低矮的草甸，它有自然形成的高尔夫球场所需的障碍物——海风吹成的沙洼，低矮的灌木与野生茅草等植物的沙丘，蜿蜒曲折的溪流和阵阵不断的海风。这些元素成为林克斯高尔夫球场的原型。

在许多狂热的高尔夫球迷看来，如圣·安德鲁斯这类建在海边的林克斯球场才是正宗嫡传的高尔夫球场。在高尔夫圈内及英文语境里，“Links”一词是高尔夫球场的代名词。全球百佳球场中，有多座深受好评的球场都是位于英格兰、苏格兰或爱尔兰的历史悠久的林克斯球场。这些古老的海滨林克斯球场不仅是现代高尔夫球场建设的发端，其美学和高尔夫场地设计原理至今仍影响着整个行业。

高尔夫专业笔记

就高尔夫文化而言，虽然现代高尔夫球场是机械施工而成的巨大绿化工程，但在古主流的观念里，高尔夫球场仍需要尊重当地的自然环境和风土人情，在建造上应当尽量保持球场地块原有的地形地貌，回避过于人工化、生硬设计的景观布置，“天造地设”是球场设计师共同追求的境界。

英国的圣·安德鲁斯镇可以说是“高尔夫之都”，每年有数以万计的“朝圣者”排队预约来这里参观，在著名的圣·安德鲁斯老球场里打球，以老球场的石桥或者结束洞旁的酒店为背景拍一张照片，是高尔夫球迷最值得骄傲的事情之一。来自世界各地的球迷为当地贡献了人均数以千计英镑的消费——他们往往不只在周边风格不一的球场里打球，还带动了住宿、纪念品购买等其他消费，更重要的是，他们成为高尔夫球运动的积极传播者，将纯正的英格兰高尔夫文化普及到世界各地。

圣·安德鲁斯镇作为古老高尔夫运动的发祥地之一，更促进了高尔夫产业在世界各地的发展和提升。每年都有来自全球的高尔夫从业者到此“求经”进修，他们往往一住数月，潜心学习球场建造、草坪养护、营运管理和高尔夫礼仪等多项专业知识。

久负盛名的“皇家古典高尔夫球俱乐部”的“部长”就职仪式非常特别。按照传统，新任“部长”必须在当年9月份第三周的星期三举行就职仪式。这个仪式里必须进行的一项议程是，新任“部长”必须“亲自”走马上任，迈步跨上第一个开球台，在他前面是偌大的、古老的球场，两侧伫立着一排球童，然后，由他击出一球。新任“部长”要有完美的一击，方可执掌俱乐部。如果新任“部长”击出的球在距离和方向上出错，则是很糗的事。球开出去后，球童们争着拾球，拾得者奖励一英镑。此时，一尊古炮鸣响，在隆隆炮声和滚滚烟雾中，“部长”光荣就职，整个过程非常具有神圣的仪式感。这个仪式再次加深了全世界高尔夫球迷对这项运动的热爱和崇拜。

二 荷兰起源说

01 荷兰语中的高尔夫与现代高尔夫词汇音义接近

高尔夫球起源于荷兰，是因为在荷兰语中KOLF也具有“打、击”的意思。由于英语“GOLF”与荷兰文“KOLF”一词的发音相同，语义相关，有人就视此为高尔夫球起源于荷兰的证据。

02 早期荷兰乡村运动与现在高尔夫运动形式接近

一种民间传说道出了荷兰发展高尔夫运动的雏形：

早在1297年前后，荷兰乡村盛行一种在冰上用棒打球的游戏。与高尔夫不同的是，“KOLF”是在冰上进行的，其基本方法是面向一个远处的标杆或在草地上的洞穴内放置一个靶子，用木棒击打一种木质或皮质的小球，以球击中为获胜标志。久而久之，击球者就能击得远、击得准。从运动形式来看，这种冰球运动与高尔夫球本质上有许多相似之处，最大的差异是冰球讲究团体配合，要多人打一个球；而高尔夫球基本是个人运动，自己打自己的。但因这种冰球与高尔夫的相似度很高，后人视此为高尔夫球运动的雏形。

时间：1297年前后
地点：荷兰
发起人：乡村村民
击球球具：木棒、木质或皮质小球

荷兰史学家史蒂文·范汉戈在他的研究中曾经描述：在中世纪的荷兰，每年有许多的木质球或皮质的球通过远洋运输到苏格兰。在16世纪初，荷兰艺术家温得尼尔在他的油画作品《冬季里打高尔夫的人们》（《*Winter Scene With Picture Playing KOLF*》）中展现了当时荷兰人打KOLF的情景。从画作场面来看，荷兰人打KOLF的确与苏格兰人打高尔夫球很相似。

03 荷兰起源说的两大疑点

针对荷兰起源说，历史学家从考证的角度可以发现两大疑点：

第一，如果说当时荷兰人将称为“KOLF”的游戏传入了苏格兰，为什么没有明确的历史资料记载？在交通运输不太发达的当时，如果一项民间运动可以从荷兰输入到苏格兰，表明两地之间的交往十分频繁，还会有生活、农牧等其他方面的交流，但找不到大量历史证据和资料表明当时荷兰与英格兰东海岸（苏格兰地区）有密切的商贸和文化往来。假如当时两地往来并不太多，为什么单独是荷兰的“KOLF”运动会流传至苏格兰，并且被当地发扬光大？

第二，苏格兰历史文献资料上并没有类似于“冰上棒打球”或“冰上高尔夫”运动的相关记载。如果高尔夫球是从“冰上棒打球”演化而来，应当找到相关的史料佐证。虽然苏格兰的秋冬季也寒冷，但结冰的季节并不太长。那么，当时荷兰所流行的适合冬季冰上的“KOLF”运动怎么可能在苏格兰的历史上横空出世且短时间普及呢？

这两个疑问至今仍没人给出合理的解释。

三 中国“捶丸”起源说

高尔夫运动的中国“捶丸”起源说，与现代英式足球的“蹴鞠”起源说一样，是中国持 “咱们祖宗古已有之”的“砖家”们新“发现”之一，并不被业内人士或历史学家们当作正统学说来宣讲。

01 “捶丸”起源说的由来

国内许多球场和高尔夫专科学院在讲到高尔夫球运动历史起源时，都会提及中国“捶丸”起源说，可这也仅仅是作为“一说”而已。

国内有些不了解高尔夫运动历史的“学者”认为高尔夫球运动起源于中国，理由是，早在苏格兰人打高尔夫球之前，元初宁志老人所著的《丸经》二卷中就提到了“捶丸”一词，并且有几幅古画上描绘有官宦世家的男男女女或帝王、嫔妃也热衷于这项运动，他们所执的球杖与传统的高尔夫球杆很类似，也是圆木棍下面加一个扫击球的圆弯头，球的打法也有相似之处。官宦世家打“捶丸”，与传说中的高尔夫“贵族运动”的形式相似，就有了“砖家”模仿苏东坡应试时的“想当然耳，何必要出处”，高尔夫“捶丸”起源学说自此流传开来。

时间：唐朝
地点：中国
发起人：官宦世家
击球工具：圆木棍、瘿本球

02 “捶丸”游戏的由来

中国古代“捶丸”游戏启蒙于唐朝，盛行于宋、元和明代初期。有历史学家说，“捶丸”的前身应该是“步打球”。据考证，“步打球”起源于公元前二三百年，大约流行于战国至西汉时期的北方地区。

有从事东、西方体育文化研究的学者从横向比较的角度阐述：“从历史时间来讲，中国‘捶丸’游戏的出现，比西方高尔夫球要早三百多年。”这一言论被不明就里、不负责任的“砖家”们断章取义当作高尔夫球是从早期中国的“步打球”或“捶丸”游戏的基础上启蒙、发展而来的证据。

03 “捶丸”起源说证据不足

学术研究讲求证据链，并没有完整的史料表明西方盛行的高尔夫球运动受到了中国古代“捶丸”运动的多大影响。从历史交通运输条件来看，即使有“海上丝绸之路”和贯通中东的陆上丝绸之路，但一种东方的小众运动方式有没有可能横渡英吉利海峡，并在当地发扬光大，这让人生疑。在没有史料证明的情况下，这只能是历史学家们的猜测，当不得真。另外，从运动方式的角度来研究，有专业学者认为，中国历史上的“步打球”和“捶丸”与现代的曲棍球更为类似。

对一般高尔夫运动爱好者而言，高尔夫起源于哪里并不重要，重要的是它的绅士、自律、讲究礼仪的运动文化，以及它所倡导的休闲、自然、户外运动的生活方式和讲究传统的私人俱乐部式运营管理的魅力。高尔夫球文化早就遍及全球，成为现代文明的一部分。

02

SECTION TWO

第二节

国际高尔夫运动简述

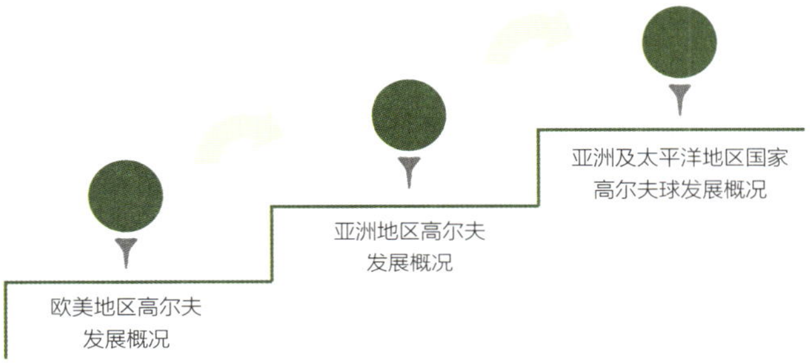

本节阅读导图

图：日本凤凰高尔夫球场

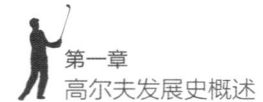

十九世纪末，高尔夫球运动随着英国人征战世界的脚步传到美洲、澳洲及南非等英国殖民地。二十世纪初高尔夫球运动传到亚洲，并首先在英国殖民地印度等地流传。

高尔夫球一直有“贵族运动”之称，主要有三点原因。

第一，高尔夫球发展史是从“草根”变身为宫廷贵族盛行的游戏后才被发扬光大；第二，高尔夫球场地巨大，建设成本高昂，球场对散客的收费较高；第三，这项运动需要多支球杆，并以球包成套装束，造成球具一直比较昂贵。

高尔夫球的确不似足球、篮球等运动一样一颗球多人玩，这项运动反而是玩的过程中会遗失许多球，而且其他运动如果只是业余的，对场地可以不太挑剔，相对于高尔夫球，其他球的玩法要经济方便很多。

在英国、美国、日本、加拿大等高尔夫运动和经济发达国家，中产阶级崛起、壮大，成为主流社会阶层，他们成为高尔夫消费的主力人群。在他们的带动下，高尔夫球已是一项大众化的运动。在美国，公众球场打球费用较低，甚至蓝领阶层也能喜爱或偶尔消费高尔夫球运动。在这些国家，许多高档社区已将高尔夫球场作为基本配套设施之一，如同我国现在许多新兴大型社区的网球场、篮球场一般普及。高尔夫球爱好者们在比较常见的公众球场，携妻带子，进入大自然，花费几十美元打一场球，并不比豪华餐厅吃一顿饭的费用更高，得到的却是几个小时的运动和闲适，因此大受欢迎。

高尔夫专业笔记

目前，全球高尔夫球场总量约为三万多个。美国、英国、法国、加拿大、日本、澳大利亚、瑞典等国家是高尔夫运动较发达的国家，其中加拿大、日本等经济发达国家打高尔夫的人口数量占总人口数量的10%左右。

近年高尔夫球发展最快的地区是亚洲和以金砖四国（巴西、俄罗斯、印度、中国）为代表的经济发展中国家。

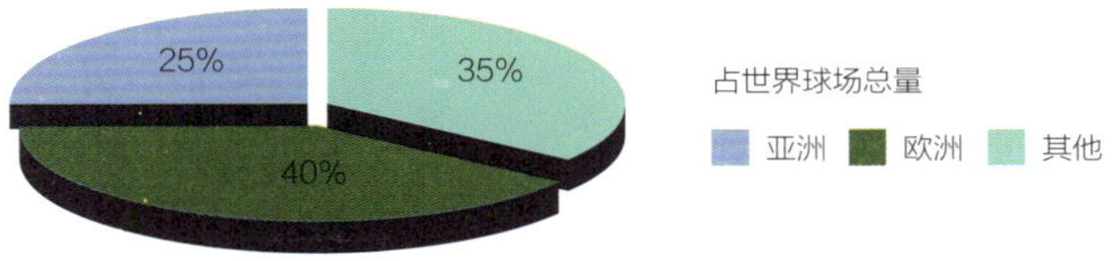

图 1-1 欧洲和亚洲高尔夫球场数量占世界球场总量情况

资料来源：美国国家高尔夫基金会

2006 年亚太地区高尔夫运动 10 强（以球友比例数量排序）

排名	国家（地区）	球场数量（座）	球场密度（公里²/座）	球友数量（万人）	球友密度（球友：球场）	球友比例（人口：球友）
1	美国	23000	490	约 4000 万人	1515 ：1	约 9 ：1
2	日本	2500	180	约 1280 万人	5820 ：1	约 10 ：1
3	澳大利亚	2000	3900	约 140 万人	700 ：1	约 13 ：1
4	新西兰	450	600	约 25 万人	550 ：1	约 15 ：1
5	韩国	150	710	约 140 万人	9330 ：1	约 30 ：1
6	新加坡	15	43	约 10 万人	6700 ：1	约 31 ：1
7	马来西亚	250	1300	约 60 万人	2400 ：1	约 33 ：1
8	泰国	300	1700	约 100 万人	3300 ：1	约 60 ：1
9	中国香港	5	220	约 8 万人	16000 ：1	约 62 ：1
10	中国台湾	60	598	约 25 万人	4170 ：1	约 92 ：1

资料来源：结合《中国绿色时报》数据整理

一 欧美地区高尔夫发展概况

自 1894 年美国高尔夫协会成立以来，高尔夫球运动在美国逐步盛行。受美国二十世纪几代高尔夫天才运动员的声名影响，以及借助美国土地资源辽阔、地广人稀、经济快速发展等方面具有的优势，美国逐渐取代英国成为高尔夫球坛的新霸主，并雄霸高坛至今。

一年一度最具全球影响力的高尔夫盛事——莱德杯，就是美国与欧洲联队高尔夫球选手的团体对抗。在 1979 年之前，莱德杯对抗的双方一边是美国队，另一边是英国 / 爱尔兰联队。在美国队取得压倒性优势后，英国和爱尔兰联队独木难支，不得不扩大至整个欧洲组建联队，可见美国在高尔夫球运动上的盟主地位无可取代。

美国现在喜爱高尔夫运动的人数约 4000 万，约占美国总人口的 1/9，共有球场 23000 多个（含 9 洞、6 洞等非标准 18 洞球场），是高尔夫球运动最为普及的国家。

图：夏威夷坡地高尔夫球场

高尔夫专业笔记

据不完全统计，英国营业中的球场大约 3000 多个，法国约有 250 个，加拿大有 2000 多个，澳大利亚有 1500 多个，人口不到 900 万的瑞典也有数百个球场。这些数字在 2008 年金融危机之前，呈不同幅度的递增，之后出现一波萎缩。

二 亚洲地区高尔夫发展概况

1829 年印度建成首家球场，成为成立高尔夫俱乐部最早的亚洲国家。其后，泰国、韩国、日本、新加坡、马来西亚等国家和地区都相继成立高尔夫俱乐部。在亚洲，高尔夫球运动最普及的国家和地区是日本、韩国和中国台湾。

图 1-2　亚洲高尔夫球最普及的国家和地区

01 日本高尔夫球发展概况

日本现有高尔夫球场约 2500 个，每个球场占地面积约 100 公顷，全部球场占国土面积约 0.8%。

（1）日本的第一个高尔夫球场

日本最早的高尔夫球场诞生于 100 多年前的神户。1901 年，一名叫阿瑟・赫斯基・格鲁姆的英国茶商躺在病床上，回忆起自己来日本做生意的 33 个年头，竟然没有好好打过一场高尔夫球，倍感遗憾。于是，他自己动手在神户六甲山修建了一个只有 4 个洞的私人球场，两年后扩建为 9 洞，再往后扩建为 18 洞球场。格鲁姆在 1903 年 5 月 19 日的英文报纸《神户纪事报》刊登消息，宣布将在这个新球场上举办一场比赛。这场比赛在当时并没有日本人参加。因为当时高尔夫球场只是西方人的娱乐场所，日本当地人真正喜欢打高尔夫球的实在不多，但这个球场完成 18 洞扩建后的第二年，神户高尔夫俱乐部就有了 171 位会员，其中包括 7 个日本人。

高尔夫专业笔记

日本高尔夫球的发展路径，其实也是高尔夫产业发展的行业规律，是放之四海皆准的“真理”。无论是南半球还是北半球，只要经济发展到一定程度，高尔夫球场的建设和高尔夫爱好者均会有一个激增的过程。

（2）经济增长带动日本高尔夫球的快速发展

1957年，日本政府宣布战后状态结束后的一年，这一时期也是日本经济高速增长阶段。两年后，日本宣布“居民收入倍增十年计划”，并只用数年时间就完成这一目标。这与我国这些年来的发展比较类似。1957年，日本高尔夫球场数量达到116座，在那一年到球场打球的总量达到了180万人次，而当时日本人口仅9000万，即当时日本打高尔夫球的总人次约占日本总人口的2%。这一数值在世界领域也是相对较高的水准，如果我国达到这样的数值，那许多球场的老板就都会乐翻天。可见，随着经济的快速发展，高尔夫球场建设速度增长也会相应进入快速发展阶段，在大众中的普及程度也会非常高。这就是国家经济发展与高尔夫球运动普及正相关的客观规律，这个规律同样适用于东方经济大国的中国。

如果日本有所谓“国球”，高尔夫球就有资格入选。日本现在大约平均每10人就有一位是高尔夫“粉丝”，而中国乒乓球虽然也被称为“国球”，普及率却远未达到这一标准。

（3）日本高尔夫球场的建设高峰期

日本高尔夫球场的建设高峰期出现于二十世纪八十年代的泡沫经济时代。当时，平均每年大约有100个高尔夫球场开张营业。据日本专家分析，现在日本高尔夫球场数量已超出实际市场需求，供大于求，许多球场的经营并不饱和。日本高尔夫球场中，约有一小半的球场经营状况并不乐观。由于经济过热时期投资商急于上马、盲目集资建高尔夫球场。集资建球场是日本招募会员的一种方法，相当于会员取得球场的股权，成为球场共同出资人。投资商借口建高尔夫球场大面积圈地，导致现在许多球场面临经营困境。目前，日本约800个球场出现了财产纠纷而诉诸法律。这一点，与日本的房地产泡沫破裂相一致。中国的高尔夫球场投资者应当引以为戒。

02 韩国高尔夫球发展概况

韩国的情况与日本有些类似。

爱看韩剧的人对韩剧中频繁出现打高尔夫球的镜头并不陌生。受韩国近年诞生多位世界级大腕球星的影响，韩国人对高尔夫球运动的热爱可谓“痴迷”。韩国国土面积不及我国辽宁省大，高尔夫球场数量却达到三四百家，小小的韩国济州岛高尔夫球场就多达三十多个。韩国土地资源有限，在繁华市区内，简易高尔夫练习场比较常见，有的练习场是利用房屋楼顶平台或者是室内的围网和模拟练习器，并没有真正的绿地草坪。据了解，我国山东和东北的近百家球场中，许多球场日常客流主要靠韩国人支撑。这些韩国球友在国内打球费用较高，于是经常包机、包船出外旅游打球，到中国打球比他们在国内打球开销更低。

03 中国台湾高尔夫球发展概况

我国宝岛台湾情况也是如此，土地面积比海南省略大，9 洞以上高尔夫球场数量却有近 60 家（少量球场仅 9 洞，部分球场为 27 洞）。

图：高尔夫与地产结合

三 亚洲及太平洋地区高尔夫发展概况

在亚太地区高尔夫运动发展强国中，澳大利亚和新西兰两国地广人稀，土地和自然环境资源丰富，经济发展程度较高，非常适合发展高尔夫产业。这两个国家的旅游业发达，拥有独具魅力的自然景观和宜人气候，高尔夫运动爱好者有喜欢去风格不同的球场从而延长旅游线路、扩大消费总额的特点，使政府非常重视高尔夫产业对旅游业的促进作用。更主要的原因是，他们的历史文化与高尔夫结下了不解之缘——这两个国家都是“英联邦”成员国，又是老牌的英国殖民地，所以高尔夫运动历史背景深厚。

这两个国家都位于南半球。北半球处于冬季时，他们的土地上却温暖如春，这一气候特点使那里成为职业球员冬季训练的必选地。南太平洋地区诞生了“大白鲨”诺曼、维杰·辛格等多位世界顶级的球手。他们还举办多种有世界影响的职业赛事以及丰富多彩的业余、商业赛事，旅行社推出多种套餐式高尔夫主题产品，吸引度假客流。因此，当地人打高尔夫球氛围浓郁，也欢迎外国友人来打球、度假。

其他亚太国家中，印尼及新、马、泰等东南亚国家，除了具有上述同类原因外，他们更将球场当作重要的、不可或缺的旅游资源来开发，几乎每个风景名胜都用建球场作为标准配套，因为旅游业是他们的支柱产业之一。而且，当地气候条件好，气候温润，水源丰沛，利于草坪生长、养护，人力成本相对较低，因此高尔夫产业非常发达。

03

SECTION THREE

第三节

高尔夫国际大赛

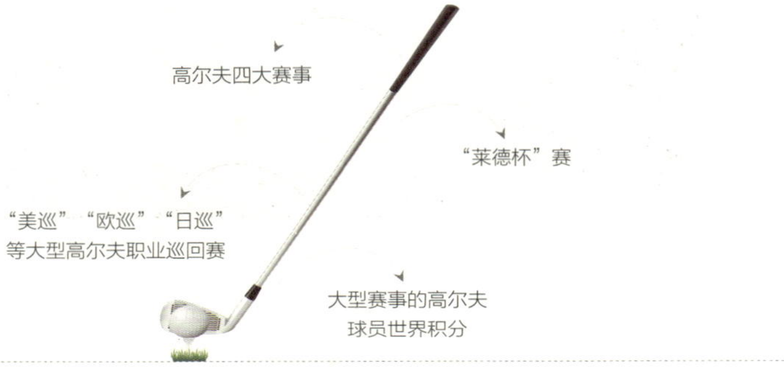

本节阅读导图

图：加拿大蜜月湾俱乐部

在高尔夫或网球比赛中常听到一个词——“大满贯”（Grand Slam）。

什么叫“大满贯”？

“大满贯”一词原本是桥牌术语，是指赢得一局中所有的叫牌，中文译名据说来自于日本的麻将玩法。在中国体坛，“大满贯”一般是指一个运动员或某支运动队在某个项目中获得过包括奥运会、世界锦标赛、世界杯三大赛的单项个人或集体冠军。在国际上，“大满贯”多指网球和高尔夫球赛，指运动员获得四大赛的冠军头衔。

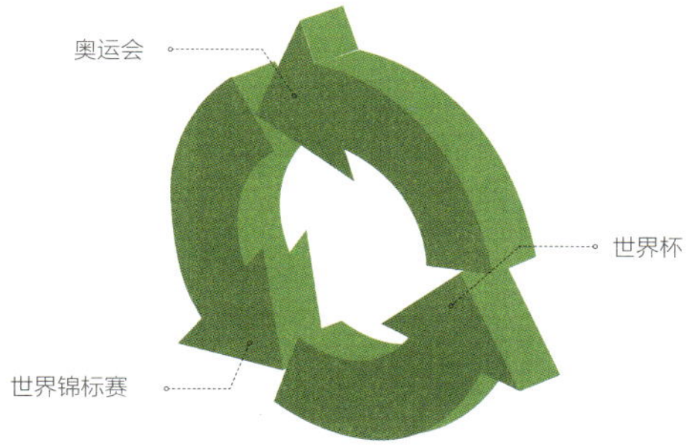

图 1-3　体育意义上的大满贯的冠军项目

高尔夫“大满贯”的说法最早是由有“高球皇帝”之称的老牌名将阿诺德·帕尔默（Arnold Palmer）提出来的。但对高尔夫球运动而言，荣获“大满贯”实在不容易，因而后来又出现了一个新词“生涯大满贯”（career grand slam），意思是说在不同的年份获得过“四大赛事”的冠军。闻名世界的泰格·伍兹在 24 岁获得“英国公开赛”冠军之后，成为历史上最年轻的“生涯大满贯”得主。

历史上第一位完成“大满贯”殊荣的选手是鲍比·琼斯（Bobby Jones），他是美国和全球历史上的一位高尔夫传奇人物。曾在 1930 年获得当年的四大赛（美国公开赛、美国业余赛、英国公开赛、英国业余赛）冠军后宣布退休，那时他 28 岁，只是业余球员身份——当时业余与职业球员参赛要求还没有现在这样严格的区分。

退休后，为了延续高尔夫事业，他倾尽心血，建造了一个适合进行大师级球员同场竞技的球场——奥古斯塔俱乐部，这座球场成为之后美国大师赛（又称美国名人赛）的永久专用球场。该俱乐部自 1934 年之后，声誉隆起，成为全球最知名的高端私人俱乐部。

一 高尔夫四大赛事

现在的高尔夫四大赛是指美国大师赛、美国公开赛、英国公开赛和美国职业高尔夫（PGA）锦标赛，参赛选手一般是高尔夫职业球员，有的也邀请出色的业余选手，尤其杰出的青少年选手参赛。

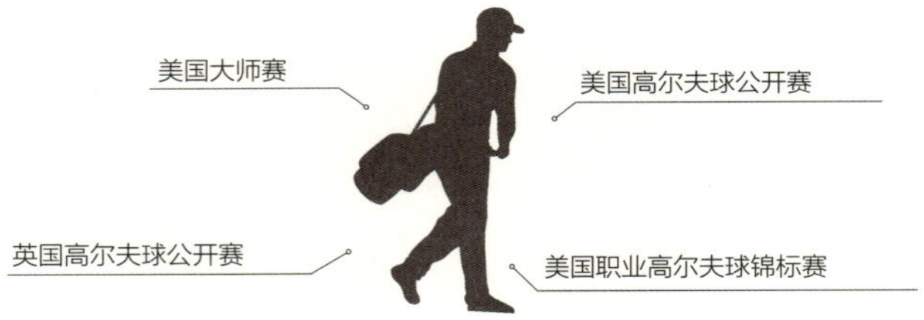

图 1-4　高尔夫四大赛事

01 美国大师赛（名人赛）

这个赛事固定在每年 4 月份的第一个完整周内举办，是每年四大赛事中最先举行的大赛，也最吸引眼球。它于 1934 年创设，每年在美国乔治亚州的奥古斯塔球场（Augusta National Golf Club）举行，参赛球员采取邀请制。

（1）美国名人赛规格很高

美国名人赛可谓是世界高尔夫球比赛的第一，它具有特殊的参赛规定，总奖金和冠军奖金也是四大赛中最高的，总奖金达到 800 万美元，冠军独享 144 万美元。它是四大赛中唯一永久固定场地的比赛。

美国大师赛是全球高尔夫球迷的“节日”之一，举办赛事时，当地聚集了来自世界各地的数十万爱好者和媒体记者。这一个神秘的私人俱乐部制球场，也只在赛事期间对外开放，允许爱好者进入观赛。

（2）美国名人赛的参赛资格

高尔夫美国名人赛参赛资格

参赛时间	参赛名次
终身参赛	美国名人赛的冠军
以往 5 年	美国公开赛的冠军
	英国公开赛的冠军
	美国 PGA 锦标赛的冠军
前一年	美国业余锦标赛的冠军
	英国业余锦标赛的冠军
	美国公共球场业余锦标赛冠军
	美国业余中期锦标赛冠军
上届	莱德杯美国代表队成员
	美国名人赛前 24 名
	美国公开赛前 16 名
	美国 PGA 锦标赛前 8 名
上届美国名人赛结束之后至今届美国名人赛期间	所有美国 PGA 巡回赛比赛的冠军
上届美国名人赛结束前一年	美国巡回赛奖金榜前 30 名

除此之外，他们还邀请其他巡回赛的优秀选手参赛。因此，名人赛是全球顶级球手的较量。

高尔夫专业笔记

美国名人赛获胜次数最多的球员是外号“金熊”的杰克·尼克劳斯（Jack Nicklaus），共 6 次。现在，尼克劳斯在从事高尔夫球场设计和教学等业务。中国的多家球场，包括号称中国第一的春城湖畔高尔夫球场（36 洞）中的一个 18 洞就是他的作品。

02 美国高尔夫球公开赛

美国公开赛的全称是美国公开锦标赛，由美国高尔夫球协会（USGA）主办，这个赛事在每年的 6 月中旬举办，如果没有恶劣天气影响，最后一轮的决赛日应是该月的第三个星期日（即父亲节）。第一届美国高尔夫公开赛于 1895 年 10 月 4 日举办。美国高尔夫球公开赛是高球界最具权威且最难获胜的比赛，职业与业余球员皆可参加。它在美国的不同球场举行比赛，比赛分四天举行，每天打 18 洞，共 72 洞。

03 英国高尔夫球公开赛

英国公开赛的全称是英国公开锦标赛，简称“英国公开赛”，是四大满贯中历史最悠久的赛事。

它由英国的高尔夫球组织“圣·安德鲁斯皇家古代高尔夫俱乐部”（Royal and Ancient Golf Club of St Andrews，简称 R&A）主办，于每年 7 月的第三个周末举行。

英国公开赛是世界高尔夫球运动史上最古老也是最具声望的大赛。首届比赛于 1860 年举办，当时只有 8 人参加。从赛事规模来看，它是四大赛中参赛人数最多的大赛，1993 年参赛人数达 1827 人。比赛分四天进行比杆赛，共打 72 洞。

04 美国职业高尔夫球锦标赛

这个比赛又称“PGA 高尔夫球锦标赛”，被美国以外地区称为“美国 PGA 锦标赛”，其主办方为美国职业高尔夫球协会（Professional Golfers Association of America，简称 USPGA 或 PGA）。

美国职业高尔夫球协会是个严格的会员制组织，非美国职业高尔夫球协会的会员无资格参加他们举办的 PGA 锦标赛。

高尔夫专业笔记

中国内地的选手中，目前只有梁文冲 2008 年以前一年度“亚巡奖金王”的身份受邀参赛，可惜未晋级决赛。2013 年的名人赛场出现了一名中国小将，2012 年，年仅 14 岁的天才高尔夫少年关天朗在夺得亚太业余高尔夫球锦标赛冠军后，获得美国名人赛参赛的资格，他也是名人赛场上最年轻的球手，并创造了成功晋级的最小年龄选手纪录。

图：奥古斯塔国立高尔夫俱乐部（深圳《高尔夫周刊》提供）

图：奥古斯塔国立高尔夫俱乐部（深圳《高尔夫周刊》提供）

图：奥古斯塔国立高尔夫俱乐部（深圳《高尔夫周刊》提供

它是每年四大满贯赛事中最后举办的，因此被戏称为“Glory 的最后一击”。这项赛事也是 PGA 巡回赛、PGA 欧洲巡回赛和日本高尔夫球巡回赛中的一环，2008 年奖金总额达到 750 万美元。

与其他大满贯赛事一样，PGA 锦标赛的优胜者将取得直接参加其他赛事的优先权，这对于球员的职业生涯来说非常重要。在取得 PGA 锦标赛冠军后，该球员可以自动获邀参加此后 5 年内的其他三项大满贯赛事，同时也将获得终生直接晋级 PGA 锦标赛正赛的资格。另外，冠军获得者也可以直接参加今后 5 年内的 PGA 巡回赛全部比赛和球员锦标赛。PGA 锦标赛在美国众多球场都举办过，早期的一些球场并不太出名，但近年来主办方选择了少数几个球场作为专用场地，而这些场地也同时为其他知名球赛服务。

这个赛事 1957 年以前采用比洞赛（Match play，以进洞数决胜负），1958 年以后改为比杆赛，以总杆数决胜负（Stroke play）。PGA 锦标赛在四大赛中奖金总额列在第二位，冠军奖金额仅次于美国名人赛。美国 PGA 锦标赛每年 8 月举行，是四大赛的最后一项。沃尔特·哈根（Walter Hagen）和“金熊”尼克劳斯（Jack Nicklaus）分别赢得 5 次冠军，是此项赛事获胜最多的球员。

二 “莱德杯”赛

除四大满贯赛外，在全球范围影响力最大的高尔夫职业比赛首推“莱德杯”赛，每两年举办一次。

高尔夫比赛一般是个人比杆赛，统计个人成绩，“莱德杯”则是高尔夫球界最著名的团队比赛项目，是每一位欧洲和美国选手都渴望能够参加的比赛。这代表了美国和欧洲联队（原为英国联队）的荣誉，参加“莱德杯”赛表明球员具有真正顶级的竞技水平。两队选手都是根据排名榜（Order of Merit）的名次进行选拔的，通常还可增加两名备选选手。这两个团队囊括了世界上最优秀的 12 名职业选手，经过认真挑选的两个团队将进行激烈的角逐。

“莱德杯”的第一次比赛是在 1927 年举行，比赛双方是英国 / 爱尔兰联队和美国队。在 1927 ～ 1977 年的 22 届比赛中，美国队 19 次获胜，占据了压倒性优势。1979 年，改为美国队与欧洲联队进行对抗，成旗鼓相当

高尔夫专业笔记

“莱德杯”有自己独特的比赛规则，在业界被称作“莱德杯”赛制，这种竞赛规则被许多职业和业余赛事所采用。比赛为期三天，共 28 场，包括前两天的八场四人二球赛、八场四人四球赛和第三天的十二场单人对决赛。第一天的比赛为四人二球赛，第二天为四人四球赛，第三天十二名选手均努力为自己的队赢得一分，每一轮比赛赢得的球洞数也计算在内。如果经过三天的角逐分数为 14：14，则卫冕冠军并将保留奖杯。

的局面。1997 年的“莱德杯”在西班牙的瓦德拉玛（Valderrama）举行，这是第一次在英国和美国以外的地点比赛。

“莱德杯”的名称源于英国人塞谬尔·莱德（Samuel Ryder，1858-1936）。1927 年，他为一次高尔夫球对抗比赛的选手组织了香槟招待会，当时英国上尉乔治·邓肯（George Duncan）问他，如果这项活动成为一项常规赛事，他是否愿意捐赠一个奖杯。于是，塞谬尔·莱德花费 250 英镑请首饰商打造了一个时尚的高尔夫奖杯，这个奖杯以及该赛事从此便被称为“莱德杯”。

除了第二次世界大战期间中断了六年（1939 ～ 1945）之外，“莱德杯”一直都在单数年份进行比赛。2001

高尔夫专业笔记

四人二球赛（Foursomes）是指二人对抗二人，每一方各出两人组成一组，同组的两位同方球员打一个球的比赛。同组的同方两位球员轮流击球，直至球入洞。球手必须轮流发球：一位球手在单数发球台发球，另一球手就应当在双数球台发球。杆数最低者为该洞的胜方。

四人四球比洞赛（Fourballs）是指同组的同方两人，杆数较低者对抗另外一方两位球员的杆数较低者，各自打自己的球。单人对抗赛（Singles）是正宗的比洞赛，只有两人对垒，每洞的较低杆数为胜方。若甲方在比赛中领先而乙方在余下的洞中无法超前时，便可胜出。以上三种形式的比洞赛，如果双方在某洞打和，便平分该洞。

图：美国印第安纳韦尔斯高尔夫俱乐部

年的“9•11”事件，恐怖分子对纽约进行袭击后，该年度比赛推迟到 2002 年举行，之后的比赛都改在双数年份举行了。“莱德杯”的赛程为 3 天，一般是十月初举行，十月份第一周的周日为决赛日。

由于“莱德杯”中的比洞赛是按洞计算成绩，每一洞都要从零开始，因此比赛更富刺激性。“莱德杯”上的表现不仅会代表个人，更关系到国家和地区荣誉，所有参赛选手无不全力以赴，每洞必争，其紧张激烈、扣人心弦，完全可与其他竞技大赛媲美。到“莱德杯”现场观战的球迷数量远远超过了其他高尔夫球大赛的观众。球员每次打出精彩绝伦的球都有震耳欲聋的欢呼喝彩，一点不亚于足球比赛中踢进一个关键入球后的场面。

“莱德杯”是职业高尔夫球赛中最激动人心的比赛。

球手参加正规的职业赛事，该赛事应首先取得相应赛事组织机构的认证，球员参加这样的赛事才能获得国际国内的积分和奖金排名，而积分和奖金排名的高低直接影响着球员的出场费、竞技水平和商业价值。赛事认证和组织机构是该届赛事的举办方之一，一般会提前介入赛事的组织工作。大型的职业赛事还进一步分二，形成专业的赛事操办机构、宣传媒体、球星经纪、赞助商招商、门票代理等。

三 “美巡”“欧巡”“日巡”等大型高尔夫职业巡回赛

除了上述赛事外，世界上还有“美巡”“欧巡”“日巡”等大型高尔夫职业巡回赛。巡回赛一般由某个单独的机构进行监管和工作指导，从国际上来看，它往往是非政府部门的“官方组织”。因此，巡回赛是指同一个官方单位组织的同一系列的赛事。

现在全世界范围内有多个男子和女子职业高尔夫巡回赛，每个巡回赛都有自己地理上相对固定的基础区域，比如“美巡赛”基本上是在美国举行，“欧巡赛”基本上在欧洲举行，而“亚巡赛”则基本在亚洲地区举行。不过，这并不排斥一些巡回赛经常在自己基础区域以外的其他地方举办赛事，例如“美巡”和“欧巡”在亚洲地区都举办官方认可和举行的赛事。

高尔夫专业笔记

在世界各地早期的职业高尔夫发展过程中，多数职业赛事是依托某个俱乐部、高尔夫组织或赞助商建立。职业球员往往最初只是球场的教练，甚至是球童出身，随着他们竞技水平的提升，转为职业身份并参加职业赛事的人日渐增多。一些高水平球手从赛事中挣到的奖金越来越多，知名球手承接的商业活动和赞助费用不菲，完全可以凭此谋生并保持较高的生活水平。这样一来，这些高水平的球员逐渐开始专注于从赛事中获得奖金，并慢慢放弃了在原来俱乐部从事的教学工作。再后来，在某个地区形成了足够数量的职业赛事，这些赛事连接在一起就形成了巡回赛（Tour）。

按照惯例，一个巡回赛如果在其他巡回赛的基础区域举办比赛，应该得到当地巡回赛官方机构的许可，可以联合认证。

一般而言，高尔夫“美巡赛”和“欧巡赛”是业内公认的高级别赛事，他们在异地举办的赛事，往往能够获得当地巡回赛组织机构的共同认证。这就是为什么无论“美巡赛”还是“欧巡赛”，如果在亚洲地区举办一场比赛的话，它一定会与“亚巡赛”或者“同一亚洲”巡回赛及当地职业高尔夫球员协会的官方机构共同认可该场赛事。职业球员参加的不能获得积分的比赛，就是普通的商业赛事。

除“美巡赛”外，世界其他主要巡回赛成立的时间分别是：LPGA巡回赛（1950年）；“欧巡赛”（1972年）；日巡赛（1973年）；亚巡赛（1995年）；同一亚洲巡回赛（2009年）。

一些上了年纪的优秀高尔夫球员，他们虽然在巡回赛上已经很难获得优异的成绩，但其球技仍然很高，还拥有大量的粉丝，部分球员还具备较高的商业推广价值。针对这部分球员，大型巡回赛还会设“常青巡回赛”，比如“美巡赛”的冠军巡回赛和“欧巡赛”的“常青巡回赛”就属这种类型。“常青”赛事，目前中国还没有，最主要的原因是中国的高尔夫球历史短，目前的职业球员们大多数还都处在职业竞技阶段，少部分退役的职业球员也都在这个行业内发展，但数量较少。

01 “美巡赛”

“美巡赛”是简称，一般是美国男子职业选手参加的比赛，它的正规称呼应当是PGA巡回赛（PGA Tour），这是一项美国职业高尔夫球系列赛事的统称，也是负责运作这些赛事的机构本身的名称。该组织的名称也经常被表示为全部大写的“PGA TOUR”。“美巡赛”是非营利性民间组织，虽然也称之为“官方”，但实际并非政府部门。

“美巡赛”与美国职业高尔夫球锦标赛是两个不同的赛事，举办机构也不相同。

美国还有一项职业女子球员参加的比赛，简称为“LPGA”，下文会述及。

（1）“美巡赛”的历史沿革

“美巡赛”及其举办机构脱胎于美国职业高尔夫球协会（简称为USPGA）。从1968年起，PGA巡回赛从美国职业高尔夫球协会中分立出来，后者则成为各俱乐部职业球员的组织体。分立之后，独立的球员们组成了新的组织，名为职业高尔夫球员协会（the Association of Professional Golfers，简称APG）。不久后，职业球员决定解散APG，同时成立一个由10名理事管理的PGA巡回赛球员分部，这一组织的名称在1975年正式变成现有的名称——“PGA Tour”。

1981 年，PGA 巡回赛与 USPGA 在市场开拓方面产生纠纷，之后在同年 8 月下旬决定将名称改为“TPA Tour”，即“巡回赛球员协会”（Tournament Players Association）的缩写。七个月后这场纠纷得到解决，“巡回赛”名称在 1982 年 3 月又改回成“PGA Tour”。

世界高尔夫球坛存在多个容易混淆的 PGA。值得注意的是，PGA 巡回赛并不举办四大满贯赛事和“莱德杯”。

USPGA 举办了四大满贯赛之一的 PGA 锦标赛、大师赛和常青组 PGA 锦标赛，同时该组织还与 PGA 欧洲巡回赛联合举办“莱德杯”赛。

另外，PGA 巡回赛也不涉及美国女子高尔夫球赛，后者由女子职业高尔夫球协会（缩写为“LPGA”）运作。PGA 巡回赛也并不是美国高尔夫球运动的主管机构，相反，美国高尔夫球协会（United States Golf Association，缩写为“USGA”）是美国高尔夫球运动的官方权威机构，负责举办另一项大满贯赛事“美国公开赛”。PGA 巡回赛组织的著名赛事包括 1 月份至 11 月份每周均有的巡回赛事，也包括球员锦标赛、联邦快递杯赛以及两年一度的“总统杯”等。

（2）“美巡赛”系列赛事

图 1-5　PGA 巡回赛主要运营美国境内的三项巡回赛

PGA 巡回赛主要运营美国境内的三项巡回赛，另外还在加拿大和墨西哥不定期地举办赛事。

三项巡回赛分别是：PGA 巡回赛（PGA Tour），这是一项顶级赛事；冠军巡回赛（Champions Tour），面向 50 岁以上高尔夫球员，这是一种常青赛；全美巡回赛（Nationwide Tour），这是一项中级赛事。PGA 巡回赛主办方还在每年秋天举办一项六轮比赛的资格巡回赛（经常被称为“Q-School”）。“美巡赛”水平较高，奖金额也较大，成为吸引全球职业选手“淘金”的赛事，每年参加“美巡赛资格巡回赛”的球员较多。

PGA 巡回赛获奖球员奖励

这项赛事中的前 25 名（包括并列）可以获邀参加下一年度的 PGA 巡回赛，而所有前 75 名成绩的选手可以参加下一年度的全美巡回赛。另外，如在同一年度的该巡回赛中获得三项冠军，可以“火线晋升”，直接获邀参加当年度剩余的 PGA 巡回赛。

每个赛季末，PGA 巡回赛总奖金榜前 125 位选手可以获得直接晋级下一赛季大部分 PGA 巡回赛的资格卡，

图：天津滨海湖高尔夫俱乐部 2012 年 VOLVO 中国公开赛

但是有几项邀请赛只对上年度前 70 名选手提供免资格赛待遇。

总奖金榜第 126 名至 150 名的选手可以获得优先轮候资格卡，如果前 125 名选手有空缺某项比赛，他们可以优先顶替这一名额。

赢得一项 PGA 巡回赛赛事的冠军，就可以获得一张参加今后两年全部巡回赛的资格卡，如再多赢一场，资格卡期限可再增加一年，依此类推，但上限为 5 年。赢得世界高尔夫球锦标赛或巡回锦标赛的冠军，则可以获得 3 年的免资格赛特权。

如赢得了四大满贯赛事中任何一项冠军或者球员锦标赛的冠军，免资格赛特权可达 5 年。

此外，还有一些免资格赛特权规定，例如：

获得 20 次以上巡回赛赛事冠军，可以终生免参加资格赛；

列入生涯奖金榜前 50 名但不满足其他免资格赛条件的，可以获得一年度内的一次免资格赛特权；

上述奖金榜前 25 名的选手可以获得在一年度内的两次免资格赛特权；

对于一些因伤病退出赛季的选手，可以使用医疗免资格赛特权而重新获得资格卡。

与其他几项主要高尔夫球赛事类似，PGA 巡回赛并没有明文禁止女性参加。在 2003 年，著名的女子球手安

高尔夫专业笔记

美国女子职业高尔夫球协会组织（简称 LPGA）与其他女子运动组织一样，其组织的赛事仅限定女性选手参加。

PGA 巡回赛具有浓厚的公益慈善色彩，赛事过程中往往贯穿比较多的公益慈善活动，它代表着举办地的慈善事业发展程度。

妮卡• 索伦斯坦（Annika Srenstam）和苏西•华利（Suzy Whaley）作为女性代表参加了PGA巡回赛，韩裔知名女子球手魏圣美在2004年至2008年持续参加了这一巡回赛，但这三位女选手都未能在比赛中成功晋级至后半段（make the cut），其中魏圣美在2004年距离晋级标准仅有一杆之差。可见职业女子选手与男子选手在同场竞技时，仍有一定差距。

除了个别几项历史较久的赛事外，大多数PGA巡回赛都为非营利性质，同时PGA巡回赛组织本身也是一个非营利组织——在这一点上，与中国有巨大的国情反差。2005年，该组织发起了一项旨在募集十亿美金善款的活动，而最终在该赛季结束前一周达到了这个目标。

高尔夫球坛还有一个与PGA巡回赛或USPGA没有关联的PGA欧洲巡回赛，主要以欧洲赛场为主，同时也包含除北美之外的世界各地的一些赛事，其规模仅次于PGA巡回赛。此外，世界上还有一些知名的职业高尔夫球巡回赛。其中，PGA巡回赛、PGA欧洲巡回赛和其他一些地区性巡回赛共同组成世界高尔夫球锦标赛。这些赛事与四大满贯赛事一起，提供每个年度球员的奖金榜排名和官方世界高尔夫球排名。

02 “欧巡赛”

欧巡赛

赛事	运营机构	主赛地区
欧巡赛	PGA欧洲巡回赛组织	欧洲

“欧巡赛”是仅次于“美巡赛”的系列比赛。

“欧巡赛”是由英国职业高尔夫运动员联合会组织的比赛转变而来。1984年，英国的职业高尔夫运动员联合会将赛事举办和组织运营权力转给了PGA 欧洲巡回赛组织。“欧巡赛”的大多数比赛都在欧洲，但他们为了推广赛事，也将好多比赛放在了美国之外的世界其他各地。已有十多年历史的VOLVO中国公开赛，就是“欧巡赛”级别的职业比赛。

二战以后，由于电视的普及，高尔夫职业比赛的奖金大幅提高。但这时欧洲的比赛仍由各个俱乐部单独组织。而在美国，1930年起，正式的“美巡赛”就已经开始了。以后的三十年，“美巡赛”慢慢地全球化。1982年，欧洲大陆外举办了第一个比赛——突尼斯公开赛。1984年，“欧巡赛”脱离职业高尔夫运动员联合会单独运作。

1990年，共有38个“欧巡赛”级别的职业比赛举行，其中37个在欧洲。1992年，第一个在亚洲举办的比赛Johnnie walker 经典赛在曼谷开始，这是很有远见的开端，因为东亚在高尔夫运动上越来越重要。1995年，“欧巡赛”开始和其他组织共同举办比赛，先是和南非，1996年开始和“亚巡赛”合作。

在全球来说，并没有一个组织来统一统治高尔夫运动和赛事，多数时间各个组织和平共处，但是也有竞争。“欧巡赛”对自己和“美巡赛”的地位差别有自知之明。1998 年，它开始把三个大满贯比赛加在自己的日程上。欧洲球员在这三大比赛中拼搏很久了，但是从 1998 年起，他们在美国参赛获得的奖金才开始计入“欧巡赛”范围内，而这在赛季结束时，对世界排名影响很大。因此，有些职业球员同时打“欧巡赛”和“美巡赛”。

（1）“欧巡赛”赛季构成

从 2000 年开始，“欧巡赛”的比赛从前一年的年底开始算，到 3 月前的比赛都在欧洲之外合办。3 月份开始的比赛大多移师到欧洲本地。每年的比赛变化不大，偶尔比赛地点会变化一些。从 2009 年开始的“向杜拜进军”系列赛（类似“美巡赛”的联邦杯，与之竞争），年终奖金 750 美元在前 15 名球员中分配。“杜拜世界锦标赛”在每年的 11 月份进行。

（2）“欧巡赛”赛事地位和奖金

“欧巡赛”的地位是除了“美巡赛”之外最重要的比赛，而且他们非常注意在欧洲大陆之外的推广。许多非欧洲的球员以前都是先到“欧巡赛”打球，然后再跳到“美巡赛”。现在，由于许多美国大学提供高尔夫奖学金，这些球员现在都直接去“美巡赛”打球。

上世纪 70 年代，当时欧洲出现多位巨星，特别是上世纪 80 年代开始在“莱德杯”比赛中领先，人们开始对“欧巡赛”的未来表示乐观。北欧国家近年涌现出很多出色的球员，特别是从 1995 年到 2006 年十年间，欧洲赢得 4 次“莱德杯”，而美国仅仅获得 1 次。

2005 年，“美巡赛”的总奖金是两亿五千万美元，“欧巡赛”是一亿五千万美元，但是其中 5000 万美元奖金的 7 个赛事是由双方共同主办的（4 个大满贯和 3 个 WGC 锦标赛）。除了大满贯和世界高尔夫球锦标赛（The World Golf Championships，简称 WGC），“欧巡赛”和其他组织合办的比赛奖金约是一百万欧元，自己单独举办的比赛大约是三四百万欧元。后一部分比赛奖金基本上可以和“美巡赛”的常规比赛持平了。2005 年，由汇丰银行赞助的“汇丰冠军赛”得到“中高协”和“欧巡赛”的联合认证，目前奖金已经涨到七百万美元。2009 年开始，“汇丰冠军赛”升级为 WGC 世界高尔夫球锦标赛。

WGC 比赛是四大赛之外另一项赛事，它的主办机构和赛事级别与其他著名赛事是不一样的，它是若干项世界男子高尔夫球赛事的统称，由国际 PGA 巡回赛联合会（International Federation of PGA Tours）主办，这一组织成立于 1996 年。国际 PGA 巡回赛联合会运作的大型比赛，往往也是美国 PGA 巡回赛、PGA 欧洲巡回赛和日本高尔夫巡回赛的一部分，并获得了亚洲巡回赛、南非巡回赛和澳大利亚 PGA 巡回赛等机构的正式认可。

“欧巡赛”以英国萨里温特沃斯为总部，“欧巡赛”的董事会由 12 名选举产生的董事构成，董事必须现在或曾经是“欧巡赛”组织的会员。“欧巡赛”另外还设有一个赛事委员会，由 14 名球星组成。

“欧巡赛”的运作基金来自于赞助商、高尔夫产业供应商、政府、电视转播及门票收入等，这点与大多数体育运动组织相类似。这些基金培育出一个国际性的大圈子。在这个不断扩展的圈子中，“欧巡赛”在各个水平上积极推广高尔夫赛事。

（3）“欧巡赛”在中国

中国的“欧巡赛”除了 VOLVO 中国公开赛、苏州太湖欧亚女子公开赛（女子“欧巡赛”级别、女子亚巡赛以及中国女子高尔夫巡回赛 CLPGA 联合认证）等传统的经典赛事外，2011 年还在深圳观澜湖举办了首个欧洲常青巡回赛，这次赛事得到了欧洲常青巡回赛和中国高尔夫协会联合认可，总奖金为 35 万美元。三大品牌劳力士、路虎以及 CNN 共同支持这项世界常青锦标赛。

这些赞助商将与观澜湖、“欧巡赛”、“中高协”及 ISPS 一起，通过在中国创造的这个史无前例的常青巡回赛事，打破国际高尔夫的原有格局。

四 大型赛事的高尔夫球员世界积分

一场赛事的世界积分多少并不是由奖金高低决定，除了几场固定的重大比赛之外，其他赛事的世界积分都是不固定的。

图 1-6　固定赛事

固定的几场赛事分别为：四大满贯赛（冠军 100 分），球员锦标赛（80 分），BMW 欧洲锦标赛（64 分）以及其他几个巡回赛的旗舰赛事。

这样规定除了要确立这几场比赛的尊崇地位，也是为了鼓励高水平球员参加本巡回赛最重要的赛事。

图：汇丰冠军赛期间的佘山国际高尔夫俱乐部

图：某高尔夫邀请赛一杆进洞大奖——宝马车展示

01 高尔夫赛事积分如何计算

其他赛事的世界积分，主要由 3 个因素决定：

因素一，巡回赛类别；

因素二，参与选手的世界排名；

因素三，参与选手本巡回赛的积分排名（一般为奖金排名）。

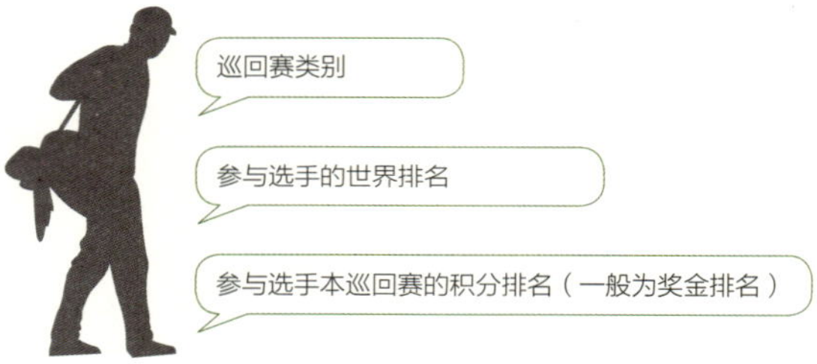

图 1-7　决定赛事世界积分的因素

巡回赛类别只确定一场赛事的基本分。举例来说，比赛隶属于“美巡赛”和“欧巡赛”，冠军最少能获得 24 分，而像“同一亚洲”的冠军只能获得 6 分。当一场赛事，有众多世界排名高手以及本巡回赛奖金排名高的选手参与时，其世界积分将急剧增长，并且不受巡回赛属性的限制。换句话说，低级别的“同一亚洲”的赛事如果云集了众多顶级高手参与，选手获得的世界积分有可能超过“欧巡赛”和“美巡赛”，虽然那不太可能。

02 高尔夫赛事积分与排名的关系

世界高尔夫锦标赛是四大满贯赛之下高手参与最多的系列赛。2011 年，WGC- 埃森哲世界比洞赛冠军获得

76 分，WGC- 凯迪拉克锦标赛冠军获得 78 分，WGC- 普利司通邀请赛冠军获得 76 分。

由于世界高尔夫锦标赛不是定分制，所以它的世界积分是浮动的。WGC- 汇丰冠军赛 2012 年因为没有世界排名第一的麦克罗伊和当时排名第二的伍兹参与，再加上其他因素，冠军只有 64 分，与 BMW 欧洲锦标赛等值。2013 年，汇丰冠军赛正式纳入美巡赛联邦赛程，赛事积分比美巡赛常规赛多 10%。但如果下次的 WGC 汇丰冠军赛大量增加积分低的选手参与，同时又没有增加排名较高的球员，其世界积分有可能再次下降。世界积分下降将影响所有参赛选手获得的积分，无论排名高低，另外也可能导致一些参赛选手即便参加完了四轮，也获得不了积分。2012 年，张新军在汇丰赛上获得并列 56 名，他是最后一批获得世界积分的选手，得到了 1.20333 分。排在他之后的所有选手都没有积分，包括胡牧。另外以 2012 美兰湖 BMW 大师赛为例，冠军彼得·汉森获得 56 分，胡牧获得并列第 51 名，是最后一批获得世界积分的选手，赚到了 1.265 分。2012 年总共有 78 人到美兰湖参赛，其中 24 人没有获得世界积分。

高尔夫大满贯赛全部都设置了淘汰线，凡是没有晋级的选手都不能获得世界积分，即便是像美国大师赛这样参赛选手有 100 人左右的比赛。

简而言之，一个选手不可能因为参加大赛就获得世界积分，与此同时，大赛的阵容越弱——世界排名 200 位以外的选手越多——其世界积分也就越少，而选手参与这样的比赛获得世界积分的可能性也就越小。另外，即使获得了世界积分，要获得分值也不会太高。反之，如果参加阵容很强的赛事，要获得世界积分甚至是高分更不太容易，因为来的都是高手，竞争激烈，不容易打出好名次。这一点正是高尔夫世界排名系统的高明之处，尽量将自己的漏洞减到最小。

另外，一个选手的世界排名高低并不是由他的世界积分总分决定的，而是按照他的世界积分平均分排名。简单来说：世界积分平均分 = 世界积分总分 / 参赛场次，参赛场次的下限为 40 场。

换句话说，一个选手如果两年来只参加了汇丰冠军赛，他非常幸运夺取了冠军，获得了 64 分，可是除以 40，他的平均分仅为 1.6，按 2012 年 12 月 3 日的世界排名，他只能排在 104 位。另外，他的平均分并不永远是 1.6 分，随着时间的推移，这个分值将递减，到巴西奥运会于 2016 年 8 月 5 日举办的时候，这个分值可能已经变成零。

即便是在 2015 年 WGC- 汇丰冠军赛上夺冠，到次年的巴西奥运会，9 个月过去了，分值差不多只剩下 80%。

按照这样一个规律，一名选手特别是中国选手，要获得好的世界排名，从而拿到奥运会资格，该怎么办呢？当然，首先是要参加有世界积分的赛事，目前国内的男子赛事都不具备世界积分，只能寄希望于国际巡回赛。

“中高协”积极参与的“同一亚洲”比赛无疑是现在国内球手最容易接触到的平台，不过“同一亚洲”的世界积分并不高，比如 2012 年泰国公开赛的冠军获得 6 分，最后一个获得积分的是排名第六位的新西兰人马克·布朗，获得 1.2 分，其余的 100 多位参赛选手都没有积分。再有，“同一亚洲”全年的比赛数量还不具备一个巡回赛的规模。除了积分因素，奖金额度也不一样，因此吴阿顺、梁文冲等人更乐于参加“亚巡赛”、“日巡赛”等国际赛事。只是，“中高协”的官方亚洲巡回赛合作机构是“同一亚洲”而非“亚巡赛”，对内的职业球员参加“亚巡赛”有限制性政策。

03 中国职业球员的高尔夫“奥运”之梦

无论通过什么途径参赛，选手的表现是关键，而这个表现必须是在一个国际巡回赛上的长期、稳定的表现，仅仅是一、两场比赛打好，从以上分析来看，很难行得通。张新军就是一个很好的例子。2011 年，他在“汇丰冠军赛”上获得并列 13 名，那是中国选手在世界高尔夫锦标赛上获得的最好名次，他因此获得 6.31 分，可是他的世界排名却是在 700 位开外。

高尔夫专业笔记

“日巡赛”对于中国职业球员来说是一个更好的平台，奖金和积分都较高，可惜这个门槛对大部分中国选手来说并不太容易迈进。首先要通过资格考试，考上之后要确保在前几场比赛中获得足够的奖金榜积分，否则半程之后重新排名，也可能失去后面的比赛资格。截止到 2012 年年底，吴阿顺、梁文冲已经确保 2013 年的“日巡赛”全卡，冯珊珊等女子选手也曾多次征战“日巡赛”。

按照 2016 年里约热内卢奥运会高尔夫球项目的参赛规定，届时将有男女各 60 名选手参加比赛，其中世界排名前 15 的球员将自动获得参赛资格，但每个国家最多有四位选手入围。后 45 位的球员则要按照世界积分排名先后递补，每个国家最多有两人入围。因此，中国的职业高尔夫球员不能指望偶尔参加在“家门口”举办的国际级大赛，放个“卫星”就能取得奥运参赛资格。根据这样的规定，中国的男子职业高尔夫选手中，届时能获得参赛奥运资格的恐怕不多，积分不够是硬标准。关天朗等少数新球员兴许有戏，但希望更大的则在女子职业球员。因此，在高尔夫“返奥”的中国举国体制下，“中高协”的重大工作就是尽快提升女子和青少年选手的国际大赛成绩。

这是中国高尔夫的发展现状所决定的，一项运动的群众基础越好，发现和培育出高水平运动员的几率才会越高，这个过程不能逾越。从竞技水平快速提升的角度，女子和青少年是一个方向（目前冯珊珊的世界排名已高居前几位），而高尔夫被妖魔化，不能大量普及，缺乏良好生长的土壤，是“中高协”最需要推动和解决的深层次问题——只是，它也不能够左右这个难以解决的问题。

五 举办高尔夫赛事的意义

国内众多高尔夫地产项目乐于举办大型高尔夫职业赛事，这里需要说明的是，一般大型职业赛事投资较大，预算金额一般是赛事总奖金的 1.2 ～ 1.5 倍，甚至更多，因此真正国际级的比赛，动辄花费千万元。相对于男子职业赛事，女子和青少年比赛费用较低，而且是“中高协”引导的方向（这容易出成绩，又能培养出高排名选手）。

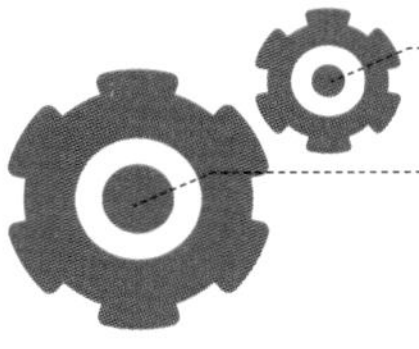

图 1-8　举办高尔夫赛事的意义

01 高尔夫赛事能提升城市的知名度

“汇丰杯冠军赛”、“美兰湖宝马大师赛”、“南山大师赛”、“观澜世锦赛”等大型职业比赛均离不开当地政府的支持，甚至有的比赛本就是一种政府行为，例如汇丰冠军赛就是上海市政府力保的将上海作为“永久举办地”。这类比赛不仅是承办企业的商业活动，也大大提升城市知名度，是政府形象工程。因此，做这类比赛需要与政府洽谈，将赛事列入政府工作计划，利用政府资源、财力和影响解决一些实际问题，例如安保、明星与官员接待、交通工具、酒店宴会等。

近年高规格高尔夫国际大赛多数集中在上海、深圳、北京等一线城市，当地配套齐全，交通便利，赞助商愿意投入巨资为承办企业减少经济压力，并且冠名赞助商的客户群体也大多集中在一二线城市。承办比赛的俱乐部大多已名列十佳球会，办比赛可以锦上添花，取得更大的商业收益。与一二线城市相比，三线、四线城市办的职业大赛影响力则要小得多，操办难度也增大，企业要量力而行。

02 高尔夫赛事能提升项目的知名度

从单纯办赛的投入、产出角度来看，投资千万甚至过亿元办比赛，往往要连续办很多届才能产生效果。高尔夫项目可否策划其他比较讨巧的赛事，还需要探讨清晰赛事的定位及效果。比如，除了大型职业比赛外，可否引进纯商业赛事，还可以举办区域球队联赛等，定向吸引目标客户，平衡投入产出。当然，这也考验项目决策人的智慧和策划能力。

需要注意的是，一般大型赛事需要结合项目的发展周期，尤其是地产项目推广期，才能取得更大的商业价值。笔者了解到的多个高尔夫地产经典项目，举办的大型国际化职业赛事，都在其地产推广销售期内，发挥了赛事对品牌和销售的促动作用。

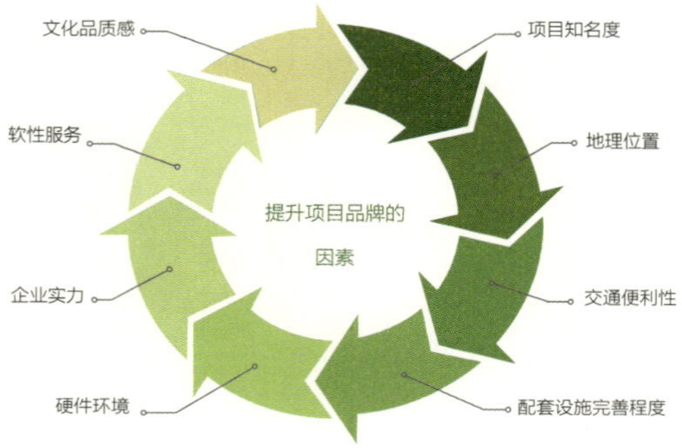

图 1-9　大型赛事提升项目品牌的因素

从商业角度，房产和会籍产品市场推广，不仅需要项目知名度，还涉及地理位置、交通便利性、配套设施完善程度、硬件环境、企业实力、软性服务、文化品质感等多方面因素。这些必要因素，很难通过一次或几次有影响力的职业赛事来解决。相反，如果在项目美誉度不足时单方面提高知名度，反而会起到不好的作用。笔者见过某些项目虽然办过大赛，但对地产和会籍营销促进不大的案例。

六　高尔夫球装备基本常识

我们的顾客即球员想要享受一场美妙的高尔夫之旅，必须做好以下准备工作：

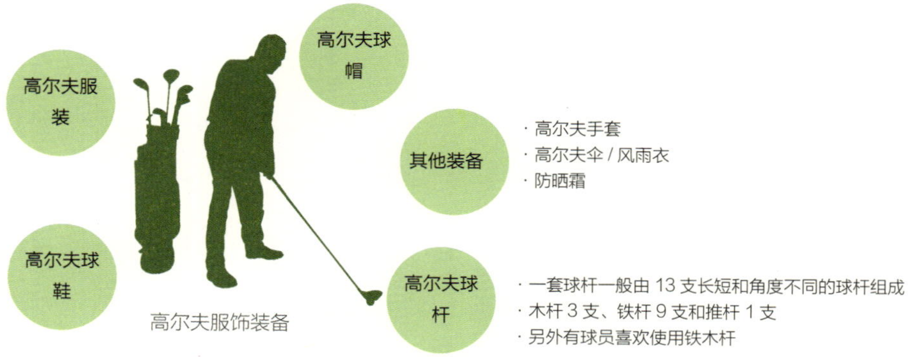

图 1-10　高尔夫服饰装备

01 高尔夫服装

高尔夫是一项西方舶来的绅士运动，对着装有严格要求。要穿着专业的高尔夫休闲服饰，无领上衣、牛仔裤及牛仔系列服装、超短裙等不允许进入场地打球。但如果仅在练习场区域体验式活动而不到正规球场下场打球，有的球场就不做严格要求。

有的从业者认为西装也该被球场禁止，其实这是谬误。观看百年前的高尔夫油画或者老照片，那些打高尔夫球的绅士们大多是穿着宽大的西装，戴着鸭舌帽或礼帽，有些女士在夏天为了防晒，戴加宽帽沿的鸭舌帽，穿着裙子，可见这项运动不拒绝西服和裙子。只是，随着现代服饰的发展和流行，人们在运动时更喜欢穿着具有宽松、透气、排汗等功能的适合运动的专业服装，下场打高尔夫球不太穿西装罢了。

至于球场谢绝牛仔服装，原因是高尔夫运动在发展成为绅士运动后，数百年间的高尔夫运动爱好者都是贵族、绅士，而牛仔服装是典型的蓝领服装，起源于美国淘金劳动者，气质与高尔夫高雅运动内涵相悖，所以拒绝穿着牛仔系列服装打高尔夫球成为约定俗成的高尔夫文化之一，这是高尔夫传统文化的一部分。

02 高尔夫球帽

高尔夫是户外运动，球员难免遭受风吹日晒雨淋，所以高尔夫球帽是球员下场的必需品之一，但球场一般对球帽不做硬性要求。高尔夫球帽的主要作用是遮阳，款式很多，常见的有墨西哥牛仔帽、大檐帽、夏天遮头护脖的“鬼子帽”等。

03 高尔夫球鞋

高尔夫运动有专门的高尔夫球鞋。这种球鞋既可以起到稳定站位、保护球员打球时足部安全的作用，也可以保护草坪和果岭。早年的专业高尔夫球鞋鞋底安装铁钉，在球场上站位有良好稳定性，能为球场打孔透气，一定程度上有利于球场养护，但移动时不太方便，现在已不常见。

高尔夫专用的球鞋有利于草坪养护，主要是因为它的鞋底较软，且有软鞋钉或较深的鞋底纹路，既不会直接踩伤草茎，也不会在果岭上留下明显的踩痕凹迹，避免果岭不平整而影响球手推杆。有的球场并不要求球员必须穿着高尔夫专用球鞋，但要求必须是软底的适合运动的休闲鞋、球鞋。

04 高尔夫球杆

和其他运动一样，高尔夫有专门的打球工具，而且配置比较复杂。

一套球杆全部放在一个专用球包里。一套球杆最多由 14 支长短和角度不同的球杆组成，基本构成为木杆 3 支、铁杆 9 支和推杆 1 支。还有的球员喜欢使用俗称“小鸡腿”的铁木杆，这种杆兼顾了距离和落点准确性，球员能够较好地控制球路。

木杆

主要用于打出距离远的球，但较难控制球路，水平不高的球员容易打出左曲、右曲球，落点准确性差。

铁杆

铁杆中的 P 杆、S 杆或者其他大角度杆，往往用于较短距离的击球、沙坑救球，尤其是攻果岭时的击球。铁杆的击球距离有限，但较容易控制。

大角度的铁杆较易打出高弹道的球，球落地后，向前滚动的距离有限，高水平的球员在较好的场地上可以打出倒旋回退球。

推杆

只用于果岭上推球入洞，且果岭上不允许使用其他的球杆，以免击伤草坪。

高尔夫专业笔记

按照《高尔夫规则》的要求，每位球员下场时，携带的球杆不允许超过 14 支，且必须每位球手要携带自己使用的一套球杆。职业球员打球时，不得借用同组球员的球杆。

05 其他装备

除上述球和球杆等必备配置外，球员下场一般还会配戴高尔夫手套（利于握紧球杆，避免磨伤手）、高尔夫伞遮挡风雨阳光，紫外线强烈时要涂抹防晒霜，刮风下雨时穿戴风雨衣。当然，暴雨和雷电天气时，为了安全起见，球场会要求场下的球员回到会所或就近的小卖亭避雨和避免雷击。至于球车，职业比赛不允许使用，但业余球员为了节省体力和时间，一般乐于使用。另外，许多球场为了提高运作周转率和球车租赁收入，要求球员下场必须使用。

04

SECTION FOUR

第四节

国内高尔夫球场发展简述

中国最早的高尔夫球场 » 中国现代高尔夫运动的三个发展阶段

本节阅读导图

图：某滨海高尔夫球场

一 中国最早的高尔夫球场

中国高尔夫历史可以追溯到十九世纪末。1896 年（光绪年间），英国人在上海建设了中国历史上第一个正规的虹桥高尔夫俱乐部，这是一个 9 洞球场。后因战乱等原因，球场废弃，改为上海动物园。

中华人民共和国建国后，在中国内地，高尔夫作为资本主义社会的毒瘤，一直消失在国人视野之外，老百姓根本不知道还有这种运动形式，对打高尔夫球也完全没概念。据一位外交人员回忆，“文革”期间，我国外交人员曾参加英国外交部举办的一次户外外交活动，活动在高尔夫球场内举行，议程要求各国外交人员都要打一场球。我国外交人员迫于无奈，只好用一支推杆打完了 18 洞（别的杆未经学习不容易击中球），成绩当然最差，而且是否打完 18 洞也无从查考。想必这位外交人员对众多同场人奇异的眼光铭记终生。1978 年，时任全国人大常委会副委员长的廖承志在接见日本客人时曾提出，可以考虑建设高尔夫球场，为到中国投资的外商提供休闲、度假的场所。然而，因为政策和观念问题，高尔夫球场的建设并未提上议事日程。

图：北京清河湾乡村高尔夫 1

图：北京清河湾乡村高尔夫 2

图：北京清河湾乡村高尔夫 3

二 中国现代高尔夫运动的三个发展阶段

1984 年，作为改革开放的产物，由霍英东、郑裕彤等知名港商出资创建的新中国第一家球场——中山温泉高尔夫球场［现称阿诺·帕尔玛（Palmer）场，开业时 18 洞，后扩建成 36 洞］在邓小平等国家领导人的关注下建成营业。

01 曲折发展的中国高尔夫之路

据考证，深圳高尔夫俱乐部早在 1982 年就已申报、立项，但因种种原因，“深高”的建设延误了，被“中山温泉”抢了头牌。被誉为“中国高尔夫之父”的戴耀宗先生为中山温泉的第一任总经理，而此前，他与后来众多的首批高尔夫职业管理人员一样，曾从事酒店管理工作。中国体育界的老前辈荣高棠先生在“中山温泉”的开业仪式上挥出了“新中国的第一杆”。当时，中国高尔夫球协会尚未成立，荣老先生已退居二线，身份是国家体委的顾问。约一年后，荣高棠先生亲自参与筹建的中国高尔夫球协会（简称“中高协”）成立，并担任首届主席。

高尔夫专业笔记

中国高尔夫球协会

是中国职业球员、职业球赛相关事项的官方行业管理机构。它是一个半政府半民间的组织机构，它的行政主管上级是国家体育总局小球运动管理中心，它具有较大的行政审批权力，带有较强的政府职能部门色彩，并非纯粹的行业民间组织。

美国职业高尔夫球员协会

即 Professional Golfers’ Association，我们通常称之为 PGA of America，成立于 1916 年，从这一年开始每个赛季获胜最多的球员名单才真正做到了有据可查。1932 年，美国职业高尔夫球员协会才成立了一个专为参加比赛的职业球员而设立的组织，并于 1934 年设立了奖金排行榜。它虽然是国家级官方机构，却是纯粹的民间协会组织。

1985 年 1 月中山温泉高尔夫球队建立，当地农村学校的 9 名男生和 9 名女生组成了中国第一支高尔夫球队，邓树泉任教练。之后，梁文冲进入中山温泉的高尔夫球队，他现已取得瞩目的成就，成为中国首个夺得“欧巡赛”级别职业赛事的冠军，成为中国内地首个获得“奥古斯塔”美国大师赛参赛资格的选手，与世界著名球手同场竞技，开创了农民孩子获得良好职业发展的中国特色之路。

1985年7月5日，从河北省体校选拔的10名运动员前往日本进行为期三年的高尔夫球的系统学习。这之中，程军、牛立荣、韩志山、吴相兵等人至今还活跃在中国高坛，或经营管理球场，或指导教学，他们是高尔夫行业里影响了几代人的领军人物。当年的领队崔志强先生后来成为“中高协”的领导人之一，后离开仕途，担任一家高尔夫球场专业设计建造公司董事长，并从事高尔夫教育活动。还是在1985年，有中国高尔夫“一哥”之称的张连伟进入筹建中的珠海国际高尔夫俱乐部当球童，开启了另一条职业高尔夫之路。

1985年之后，各地第一家高尔夫球场陆续建成开业，高尔夫球场在中国大地上如雨后春笋般不断冒出头来。1987年，北京地区第一家高尔夫球场“北京国际高尔夫”建成开业；1990年，上海地区的第一家“上海国际高尔夫乡村俱乐部”建成开业；天津的第一家“天津国际高尔夫”则早在1985年10月开始试开业。

02 中国高尔夫球发展的三个阶段

现代中国高尔夫运动近三十年的发展历程大致可以分为三个阶段：

图1-11　中国高尔夫运动发展三阶段

（1）第一个阶段，1984年到1994年

这个阶段可称为高尔夫运动的启蒙阶段，这期间我国只建造了不到10家球场，打球的人也以港台或外籍人士为主，球场多集中在沿海经济发达的地区。

（2）第二个阶段，1995年至2003年

这是高尔夫球在中国的快速成长期，如同人类的少年期。这个时期我国高尔夫球场数量快速增长，达到了近200家，打球人口也日益增多。当时，球场数量增长最快的是北京、上海和广东三地，其中尤以广东、福建等沿海的经济特区居多。

（3）第三个阶段，2004 年至今

这期间可以称作高压下的超快速发展阶段，如同“家长”高压政策下逆反的青春期。

2004 年初，国家以“一号文”的形式发布高尔夫球场建设一刀切的“明文严禁”的高压政策。然而，在“不可见的市场”这只手的作用下，加之高尔夫地产的快速投资回报及高预期，高尔夫产业激增，一片大干快上的景象。以高尔夫练习场盈利情况为例，目前国内 70% 以上的练习场盈利状况良好。甚至有些地区开业一年即收回成本，以后每年固定百万元的收益，投资回报率相当高。因此，高尔夫球场在禁令中疯长，显示出蓬勃、旺盛的生命力，市场潜力更显巨大。

03 中国高尔夫球发展版图扩展

现在，全国除西藏外，高尔夫球场已遍布中国版图。

（1）高尔夫球是旅游经济的重要配套

世界高尔夫基金会委托专业机构所做的《2005 年高尔夫经济报告》在奥兰多 PGA 商品展览会上公布：高尔夫对于美国经济的直接影响达到了 759 亿美元，高于当年好莱坞的 739 亿美元、报纸 501 亿美元的产值。公众球场数量体现一个国家或地区的经济发达程度和高尔夫运动普及程度。

因为高尔夫物业具有极强的溢价能力，高尔夫对房地产具有极强的价格提升作用，高尔夫配套已成为高端住宅的代名词。许多偏远地区，比如东北的长白山区、西北的新疆天池等地，也将高尔夫球场作为当地大力发展旅游经济的基本配套设施之一。在新兴旅游项目的规划建设中，高尔夫球场与五星级酒店、度假别墅、温泉合称为“三菜一汤”，是旅游地产项目的基本组合单元，也是提升地价和人气的必要措施。高尔夫旅游项目的开发带来了巨大的经济价值，包括税收、用工及旅游休闲度假相关的一系列收入，也是提升地区商业氛围的“金名片”和豪华的“城市客厅”，受到各级地方政府的暗中支持。

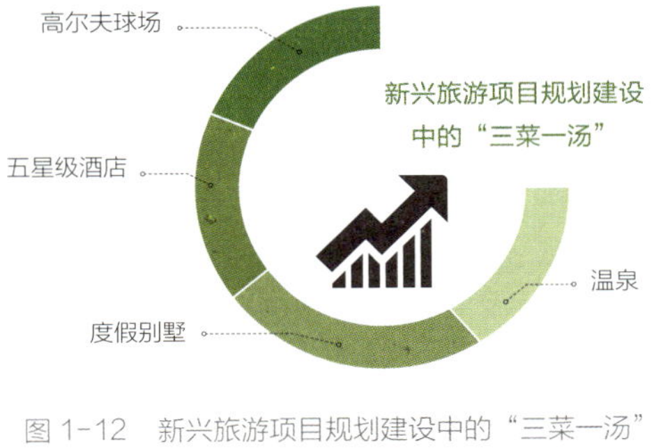

图 1-12　新兴旅游项目规划建设中的“三菜一汤”

以云南为例，昆明高尔夫运动发展潜力巨大。近十年来，在打球轮次方面有极大的提升空间。昆明现有12个已开业的高尔夫球场，现有高尔夫项目主要分布在城市以北区域，城市以南属于空白区域。2012年，云南省高尔夫球场总共产生了50万打球轮次，云南地区打球轮次居全国第六位，该地高尔夫运动正处于高速发展阶段。同样，海南、山东、广东、上海、北京等高尔夫发达地区，高尔夫球场数量和打球人次也逐年增加。

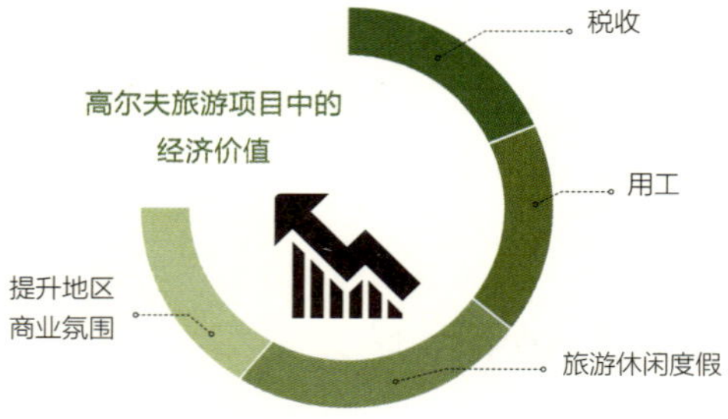

图 1-13　高尔夫旅游项目中的经济价值

（2）中国现有高尔夫球场近 700 家

目前国内有三家已经开业的公众球场都位于深圳市。一个是龙岗（公众）高尔夫球俱乐部，由政府投资企业来经营，是最早开业的公众球场；另一个是光明高尔夫球会，政府采用BOT模式进行招标，全部由企业投资和经营，经营方式为不发行会员卡，只接待散客，果岭费按政府的协议约定不高于250元，收费比会员制球场便宜。还有一家公众球场是华侨城云海谷的18洞球场，采用纯会员制+公众场的经营方式。公开数据表明，现在国内公开营业的高尔夫球场近700家，包括已公开营业的球场和部分营造中已曝光或已小范围试营业的球场。

事实上，还有大量高尔夫项目处于“潜伏”状态。无论是中部内地、江浙一带，还是云贵高原、西北、华北等地区，大量高尔夫球场正在悄无声息地建造中。有的资金已筹措到位，有的已进入到设计和建造筹备程序中，还有的正在建造。这样的球场处于一边建造运营一边静候政策转变“风向”的状态。这类项目，目前中国大约有数十家。

据闻，西北银川就有四座球场，其中包括两个36洞、一个27洞和一个18洞球场，而在十年前，宁夏省内还没有高尔夫球场。这样的球场往往是大型综合旅游地产项目或高尔夫主题地产的一部分。

业内也有传说，截至2013年年底，中国已建成的球场数量不低于800家。但更准确的数据，即便是行业权威的《朝向白皮书——高尔夫行业报告》也难以搜集齐全。

04 政府限制和认知误区仍是制约高尔夫发展的重要原因

为什么中国高尔夫产业走上了“禁而不止”、“巧立名目大干快上”的畸形发展？这要先看看政府对于高尔夫球场建设的政策规定。

在国家发改委和各地方政府发改委制定和公开发布的《产业导向目录》里，高尔夫球场立项和建设自 2003 年之后，就一直被禁止。

高尔夫球场建设相关政策文件

时间	政策法规文件名称	政府部门	关键词
2003 年 11 月	《采取措施落实严格保护耕地制度的通知》	国土资源部	一律停批高尔夫、别墅用地
2004 年 1 月	《国务院办公厅关于暂停新建高尔夫球场的通知》	国务院办公厅	停止新批，清理已建高尔夫项目
2006 年 12 月	《关于发布实施〈限制用地项目目录（2006 年本）〉和〈禁止用地项目目录（2006 年本）〉的通知》	国土资源部 国家发改委	再次禁止别墅类房地产开发、高尔夫球场项目
2007 年 4 月	《2007 年全国土地利用计划》	国土资源部	继续强调禁止别墅类、高尔夫球场等项目用地
2008 年 5 月	第十届“全国人代会”第五次会议	温家宝	禁止别墅类房地产开发、高尔夫球场、党政机关和国有企事业单位新建培训中心等项目用地
2010 年 6 月	《关于开展全国高尔夫球场综合清理整治工作的通知》	发改委及十一部委	开展高尔夫球场综合清理整治工作
2010 年 8 月	《全国地下水污染防治规划》	国务院	规范使用地下水资源，控制地下水污染，禁止高尔夫球场非法采用地下水

虽然有政策规定，然而仍屡禁不止，国家政策无法抑制住各地高尔夫项目的投资冲动，市场这只看不见的手在发挥巨大的引导作用。在有些地区较开明的地方政府官员们看来，高尔夫球场已与五星级酒后一样，是地方政府招商引资、完善地区旅游设施配套的重大工程，地方政府抑制不住经济发展的冲动。目前中国对高尔夫球的产业政策管理还是“捏着鼻子闭着眼睛一刀切”。

如果国家能在高尔夫产业政策上有更切实理性的政策，放开地方政府审批高尔夫球场的权限；通过颁布《高尔夫球场建设指导意见》一类的文件来防止项目的胡乱上马；规定各地政府审批高尔夫球场数量与当地经济基础和人口、面积的比例关系；能对新建高尔夫球场占用耕地、林地的指标及环保政策和监管等方面做出详细规定，则会为中国高尔夫产业提供一个良好的发展环境，促进这一可带动经济发展的朝阳产业朝着良性的方向发展。

现在，有媒体报导说有部分专家对中央新一届政府建议，对高尔夫产业进行有条件、有制度的开放，甚至开始讨论用立法解决这一老大难问题的可能性。这种猜测，在 2010 年 6 月的十一部委的联合文件《关于开展全国高尔夫球场综合清理整治工作的通知》中已现端倪。《通知》中规定：“对违法违规行为已完全纠正、整治措施全部落实到位的高尔夫球场，可由发展改革、国土资源、环境保护、林业等部门为其重新办理相关手续，并从新从高缴纳相关规费。”这段词语内涵丰富，诱人遐想。

业内乐观地预计，新一届政府将会在近年制定新的高尔夫产业政策，只是不知道高尔夫产业政策的事何时才会列入议事日程。事实上，高尔夫球场侵占农田耕地、林地及水资源、环境保护等高尔夫球相关的问题，可以从合理的市场准入机制、建造过程监控等流程设置上进行规避。有通晓高尔夫产业的专家建议，高尔夫球场的审批应与当地的经济发展水平挂钩，部分发达地区的高尔夫球场将作为体育和旅游配套设施，如同深圳的光明、龙岗等公众球场一样，采取政府土地划拨的方式建设，减少球场的初始建设成本，以便降低打球费用，更利于这项运动的普及。高尔夫球场的用地也应与房地产项目的住宅用地指标进行合理搭配，进行市场调节。

高尔夫球场建设和产业发展，已在中央政府的漠视中壮大，数百家球场已诞生，给不给“户口”；数十万的从业者，给不给饭吃；数百亿元的产业经济，是限制还是引导；这一些问题，倒逼着中央政府必须作出合理的决策。令人担忧的是，中国目前经济发展的不平衡导致高尔夫球运动成为大众仇富心态下的牺牲品。国内房价过高，拆迁、侵占耕地等聚光灯效应，加之公众媒体产业把高尔夫球描述为权、钱、色交易平台，缺乏了解导致对未知事物的畏惧心理，“被妖魔化”的形象影响了高尔夫产业在国内的健康发展。

05

SECTION FIVE

第五节

中国内地高尔夫球场数量发展猜想

中国未来高尔夫球场的合理猜想

中国内地高尔夫球场数量发展猜想

2020 年中国高尔夫产业将进入鼎盛时期

高尔夫从业者的担忧

本节阅读导图

图：湖州温泉高尔夫灯光球场

高尔夫球已经成为 2016 年、2020 年奥运会项目，使全民对高尔夫球运动有了新认知与关注。伴随经济迅速发展，人均收入增加对高尔夫球运动产生了消费支撑。高端人群对别墅的追求，从追求大面积、豪华感而转向高品质配套的马斯洛需求以及地方政府增强自身招商能力的政府诉求。新的球场建造、养护技术逐渐消除人们对高尔夫球场环保方面的顾虑。在这些因素的共同影响下，高尔夫球场数量将会激增。

一 中国未来高尔夫球场的合理猜想

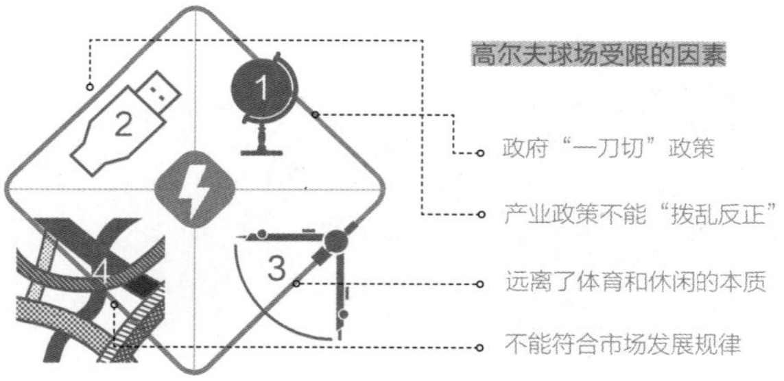

图 1-14　中国高尔夫产业受限的因素

如果解禁“一刀切”政策；如果中国高尔夫产业政策“拨乱反正”，“回归”到体育和休闲旅游的本源，不再被“妖魔化”；如果能正视这个产业，引导这个产业按符合市场规律的情况健康发展，中国内地的高尔夫球场会达到多少家呢？

高尔夫球场四大合理猜想

	参考国家 / 地区	参考标准	2020 年中国高尔夫球场数量猜想（家）
猜想 1	中国台湾	参考国土面积比例	8000
猜想 2	中国台湾	参考人均 GDP	1800

续表

	参考国家 / 地区	参考标准	2020 年中国高尔夫球场数量猜想（家）
猜想 3	巴西	参考总人口与球友的倍数比例	1300
猜想 4	日本	参考高尔夫发展水平	1600

猜想 1：以中国大陆的土地面积，向中国台湾同等比例的一半看齐，达到 8000 家

以中国台湾地区为例，我们进行如下推算：

按土地面积推算，假设中国台湾 60 家球场中，仅一半的球场取得较为良好的投资回报，那么按同等土地面积的比例推算（18 洞及以上标准的高尔夫球家数 / 土地总面积），中国内陆地区理论上球场数量可达到 8000 家。

猜想 2：以人均 GDP 标准，向中国台湾看齐，达到 1800 家

中国共产党的“十八大”文件再次公开宣称中国政府计划在 2020 年实现国内生产总值和城乡居民人均收入翻两番的目标。乐观地预估，届时中国经济总量将可能超过美国，成为世界第一大经济体。经济界人士说：“看看美国和日本相应时期的变化，就知道它对一个社会意味着什么——中产阶级群体形成和壮大，整个社会的消费能力获得提高，这将促进经济的健康发展。”在经济全面发展的过程中，高尔夫产业的主力消费人群——中产阶级的崛起、壮大，将推进高尔夫产业随之蓬勃发展。

估算届时，中国内地人均 GDP 达到 1 万美元左右，是中国台湾 2011 年的一半。那么，中国内地会有多少个高尔夫球场？

以算经济账的方法预估，2011 年中国大陆的人均 GDP 是 5414 美元，中国台湾 2011 年的人均 GDP 约为 20139 美元，是中国内地的 3.7 倍。现在，中国台湾每万人拥有 0.026 座球场。按中国台湾现在的这一标准推算，中国在 2020 年的人口数量不少于 14 亿人，中国内地可以达到的球场数量将是 3600 多座。如果到时，中国人均 GDP 真的翻了一番，则人均 GDP 是中国台湾现在水平的一半还多，球场数量相应减半，亦可达 1800 家。

猜想 3：以总人口与球友的倍数比例向巴西看齐，达到 1300 家

巴西是与中国同称为新经济体的“金砖四国”之一，按巴西的标准计算。巴西 2005 年国力仅次于我国，但高尔夫球发展水平比我国略高一些。2016 年，巴西里约热内卢将举办奥运会，比赛项目中包括了百年后回归“奥运”的高尔夫球运动。在“奥运”的促动下，巴西将迎来高尔夫运动的大发展时期。

2006 年巴西的高尔夫球球友比例（球友 / 总人口 1.81 亿人）是 630 ：1，当时巴西的球场数量是 180 家。那么中国现在的人口是 13.7 亿多人，按同比计算，中国内地的高尔夫球友似乎可以达到 150 万人（注：据《朝向白皮书——中国高尔夫行业报告（2011 年度）》（以下简称《朝向白皮书》）调研，中国 2012 年中国的高尔夫核心人口约 40 万人），中国的球场数量如果按同等比例，与其经济实力相匹配的话，可以达到 1300 多家。

2006年中国与巴西高尔夫行业数据比较表（不完全统计）

国家/地区	球场数量	球场密度（公里^2/座）	球友数量（万人）	球友密度（球友：球场）	球友比例（人口：球友）
巴西	180	47277	约30	1600 ：1	约630 ：1
中国大陆	约280	34285	约30	1250 ：1	约4400 ：1

猜想4：以日本1957年高尔夫发展水平推算，中国球场可达到1600家

按照前述日本1957年打高尔夫球的人次数量约占总人口2%的比例，中国13亿多的总人口数量，打高尔夫球的人次数将达到2600万。

中国高尔夫球爱好者的数量，至今没有一个相对准确的数字，有人说有两三百万甚至近四百万人，有的说只有几十万人。《朝向白皮书》的调研数据表明，截至2011年中国的高尔夫核心人口是40多万人。所谓核心人口，《朝向白皮书》中的概念是按照NGF（美国国家高尔夫基金会）的标准，指年满18岁，一年下场打球超过8轮次的高尔夫人口。

《朝向白皮书》调研数据指出，2011年度全国所有高尔夫球场共只产生1065万轮次（注：《朝向白皮书》中使用的概念是“轮次”，即18洞/人，接近于“人次”），且这一数据的贡献者大多是一年会打几十场球的老球友。

日本1957年全年打球人次数量为180万，当时球场是116个。当时，日本的经济发展状况与中国近几年比较类似，已驶上经济发展的快车道。按中国全年打球人次2600万同比计算，中国的球场数量可以达到1675家，不到1700家。

图：海岸边的高尔夫球场

图：高尔夫度假球场

从《朝向白皮书》公布的数据来看，2011 年国内球场共产生 1065 万打球轮次，相较前一年的 992 万轮次上升了 7.4%，而前一年的增速高达 13.8%。近几年的数据证明了高尔夫球运动在中国的普及和增长速度非常快。

数据说明：由于没有一个权威机构能掌握和发布高尔夫产业的真实基础数据，研究这个问题的行业资料也难以查找，许多资料的统计标准有很多不一致。例如球场数量，有的是以经营法人单位为准，则一个球场不管是 9 洞还是 36 洞、54 洞均只算一家；有的是以 18 洞球场为一个标准单位，36 洞则统计为两个标准场；还有的将练习场也统计为球场。

因此《朝向白皮书》中的许多数据只能为大概数据。

二 2020 年中国高尔夫产业将进入鼎盛时期

上述四种推算，无论是按什么方式和参考标准，是向中国台湾看齐，还是向数年前的巴西看齐，按高尔夫产业的市场规律和经济发展程度，乐观地预估到 2020 年，中国内地的高尔夫球场数量不会少于 1500 家。

即使不按上述数据推论，只预估中国内地高尔夫产业发展八年后达到目前东南亚新（加坡）、马（来西亚）、泰（国）几个国家的平均水平，球场数量也应该是现有数量的 3 倍左右，甚至有业内人士乐观地预估，不出意外（政治、经济大环境巨大变化），或者说重视正确引导高尔夫产业健康发展价值的话，2020 年至 2025 年，中国的高尔夫球场应会达到 2000 ～ 3000 家的水平。

不论十年后中国到底会有多少家球场，总之，在球场建设龙头带动和中产阶级的崛起影响下，中国的高尔夫产业将在 2020 年代进入鼎盛时期。

三 高尔夫从业者的担忧

作为从业者，我们担心的是，如果在未来几年，还是在实施“严禁”政策，并不作为会怎么样？

01 部分地区的球场经营会陷入困境

如果对高尔夫球场产业不注意控制、引导，不实施有条件的产业开放，将致使部分地区盲目投资建设，不尊重地区经济发展和高尔夫球场数量相匹配的客观规律，将来也有可能会步日本、美国后尘，形成局部或大面积的供需失衡。如果在未来某个时期，再出现一波全球性的金融危机，致使中国的经济发展遭受重创，许多欠发达地区和竞争激烈地区的球场经营将陷入困境。

02 众多的球场如何实现盈利

如果 2020 年中国内地真有这么多球场，他们靠什么盈利，他们将如何经营，我们的球场管理者、职业经理人和投资者是否明白行业发展的自身规律，这都是需要思索的，也考验投资商的决策水平。

著名风险投资人、小米手机的老板雷军曾说过一句经典的话：“站在风口，猪也能飞起来。”这句话强调的是抓住投资的好时机。房地产的行情在过往的十多年，就是这样的风口，但未来的日子并不会太滋润，行业投资利润会越来越低。如果球场一体开发的地产不如想象般盈利，而球场却已不可挽回地诞生，那相当于父母无力抚育小孩，却计划外地生下了孩子，这是一件非常不负责任的事。

现在的高尔夫球场投资商，主要看中的是高尔夫球场对房地产的溢价能力，而且投资商中大部分原本就是从事地产行业，他们早已习惯了大进大出的投资回报，管理粗放。现有的新球场或近年拟动工建造的球场，投资商大多只是简单地将球场视作度假项目、旅游地产的附属品，在管理人员经营素质等方面的先天资源配置并不合理。这些投资商对投资项目盈利更重视机会的判断，却往往忽略了球场的营销、经营、管理、服务等方面，将来的球场如何盈利令人担忧。

高尔夫专业笔记

未来，房地产业的投资利润越来越低，而投资额并不会降低。高尔夫地产往往又是旅游地产，需要完善的配套和大手笔的操作，这尤其需要投资及经营者精细管理才能出效益。

03 高尔夫产业需要提前做好风险控制和人才储备

在接下来的若干年内，将推动大规模的城市化建设，房地产业在中国经济发展中的支柱产业地位仍然难以动摇。地产业的发展周期被延长，但在政策的干预下，普通项目的盈利前景并不会像若干年前那么火。城市化应该是经济自然发展和政府引导的结果，不是人为造空城，变成又一轮不尊重市场规律的投资热。高尔夫地产项目正好符合城镇化的潮流，而且对城市人而言那是远郊度假地产，对富裕起来的当地人而言，那是买得起的高档房产——如果政府给予球场建设的指标并同时批准住宅开发指标的话。当然项目要限制低密度房产浪费土地资源。如此这般，开发商们仍然欢迎吧。本来高尔夫地产也不是单指独栋别墅类的纯低密度项目。

当大风不再，房地产不再是一个超高回报的投资热点行业时，作为高尔夫行业的职业经理人或者投资者、经营者，需要提前做些功课，储备足够的知识，才能届时体现出自身的价值。

06

SECTION SIX

第六节

产业政策及经济规律对开发商的影响

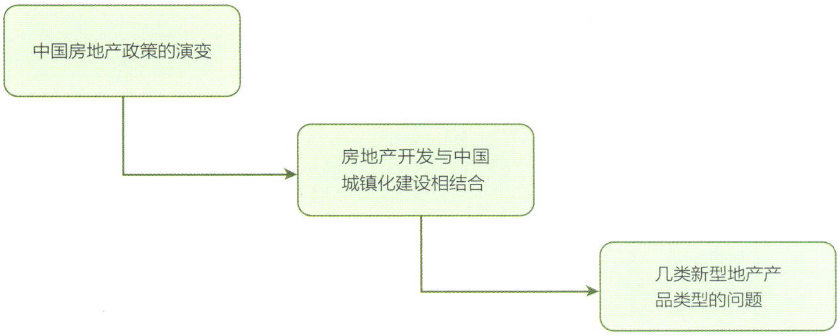

本节阅读导图

图：高尔夫森林球场

一 中国房地产政策的演变

众所周知，中国的许多行业的发展会随着国家宏观政策波动而波动，例如股市、楼市，每次一旦颁布新政，必将动荡一时，甚至影响深远。

从上世纪 90 年代国家取消福利分房，启动“房改”开始，一直到 2013 年年中，细读历年的房产政策，也许可以找到政策的方向，寻找到某种规律。正如吴军先生在其所著《浪潮之巅》所说：“要预测未来是很难的，但要看看过去和现在，我们也许能悟出一些道理。”

房产政策对房价的影响

从 2005 年开始“禁”、“限”、“缩”、“控”是政府文件中频繁出现的字眼，有点类似于鲧禹治水故事中的“堵”与“疏”。大禹先生采用“疏”字诀，疏通河道，拓宽峡口，引导洪水向低处流，顺势而为，终于治水成功。这个典故的思想对于政策制定者会有借鉴的价值。

（1）中国住房均价历年变化趋势

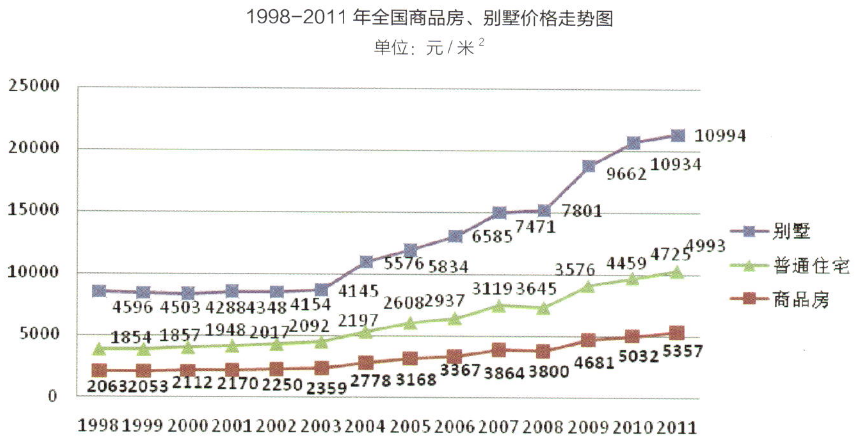

图 1-15 中国房价历年变化图

上图数据来自国家统计局官方网站，房价指全国均价，商品房含商业用房，别墅不含联排别墅，截止于2011 年底。

事实上，根据中国数据研究院的资料，截至 2013 年 8 月全国百城（新建项目），普通住宅平均价格为10442 元 / 米²，并且是自 2012 年 6 月以来连续第 15 个月环比上涨，涨幅比上月扩大 0.05 个百分点，其中 71 个城市环比上涨，29 个城市环比下跌。这说明，在一再限制房价不合理上涨情况下，仍有大量刚性需要在支撑房价攀升。

2013 年 8 月十大城市新建住宅项目价格指数（按均价高低排序）

城市	环比涨跌	同比涨跌	样本平均价格（元 / 米²）
北京	3.22%	22.49%	29395
上海	1.07%	7.71%	28979
深圳	1.34%	17.55%	28256
广州	1.68%	24.15%	17149
杭州	0.7%	5.06%	17141
南京	0.22%	11.96%	13008
天津	0.6%	2.88%	10624
成都	0.44%	10.22%	8155
武汉	2.16%	6.81%	8104
重庆（城区）	0.31%	6.35%	7555

图表来源：中国指数研究院

从上表可知，北京、上海等一线城市，房产改革以来，房价上涨十倍不止，这一势头至今仍看不到停止的趋势。从去年到今年，北京、深圳、广州、南京等一二线城市，房价仍然一年间暴涨达到两位数，甚至 20% 以上；从投资角度说，这是一个相当具有诱惑的投资渠道。但对有条件的购房者而言，早一点购买等于节约数十万、百多万元资金，上涨中的房子仍然值得抢购。

（2）未来的房地产市场将会萎缩

中国城市化和人均收入倍增将在二十年内实现，而随着人口老化和上世纪七十年代实施的“计划生育”基本国策的影响，2020 年后将有大量房产过剩。城市化进程结束，意味着中产阶级崛起，租赁市场萎缩，中国房地产若干年红火的盛宴将吹响最后一曲“回家”，进入曲终人散的环节。人口的自然老化和减少、70 后独生子女一代成年后的再次独生，让许多家庭的三四套甚至四五套房产，归于一个孩子或者一个家庭之中。届时，房产必将因大量过剩而极速贬值。房产税、遗产税等新增税种的征收，更促推了贬值进程。甚至有人预言，届时有可能出现“一元房”或类似于“上号送手机”的免费租赁房，只需要租住户承担税金和维护费用。

五年甚至更多年后的楼市发展状况现在难以预估，但业界比较普遍的观念是，中国地产市场还有十多年的发展，在短短几年内出现极速的整体萎缩的情况可能很难发生。

当“大风”不再，我们如何应对？如何在地产浪潮向下，泥沙混杂中发现延续企业盈利周期的金砂？尤其是高尔夫地产项目开发商，如何避免投资失误？可能要有以下四件事需要做。

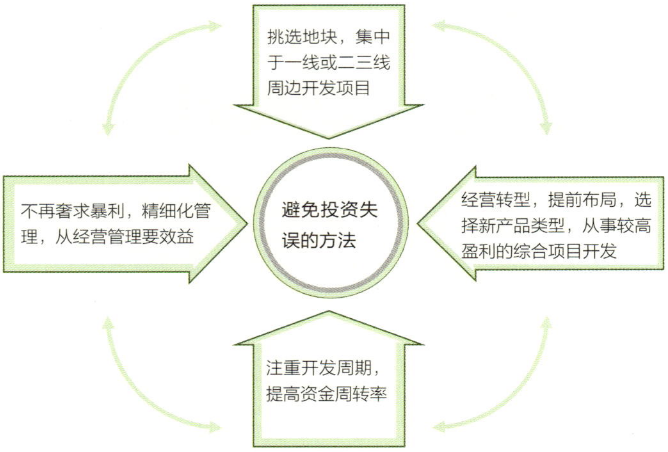

图 1-16　在地产浪潮向下，高尔夫地产项目开发商避免投资失误四种方法

一、经营转型，提前布局，选择新产品类型，从事较高盈利的综合项目开发。

二、挑选地块，集中于一线或二三线周边开发项目；避开人口和经济规模较小、实体产业较差的地区。如果不得不考虑三四线城市，也要尽量靠近市区，以免投资过大，周期过长。

三、注重开发周期，提高资金周转率。

四、不再奢望暴利，精细化管理，从经营管理要效益。

二 房地产开发与中国城镇化建设相结合

事实上，众多房地产企业早已在进行着眼于长远的谋划布局。近年，商业地产、休闲地产、养老地产、旅游地产（包括高尔夫地产）等类型层出不穷，这几个业态的开发成为许多精明房地产企业的首要选择。

以上这几类物业有一个共性特点是，混合经营方式，必须有一部分由开发商自己持有，引进经营商或由开发商自己经营，为项目树立口碑，积累足够的人气，才能扩大客群范围。

众多房地产企业的发展史可以用来研究政策和经济发展方向，这些可以让企业顺势而为，预估前景，乘势而上。城镇化建设，正是摆在房地产企业面前的又一大机遇。

01 城镇化建设的受益方

中国城镇化建设是一个繁杂而艰难的历史性课题。地产业如何与各级政府联合推导城市化（城镇化）发展，让大量房地产企业的资金、技术引导向三方共赢的局面发展。让企业的市场化运作产生可观的盈利，让珍贵的土地资源产生更多的符合“资源节约型、环境友好型社会”的经济价值，让广大的习惯于散居的农村人口居者有其屋并利于农业现代化建设，这极其考验中央政府和地方各级政府的决策智慧。

目前，中国城镇化建设中的受益城市主要集中在特大型城市及城市周边地区，以及具有较好发展基础和前景的中等城市，这一点已是业界共识。

城镇化过程中的城市受益路径，主要是产业转移的问题。城镇化的推进过程中，不是简单的圈地造房，而是要与产业转移同步推进。这个产业转移不仅是东西部地区间的转移，也要实现从大城市向中等城市、小城市、小城镇转移。要产业转移，必须进一步完善基础设施建设，除了加快交通、信息化、能源、生态环保等基础设施建设外；还包括教育、卫生、文化等公共服务设施建设，有效提升中小城镇的综合服务能力。

02 房地产企业参与城镇化建设的 3 种方式

城市化建设大概是中国地产业最后的盛宴，各类开发商如果参与其中，怎样从这个历史性机遇中获利，目前还没找到更好的模式。近两年各地搞的大拆大建，政府圈地、卖地大造“新城”、“新区”，甚至简单粗暴地赶“农民上楼”的做法，从长远来说，是行不通的。有专家认为，中国城镇化应该是一个市场化的自然选择和发展过程。这既是企业主动的市场选择，也是当地居民和外来人口的自我选择，它不应当是政府设计和强令推行的结果。政府要引导的是，如何让各地经济平衡发展，使得越来越多的大城市人口向中小城市和小城镇回流。

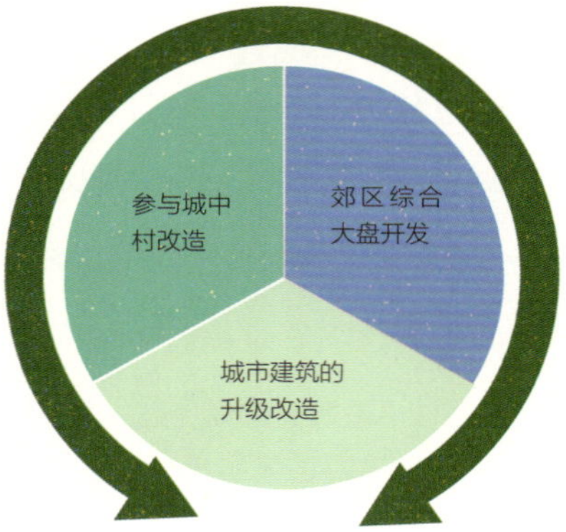

图 1-17　房地产企业参与城镇化建设的 3 种方式

从目前看来，房地产企业如何参与城镇化建设，大约有以下 3 种方式：

方式 1. 参与城中村改造

在传统住宅项目中，参与“城中村”改造是一个较有前景的选择。它具有农村和城市双重特征，是城镇化进程中的历史性机遇。

传统的城市房地产产品有住宅、办公、酒店、商业、医疗、产业园区等。但在新城镇建设过程当中，需要创新产品，才能迎来良好的发展机会。例如乡村地产（小型多功能旅游地产）、度假住宅、养老住宅、一、二线城市周边的企业（私家）会所、度假酒店、新农场观光园及地产、商业地产（医疗保健、文化产业园区、会展区）等。从参与城镇化建设的角度，高尔夫地产项目正是具有较好发展前景的项目类型，但建造过程就要遵循笔者在本书中所述的选址、定位等业内规律。

房地产企业结合新城镇建设，在地理位置选择方面，笔者倾向看好交通方便、基础经济、人口量较大的沿海、沿河、沿湖等具有水路优势的区域以及生态环境和风景较好的地块。一般山区经济基础薄弱，往往比较偏远，开发的投资要求较高。以大资金运作，打造具有鲜明特色、生态宜居的智能小镇，将是今后的一个重要发展方向。

方式 2. 郊区综合大盘开发

郊区刚需大盘开发成为符合当下房地产市场需求的一个较好的选择，恒大、碧桂园、万科等大型房地产企业均从中受益巨大。像上海、北京等一二线城市，郊区的新城建设意义重大，也给房地产企业带来巨大商机。

中国最著名的新城镇综合开发商是上海的“上置集团”（中国香港上市公司），他们在成功开发上海近郊的罗店北欧新镇项目（包括著名的美兰湖高尔夫社区）后，复制了这种模式，主导成立“中国新城镇发展”公司（新加坡、中国香港两地上市公司），并在无锡（鸿山文化新城，8.6平方公里）及沈阳（沈阳李相新城，20平方公里，包括沈阳美兰湖高尔夫球场等）复制了类似项目。

这种开发模式，既自己开发，也进入土地一级市场，值得众多大型房地产企业借鉴。据了解，现在已有多家大型房地产企业财团意欲与“上置集团”合作，抱团开发郊区大型新城镇。这也是上海美兰湖高尔夫俱乐部花费一亿多元巨资举办“名人赛”（后“宝马”冠名后，改为“宝马大师赛”）的大背景。至于沈阳美兰湖俱乐部承办2013年全运会高尔夫比赛（第十二届全运会高尔夫预选赛），则有出于政策考虑的原因，另当别论。

方式3. 城市建筑的升级改造

内地大中型城市往往需要对其城市功能进行完善和升级、改造。但是，囿于资金、场地以及历史文化元素传承等原因，不能“千人一面”地大拆大建。可以选择对既有的反映城市风貌的建筑群进行升级改造，可以以较低的成本对城市外貌进行“翻新”，保留城市的韵味和文化传承。

上海“新天地”项目“整旧如旧”的改造相当成功，结合了文化、商业和居住，取得了巨大的商业价值，成为保持城市核心元素、大幅提升不动产能级的示范。

当下中国正面临着发展用地的巨大需求与严格的土地保护制度之间的矛盾，当快速发展的城市对空间提出更多要求时，面临的往往是有限的土地资源限制。这一点上，业界大佬冯仑正在主导一个“立体城市”项目，便是一个很好的探索。万通已在西安拿到一块地，打造试验性产品。

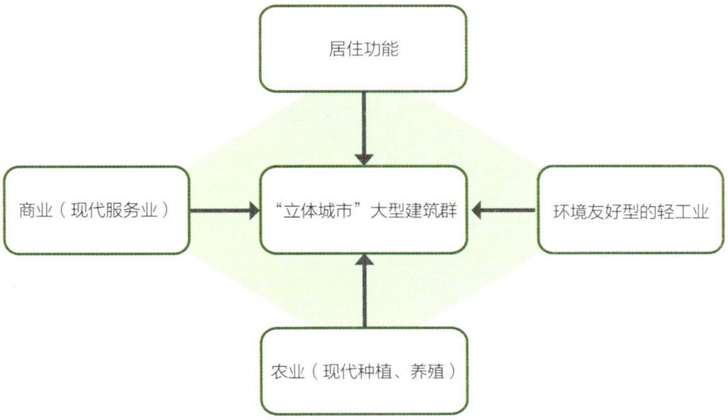

图1-18 “立体城市”大型建筑群组成部分

所谓"立体城市"就是集约化的大型建筑群，这个建筑群功能除满足居住外，还包括环境友好型的轻工业、农业（现代种植、养殖）、商业（现代服务业）等产业，浓缩和融合了衣、食、住、行以及工作、教育、医疗保健、养老、文化等一个大型居民区，甚至是一个小城镇社会应有的全部资源，而业主同时又是这个小型社会的"会员"，享有一定的消费优惠和居民自治权。这样的项目复杂程度之高，调动的资源之广，所需资金的庞大规模，很难复制。"冯仑的城"能否成功，我们拭目以待。

三 几类新型地产产品类型的问题

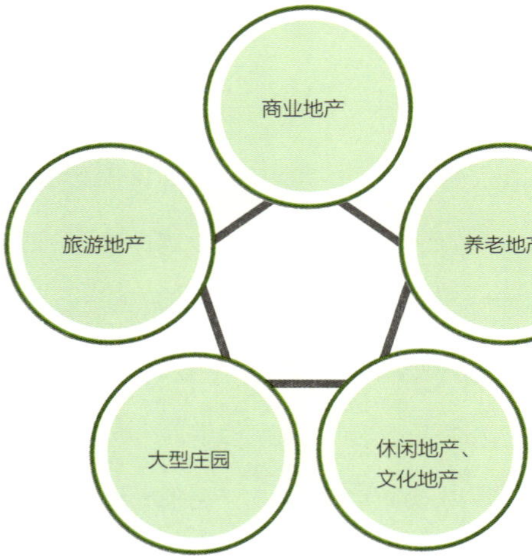

图 1-19　新型地产产品类型

01 商业地产

以万达为代表的房地产企业紧盯商业地产及自有物业的持有经营，近几年红火异常，乃至于许多房地产企业一窝蜂似的进入成都等地进行集中开发，致使许多城市不堪商业地产之重，商业地产项目泛滥成灾，商业街、销品茂（SHOPPINGMALL，超大型购物中心）过剩。

02 养老地产

这是未来很好的产品发展方向，面向人口老年化和城镇化的大趋势，但可惜国家政策的支持力度不够，迫使开发商采取常规地产开发模式，房地产企业的开发配套成本过高，医疗和养老设施需要企业引进并承担一定的长期经营费用，这是一笔不小的开支。

相对而言，从事旅游地产开发的企业较多。旅游地产虽然盈利较高，但也投资巨大，并且对当地的人口、地段、交通条件及气候等条件的要求更高。现在，许多海滨旅游项目大盘变成空城，入住率不高，原因在于缺乏当地人口和经济支撑。如果项目所在地的总人口较少或是人口流出地，经济发展不佳，产业空心化，也存有较大的危险。事实上，目前从事养老地产开发的房地产企业虽然不多，但国内已有多家企业在做，有现成的案例、经验可寻。

03 休闲地产、文化地产

有的是传统“5+2”地产模式，有的融合进宗教、教育等独特资源，这也是一个方向。对前者而言，各开发商大多驾轻就熟，对后者而言，由于正处于摸索阶段，总体而言是将资源与地产良好嫁接，并且这类项目盘量有限，不可能成为市场常见的门类。

04 大型庄园

国内还有一种大型庄园式开发模式，有的项目控制用地范围达到几十甚至一两百平方公里，是大资本介入新农村建设（现代农业）、农民集体用地流转及大型综合旅游地产项目的操作模式。这种模式非一般房地产企业可以选择，案例不多，尚待研究。

05 旅游地产

尤其是大型旅游地产，本书中提及较多，总体特点是投入多、产出大，但需要调动的资金和资源太多，开发周期相对较长，这类项目尤其要注意城市和地段选择，避免空城、鬼城，需要平衡长期持有经营与短期开发获利的关系。

关于高尔夫产业政策对地产的影响，本书其他章节已述及，球场建设目前还是“红灯区”，开发商需要想办法绕开“红灯”，保证球场能开门营业，不影响整体项目进展受限就好。

07

SECTION SEVEN

第七节

高尔夫地产开发基本概念

- 高尔夫球产业特点
- 高尔夫地产对住宅配套的溢价能力
- 高尔夫球装备基本常识

本节阅读导图

图：高尔夫球场景观设计球洞效果图

一 高尔夫产业特点

高尔夫球运动及其产业发展大致有如下 4 个特点：

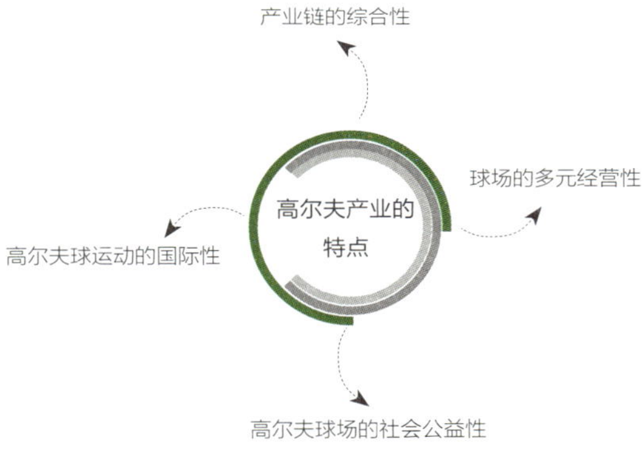

图 1-20　高尔夫产业的 4 个特点

特点01 产业链的综合性

无论国内国外，高尔夫地产都是中产阶级及以上阶层居住环境一道独有的风景线，获得越来越多富裕人士的青睐，成为增值最快的地产品种之一。持续、旺盛的市场需求，促使高尔夫地产升值，升值幅度通常达到 20% ～ 30%，甚至更高。高尔夫综合地产项目开发也逐渐成为热门投资项目，诞生了高尔夫球场建设与房地产开发或与旅游度假景区开发相结合的高尔夫综合开发模式。例如世界著名的美国圆石滩球场及其大量地产、旅游相结合项目等。从全球而言，高尔夫产业是与足球、篮球、网球并列的四大体育支柱产业，经济体量惊人。

图 1-21　四大体育支柱产业

高尔夫的消费需求必然带动高尔夫球具、服饰鞋帽、球车及草坪维护机械设备、农药化肥等制造业的发展，并扩大必不可少的餐饮、旅游、交通发展以及球场、酒店及房地产项目开发相关的规划、设计、建造、监理、景观绿植等一系列工程建设产业的发展。

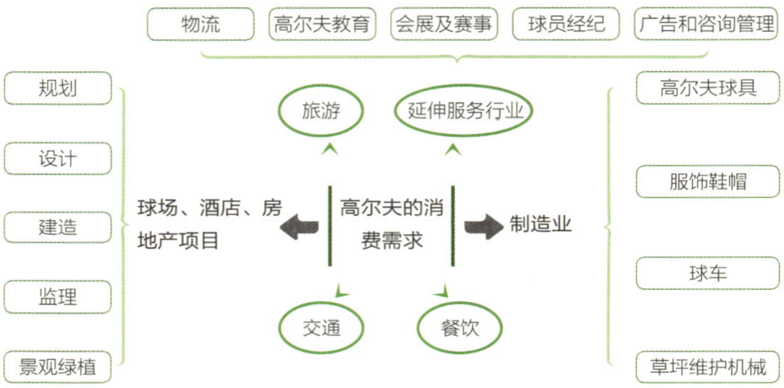

图 1-22　高尔夫消费拉动的产业

另外，高尔夫产业还能带动物流、高尔夫教育、会展及赛事、球员经纪、广告和咨询管理等延伸服务行业的发展。高尔夫产业动辄需要数亿的投资，提升了当地经济水平，增加了大量就业机会，形成比房地产业更长的综合性产业链。

由于中国人力成本相对低廉等原因，中国的高尔夫球具、服装等制造业异常发达。现在中国内地已成为世界上众多高尔夫品牌的代工企业集聚地，是全球产值最高的球具和高尔夫装备制造大国。

正是因为高尔夫球的经济价值，以房地产开发商为代表的投资商看中了这一行业。建在优美开阔的高尔夫球场旁边的房产，多了一道其他项目不具有的独特景观。

特点02 球场的多元经营性

在国外，高尔夫俱乐部的经营方式可分为私营与公营两种。

（1）高尔夫私人俱乐部

国外的私人俱乐部实行完全的私有制，纯粹的私人俱乐部只为会员及其家人、嘉宾提供高品质的服务，确保满足会员的各种权益。许多国家的土地是私有化的，因此参股投资高尔夫俱乐部是一个家族可以传承的财产和荣誉，一些俱乐部的投资者既是会员也拥有部分股权，可享受股东待遇。

国外高端俱乐部往往是综合性的乡村俱乐部，内设多种休闲娱乐设施，配套齐全、高档，开发投资较高，会员的消费额也较高。稀少的会员证数量、齐全的配套和良好的球场品质，使得开发商在短期内可以获得一笔可观的收入，保证投资可以较快回收。

配套齐全的乡村俱乐部其实就是一个远郊度假村，可以带动多种业态发展。

（2）高尔夫公营俱乐部

公营俱乐部则向大众开放，交通便利，成本低廉，但球场品质并不差。这类球场既有政府投资公营，也有私人投资，面向公众开放的经营形式。有的球场，土地由政府或军队提供，并且政府、军队等国家机关参与球场的投资和运营。球场的会所等设施算不上奢华，服务人员也不多，但能够提供不错的基本打球服务，因此人均消费低廉。有些公营的高尔夫球场，往往结合大面积的中高档社区开发、酒店及其他旅游设施建设、经营，适合家庭度假、旅行，在这些合力推动下，高尔夫球场能够向大众化、多元化的方向发展。

在美国等地，高尔夫球场的产业政策清晰，虽然也多建在偏远的郊区，但如何建却有比较明确的要求和严格的行业自律，不但符合环保，更能带动一方区域发展。国外的远郊球场，因为卫星城的普及，有的球场周边成为度假村，有的形成养老型社区，丰富了区域的购物、文化、交通及医疗等配套设施。

多数国内高尔夫俱乐部虽不是严格意义上的私人或公营俱乐部，但其经营内容一般结合餐饮、会议、洗浴等项目，而且许多球场还与酒店、综合度假村相结合，一体运营。

高尔夫专业笔记

美国及欧洲的许多球场建在已关闭的垃圾填埋区或废弃的旧矿区、偏僻的荒山脚下等地，使荒弃的土地得到有效的改造与利用，对开拓荒地、恢复遭受破坏的生态环境具有积极意义。事实上，中国已有专家发表论文，探讨过在边缘土地建设高尔夫球场的问题。

特点03 高尔夫球场兼顾社会公益性

高尔夫与慈善、公益及社区活动的结合，在国内外均不鲜见。

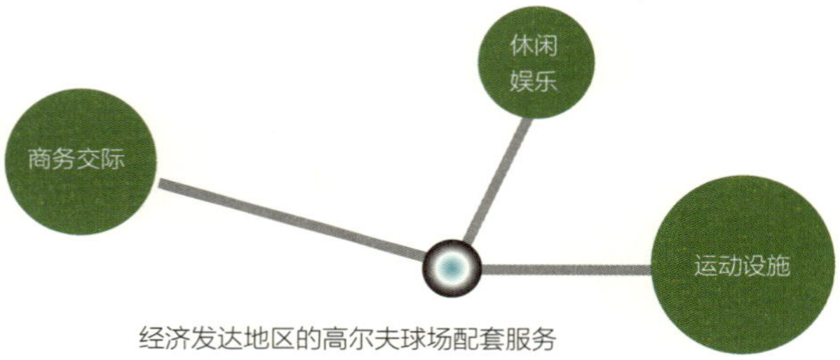

图 1-23 经济发达地区的高尔夫球场配套服务

经济发达地区的高尔夫球场配套为社区提供商务交际、休闲娱乐和运动设施。在美国，这是“全民健身运动”的一部分。事实证明，在美国，高尔夫球场的建设与环保、用地政策并不矛盾，反而相得益彰。虽然高尔夫球场大面积的绿地与城市绿地系统所要求的绿地不能相提并论，但球场的草坪与丰富的绿植、水系事实上起到“城市绿肺”作用。

经济发达地区的环保法制建设科学、完备，违法成本高昂——“科学发展观”和“两型社会”概念更加普及，公民环保意识强，消费者愿意为环保低碳生活支付更多费用，这让高尔夫球场的经营者主动承担社会责任，非常注重将球场经营、推广与社区的文化和公益、慈善事业相结合，他们在高尔夫产业发展上形成了良好的制度和文化传统。

特点04 高尔夫球运动的国际性

高尔夫球运动现已发展成令人瞩目的国际性现代体育项目，高尔夫再次“入奥”已充分表明它的全球普及性趋势。

“奥运”踢出过许多全球普及性不高的运动项目，而高尔夫的再次入选，雄辩地说明它的体育属性和民众普及程度之高。世界各地经常举行各种国际性的高尔夫职业或业余选手的大赛，这是一种影响巨大的体育盛事。高尔夫球场也是各种政治、经济、商务社交合作的重要平台。

高尔夫专业笔记

跨国的高尔夫协会组织不仅加强了各国体育界的交流，也增强国家地区间经济、文化的交流与合作。西方发达国家，包括国内的许多顶级高尔夫俱乐部在世界各地建立起俱乐部联盟，也有投资商跨国开发经营这类项目，推动高尔夫运动在全球范围内的发展。

有人说，在影响重大的谈判事件中，沟通频率在第一位的是在谈判桌边，占第二位估计是在酒宴上，第三位的一定是在高尔夫球场上。在高尔夫球场做的沟通与谈判，已非常流行。世界政要打高尔夫球的举不胜举，尤以美国为胜。

二 高尔夫地产对住宅配套的溢价能力

高尔夫地产由高尔夫球场、高尔夫会所、地产三大基础部分组成。

图 1-24　高尔夫地产的三大组成部分

高尔夫地产的特点是能利用高尔夫球场和会所有效提升不在城市中心的物业价值，特别是提升远郊大盘的物业价值。

高尔夫球场占地面积大，对景观要求高，大多分布在城市周边自然环境较好的区域，而不是分布在城市中心地带。一般而言，没有高尔夫配套的常规物业，距离城市中心越远，其物业价值就越低。

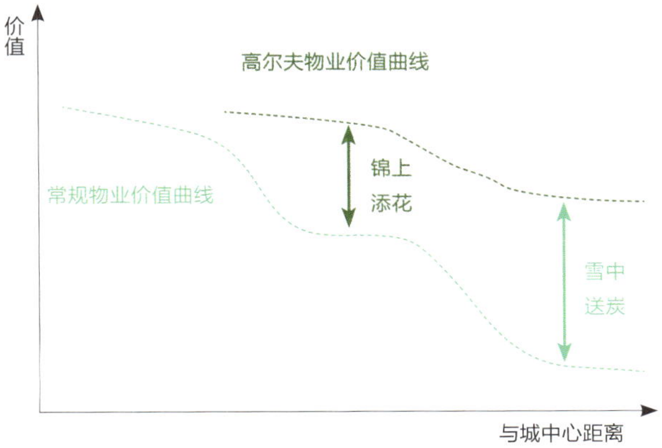

图 1-25　高尔夫对常规物业的价值提升曲线

01 对于邻近物业起景观增值作用

高尔夫球场本身就是良好的景观资源，可实现针对竞争项目的溢价。在高尔夫地产项目内部，邻近球场的距离可形成价格差距。对于邻近城市的物业，距离城市较近的交通方便之地，高尔夫地产主要通过良好的自然景观带动区域的价值提升。根据调查资料显示，高尔夫配套项目的均价比近郊传统项目均价高 30% 以上。

02 对于远离城市中心物业起设施增值作用

由于距离对于物业的价值影响显著，远离城市中心的物业价值递减效果明显。对于城市周边具有良好自然资源的陌生远郊区域，高尔夫可以通过球场和配套资源弥补因距离产生的价值递减，从而提升物业价值。有资料显示，同样位于远郊的高尔夫地产项目均价比传统项目均价高 20% ～ 30%。

03 高尔夫物业未来有巨大的增值空间

国内高尔夫地产的平均溢价率在 15% ～ 30%，远低于欧美国家高尔夫球场对物业 30% 左右的溢价能力。这一方面说明国内物业配套及经营管理水平不足，另一方面也说明了高尔夫物业未来巨大的增值空间。

第二章
Chapter TWO
高尔夫地产投资模式研究

01

SECTION ONE

第一节

高尔夫地产常见的开发方式

常见高尔夫地产开发方式

- 6种高尔夫地产投资开发方式
- 国外高尔夫球场经营模式
- 中国高尔夫球场经营模式
- 未来中国高尔夫经营模式判断

本节阅读导图

图：深圳正中高尔夫球会远山与球场之间的房产

尽管国内和国外高尔夫球场的经营模式有很大不同，但他山之石可以攻玉，或许在将来的某个时期，我们也会借鉴国外的经营形式。不排除部分球场在今后更加激烈的竞争过程中，直接移植国外的成功经营形式，市场发生快速的转变。

目前，中国高尔夫球场经营举步维艰的比比皆是，尤其在内地和经济不发达地区更多。在海南、云南或某些偏远的旅游目的地，高尔夫球场的投资回收周期不比其他项目更“短、平、快”，这在中国现今多种行业赢利增长大大超过GDP、CPI增长速度的状况下，有点出乎开发商的意料。

问题何在？

首先是开发商不善学习。中国许多开发商缺乏谦逊的学习精神，缺乏对高尔夫行业规律的尊重，这种风气会导致一个企业上行下效。遵循行业规律和认可智慧的价值，不是从其他项目挖几个人就能解决。习惯走捷径，不尊重产业知识，是中国开发商阵营一个众所周知的短板，大多数学习意识不高的地产开发商和职业经理人一时还缺乏这个认知。毕竟中国许多地产开发商的发迹过程可以说是起“飞”的过程，主要是乘了中国经济快速发展和房产改革配套政策不合理的“大风”。许多开发商的发家史靠的是简单模仿、移植成功项目。在中国地产业不再形势一派大好，昨日彩虹映照不了明天的美梦时，就到了比拼地产投资人的能力、水平、资源和文化底蕴等综合实力的时候了。

一 中国高尔夫的投资原因分析

高尔夫球爱好者人群中，房地产商是比例相当大的一批，这点与中国各大富豪榜中的地产商人数占比很高的道理一样。过去十几年，中国地产业快速制造了众多富豪，而高尔夫是富豪们最喜爱的休闲运动项目和生活方式。房地产开发商比谁都懂得土地开发价值，高尔夫球场及其邻近地块自然非常稀缺。拿下了地，政府默许了球场规划，即便球场建造和经营不怎么样，仅凭土地升值这一项就已令人垂涎不已。不差钱的中国房地产开发商，便成了中国高尔夫球场最大的投资群体。

分析高尔夫球场投资人，他们首先多是高尔夫球运动的爱好者。部分实力雄厚的爱好者乐于把这种爱好当作一项事业去经营，种种投资高尔夫的理由也就应运而生。

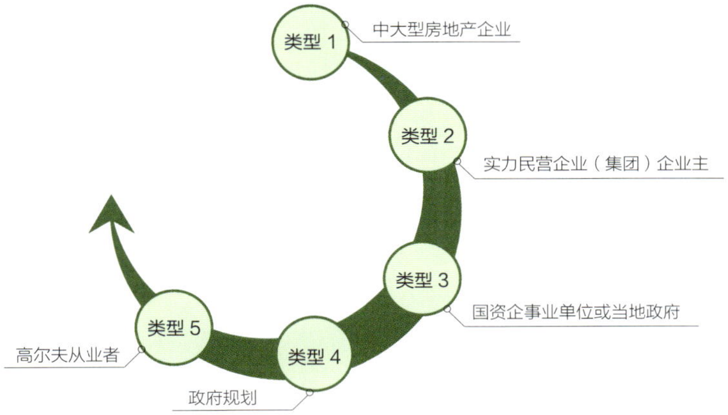

图 2-1　高尔夫球场投资人的 5 种类别

类别 01 中大型房地产企业：新业务发展需要

传统城市住宅市场受到当今政策强制打压之后，市场出现“冷热交替”局面。很多大型房地产企业难以预判和把握市场，传统住宅地产开发市场竞争压力增大，企业拿地成本不断攀升，进行新业务布局和新产品门类探索是每个开发商必须面对的课题。

随着我国城市半径扩张，中产阶层崛起和富裕阶层生活方式的改变，地产行业蓬勃发展，也催生了养老地产、度假地产或休闲地产、体育地产、旅游地产等较新、较小众的市场细分类别。

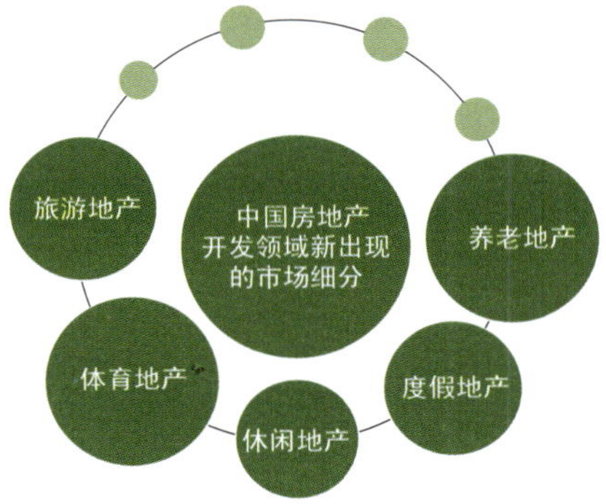

图 2-2　中国房地产开发领域新出现的市场细分

这类小众地产开发项目利润率相对较高，拿地成本低，投资风险相对较小。其中，高尔夫地产兼具前述养老地产、休闲地产、体育地产和度假地产的特点，选择做高尔夫地产是大势所趋的选择之一。它在推广上占优势，受众面较宽，因为沾了高尔夫“贵族运动”的贵气，房地产金融属性的保值、增值功能很强，比较有溢价能力。

现在地产行业中的中大型企业，已有很多家企业开始建设和经营着自己的球场，有的大型房地产企业，旗下经营着多家球场，例如万达和中信地产。

高尔夫专业笔记

地产公司经营高尔夫球场名单：海航集团、中建集团、中粮集团、港中旅集团、华侨城集团、保利地产、招商地产、万科集团、碧桂园集团、万达集团、中信地产、雅居乐、新世界中国地产等多家上市集团公司。

这些公司经营高尔夫球场的模式基本都是：以比较低廉的价格拿到相对偏远的地块，为了丰富项目配套，提升项目品位和价值，会建一座球场及酒店提升项目附加价值，甚至干脆建设一个大型旅游新城。

“高尔夫 + 酒店”的旅游地产模式，前十年是一种比较新兴的地产业投资新模式，开发商大多获得了丰厚的利润，也吸引了众多本地大中型地产开发商跟进，地产业的持续红火带动了高尔夫球场投资和建设。

这样模式的项目，有观澜湖、华侨城、中山雅居乐和海南雅居乐清水湾、中信山语湖、中信泰富的无锡锦园及海南神州半岛、保利集团的成都拉斐高尔夫庄园、重庆保利球场、丝宝集团仙桃排湖高尔夫项目等。

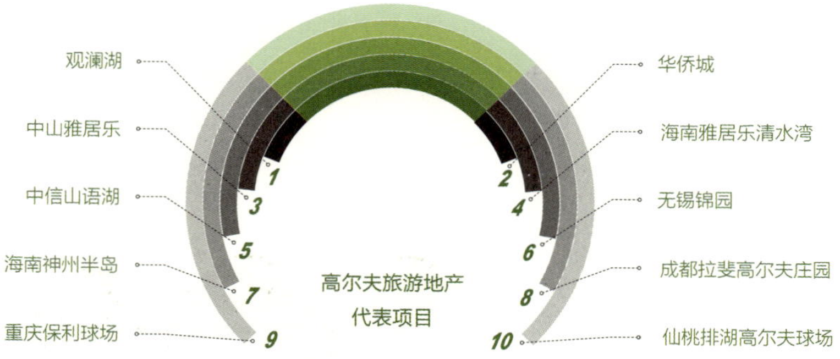

图 2-3 “高尔夫 + 酒店”的旅游地产模式

不管是大型地产央企，还是各地中小型开发商，都以各种不同的方式在全国各地拿地，结合地产项目投资开发高尔夫球场，并将之作为企业拓展业务的新领域和新的经济增长点。这逐渐成为当今高尔夫球场投资的主流形式。

类别02 实力民营企业（集团）企业主的个人爱好

作为一个铁杆高尔夫粉丝，几乎每一个有实力的企业（集团）企业主都特别梦想拥有一座属于自己的球场。他们知道，投资一家球场费用并不太高（标准 18 洞球场加会所，投入约为七八千万至一亿多元不等），对企业主而言，拥有一个富豪云集的高尔夫俱乐部是一件特有面子的事，还能够搭建自己独有的政商交际平台，更是一种持续盈利的投资，何况高尔夫项目可以同步经营酒店和房产项目。这样的投资人，往往会参与到球场设计、施工和经营的每一个环节，恨不得自己亲自上阵，把多年打球过程中的所见所闻以及在别的球场看到的经典元素和经营技巧，都应用到自己的球场中，把看到的别的球场不好的方面，能在自己球场中规避。

（1）由企业主操执的高尔夫球场变数较大

因为企业主个人偏爱及理想主义而发生的高尔夫项目投资行为中，掌握项目规划建设话语权的是大老板。这类投资方式容易导致的问题是，尽管老板们打了很多年球，但这远不足以成为高尔夫项目运营成功的关键保障，由打球经验转化来的高尔夫项目管理能有多少真知灼见，更是难以量化判断。关键是，这些老板并不都像“中信集团”原董事长王军先生那样，对高尔夫运动热爱而作深入研究，游刃有余地掌握资源和行业力量以支持项目发展。王军是“中高协”特邀副主席，曾任国内最大的高尔夫服务企业——“朝向管理集团”的董事长。正因为王军先生与“朝向集团”的渊源，“中信”旗下的高尔夫项目大多交由“朝向集团”建造和管理。王军先生亲自主持建造的海南“山钦湾”高尔夫项目，一经面市就被奉为经典。

从热爱高尔夫球运动而投资高尔夫项目的企业主，投资之前的想法并不代表他和他的团队后期就认真遵行高尔夫项目内在规律。全国比较多的项目，前期规划得很美好，在经营事实上却留下了诸多缺憾。

（2）没有高尔夫专业能力导致操控问题增多

高尔夫球场前期市场调研是为判断该项目是否可以投资，专业高尔夫业内人士在这个阶段往往还没出场。如果开发商中原本就缺乏高尔夫文化氛围，不常打球的小股东和职业经理人对项目的判断一般只能附议和执行，他们只能根据市场行情给予粗糙的评估：这个项目是否会亏损，能否被市场接受？但他们无法提出更多市场依据和运营高见，最后多半会附和企业大老板的决策。很多高尔夫球场项目，往往就是在这样的情况下由“大老板”拍脑袋决定的。

这样上马的项目进展至一定程度，大多会暴露项目市场分析不透彻、定位不清晰导致的问题，并由此带来一系列建造和影响后续经营及市场操作的问题。这就是许多球场投资天生的弊病：老板和决策层因为对高尔夫项目的认识和了解比较肤浅而草率做出投资决定，这类项目天生就带着模糊不清的面目，后期各种问题凸显出来以后，决策层不得不改变初衷，为项目启动后的建设下达控制预算、缩减投资等指令，这成为球场建造和运营致命的疾病。

此类现象用一位资深高尔夫经理人的评价就是：国内大多数球场，都是“三拍”——拍脑袋决策、拍胸脯建设管理、拍屁股走人（职业经理人）的历程。

关于高尔夫球场品质定位，往往在项目开始时开发商都会喊出“一流球会”的口号，甚至贴上几年内进入“全国十佳”的标语，但由于专业、技术、决策、执行力、人力资源不匹配等种种原因，慢慢就滑入二流、三流的境地，甚至最后落得不入流的球场。

高尔夫专业笔记

高尔夫球场及其地产项目有自己科学的建设和运营管理规律，涉及到总体规划、定位和营运、市场运作、资金周转等多方面问题，并非一定要求投资人是狂热的球迷，并非是开发商砸下几亿元做球场和会所，就能建造和经营好一家让球友交口称赞的俱乐部。

类别03 企业或当地政府建立高端接待和社交平台的需要

众所周知，高尔夫球场是一个良好的接待和商务交际的平台，高尔夫俱乐部如果经营管理不太糟糕的话，球场和投资人通过这个平台可以结交许多政商资源、名流贵胄。

很多国企、大型民企投资的高尔夫球场，就属于这类性质。比如河北某球场，由一家民营上市企业投资建设，企业实力不俗，为满足企业大股东个人爱好和企业公关接待需要，建了一座非常漂亮的球场。江苏某知名高尔夫俱乐部也是具有政府背景的企业，建设球场的目的之一是为丰富当地招商引资平台，为外商提供好的球场和商务平台。同类还有华中即将营业的某高尔夫俱乐部，投资商是当地著名的国资地产集团。在国内众多高尔夫球场中，这种性质的球场特别多。

类别 04 政府招商引资的承诺

在许多地方，当地政府视高尔夫球场与五星级酒店为商业环境硬件建设的一部分，是一届政府的政绩工程。政府乐于引进这类项目，期望由它带动 GDP 和劳动就业，完善商业环境。而如果要建球场就会附带审批高级住宅的用地指标，许多开发企业当然乐享其成。

虽然国内高尔夫球场开发仍在禁止之列，但各级政府仍有大片土地等待招商引资，土地是各级地方政府的摇钱树。地方政府乐于卖地和引进投资项目以扩大税收提振经济，于是大片土地的高尔夫球场规划，就成了偏远地区招商引资人员非官方文件的说辞之一。

很多地方政府——尤其急于推广旅游的城市——把高尔夫视为城市形象的名片，在对偏远地块作招商引资时，把有可能默许高尔夫球场配套规划作为一个谈判的优惠条件吸引投资商。投资企业为了在一些城市开展业务或者获取项目，以较低的价格囤积大块土地资源，也乐于配合当地政府的规划。政府和开发商都认识到，建造高尔夫球场可以吸引客流，丰富项目和地区的整体配套和商业环境，也能拉抬当地的房价和地价，这是一桩“哥俩好”的事。

类别 05 高尔夫从业者扩大原有项目经营

高尔夫球场的投资还有一种情况是高尔夫产业的从业者，例如发达地区的练习场企业主，他们从练习场及附属小迷你球场的经营中赚到了钱，就想着再扩大经营规模，经营一个 9 洞或正规 18 洞的球场，延伸对球客的一条龙服务。

在这种情况下，他们往往限于自己的资金实力，采取项目合作的方式，寻找到土地资源或者对现有高尔夫球场项目进行收购、参股。通过几方合作、共同出资新建或改造球场的方式打造项目。

图：湖北梁子湖高尔夫俱乐部二期酒店别墅区效果图

二 六种高尔夫地产投资开发方式

高尔夫球场及其地产项目的投资开发方式与传统地产项目开发，有较大不同，还兼具“5+2”休闲度假地产、体育地产、养老地产，甚至大型旅游地产的一些特点。从高尔夫球场和地产开发的企业注册和项目运营管理的角度看，常见的企业组织架构和经营模式大约分成以下 6 种：

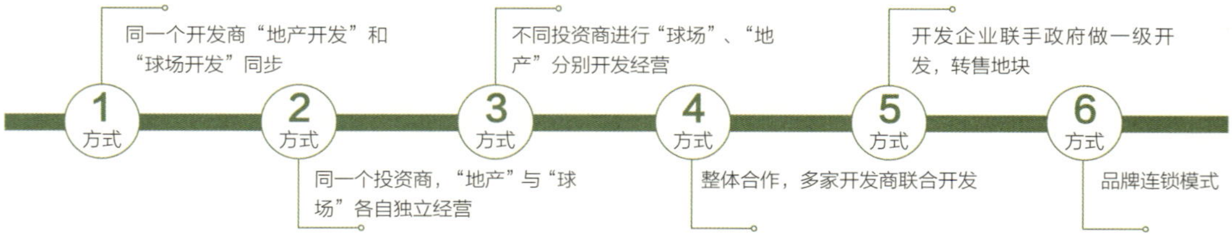
同一个开发商“地产开发”和“球场开发”同步
不同投资商进行“球场”、“地产”分别开发经营
开发企业联手政府做一级开发，转售地块
1 方式
2 方式
3 方式
4 方式
5 方式
6 方式
同一个投资商，“地产”与“球场”各自独立经营
整体合作，多家开发商联合开发
品牌连锁模式

图 2-4　6 种常见的企业组织架构和经营模式

方式01 同一个开发商“地产项目”和“球场”同步开发

这种开发模式是指同一个投资商，既投资建设和运营高尔夫球场，又同步开发地产，是比较常见的开发模式。

（1）适合体量不大的项目

这类开发模式一般会被球场洞数和房地产开发体量都不太大的项目所采用，投资商往往会注册成立一个“*** 高尔夫俱乐部有限公司”或类似名称的企业，由这个新注册的企业进行球场建造、运营以及地产开发销售。

（2）适合做酒店配套

如果还有酒店及其他旅游项目做配套，则需要在“*** 高尔夫俱乐部有限公司”注册时，增加酒店经营项目，或者有的企业干脆成立一家酒店管理公司，或引进专业酒店管理公司，财务也相对独立，以方便独立经营和结算。在经营项目比较多的企业，往往还会注册成立旅游公司、新农业公司等，以使充分利用不同经营项目的税务优惠政策。

方式02 同一个投资商，“地产”与“球场”各自独立经营

这种开发模式是指球场与地产是同一个投资商，但球场与地产相对独立，分开运营。选择这种开发类型，往往是投资商为了经营管理的方便，将球场经营法人单位与地产项目公司分开。

（1）分开管理能避免员工薪酬管理矛盾

曾有一家企业，高尔夫项目中既有球场项目也含有房产项目，但经营一段时间后，发现球场人员的薪资体系与地产公司有较大的差别。球场属于服务业，薪资待遇比地产业差了一个档次，例如房地产企业通常会在年底发放较可观的年终奖，但球场即使有年终奖，也往往只是年底双薪或者人均千多元的经营绩效奖，不会再有其他补充。而球场基层员工众多，年终奖是一笔不小的开支。于是，投资商为了平衡收支，只有将球场地产体系的工程师及部分高管人员等重要骨干人员的劳动关系调到集团内的另一家地产开发公司，享受地产公司的待遇。

（2）分开经营管理可节约后勤支持岗位的人力成本

高尔夫球场建设、经营期的税务、人事等多种管理体系与房地产企业的管理体系也有差异。如果房地产企业的开发量和周期不太长，这些业务完全可以由总部安排支援，不必为球场配备专门的人员，以节约人力和办公成本。

（3）分开经营要注意协调内部资源，防止人才流失

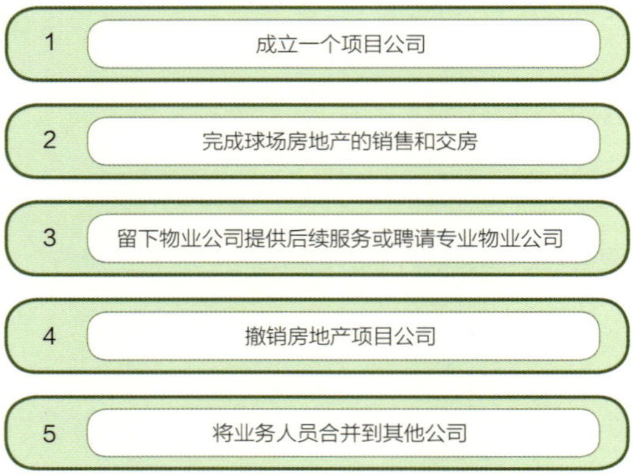
1 成立一个项目公司
2 完成球场房地产的销售和交房
3 留下物业公司提供后续服务或聘请专业物业公司
4 撤销房地产项目公司
5 将业务人员合并到其他公司

图 2-5　房地产与球场分开经营的管理办法

高尔夫球场很像商业地产，经营具有长期性，理论上至少与球场的土地产权证的有效时间同期，而地产项目往往几年就开发完毕，开发商可以通过成立一个项目公司或由总部其他地产开发企业来完成，既便于调动和调节内部资源，也能节约开发成本。开发商在完成球场房地产的销售和交房后，只留下物业公司提供后续服务——由球场或集团内的物业公司完成，或聘请专业物业公司，而这个房地产项目公司或选择撤销或选择将业务人员合并到其他公司，不会影响总部的其他项目进展，也很好地避免了人才流失。

方式03 不同投资商的“球场”、“地产”分别开发经营

这种开发模式是指球场与地产分属于不同的投资商，球场所有权、经营权独立运作，地产项目合作开发或自己开发一部分，或者干脆对地产用地做部分或整体出售，再由别的开发商建设和经营。

这种类型大多是因为项目投资商有资金需求或对高端房产缺乏开发经验而被迫采取的方式。

在政府对土地和资源进行招商引资时，往往将一片地的高尔夫球场规划与酒店等商业用地、住宅用地打包为一体，但如果开发商的资金实力、开发管理、营销操盘经验不足，也会考虑引进合作方。例如，广州九龙湖高尔夫项目，这是一家 54 洞球场，同时配套建有拥有 300 多间客房，以五星级酒店为主体的欧洲小镇，这两大配套已占用大量资金，开发商一期也曾自己开发别墅地产，但销售不畅，资金压力顿显。迫于无奈，将部分地块出售给另一个香港大型开发商——新鸿基地产，开发了“玖珑湖”别墅项目，收回了大量资金，完善了配套，并对剩余地块自主开发建设，这样做有利于集团企业其他项目的建设进展，不至于被资金消耗高的项目拖累，影响到企业集团全盘资金周转。

方式04 整体合作，多家开发商联合开发

这种开发模式是指某一个开发商拿到大片土地资源后，限于自身实力，就对整体项目进行招商合作，成立合资公司，共同开发高尔夫球场、酒店、会议中心及地产项目。这样的项目往往投资规模非常大，投资回收周期相对较长，初始拿地的投资商实力和资源有限。

这种类型与上述第三种开发方式相类似，都是因为项目太大，投资商的启动或后续资金短缺，在“蛇吞象”后发生了消化不良的反应，最后采取项目招商合作，吸引二次投资，引进其他有实力的发展商，共同开发。

武汉的某个大型项目，号称总投资80亿元，致力于打造华中顶级的高尔夫、会展、酒店和地产综合旅游度假区，但拿下项目的公司实力有限，就采取合作开发模式，对项目做二次招商引资。

方式05 开发企业联手政府做一级开发，转售地块

这种开发模式是指开发企业往往是投资商与当地政府的下级企业联合出资成立，有政府资本和资源进入。通过联合投资，拿下巨量地块，既自己逐步开发，也做地产一级开发商，然后转售地块。

就第四或第五种方式的开发模式而言，还有一种开发模式是项目收购或者入股、控股开发。

浙江某大型高尔夫地产项目，总占地十多平方公里，就是民营资本与政府资本合作。控股和主导项目的民营企业虽然也是上市公司，但独木难支，拿下项目后开发数年，仍然进展缓慢，于是将部分地块出售给其他开发商，共同完成项目配套和地产开发。这一项目现在又被另一更具实力的大型企业集团整体控股收购了，从投资盈利的角度看，这绝对是一笔划算的买卖。

对于高尔夫球场及地产项目的投资收购，需要分两种类型进行投资风险测算：

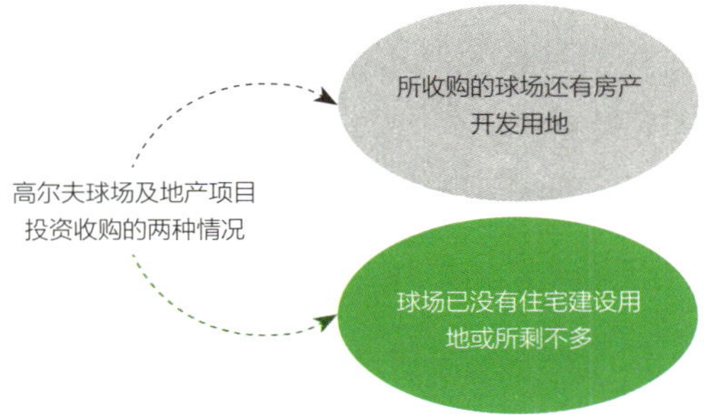

图2-6　高尔夫球场及地产项目投资收购的两种情况

类型1：所收购的球场还有房产开发用地

对于这类项目投资商会估算各项成本和风险再做打算，毕竟中国的高尔夫及其地产项目，还没有像广告宣

传的那般"珍稀"，许多二三线城市，还有大量的此类项目在"隐性"招商，或者还有前期立项审批通过但没有实际建成营业的高尔夫项目。投资者需要关心的是投资回报的形式和项目是否便于常规操作，应该如何测算等问题，还有诸如土地的地段、剩余地块的开发价值，球场是否需要改造，会所需不需要翻新等问题，都需要做详细的专业评估。

类型 2：球场已没有住宅建设用地或所剩不多

在这种情况下，聪明的投资商一般不会选择贸然入股或控股。少投入一点，做个安逸的小股东，过下高尔夫球场的老板瘾尚可，如果真要重金砸下，则另当别论，做这个选择需要投资者非常慎重。

地产投资商多半都习惯算大账，也习惯于套用现成案例做参考，因为看见别人开发模式的成功和项目产生的高利润，往往会一时冲动，也想建个高尔夫球场玩玩儿。他们想，既然是玩儿，何不自己建个自己的球场玩儿？除非真能测算出确实有高利润可获取，否则，因为地产开发过程很长，环节也比较复杂，投资商一般因为怕麻烦，喜欢单独开发而不愿意跟人合作或控股收购。因此，中国的高尔夫产业圈中，收购项目并不多见，行业内听闻到的只是有限的几个，这也从侧面说明目前拿到高尔夫新项目用地并不那么困难。

高尔夫专业笔记

高尔夫地产项目前期资金比一般城区住宅项目多 1 亿 ~2 亿元。高尔夫地产项目要求开发商具备较强专业性，缺乏此类项目操作经验的发展商应多听取专业人士建议，谨慎投资，不要贸然收购经营状况不良的高尔夫项目。

方式 06 知名高尔夫地产商输出品牌连锁经营

这种开发模式是指知名高尔夫地产开发商品牌输出，异地连锁。

这种类型的前提是高尔夫球场及其地产项目运作非常成功，开发商尝到了高尔夫综合项目的甜头，开始在异地拿地或收购项目，复制自己成功的品牌，将高尔夫球场经营管理和地产项目开发的成功经验提炼成可复制的赢利模式，在全国做连锁经营。

（1）知名高尔夫品牌（球场 + 地产）连锁发展

目前，国内比较成功的高尔夫品牌连锁开发项目有：

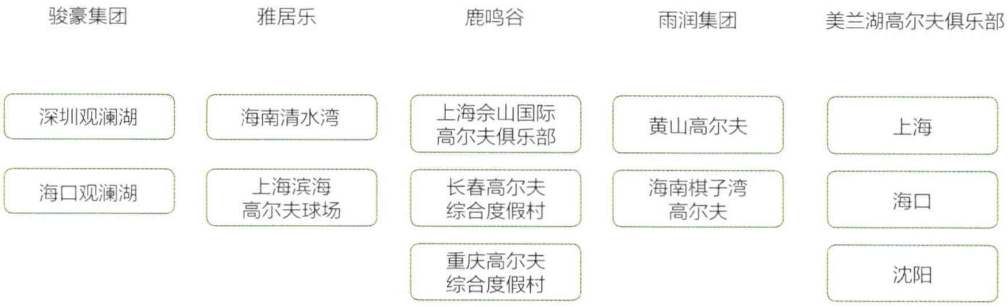

图 2-7　高尔夫品牌连锁成功企业

骏豪集团在深圳观澜湖成功之后又做了海口观澜湖项目；

雅居乐集团在做完中山雅居乐之后又操作的海南清水湾项目，雅居乐收购和改造原上海滨海高尔夫球场整体项目；

上海佘山国际高尔夫项目成功之后，发展商成立了“鹿鸣谷”集团，在长春、重庆等多处复制高尔夫高级综合度假村模式；

“黄山高尔夫”的投资商“雨润集团”在海南重金打造海南棋子湾高尔夫旅游地产项目；

上海“美兰湖高尔夫”也把触角伸到南方的海口和北方的沈阳，形成三角布局。

业界传闻，在业界以经营和服务著称的华东某高尔夫乡村俱乐部在地产开发完毕后，现出售球场的部分股权，在南京投资 36 洞高尔夫球场及其综合地产项目。

高尔夫专业笔记

事实上，高尔夫项目开发比较复杂，管理者需要较长的行业历练。只经历过一个知名项目的经营管理者，还不能算是成熟的管理者，他们所掌握的专业知识和经验对于一个全新项目来说，远不足以确保成功。尽管成功的高尔夫项目开发者或许熟知自己的成功之处，却难以总结出普遍适用的经验，要求他们把经验再上升到理论高度，提炼出统一的服务标准和管理要求以及模块化、标准化的操盘手法，进行复制、改良、推广和应用，则更是难事。

此外，还有万达地产、中信地产、保利地产等大型房企均开发了高尔夫综合地产项目，旗下拥有多家高尔夫球场，但他们经营管理的高尔夫俱乐部在行业内的品牌影响力尚不及前述项目。

品牌复制并不是简单地复制一下就能成功，行业内也有一些知名度高的高尔夫球场及地产开发项目，在一个地方经营得非常成功，但移植到另一处则困难重重，品牌连锁经营还是颇具挑战性。

（2）高尔夫球场及地产项目的专业管理服务输出

笔者听闻深圳观澜湖等知名球场曾尝试开拓高尔夫球场及地产项目的专业管理业务，从事管理品牌输出，派遣管理团队进入其他球场。

这种做品牌输入的市场，有点类似于酒店业内的品牌管理公司所开展的酒店专业咨询和委托管理业务。这类模式如果嫁接到中国的高尔夫市场内，现在时机还未成熟。

中国的高尔夫管理，目前较多的情况是，项目已经出现问题，才着急聘请专业团队。这个时候才采取重金礼聘成功项目派遣管理团队的做法，其实有点病急乱投医。

笔者认为，目前以高尔夫成功项目输出管理品牌的成功性不会太高。原因在于：

首先，高尔夫球场和球场之间存在着巨大的差异性。

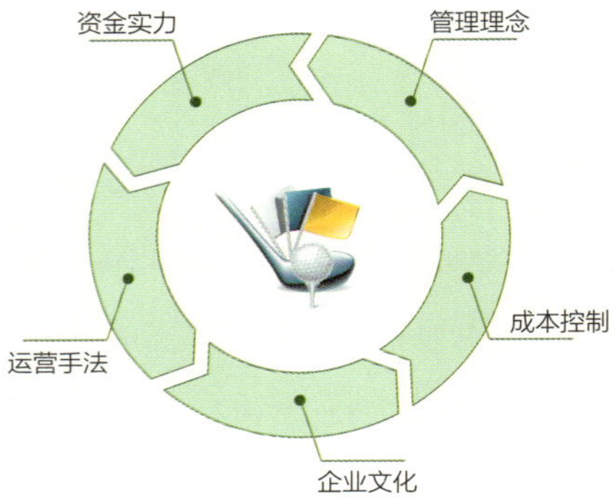

图 2-8　高尔夫球场之间的差异性体现

每个高尔夫球场及其地产项目都有它的特殊性，在资金实力、管理理念、成本控制、企业文化、运营手法等方面都存在着太大的差异性，一个项目的成功经验未必能复制到其他项目。

其次，管理领域内的通才少，输出管理合作盈利性较差。

一座球场经营的成功，有天时、地利等许多条件，这座球场的经营管理班子，未必知晓其他类型球场的经营特点，他们的过往经验有限，往往知其然却不知其所以然。在高尔夫行业内，懂运营的人未必明白球场建造和草坪养护，懂会籍销售的人，未必知道地产营销和球场运营的特点，“通才”和“全才”比较有限。况且，高尔夫管理的品牌输出因为合作金额有限，赢利性较差，成功的球场也不太可能派出非常强干的人员专门服务别的球场。

这个问题可以这样理解：成功的高尔夫球场和地产开发商往往实力较为雄厚，他们如果有输出品牌和管理经验的时间和精力，可能不如自己另拿一块地，去复制自己的成功模式收益更大。做高尔夫项目管理品牌输出这种事，对输出方和接受方都是吃亏不讨好的事情。因此，观澜湖的品牌管理输出浅尝即止，这种案例在国内也再不多见。

高尔夫专业笔记

高尔夫球场及地产项目的咨询管理，这是一个对专业能力要求非常高的业务，应该由见多识广的高尔夫专业顾问管理公司负责，他们能够为球场提供更全面的服务。

三 国外高尔夫球场经营模式

国外高尔夫球场大多是公众球场，甚至名称就是某某球场，而国内有 90% 的球场标榜自己是会员制俱乐部。

以美国为例，他们把高尔夫球场分为公众球场、度假球场（严格来说，度假球场是公众球场的一个分支，视其是否发行会员证而定）、酒店球场、半私人俱乐部、纯私人俱乐部几种类型。

公众球场

美国公众球场的概念与我们通常所理解的并不相同，它的公众球场主要包括以下四个类型：

图 2-9　美国公众球场的四种类型

类型 1：日收费球场

日收费球场一般不发行终身会籍一类的正式会员证（不排除短期优惠套餐券或优惠卡），面向社会公众开放，经营形式主要是为打球按日收费（分淡、旺季）。之所以叫“日收费球场”，是区别于少部分其他向当地社区居民出售月卡、季卡或年卡收费等较长期的打球权益为主要收费形式的公众球场。

在美国两万多个高尔夫球场中，公众球场约占 70%。必须说明的是，这里所提到的四种公众球场概念是完全不同的，经营模式也不一样，收费更相距甚远，像著名的圆石滩林克斯球场（Pebble Beach Golf Links, CA）和松林度假乡村俱乐部（Pinehurst Resort & C. C., NC）等也是公众球场，此类公众球场 18 洞的收费高达五百多美金。它们球场的品质优良，服务和硬件设施上佳，而且大多举办过大型职业赛事，具有非常高的知名度、美誉度和服务满意度。

类型 2：半私人球场

半私人球场类似于我国众多的半封闭高尔夫俱乐部，既出售会员证，也接待散客和旅行团体，但此类俱乐部在美国并不太多，不像我国，这类球场是主流。我国的半开放半封闭式的高尔夫俱乐部，既能享以“私人俱乐部”的名义高价出售会籍之利，又能大量承接团队、散客。但随着高尔夫市场的成熟，这种模式的俱乐部将有一部分逐渐会被淘汰。

类型 3：市政球场

市政球场才是严格意义的公众球场。这类球场一般由当地政府出资或提供土地支持建造，地方政府是其大股东，球场董事会、理事会是经营管理方，以较低的收费向当地居民提供享受高尔夫挥杆乐趣的场所。在市政球场里打球，一般一场球的费用约在 20 ～ 40 美元，淡季促销时仅数美元。

类型 4：军用球场

军用球场隶属于军事基地，仅限军人及其家属优惠使用，如同很多部队大院里的电影院、篮球场一般，很少接待其他公众来宾。这类球场的存在说明，高尔夫球运动在美国的普及程度之高。

美国的标准球场是指任何包括不同的 3 杆洞、4 杆洞和 5 杆洞的 9 洞或 18 洞球场，而中国标准球场一般是指 18 洞球场。在球场的球道长度和标准杆数方面，美国标准球场的概念要求 9 洞球场的长度应该至少 2600 码，总杆数至少 33 杆，18 洞球场的总长度至少应该达到 5200 码，总杆数至少 66 杆。这一点，也与中国有所不同。在中国内地的高尔夫从业者看来，18 洞高尔夫球场的标准杆如果少于 70 杆，球道长度少于 7000 码，好像就不太正常，不好意思宣称自己是标准高尔夫球场。

四 中国高尔夫球场经营模式

中国的高尔夫俱乐部经营模式有很多种。从对会员制坚持程度的不同，一般分为三种运营模式：

图 2-10　中国高尔夫俱乐部的三种经营模式

01 公众球场经营模式

这种经营模式采取美国的日收费或“打球 + 住宿”套餐优惠形式为主，也出售带一定优惠权益的套票、季度卡或年卡。

目前国内公开宣称自己是公众球场的，仅在深圳有三家。而在本地球客较少、主要依靠外地客流的地区，如山东、海南等地的球场，虽然球场的运营和操作手法在竞争激烈的状态下，与公众球场没有太大差异，有的球场日常客流主要靠访客或度假客流为主，但为了出售会员证的需要，让会员们感觉到价值和面子，仍然硬撑着“会员制”俱乐部的牌子不放下。

（1）中国高尔夫消费群体对高尔夫文化理解层次不齐

一些已经明确宣称为公众球场的企业，他们在名称上仍然是“某某高尔夫俱乐部”而不是“某某球场”。照理说，所谓高尔夫俱乐部就要发展会员，遵行会员制服务，在经营管理上以服务会员为主，而事实上公众球场在发展会员上有许多限制。但是，许多中国高尔夫爱好者对高尔夫的理解并没有上升到俱乐部文化和企业经营管理体制的层面，也没有那么多经营禁忌。比如，一些球场甚至对业余球员穿着牛仔裤下场也睁一只眼闭一只眼，一些球员并不在乎球场是什么名称、球场能做什么，它们有什么文化传统，他只在乎球场提供什么样的产品和服务，便宜与否，装修有没有档次，有否带来打球方便和尊贵感等方面的问题。

（2）球场要回到打造高尔夫传统文化的层面上

这些缺乏文化传统的业余球员，以及高尔夫球场的投资者、经营者，有许多是在二三十年前对高尔夫运动根本没概念的人，或者是农民出身。他们缺乏对俱乐部文化的理解和绅士素质，这样的客群层次也决定了许多球场或俱乐部经营者对俱乐部文化传统塑造的失趣，形成了目前高尔夫球场的经营和市场运动大多喜欢打价格战的恶性竞争。因此，高尔夫运动要做长远健康的发展，还依赖于高尔夫球场对高尔夫传统文化的重视和打造。

02 纯会员制高尔夫俱乐部

这类俱乐部又称私人俱乐部，指仅接待会员及其所携带的嘉宾，业内也称之全封闭经营。

在中国，私人高尔夫俱乐部往往被定位为高端、神秘。但因客观条件有限致使它们未必能做到100%封闭。例如，政府官员和政府关系接待不能拒绝，当地的“高协”或省市、乡镇政府官员带来高官、领导和随从，俱乐部经营者为了经营，也不便婉拒，不能不接待。而在国外，私人俱乐部将政府官员和富豪大亨拒之门外是很正常的事，这类国家有这样的私有产权体制和文化传统。而且，国外私人俱乐部的投资者和股东往往也是名门、贵族，他们能够理解一家真正的高端俱乐部对会员的尊重也体现在对散客的婉拒等方面。

纯会员制的经营模式在中国内地体现为与地产项目的经营充分配合，衍生出地产业主纯会员俱乐部模式。

这类模式的经营特点是，在经济和高尔夫球都高度发达的地区，只从购买项目房产的业主中吸收会员，球场纯粹是整体项目的配套。但这些球会也在球场上举办自己项目或集团公司的企业推广活动，充分运用高尔夫球场的商务交际平台作用。采用这类经营模式的项目有北京丽宫、中信山语湖等，他们的会员证只向业主销售，不接待访客。

03 半开放会员制高尔夫俱乐部

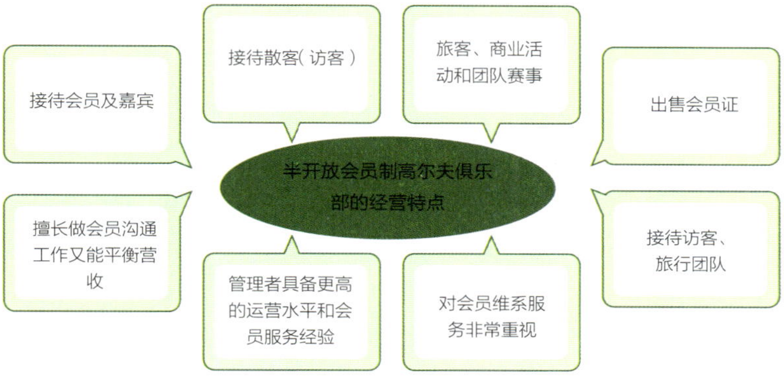

图 2-11　半开放会员制高尔夫俱乐部的经营特点

是指半封闭经营，既接待会员及嘉宾，也接待散客（访客）、旅客、商业活动和团队赛事，尤其是在生意不太好的平日，这类接待会更频繁。

这类球场目前占了国内球场的主流。许多知名度相当高的球场，因为球场和酒店投资巨大，平日使用率又不高，出于经营的需要，他们非常乐意承接赛事和旅客。而在高尔夫球市旺盛的地区，比如北上广深等一线城市，半会员制球场在假日一般不承接赛事和旅客，他们的假日资源仍以服务会员为主。

半开放会员制高尔夫俱乐部这种经营类型是一个总的概念，在实际操作中还有许多不同特色及其亚种，下文将述及。

半封闭型俱乐部从其特点来看，既可出售会员证（大多数的价格不能与纯会员制俱乐部相提并论），又可接待访客、旅行团队，有点左右逢源的意味。在经营过程中，往往会因追求营业收入而影响会员证的销售，客户的阶层不够纯粹，带给会员打球和享受服务的感受也不好。当然，许多半封闭俱乐部也有办法能“hold 得住”会员，对会员维系服务非常重视，俘获了会员们的芳心，在会员们的心目中仍能获得良好评价。

广东有几家品质一流的球场，虽然并未坚持纯会员制，但多次被评选为中国十佳之一，受人尊敬，会员也以它为荣。达到这样的经营效果要求俱乐部的经营管理者具备更高的管理运营水平和会员服务经验，非常擅长做会员沟通工作又能平衡营收、投入等关系。

半封闭会员制球场几乎占国内 90% 以上，一般分为以下 4 种经营类型：

类型 1：地产业主会员制混合度假村型

这是半封闭会员制经营模式中的一种，目前最典型的代表球场是春城湖畔度假村。这个球场的经营策略是除确保地产项目业主享受会员待遇外，还承接大量的旅客和团队。它一般选址在气候良好的旅游目的地，配套建设也相当齐全。

类型 2：酒店度假村型

图：美兰湖名人赛场

图：美兰湖高尔夫别墅

图：美兰湖高尔夫球场

此种经营模式分成三种，类似于前述的美国酒店球场。

图 2-12　酒店度假村型球场的 3 种经营模式

第一种，半封闭会员制经营。

如既接待会员也接待访客、团队和酒店住客。比如，黄山松柏高尔夫俱乐部。

第二种，全开放式经营。

例如，住宿来宾可享受打球优惠的武夷山风景高尔夫俱乐部，他们甚至干脆不销售会员证。但对投资者而言，除非是对当地的会员证市场实在不作指望，否则这样做的结果相当于丧失了提前回收一部分投资和锁定一部分客户的机会。

第三种，全封闭经营。

例如，杭州富春山居度假村，他们的酒店客房量并不多，球场却执行比较严格的会员制，非会员和未经邀请不得进入。这种类型往往要求酒店和度假村建设在知名的景区内，项目高端，实力雄厚。事实上，这种类型是纯会员制的经营模式，而且是将高尔夫俱乐部与配套的小型酒店或度假村一体实行。这种经营模式利在维持项目高端定位，保证会员的阶层纯粹性。这需要以高价会员证及年费和高消费支撑；弊端是限制了小型酒店或度假村的客流，经营成本压力增大。国外的许多配套齐全的高尔夫乡村私人俱乐部，正是这种类型。

类型 3：都市商务型

这是半封闭经营型的一种。在保证会员权益前提下，他们为尽量增加营业收入，扩大球场利用率，在平日以及预订不多的假日里，会承接中小型的商业赛事等活动。并且这种俱乐部也愿意接待打球价格高的零散访客，对非会员的限制不像标榜纯会员制的俱乐部那么严格。许多生意好的俱乐部会在假日执行比较严格的会员制管理方式，而在平日则放宽尺度，以便争取更大的经营收益。

此类球场在经济和高尔夫球市均较发达的地区比较多见，而且往往交通比较方便，距离城市比较近，配套也比较高档、齐全。这类球场的代表有上海南宫馆、华凯乡村等。

类型 4：商务度假型

这类球场往往配套建有小型酒店和其他休闲娱乐、公众旅游配套设施，在保证会员权益前提下，承接度假型、会议型客群。这种经营类型在国内许多地区比较常见，尤其是在当地球市不旺、经济欠发达、球场地理位置又比较偏僻的地区。

商务度假型球场往往与综合度假村及中大型旅游地产项目相伴相生，成为旅游地产项目的“标配”。

高尔夫专业笔记

都市商务型球场在公众宣传上，比较忌讳自己“都市商务”的定位，更注重强调会员价值，甚至在销售会员证阶段，从概念上更强调自己的会员制定位，以免影响球场的品位和会员证价格走向。

例如，深圳观澜湖高尔夫球场，虽然它的会员证价格较高，对会员的权益也很尊重，但因球场洞数太多、酒店客房数量也大，对客户数量需要自然也多，他们在经营上欢迎旅客和团队，但仍坚持会员专用球场，确保和尊重会员权益，保证球场的高端属性。

五 未来中国高尔夫经营模式判断

图：上海雅居乐滨海高尔夫 1

图：上海雅居乐滨海高尔夫 2

随着市场的发展，中国的高尔夫球场还会出现其他经营类型，但均根据自己的市场环境和经营定位选择。需要说明的是，从纯粹经营盈利的角度，上述这几类经营模式并无良莠、高低之分，都是根据市场情况和项目整体定位而做出的选择。企业盈利才是生存发展的前提，高尔夫球场的经营也一样。高尔夫俱乐部在行业内的“江湖地位”并不取决于采取怎样的经营模式，而是球场的经营管理水平和球友对球场整体服务的评价，也就是球场自身品牌的优劣。比如选择半封闭会员制模式的球场也能获得良好的口碑，选择度假村模式的球场也有国内最顶尖球场，比如春城湖畔高尔夫度假村。但从业内名声来说，一般纯会员制球场更容易被高端人士接受，因为它们更符合高尔夫俱乐部文化的传统。国内每年评选的十佳俱乐部，往往以纯会员制为主流。因此，纯会员制俱乐部往往被视作“高端”的代名词。

随着中产阶层成为高尔夫消费主流以及球市竞争加剧，“月收费”式的接近于公众球场经营模式，必将成为若干年后中国球场的重要选择。中国高尔夫市场两极分化与市场细分，盈利模式创新，指日可待。

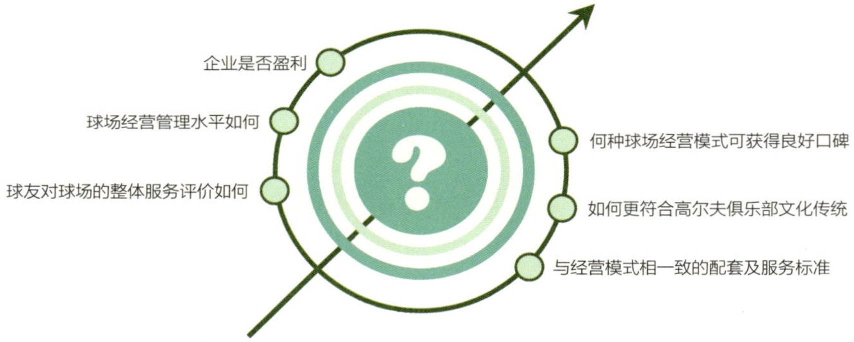

图 2-13　中国高尔夫球场经营要注意的问题

至于球场选择了哪种经营方式，这样的经营方式需要什么样的配套和服务标准，大多数开发商却往往在一开始并不了解，也没有清晰的发展思路。有些开发商往往是先撞到墙，才想起高薪聘请职位经理人，而这时项目发展和球场经营已走了一段时间的弯路，丧失了塑造品牌“第一印象”的良好时机。当一个高尔夫项目出现经营管理问题时，开发商匆忙找到职业经理人过来坐镇把脉的办法未必是上策。

01 充分认知高尔夫职业经理人群体的能力现状

中国的高尔夫职业经理人有的只是过往有限项目的经验，却缺乏系统经验的思考和总结。内地许多球场总经理一类的职业经理人，从营运或市场岗位提升到现有职位的较多，因为中国高尔夫球场数量近年快速增长，优秀的总经理总是供不应求，很多球场的总经理往往是来自于知名球场跳槽的副总经理或总监。这些职业经理人对营销、管理、战略性经营决策等方面的钻研和总结分析还不够透彻，部分职业经理人的管理特点是依赖直觉和过往的岗位经验，缺乏系统性思考和解决问题的能力，理性思索和全面的认知、学习还不够，这也是中国许多球场定位模糊、经营方向不明、经营手段缺乏的原因所在。

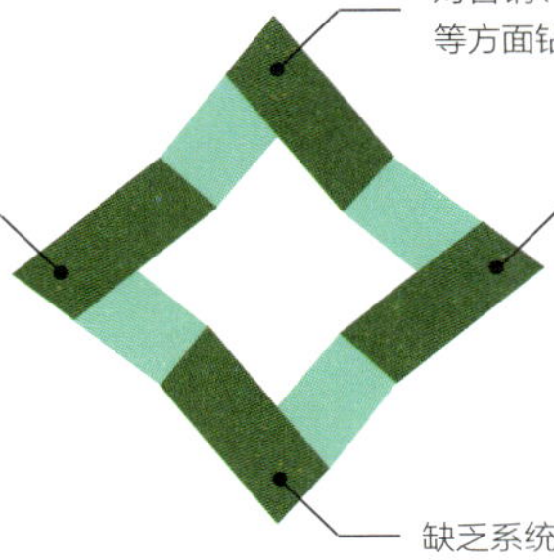

图 2-14　高尔夫职业经理人能力现状

前述 90% 的半封闭会员制，就是他们的管理“作品”。他们是中国高尔夫球场管理运营中最迫切需要学习的一个群体，然而，时势推就，他们现在已经是总经理级的决策人了，对于大部分都还不太懂这个产业的投资人，不听他的，能听谁的？

另外，投资人往往喜欢听球友的，但球友不了解这个行业，只能说些简单的支离破碎现象，不了解现象背后的运营、管理和市场规律，难以说得系统和全面。遗憾的是，以笔者的经验，许多球场的老板更喜欢凭球友的只言片语做决策。

02 高尔夫球场管理人要对未来市场做准确的预估

从企业投资赢利的角度而言，选择什么类型的经营模式并非十分重要——只要是符合市场需求并有能力坚持做好就行，事实上项目的经营模式也会随着市场和消费群体的变化而不断变化。比如深圳和上海有的俱乐部项目大股东更换或球场被收购后，整体项目的定位和经营方式也随之改变，有很多球场因此走上纯会员制的私人俱乐部之路。

从这个层面上讲，高尔夫球场的经营模式选择，既有初始投资商的天时、地利、人力资源的储备及财力等问题，也有时机选择的问题。

或许，这类球场当初做这样的选择时，他们的定位就不得不这样，或者一路走来，只能这样发展下去。但更多的，却是源于他们对未来市场的机遇预估和把握的问题。一个投资商在投资建造球场时，并不排除未来某一天巨大变化的可能性，或者有的球场在动建的时候，老板就盘算过某一天转让呢？球场转手换老板是资本运作的事，球场的职业经理人到时也只能发发牢骚和感慨。听到几个球场转售之后新股东改变经营定位的故事后，笔者最近听闻华东某知名俱乐部已出售现有俱乐部的部分股权，为他们即将上马的南京新项目筹措资金，这是一件好事，正因为他们当初一路的坚持，对服务品质和球场的坚守，以及对俱乐部文化等许多方面的坚守，现今出让俱乐部股份时，才掌握了更多的主动权，只算投入产出这笔简单的数字账，他们也是划算。这种坚守，是不是另一种经营的高明之处呢？

02

SECTION TWO

第二节

中国高尔夫成功投资模式类型

高尔夫项目的投资回报仍以地产开发为主

- 东方高尔夫的经营模式
- “上海旭宝”式经营模式
- 因资金而转手球场住宅项目用地模式

国内高尔夫项目盈利模式研究

- 杭州富春山居高尔夫度假村
- 浙江九龙山将军高尔夫及其度假区
- 广州九龙湖高尔夫主题景区
- 安徽黄山松柏高尔夫
- 上海佘山国际高尔夫

本节阅读导图

图：佘山国际高尔夫俱乐部球场

受制于中国高尔夫产业政策和经营者能力水准，高尔夫球场本身的盈利能力大多偏弱。从一些高尔夫球场的运营调研来看，目前国内 70% 以上的高尔夫球场事实上经营情况并不乐观。众所周知，靠运营收入和会籍销售回收球场投资成本的周期比较长。高尔夫球场的建设作为一种投资金额动辄上亿元的项目，是需要非常慎重的投资行为，投资者必然有多个维度的考量。

如果要分析高尔夫项目的投资人群，中国高尔夫球场的投资人，以地产开发商为主流，即便拿地之初不是以地产开发为目的，但有经验的投资人也会跟政府要求住宅用地的指标。这是中国目前高尔夫项目运营的一个常见模式：以高尔夫球场、练习场或配套的酒店、会所等项目集聚和培育客户，以地产销售快速盈利，并持有一个可持续盈利的球场，这是大多数投资者的选择。

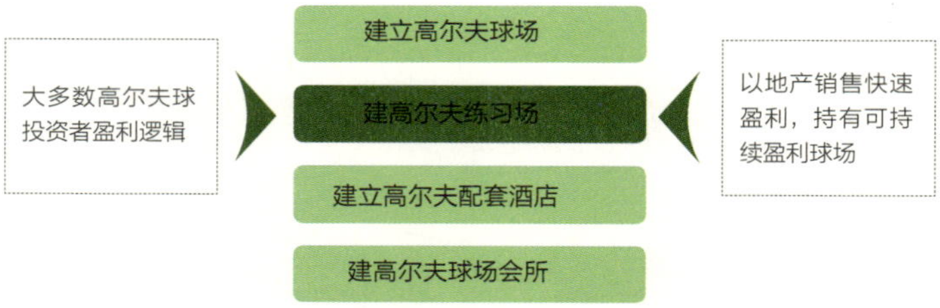

图 2-15　大多数高尔夫球投资者盈利逻辑

一　高尔夫地产投资回报仍以地产开发为主

高尔夫球场的投资价值，在过往的绝大多数球场及今后数年的发展中，仍是以地产开发为主的投资回报模式。球场仍会是地产项目的主要配套和提升产品价值的手段之一，这是中国高尔夫产业必须直面的现状，更是一段时间之内难以摆脱的宿命。

在一次业内总经理论坛交流会上，主持人提出了“高尔夫与房产脱离，球场能否单独经营”的话题。台上言者谆谆，台下应者邈邈，因为大家心知肚明，许多内地欠发达地区的高尔夫球场不可能脱离房产单独经营盈利，这是奢谈。

有一个常规是，作为球场经营管理的职业经理人，相对于企业同一项目内同级别的地产项目负责人，往往球场负责人的话语权比地产项目负责人分量要小，原因无非是高尔夫项目和地产项目经理人对企业产值贡献不一样。在老板的心目中，地产项目的地位更重要。这点也很好理解，就土地价值而言，偌大一片土地，动辄数千亩，仅靠球场的投入产出，与投资地产项目比，高尔夫球场项目难有超值回报。

这中间的问题投资商往往没有认识到：有高尔夫配套的房产产生高溢价，正是产生于球场经营和初期的市场酝酿，有好的品牌形象才能带来高溢价，引发众多客户愿意买单，这中间一定是因为球场运营带来的口碑和高质量客源，而不是仅仅因为建了一座球场。反之，如果球场建造和经营做得很差，对企业和项目的品牌起副作用，口碑和品牌越差，地产项目也就越不值钱。大量球友们的口耳相传与媒体广告的威力相比毫不逊色，会致使这个项目的市场价值直线下降。高尔夫球友是各行各业的精英，他们对一个项目的评价会影响到交际圈内几十位甚至数百位的成功人士，而这些成功人士正是地产项目需要的宝贵客源。

据了解，对于房产或会籍等较大金额的投资，客户最重视的是老会员和老业主们的感受，圈内朋友的看法，老业主、老会员说一句，抵得上销售员说十句。

有些经营困难的项目，对于球场开发商而言，最大的希望是球场不至于成为项目的拖累。另一方面，对于内地不发达地区的许多球场职业经理人而言，他们心底最保守的愿望就是少让或不让老板掏腰包补贴，从而找到球场和自己存在的价值。如果扭亏为盈，产生持续的盈利，就是最好的结果。

目前中国高尔夫球场投资者中，如果球场本身经营得不错，鲜有不开发房地产的，“东方高尔夫”球场连锁、“上海旭宝”等算是特例。

01 东方高尔夫的经营模式

东方高尔夫是一家台资企业，在中国台北有一家球场，在中国大陆经营了 14 家球场，是国内最大的高尔夫连锁企业。

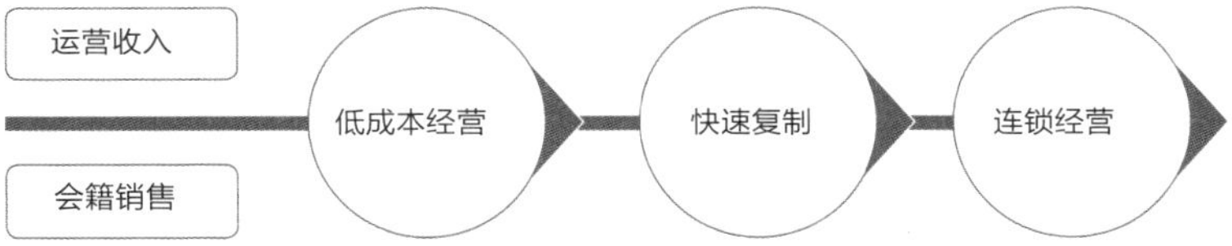

图 2-16　东方高尔夫的经营模式

（1）低成本连锁，以运营收入和会籍销售为主要营收手段

这样的经营方式，投资者一般会严格控制前期投入费用，东方高尔夫球场的会所、餐厅等配套设施都算不上豪华，东方球场的品质与一些新建的定位高端的球场相比也略显陈旧和庸常，没请大牌球场设计师，现在仅有些老球场在陆续改造。

但是，东方高尔夫球场的运作能力非常强，球童的服务水平因为接触客人较多而显得经验丰富，个人能力较强，场上服务技术娴熟到位。

（2）东方高尔夫球场增值源于城市圈扩展

为什么东方高尔夫可以采取低成本连锁的经营模式？

原因在于他们最初项目经营模式的选择。当初在做球场连锁时，投资人为节约成本，快速复制形成连锁经营的局面，土地的取得形式大多以租赁为主，并未涉足地产项目的经营。当然，这样的模式也有遗憾，东方高尔夫球场因为开发时间较早，有的已经经营十多年了，随着城市的不断快速扩张，他们当初选择的地理位置现在都变成城市圈扩大后的繁华地段，他们的球场已经成为周边众多房地产项目作为自身良好配套和营销宣传说辞之一。地段上的优势现在成了他们盈利的利器，却也间接给邻近的地产项目做了嫁衣。

目前东方高尔夫盈利性不及“高尔夫＋地产”的开发项目。随着市场竞争越来越激烈，东方高尔夫盈利性会越来越强。

02 “上海旭宝”经营模式

“上海旭宝”的故事和“东方高尔夫”模式又不太一样。

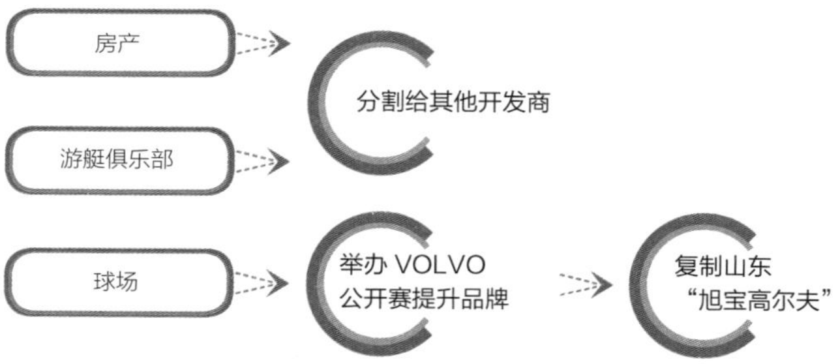

图 2-17　上海旭宝经营模式

（1）投资人本身善于经营高尔夫球场

上海旭宝球场的投资商是“台湾光宝集团”，这个企业以电缆电子设备为主业，而不擅长房地产开发。中国台湾人是中国高尔夫发展史上开风气之先的群体，上世纪八九十年代的许多球场都由中国台湾人投资建设，至今包括美兰湖、天马等多家知名球场也由中国台湾籍职业经理人管理。“上海旭宝”球场的老板宋矿满先生及前期球场的高管黄沧江先生均是中国台湾人。据闻，宋矿满是“光宝集团”大老板的弟弟，是中国高尔夫业界的传奇人物之一。他是一位痴迷的高尔夫球运动爱好者，对高尔夫行业钻研得很深。当初他取得“上海旭宝”球场这块地时，本来地块规划中有房产、游艇俱乐部和球场，但因为当时这块地所在片区的楼市很不景气，也因宋先生之前投资的项目回收资金不畅等原因，这块地上的游艇配套规划用地和住宅开发用地被分割给另一个开发商，他只拿下了球场用地。

球场建成后，品质深受好评，只可惜项目的地理位置在当时看来实在偏远，更可惜的是投资人没有拿下地产开发用地，产出有限。

（2）举办 VOLVO 中国公开赛提高品牌声名

约十年前，“上海旭宝”球场所在的淀山湖区域是距离上海市中心非常偏远的远郊区域，与江苏昆山市交界，上海楼市后来行情红火，远郊楼盘供销两旺的局面当时还未波及此处。当时球场周边曾出现多个烂尾楼盘就是例证，球场周边的多块住宅项目用地都是几经转手。但是，随着大上海的城市扩张和“5+2”生活方式的兴起，最近几年这个项目周边的地块终于行情大好，熬出了头。

随着上海经济和高尔夫球市的发展，尤其是宋老板经营得法，成功引进 VOLVO 中国公开赛，并连续举办多届，上海旭宝高尔夫俱乐部曾被业内赋予“VOLVO 中国公开赛家园”的美称。

随着赛事一届届操办成功，“旭宝”声名远播。在当地楼市渐旺后，曾有人建议宋先生将球场改造，将 27

图：海阳旭宝高尔夫球场

洞缩减成18洞，拿出9个洞的地皮改做房地产项目，这是上海一线大湖、纯高尔夫景观高端房产项目，收益肯定很高。但宋先生否决了，觉得这样做对不起购买会籍的会员，也不符合他的高尔夫经营理念。

这个决议所放弃的是以数十亿计的房产销售收入，不得不让人喟叹。

（3）投资人复制出山东“旭宝高尔夫”

在“上海旭宝”高尔夫成为上海名场之后，宋先生又亲自设计和主持建造了山东“海阳旭宝”球场。

这家球场位于在胶东半岛海边的海阳市。海阳是烟台下辖的一个县级市，当地经济不算发达，早期球客以韩国、日本客源为主。球场呈典型的林克斯风格，深受业界好评，但地理位置不佳，仅凭一座球场难以撬动项目的地产市场——要大规模“造城”，走旅游地产投资模式才行，这也与宋先生的个人志趣和追求并不一致，因此“海阳旭宝”并未开发房地产。

03 因资金而转手球场住宅项目用地模式

在高尔夫经营模式中，有的球场因为投资商资金紧张或投资商有意改变盈利模式，而将球场附属的住宅用地指标转手出让。这也构成了另一种高尔夫球场经营模式，比如武汉金银湖高尔夫球场、正在改建的天津杨柳青球场等。

（1）将杨柳青球场改建成中国最顶级球场之一

天津杨柳青球场老板杜厦先生，是中国高尔夫球界的传奇人物，曾列入“胡润中国富豪排名榜”，他创立了太平洋联盟，通过这个机构，杜老板收购了一些美国球场的经营权，这成为了2011年高尔夫业内十大新闻之一。2013年，太平洋联盟会籍在中国启动，声势浩大。

杜老板在高尔夫业内做得风起云涌，于是将原36洞的杨柳青球场改建成中国最顶级的球场之一。他因赞助美国金融危机时期的美国PGA赛事，在改造之后的“天津杨柳青27人球场”成功引进了美国PGA赛事。球场暂定名中有“27人”字眼。据称是新球场的27个洞，每一个洞均邀请高尔夫大满贯冠军选手参与设计，再由美国和加拿大著名的IBI设计公司进行总体效果把控，做整体球场的设计规划。预计在2014年，一场世界顶级的美国PGA级别赛事将首次登陆中国内地。

高尔夫专业笔记

IBI设计公司的设计师Thomas McBroom号称是“加拿大高尔夫球场设计师第一人”，而另一设计师Beau Welling则是老虎伍兹高尔夫球场设计业务的“御用”球场设计师之一。

（2）转卖球场住宅用地建造高档别墅

或许是为了资金的需要，杜老板将原杨柳青球场中的住宅用地转售给北京阳光新业集团，由阳光新业集团建设“鹭岭森林高尔夫别墅”项目。阳光新业集团是北京的一家上市房地产企业，曾与杜老板在过往经营的商业地产项目有过合作。

高尔夫专业笔记

历数过往高尔夫球场的投资行为，也有因为决策人缺乏经验，拿到球场用地时没有跟政府谈房地产用地指标，比如杭州富春山居高尔夫度假村；或者为压缩球场项目的初期土地成本而采取了农民集体用地的租赁形式，例如前文讲的东方高尔夫连锁球场，但这种情况较为少见。

投资高尔夫球场却没有同步开发房地产，大多是上述原因。

二 国内高尔夫项目盈利模式研究

高尔夫及配套旅游或地产开发是一个客群狭窄、定位高端、需要独特文化卖点的项目。许多投资人都知道，运作高尔夫球场项目最好能同步开发房地产，否则难言盈利。

本书编者研究了以下几个案例，希望让高尔夫项目投资和经营者能拥有投资高尔夫项目的战略性思维，不会一下陷入具体的运营和市场定位等问题里。

下述几个案例，既有“佘山国际”这类以纯会员制高尔夫俱乐部带动高端别墅开发而成功的，也有“富春山居”这类以会员制高端精致高尔夫度假村成功的，还有黄山松柏、广州九龙湖等引进政府资源打造大型综合高尔夫度假中心的模式，更有浙江九龙山项目的土地一级开发、项目招商合作及股权投资等丰富的运作模式。

01
案例

杭州富春山居高尔夫度假村——紧抓小众高端客群

项 目 名 称：富春山居高尔夫
项 目 地 点：杭州富阳市
项目投资商：荣成纸业
项 目 配 套：度假酒店、度假别墅、高尔夫俱乐部、SPA、富春阁、上海特色餐厅
盈 利 模 式：靠会员证销售收回投资

01 项目概况

富春山居度假村位于杭州下辖的富阳市，距杭州市区约 40 分钟车程，距上海也仅两个小时左右的车程。这里是元朝著名画家黄公望蛰居十年创作《富春山居图》之地，风景秀丽，度假村距黄公望纪念馆不远。

富春山居度假村整体项目包括六大部分：

度假酒店、度假别墅、高尔夫俱乐部、SPA、富春阁以及上海的窗口——位于汇聚小资情调和高消费的上海“新天地”的 T8 特色餐厅（餐饮类型的城市俱乐部）。

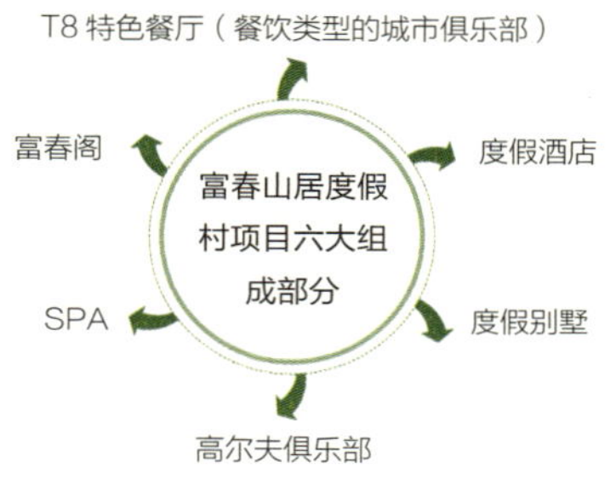

图 2-18　富春山居度假村项目六大组成部分

富春山居度假村由中国台湾上市公司“荣成纸业”大手笔投入巨资，请国级顶尖专业人才打造中国私人俱乐部式度假村。遗憾的是，这个项目当初没有要求房地产开发用地指标，否则本项目的经济价值还会更大。

项目的建筑设计聘请的是世界知名度假酒店专业公司 Aman 集团，设计师的主创人员是比利时人，他将自己心目中的“汉唐遗风”转化为真实的建筑，提炼出“摩登中国”的新休闲主义。最后证明，这个设计是成功的。富春山居度假村最为会员和来宾称道的就是它别出心裁的建筑和装修风格。

度假村酒店主楼有 70 个房间，加上 17 幢度假别墅，总计 110 个房间。规模并不大，总入住率据称保持在 60% 左右，对外的说辞是要确保服务品质保持对来宾的一对一服务，从专业酒店经营数据来看，60% 的入住率

的盈利性并不强。

笔者揣测，产生 60% 入住率这个尴尬数据的主要原因是：这里与其他球场一样，在假日、平日及淡旺季的客源相差较大，为节约人力成本，人员配备上较难平衡，人手相对不足。

据称，最贵的别墅房一晚标价人民币两万元，且订房须三天两夜起，理由是这样才能充分体会此地的悠然、闲静之美，当然这类高端别墅酒店一般采用这样的推广销售策略。

高尔夫专业笔记

入住率难以提高，不如做成本控制，以保持服务品质为前提，提高住客的消费额，以质促量提高盈利水平。

02 盈利模式为纯会员制俱乐部模式

富春山居度假村高尔夫俱乐部为纯会员制，有较高的接待门槛，球场建造和维护水平较好。

图 2-19　富春山居度假村高尔夫纯会员制俱乐部模式图

（1）俱乐部营销有术

富春山居度假村十分巧妙地采取饥饿式经营方式：度假村酒店采取预约消费方式，会员优先，非经预约、非请莫入，据称球场曾拒绝过多位政要。加上酒店宁可空着也要求足够的单次消费额，这样就营造出高端、神秘的市场形象，这种营销手段十分奏效。尽管客房量与城市五星级酒店相比要少得多，但综合赢利并不差。

（2）度假村“低调奢华”的装修风格

富春山居度假村装修并非如想象中的宫殿那般奢华，整体装修建筑多采用中国传统的建筑和装饰元素，朴素、小巧、多元。廊柱上包裹着特意订制的铜皮、大量的竹片以及老旧的中式家具，营造出一种别样的美感。

富春山居装修花费最大的地方在于 80% 的用品、设备都不是工业化生产的规格品，而是木、石、竹制品及从民间收集的老式家居用品或者订制品。体现历史、传统的文化感，构成度假村整体中式“低调的奢华”风格。会所面积并不大，一般酒店或高尔夫会所豪华的前台在这里仅只简化为几个小方桌，别具格调。

会所大门口曾摆着“胡润百富榜·2006年中国富豪之选”的镜框，这也是“富春山居”的目标顾客——神龙见首不见尾的超级富豪和“贵人”们。前香港特别行政区行政长官董建华、意大利阿玛尼集团（著名国际奢侈品牌）创办人 Giorgio Armani 都曾造访富春山居。

度假村2002年建成开业，四年后，富春山居的会员人数已超过260人，这个数量与他们位于江南富庶之地有直接关系。中国富豪排行榜前几位的富豪，荣智健、中信金副董事长辜仲谅、晶华酒店董事长潘思亮、味全公司董事长魏应充、台玻集团总经理林伯丰等人，据说都是富春山居的会员。这些会员的姓名榜挂在走廊的墙壁上，金灿灿的会员榜单上还有二十多个叫“黄公望”的，全都是低调的会员，不喜张扬。他们行踪隐秘，来此度假是偷得人生几日闲。

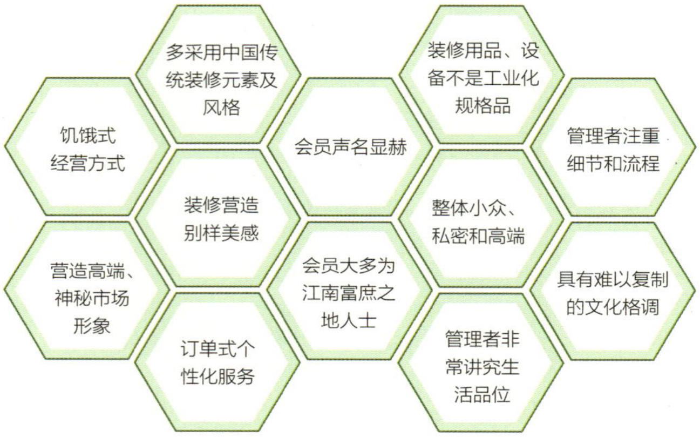

图2-20 富春山居俱乐部成功元素

（3）经营状况

富春山居度假村目前会员量约300多名，会员证开业时为50万元人民币，现涨价到逾140万元人民币。据称，其会员总数限定在350名。这也正是西方高端私人俱乐部较常见的标准，他们认为会员数超过500名就难以让会员们享受到良好的订单式个性化服务品质，也不能体现私人俱乐部的小众、私密和高端性。

富春山居一开始就精准锁定高端小众客群。这群人收入稳定，不受经济景气的影响，需要一个宁静、悠闲、私享、富有品位之处。加之“荣成”董事长同时也是富春山居董事长的郑瑛彬先生，本就学土木工程出身，平日非常讲究生活品位。郑瑛彬深知这群跟他同样等级的人生活品位到达哪个阶段，他们所注重的细节、流程在哪里，自然容易打动这个客户群体。

高尔夫专业笔记

2005 年 5 月，富春山居度假村被国际权威旅游媒体《Conde Nast Traveler》评选为“2005 年全球 116 家顶级新酒店” 之一，是中国境内唯一获此荣誉的度假酒店。据称，《Conde Nast Traveler》评奖的方法是化装考察，悄悄来去，获奖之后再通知，因此极具权威。

富春山居度假村获得多项国际大奖后，声名显赫，然而它最大的魅力在于难以复制的文化格调以及刻意营造的低调、神秘感。它与普通大众区隔开来，保持了足够的距离。

03 项目点评

项目投资商“荣成纸业”投资这个项目的目的很清楚，不依赖酒店、球场的日常营业收入，而是靠会员证的销售来收回投资，并借助这一平台，做好了俱乐部经营背后的人脉资源等政商合作文章。

富春山居度假村高端、神秘的市场形象，是一种高妙的包装手段，是非常成功的品牌运作方式。据称，已有富豪出价 12 亿收购本项目，但投资商仍并未心动。这正是它事先规划好的盈利模式，而且坚守得非常成功！

02 案例

浙江九龙山将军高尔夫及其度假区——四驾马车驱动大市场

项 目 名 称：九龙山将军高尔夫
项 目 地 点：浙江平湖市
项目投资商：上海九龙山股份有限公司
项 目 配 套：高尔夫俱乐部、游艇俱乐部、polo 马球俱乐部、赛车俱乐部、赛马俱乐部、五星级威斯汀酒店
盈 利 模 式：屯聚土地资源，以高端配套盘活资源

01 项目概况

九龙山将军高尔夫俱乐部是浙江九龙山风景区最早启动的项目之一，也是地块内已启动的三大俱乐部之一。

度假区位于浙江平湖市乍浦古城之东，在杭州湾北岸，南临大海，北接平原，山、海、岛、滩、森林等景观资源齐全。九龙山度假区最邻近的地级市是嘉兴，距上海、杭州、苏州等经济发达城市均在 2 小时车程范围内。在景区建设前，此地只是欠发达的海边林区。

图：九龙山高尔夫会所

九龙山项目 2005 年获得政府批准，与政府共同开发。景区总占地面积 11.2 平方公里，相当于 1/3 个澳门。

景区配套有三大俱乐部，已开业的有高尔夫俱乐部（27 洞，半开放会员制模式，会员限量 1200 名，现市场形象相对前期相比略有下降）、游艇俱乐部、马术俱乐部（马球、马术运动主题，含马球、马术赛场和两个户外训练场）。另规划称有赛车俱乐部（国际 4 级标准赛道，可举办方程式赛车及 WTCC 级别的房车赛）、赛马俱乐部（速度赛马场）两大俱乐部。五星级度假酒店现已开业。

这些配套设施大多为投资商引进合作项目，少部分采取建筑商垫资建设模式。投资商在景区东段的东沙湾拟建供大众休闲的海滨浴场，这将成为华东地区面积最大的海滨浴场，浴场风景优良，可同时容纳游客 2 万多人。景区内还将开发适合公众休闲娱乐的大型温泉项目——国内最大的主题温泉乐园。

02 盈利模式为屯聚土地资源，以丰富配套盘活资源

“九龙山”的盈利模式是屯聚大片土地资源（包括旅游、住宅、商业等多种用地性质），以三大高端俱乐部、度假酒店为驱动项目发展的四驾马车，结合丰富的大众度假设施炒热地，之后靠联合开发、股权转让、土地出让等盘活资源，与政府一起做房地产一级运营商，以丰富的配套促进整体项目发展，以便达到高尔夫和地产项目共同发展。

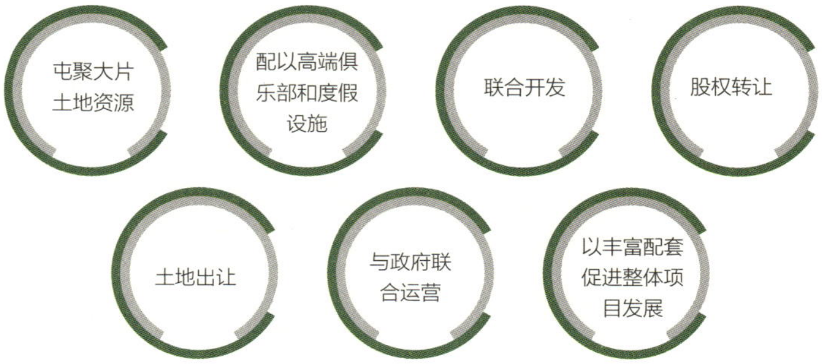

图 2-21　九龙山盈利模式特点

03 经营状况

九龙山项目的投资商是上海九龙山股份有限公司（上市公司），原大股东为上海茉织华股份有限公司，“茉织华”的原主营业务为服饰、印刷等。“茉织华”上市之后，积聚了大量资金，业务重心转到九龙山项目的整体开发，股票名称也更名为九龙山股份。

（1）通过自建自营等多种运营模式开发

九龙山项目投资商通过自建自营、乙方垫资建设以及招商租赁、合作开发运营等多种模式，丰富配套设施，并与公众休闲度假设施形成合力，生生创建出长三角地区乃至影响全国的新兴“集高端度假、休闲、商务、运动为一体的全功能旅游胜地”的旅游品牌。

（2）后期不断为项目周边资源改善做投入

为了为项目创造更好的配套和周边环境，投资商还陆续开发旅游地产，与酒店和游艇俱乐部毗邻的游艇湾一期公寓、别墅项目已完成销售。同时，九龙山股份也从事土地资源运营，做一级开发，将景区内数个地块或项目子公司的股权转让给侨泰兴业股份公司、台湾海湾电子科技有限公司等合作伙伴。“海湾电子科技”也从事地产和度假项目开发，上海“鼎邦俪池”房产项目及桂林“乐满地”度假世界（含27洞高尔夫球场）均出自其手。2013年夏，九龙山庄园乐满地水上娱乐项目开业。

与富春山居相类似，九龙山也在上海淮海路——上海著名的富人区地段，设有城市俱乐部似的接待窗口。

（3）项目朝着综合开发与经营业务的平台目标努力

2011年3月，海航集团旗下上市公司“海航置业”及关联企业以人民币16.9亿元总价款收购了九龙山股份公司29.9%的股份，成为控股股东。九龙山项目将借“海航集团”规模开发、运营旅游休闲度假区的经验，把九龙山高尔夫打造为房地产、休闲度假综合开发与经营业务的整合平台。

03
案例

广州九龙湖高尔夫主题景区——综合度假，合作开发

项 目 名 称：广州九龙湖高尔夫
项 目 地 点：广州花都
项目投资商：金马集团
项 目 配 套：意大利式别墅、客房、主题餐馆、红酒雪茄吧、室内健身馆、室内运动馆、棋牌麻将馆
盈 利 模 式：以高尔夫 + 酒店形成高端综合度假村，混合地产开发

01 项目概况

广州九龙湖高尔夫项目的开发模式与浙江九龙山开发模式有些相似，且项目名称仅一字之差，一曰九龙山，一曰九龙湖。

九龙湖景区位于广州花都区远郊，与从化市接壤，地理位置较为偏僻，好在距机场较近，是广州的后花园景区之一。这里现已被评为四星级旅游区，可见客流之大。景区资源构成也非常独特，整体景区占地 10.5 平方公里，以一个湖岸曲折的九龙潭水库为中心，四面环山，山清水秀。开发商为中国香港金马集团，集团旗下有广州金马房地产开发公司，曾在城区开发传统住宅物业。

2005 年，金马集团取得了本项目的控制开发权，截至目前，总投入已逾 30 多亿元，整体地块分区、分片开发。

图：九龙山庄园 一期酒店别墅区

图：九龙山庄园 一期酒店别墅区

图：九龙山庄园球场

（1）一期建设配置

先建了27洞球场和别墅式欧洲小镇度假村酒店区，因此本项目一开始就定位为高端综合度假村，配套齐全。但因为前期配套建设投资过大，加之地产项目销售不畅，为后续建设带来了资金压力。

一期酒店区以若干栋意大利式别墅组成，组团式围合成片，景观优美。

九龙湖一期配套包括：

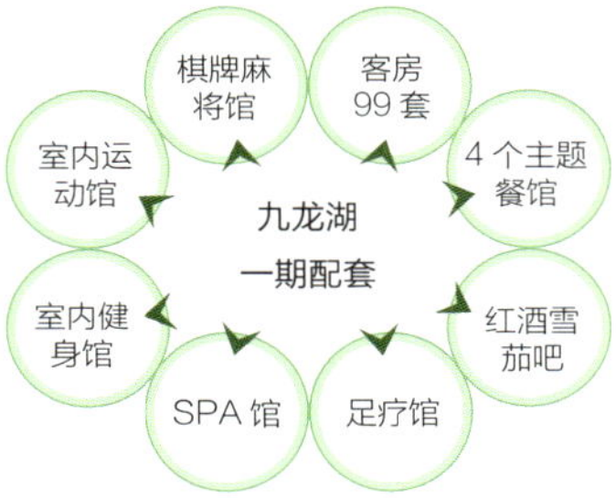

图2-22 九龙湖一期配套图

度假配套包括：客房99套（客房布置在每栋建筑的二、三层），4个主题餐馆（一个中大型中餐厅，两个西餐厅及一个西餐兼酒吧厅）、红酒雪茄吧（地上平层酒窖）及足疗馆、SPA馆（SPA馆为四层，装修较有档次、含室内恒温游泳池，设施齐备，现有30名技师和10多名服务员，表明按摩和SPA市场需求较大）、室内健身馆、室内运动馆（乒乓、羽毛球、篮球等）、棋牌麻将馆等。这些设施在2010年亚运会前建设完成并升级改造。现在，部分运动场馆向住宿来宾免费开放，其他设施对酒店住宿来宾提供一定优惠。

（2）二期建设配置

二期6层的酒店主楼与欧洲小镇紧邻，是2007年为承办2010年在广州举办的亚运会高尔夫项目比赛而兴建。

目前，整体酒店总客房量达300多间，名称为公主酒店（挂牌5星），聘请职业经理人管理。新酒店客房的装修标准较高，据说设计费为400多美元/㎡，酒店装修的室内设计费用就高达两千多万元。因属于度假型酒店，所以酒店平均入住率并不高，但员工编制达到700多人。据悉，酒店以承接高端会议、旅游团队为主，因客流有限，经营数年来效益不佳。

02 盈利模式以“高尔夫＋酒店”形成了高端综合度假村

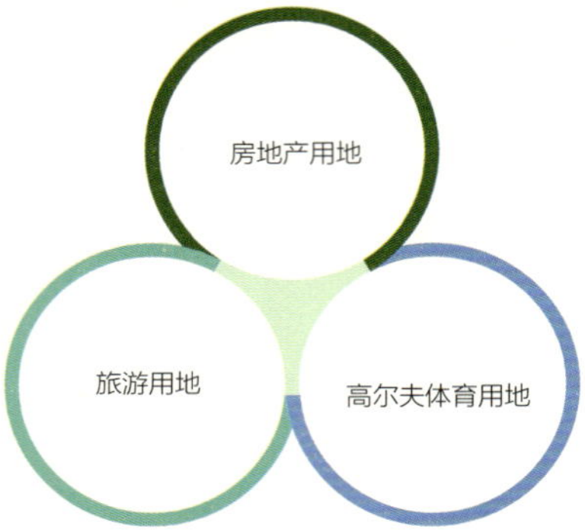

图 2-23 九龙湖项目用地类型

九龙湖整体项目用地分为旅游用地、房地产用地、高尔夫体育用地等多种用地性质，对普通游客收取门票。普通旅游项目主要包括青山和水库景点、沙滩浴场、水上运动（浮箱式游泳池）等，设施并不太多。

九龙湖项目以“高尔夫＋酒店”形成了高端综合度假村，建立起成熟的消费模式。从以前的门可罗雀，到现在 54 洞球场年均接待 7 万人次客流，其 54 洞高尔夫球场，一个为山地 27 洞球场（名国王城堡，含 9 洞灯光），会所雄居山巅，较有特色，为半开放球场，接待访客和游客。现正在建一座国王城堡酒店，准备与“国王球场”会所一体经营。另一个 27 洞（含 9 洞灯光）坡地球场，为亚运会比赛场地，后称之为“亚运球场”，这是一座会员专场。该项目因承办亚运会高尔夫比赛等关系，取得了当地政府的大力支持，景区内的水、电、燃气、排污、外围交通等基础市政齐全。在政府协助下，景区外规划建设了漂亮的还建小区，很好地解决了当地原住居民的问题。

九龙湖的酒店与高尔夫球场的经营是分开的，各为法人单位，分开独立核算，日常经营也各自为政。目前，项目内的高尔夫球场盈利可观，酒店的经营却压力巨大，但这“两兄弟”的内部联动不足，据悉许多打球的度假客人乐于住宿在球场外小镇上的酒店，而非球场内的公主酒店。发展商知晓球场与酒店的丰富资源未能共享，未发挥出合力效益，但近年来还是一直未解决好这一问题。

03 经营状况

九龙湖高尔夫的现有会籍为 54 洞权益，会员约 700 多名，创始会籍价格不到 30 万元，一路上涨到 2012 年底的 60 多万元，之后再继续上涨有些乏力。2013 年，球场耗资 1200 万元承办“皇家杯”欧亚对抗赛，希望会促动会籍和房产销售。

（1）因别墅销售危机而转卖土地给新鸿基地产

项目最开始时，发展前景也不乐观，只有高尔夫球场和酒店，来宾量有限，交通也不太便利，投资商自建了数公里的通往镇区的道路。2009年时，球场周边的地产项目售价仅2400元，价格水平远低于花都城区。球场开业后，金马集团也曾在邻近欧洲小镇度假村的地块开发建有一个西式别墅小区，但因户型面积、建筑品质等问题，严重滞销现成为闲置资产，等待出售良机。据称“金马集团”拟在本项目人气更旺时，将之精装修，带装修出售。

迫于资金压力，2008年，金马集团与中国香港“新鸿基集团”合作，以30亿元转让了750亩球场内高尔夫景观别墅用地。2009年，“新鸿基”开发的现代型别墅进入销售阶段，开盘价8000元/m²，购房者多是“新鸿基”的老客户，他们买房的主要目的是度假。开盘两月后，销售局面大好，房价开始一涨再涨。现在，“金马”加快了地产开发节奏，有一部分地块自主开发，建设欧式大面积的高档别墅，另有一部分与“新鸿基”联合开发，建设现代别墅。

2012年中，已有多个地块炸山平地，一片繁忙的大干快上的繁忙景象。这种联合开发也会带来一些问题，因项目内开发商有两家，因此房产存在建筑风格不协调、产品形象和推广不统一等问题，这对品牌形象和销售宣传多少会带来影响。

图：九龙湖高尔夫俱乐部公主酒店别墅区游泳池

图：九龙湖高尔夫俱乐部会所外的观景长廊

图：九龙湖高尔夫公主酒店客房

（2）九龙湖采取自行经营管理的办法

九龙湖球场建设、筹开及经营以来，聘请了多名高尔夫专业人员进入管理团队，培训和帮带开发商人聘用的员工，球场一直由开发商自己经营管理。

2009年，为筹备亚运会及提升品质，引进了某国际管理公司做顾问管理，但因顾问方在草坪养护出现重大操作失误，引发纠纷而导致双方提前解约。

球场在经营上与广州其他球场无异，“国王球场”承接大量非会员消费，与中介机构保持合作，中介为球场带来较大的客流。据悉，九龙湖球场大约从 2007、2008 年就开始赢利（仅指单纯营业收入测算，未含配套设施折旧及财务成本），2011 年赢利两千多万元。

高尔夫专业笔记

广州作为中国经济发达的一线城市，高尔夫爱好者众多，却多年来没有出现一家纯会员制球场，让业内人士不得其解。笔者揣测，可能是当地高尔夫“土壤”太过肥沃，球市较旺，而周边的球场品质均不俗，打球方便，且早年以港澳高尔夫旅游客群为主流，养成了大家的消费习惯，因此，从单纯投入产出的经济账角度，投资商无所谓是否采用纯会员制吧。

04
案例

安徽黄山松柏高尔夫——酒店与球场双引擎

项 目 名 称：黄山松柏高尔夫
项 目 地 点：安徽黄山市
项目投资商：雨润集团
项 目 配 套：五星级酒店、国际会展中心、大型水上休闲中心、高尔夫旅游管理学院、徽州文化艺术中心、徽州岛度假村、五星级酒店及公寓群、水视界 SPA 养身公寓、翡翠山庄企业会所区、悦松庄超五星级庭院式酒店区、御墅天筑一期别墅、会员度假公寓、五环运动广场、高尔夫练习场、青少年培训中心、徽州小镇、儿童游乐园
盈 利 模 式：以酒店运营为主的高尔夫度假模式

01 项目概况

黄山松柏高尔夫球场位于安徽黄山市近郊，距机场很近。到过黄山景区的游客都知道，黄山市区与黄山、宏村等热门景区还距几十公里。球场 2001 年开业，仅一座 18 洞球场，正式会所未建。两年坚守后，原开发商将它整体转让给南京雨润集团。

高尔夫专业笔记

雨润集团是一家大型民营公司，初始时期主营业务是食品，当时尚未涉足房地产、旅游业，后经快速发展，旗下拥有两家上市公司——雨润食品和南京中商（控股）。该集团现在的经营业务包括六大板块——食品（广为人知）、物流、商业、旅游、房地产、金融投融资，是中国民营企业 50 强之一。

02 盈利模式

雨润集团入驻黄山高尔夫后，根据黄山市旅游市场旺盛、缺乏高端酒店的特点，将整体项目清晰地定位为度假综合体，以五星级酒店和高尔夫球场作为双引擎，带动度假地产销售。

（1）著名风景名区建高端度假酒店

黄山素有“天下第一名山之称”，是中国第一个同时以文化、自然双重遗产列入联合国教科文组织《世界文化与自然遗产名录》的景区，也是安徽省接待中央及外国政要、商界名流的必达地之一。然而，本世纪初黄山市内还没有五星级酒店配套。于是，“雨润”决定不建球场会所，而是建一座五星级的酒店兼具球场会所使用。

（2）和政府联合投资，承接政府服务项目

2003 年，松柏高尔夫的五星级酒店开业后，生意兴隆。雨润集团以本项目引进当地政府投资，与政府机构联合经营，政府大量的会议、会展、高端接待及公务员度假安排，均安排在黄山松柏俱乐部和酒店内进行。

（3）徽杭高速通车，促进黄山旅游客流激增

对黄山松柏高尔夫项目而言，球场只是整体酒店运营的一个重要部门。2004 年“十一”假期斯间，徽杭高速通车后，黄山距经济发达的江浙、大上海地区车程仅 3 小时左右，上海市区到黄山也仅 4 小时左右，来黄山度假的江浙自驾客流激增，大大促进了黄山高尔夫项目的发展。

（4）松柏高尔夫获得“中国最佳高尔夫度假酒店”称号

“雨润”重金投入使得酒店的服务水准较高，在 2006 中国酒店星光奖暨亚洲酒店竞争力年会上荣获“中国最佳高尔夫度假酒店”称号。同年，在安徽星级酒店评比中获得上缴利税第一、营业额第一、利润第一的惊人业绩。

图：黄山高尔夫酒店外观

图：黄山松柏高尔夫球场

图：黄山松柏高尔夫球场边雕塑小品

（5）再次加大对黄山松柏高尔夫的投资

“雨润”成功运作高尔夫球场及五星级酒店后，加大了在黄山的投资，项目总用地扩展到 8000 亩，包括旅游用地和住宅用地。雨润集团和安徽省政府、黄山市政府拟共同投资 81 多亿元打造本项目，总投资中，雨润集团占 34 亿元。

松柏高尔夫后期投建项目表

<table>
<tr><th>类别</th><th>建设中的项目</th><th>运营中的项目</th></tr>
<tr><td rowspan="3">高尔夫板块</td><td rowspan="3">扩建新 18 洞球场</td><td>2 座 18 洞高尔夫球场</td></tr>
<tr><td>高尔夫练习场</td></tr>
<tr><td>青少年培训中心</td></tr>
<tr><td rowspan="4">会所酒店</td><td>徽州岛度假村</td><td rowspan="2">黄山高尔夫酒店</td></tr>
<tr><td>五星级酒店及公寓群</td></tr>
<tr><td>悦松庄超五星级庭院式酒店</td><td rowspan="2">会员度假公寓</td></tr>
<tr><td>翡翠山庄企业会所</td></tr>
<tr><td rowspan="2">地产项目</td><td>水视界 SPA 养身公寓</td><td rowspan="2">—</td></tr>
<tr><td>御墅天筑一期别墅</td></tr>
<tr><td rowspan="7">其他配套</td><td>国际会展中心</td><td rowspan="7">儿童游乐园</td></tr>
<tr><td>大型水上休闲中心</td></tr>
<tr><td>高尔夫旅游管理学院</td></tr>
<tr><td>徽州文化艺术中心</td></tr>
<tr><td>生命科学康疗中心</td></tr>
<tr><td>五环运动广场</td></tr>
<tr><td>徽州小镇</td></tr>
</table>

松柏高尔夫整体项目后期投建的项目计划包括：4 座 18 洞高尔夫球场（截止于 2013 年年底，36 洞已营业，芙蓉谷纯会员球场及会员专用会所建设中），黄山高尔夫酒店（营业并陆续扩建中）、国际会展中心（建设中），大型水上休闲中心、高尔夫旅游管理学院、徽州文化艺术中心、徽州岛度假村、五星级酒店及公寓群（结合产

高尔夫专业笔记

黄山松柏高尔夫这样的建设规模已是大型旅游地产综合体，而非简单的高尔夫项目了。项目内的所有营业价格，设有业主和会员价、嘉宾价、散客价、住宿打球优惠价等多种组合，会员在打球等项目的消费优惠额度较大。其地产由雨润集团旗下另一专业地产公司开发建设。

权式酒店经营，售后返租营业分成，陆续建设中）、水视界 SPA 养身公寓（地产项目，已建在售，部分单位售后返租）、翡翠山庄企业会所区（地产项目，建设中，部分封顶）、悦松庄超五星级庭院式酒店区（高端地产，建设中）、生命科学康疗中心（建设中）、御墅天筑一期别墅（建设中）、会员度假公寓（案名果岭壹号，产权式酒店，运营中）、五环运动广场（建设中）、高尔夫练习场（建成运营中）、青少年培训中心（运营中）、徽州小镇（风情商业街，建设中）、儿童游乐园等，大大小小的项目共 28 个。

03 经营状况

黄山高尔夫以酒店运营为主，球场运营方式采取半开放的会员制，会员打球、住宿均享有最大的优惠待遇，非会员入住酒店后也享有套餐式优惠，属于典型的高尔夫度假模式。

（1）努力促进会员消费

黄山松柏高尔夫俱乐部大力开拓旅游市场，大量缔结联盟球场。为促进会员消费，“黄山松柏”举办了会员消费积分活动，鼓励大家来度假，同时会员证销售时还赠送一定的消费券、住宿券等优惠，但其盈利最大的部分来自于房地产开发和会籍销售。其高尔夫培训市场也运作得比较成熟，常年开办青少年培训班，有多位学员入选国家队和国青队，创造了良好的品牌宣传效应。

（2）营销吸引优质外地客源

在营销上，因黄山周边及安徽本地打球人口较少，需要大量优质的外地客源，尤其是富裕的江南球客，于是他们派员成立了上海营销中心，以吸引球客到俱乐部打球、度假，顺带推广会籍和旅游地产。三年前，在上海营销中心取得显著成效后，又在杭州成立了营销中心。可见，此类项目的异地营销收效巨大。

黄山高尔夫的白金会籍目前最高价达到 40 多万元，为配合海南另一项目的创始会籍销售，同时为酝酿纯会员球场和会员专属会所营业后的涨价，现在暂时停售。

高尔夫专业笔记

2008 年，雨润集团复制“黄山松柏”模式，在海南西北岸昌江县拿下大片土地。与西洋集团、海航集团等多家知名企业进入这一待开发的区域，拟共同在“棋子湾”建设六星级酒店群、高尔夫球场（36 洞，一期 18 洞建设中）、游艇俱乐部、商业广场、海滩公园、高级别墅区和度假公寓区等大型旅游地产项目。其中，包括高尔夫球场等部分项目由“雨润集团”建设，其投资建设项目的“棋子湾高尔夫”现已推出 9.8 万元的创始会籍，会员权益包括黄山松柏 36 洞球场每年 30 次的会员待遇。

04 国内其他同种类型的项目

（1）武夷山风景高尔夫

在国内，还有一家依托著名风景区而建的高尔夫度假酒店——武夷山风景高尔夫俱乐部。它采取与黄山类似的操作模式，区别是武夷山俱乐部的定位更单纯，18 洞球场是酒店的配套和经营部门，入住的客人打球享有套餐优惠，除了少量地产销售（公寓楼为产权式酒店），因当地球客较少，他们干脆不销售会员证。

（2）深圳东部华侨城

深圳东部华侨城也是类似黄山松柏的一个典型案例。这是一个典型的高端旅游大型综合体，开发商是央企上市集团，决定了它天生就气度非凡。项目内有两座高尔夫球场，一座为纯会员制，另一座为公众球场，其半山、海景别墅销售非常成功，吸引了众多投资客和富豪们购买，成为深圳的豪宅区。

这个项目成功的秘诀，一是，开发商实力雄厚，拥有众多高端旅游资源配套形成合力；二是，它位于一线城市深圳远郊的地段优势，这样的异常发达城市能提供给球场足够多的高端客源，这一点不可忽视。

图 2-24　深圳东部华侨城成功的秘诀

05
案例

上海佘山国际——上海率先实行纯会员制的高尔夫俱乐部

项 目 名 称：上海佘山国际高尔夫
项 目 地 点：上海
项目投资商：上海优孚控股有限公司
项 目 配 套：会所、高尔夫练习场、高尔夫教学院、客房、泳池、桑拿、SPA、红酒窖
盈 利 模 式：纯会员制

图：佘山国际高尔夫俱乐部经典洞 17 号洞

图：佘山国际高尔夫俱乐部会所

01 项目概况

以高尔夫俱乐部为盈利轴心的投资商还有上海优孚控股有限公司，这是一家有海外资金背景的公司，它的主营业务包括绿化景观工程建设、房地产开发等，它是上海“佘山国际”的投资商。

2004 年 10 月 18 日，“佘山国际”高尔夫俱乐部盛大开业时，引来一片惊艳和赞叹。球场位于当时的上海远郊，开业时区域配套较为缺乏，而当时上海地区的高尔夫市场与广东、北京相比尚欠发达。“佘山国际”定位高端路线，是上海地区率先实行纯会员制的高尔夫球场。

“佘山国际”整体项目除了高品质的 18 洞球场外，建有两个会所，一个作为高尔夫俱乐部会所，另一个是业主会所（兼作地产营销中心），还设有高尔夫练习场和高水平的高尔夫教学院。另有数量不多的客房小栈，解决会员和赛事期间的部分住宿要求，酒店客房在前几年并不盈利，只是近两年实现盈亏平衡。

图 2-25　佘山国际项目配套

图：佘山国际高尔夫俱乐部别墅

球场内有常年聘请的外籍经营管理人员，并有外籍专业草坪人员驻场工作和指导学习。另外，泳池、桑拿、SPA、红酒窖等配套项目一应俱全。球场规模不大，走少而精的高端私人俱乐部定位路线。

02 盈利模式

“佘山国际”坚守纯会员制路线，成为国内高尔夫俱乐部经营的典范，也正是因为这点，高尔夫地产开发也极为成功。

这个项目整体除了畅销的一期托斯卡纳联排别墅区外，后期多种建筑风格混搭的独栋别墅区——佘山高尔夫郡，部分物业单栋建面近 2000 ㎡、占地数亩、售价以亿元计。总体地产项目已接近销售完毕，尚有少量尾盘待价而沽，多是售价过亿的大宅，该区域已成为中国顶级的富人区之一。

球场在“汇丰杯”赛事的影响下，房产和会员证销售非常成功，小区配套也在不断完善，项目驰入良性循环的快车道，不断推动了房价上扬。

“佘山国际”的经营定位为高端路线，并在前期大手笔引进美国 IMG 公司做短暂的管理顾问，在上海地区率先实行纯会员制经营模式。

“佘山国际”的球场建设品质和总体社区环境投入巨资打造，项目内的绿化景观丰富，可谓步移景换，举目苍翠，藤萝满墙，这是最被客户称道之处。社区内（含高尔夫和业主两个会所）原汁原味的意大利托斯卡纳

高尔夫专业笔记

“佘山国际”聘请美国“美伦物业”管理公司提供高端物业服务，聘请美国 IMG 为其高尔夫球场管理顾问，后者为其引进和操办了连续 8 届中国乃至全亚洲水平、规格和总奖金最高的赛事——“汇丰杯冠军赛”，每届赛事的预算超过千万美金。2005 年首届“汇丰杯冠军赛”引进当时世界排名第一的泰格 · 伍兹和排名第二的维杰 · 辛格（IMG 是当时两位世界顶级球员的经纪人）。这是泰格 · 伍兹首次在中国参加正式的世界排名赛，轰动一时。

建筑风格也赚足了眼球，引领国内高档别墅建筑的跟风潮流，一改西班牙式别墅独霸中国欧式别墅建筑风格之格局。据称，项目规划设计前期，俱乐部董事长张幼才率高管团队赴意大利考察生活半年之久，才引进了当时国内鲜见的托斯卡纳风格。

03 经营状况

“佘山国际”开业前，其创始会籍仅售3万美金，一年之后借助IMG资源举办“汇丰杯”，会籍届时已飙涨到98万元人民币。低廉的创始会籍价格，让发展商和当时未购买会籍的客户们集体悔青了肠子。据悉，最后悔的包括其设计师尼尔·哈沃斯及其团队，当时俱乐部想要以创始会籍抵付设计费，他们没要，而现在的会籍价值是他们设计几座球场的价格。

现在，“佘山国际”的会籍已停售（俱乐部公开宣布会员总数为600名，据了解实际已达500多名，剩下的少量会籍与地产尾盘搭配销售）。2012年底，“汇丰”冠军杯在上海市政府的努力下决定再次“永久”回到上海“佘山国际”举办，其二手会籍暴涨至200多万元人民币，但二手会籍有价无市，因为市场上很少有人愿意转手——除非移民等原因，拥有“佘山国际”的会籍是一件非常有面子的事，也是一种身份象征。现在，佘山国际仍有极少量关系客户可以购买到一手会籍，售价240万元，与创始会籍相比升值近10倍（2004年美金汇率1 ∶ 8.28，3万美金价值人民币约24万元）。

“佘山国际”用丰富的绿化景观，隐秘典雅、气度非凡的会所，外籍专业高管团队来确保球场养护品质和服务水平，完善业主生活配套等策略而傲视群雄。经过多次举办“汇丰杯”高尔夫冠军赛，它已跻身世界一流球场的行列。自2005年始，“佘山国际”连续多年被评为中国十佳高尔夫俱乐部。

现在，“优孚控股”成立了“鹿鸣谷集团”，意在复制“佘山国际”的成功模式，在国内建设和管理多个“鹿鸣谷度假村”，实行品牌连锁发展，一种清晰的盈利模式浮出水面。

北京、天津、长春、三亚等地已有多家“鹿鸣谷度假村”陆续动工兴建，均是高端综合休闲度假项目。这些项目因地制宜，配套包括高尔夫球场、马术俱乐部、滑雪场、游艇俱乐部、高级度假酒店、养生SPA、休闲小镇、商业街、文化艺术村、红酒庄等多种类型，而其最重要的盈利点——高档住宅区自然也少不了。

高尔夫专业笔记

高尔夫地产项目盘活资源、因势利导、顺势而为在此类项目操作中的重要性。我们分析经营成功的高尔夫球场，重要的是通过别人成功的模式带给自己经营上的启示，而非就此照搬照抄。纯会员制不一定代表着高端和盈利——国内不乏因坚守高端会员制而路越走越窄的案例，半开放的旅游度假型球场也能取得投资回报的实效。

06
案例

海南旅游地产开发

图：海口观澜湖高尔夫球场

20世纪九十年代海南的房地产泡沫，给潘石屹等地产界大佬留下了深刻的记忆。当今，海南省获批“国际旅游岛”之后，又迎来了房地产业第二波投资狂潮。

前几年，各大地产央企、各大民营地产公司再次在海南跑马圈地，大量的旅游地产及高尔夫球场在开发、建设，这个状况仍然令人担忧。

海航集团在海南拥有7家球场，他们抱团在国内推销度假会籍，7个球场终身会员证仅售12.8万元，还包括支付较大比例的销售佣金、代理费，可见他们推出这一会籍产品的目的在于抢占和锁定国内客源，也可见这些球场除了冬季的一季旺盛之后，日常经营举步维艰。

以一个行业从业者旁观判断，海南目前的高尔夫球市总体并不乐观，海南事实上已不堪高尔夫之重。海南的旅游及高尔夫旅游要真正兴旺、盈利，还有许多问题要解决。

除冬季迎来全国的高尔夫“候鸟客”外，其他季节运营收入有限，夏季更是惨淡。即使以“观澜湖”成熟的市场运作手法和吸引全球的金字招牌，他们在海口的观澜球场及酒店等配套的亏损也非常巨大。据“海口观澜”项目的销售员说“每天开门都是哗哗的银子向外流”，而其地产项目面市后销售前景并不理想，史上最严厉的楼市调控政策对其地产项目的负面影响很大。销售员感叹说，咱们少东家（指中国香港骏豪集团现任主席朱鼎健先生）知道这是个长线投资项目，但会长到什么时候，他可能也没有底。

海南当地球友并不多，会员证销售困难（自称全世界最大的公众球场“海口观澜”干脆暂不销售会籍），仅靠营运收入难以保证运作成本和养护费用，更难以支撑整个项目健康发展。他们引进华谊公司冯小刚电影公社项目，也是强强联合，是旅游地产进一步提升价值的手法之一。

图：海口观澜湖火山岩砌的球场挡墙

图：海口观澜湖高尔夫酒店俯视

据雅居乐集团公司2012年中报显示，在2010年，雅居乐在海南的清水湾项目（36洞高尔夫球场、双游艇俱乐部、6家高端酒店为主要配套的大型综合旅游地产项目）的销售达到巅峰，全年贡献销售额99亿元，占集团全年销售金额的33%左右。

2011年，雅居乐清水湾销售缩水，2012年再度缩水，2012年上半年的销售金额仅为15.43亿元，较2011年同期减少72.9%，只占集团总销售额的13.4%。从销售面积来看，清水湾2012年上半年的销售面积为57870平方米，较2011年同期减少81.5%。这并不是所谓“惜售”，也不是房源供应方面的问题。

问题出在哪里呢？

其实，由雅居乐清水湾这一组数据不难看出，房地产政策的持续打压已给海南旅游和度假房地产带来非常严重的影响。旅游地产不是刚性需求，客户购买的主要目的在于个人季度性度假和投资（分时度假，售后返租经营分成或升值出售），这种消费需求在经济预期不太好的情况下，精明的投资者不愿轻易接下第一棒，他们害怕无人接手，自己的棒子递不出去，砸在手里。因此，旅游地产的消费需求“刚度”并不如想象中的那么乐观。相比之下，总价不高的小户型度假公寓市场接受程度高于数百平米高端房产。

海南旅游地产的发展，不能简单模仿美国加州，因为中国国民经济收入和社会消费水平还没诞生可以大量购置异地旅游地产的人群，投资这类项目潜伏着巨大的市场风险。当然，这个市场潜力多大，还需要更详细的专业调研分析和对市场、经济发展大势的判断和评估而给出结论。

07
案例

高尔夫投资案例分析

项目区域：内地某中部省份的第二大城市，属三四线城市
开发商：当地最大的开发商拟从一央企开发商承接一片地做房产开发。
项目地块特征：这片地位于远郊，央企开发商拿下这片地后，觉得是鸡肋，于是想转让。这片地的地价便宜，但交通时间较长，配套设计匮乏。

01 项目问题：这块土地可否做高尔夫?

这家开发商一时想不好偌大的一片地该如何开发，正巧一名得力干将曾有过高尔夫地产的经验，于是建言不如建一座 18 洞标准高尔夫球场，做高尔夫地产，提升土地和房产价值，为整体项目做一个高端配套。

开发商以前为了这片地琢磨过许多概念，比如养老地产、体育地产、主题公园类型的旅游地产等，但对他们而言都比较陌生，不太有谱，而且有的项目比如旅游地产，投入的资金量太大，也不划算。

但这个项目需要做一些配套提升价值，为营销创造理由，已是老板非常明确的方向。

02 问题分析：建高尔夫球场前应解答三个关键问题

一、项目风险如何？

问题 1：获得经营牌照有政策风险

在现时，从政策上讲，高尔夫球场的规划和经营牌照获取是个大问题，非常不好解决，需要极强的公关手段，还会背上政策风险。

问题 2：缺乏市场，但竞争激烈

当地的高尔夫球友数量相对于一家 18 洞球场的经营所需，几乎微乎其微。当地还存在两个竞争对手。

第一个竞争对手，项目处于本地的著名景区，早已规划建一座球场，只是政策一直未松绑而没有征地开工，这家球场将来肯定会走较低打球价格的度假球场路线；

第二个竞争对手，在当地另一郊区也有一个大型地产开发项目，传闻他们也有一座高尔夫球场的规划。当地是深处内地的三四线城市，按当地的经济发展水平，即使高尔夫球运动将来很普及，也难以维系三家球场的运营，十年甚至二十年内难以实现盈利。

问题3：资金投入与产出比值低

高尔夫项目多久才能为项目盈利？

建一座球场，加上做一个像样的会所等配套设施，成本约1.5亿元人民币，项目十多年内不盈利的营运补贴及财务成本，估计也得1亿多元，花2.5亿元做一个先天残疾、看不到盈利前景的配套项目，是不是合算？

一座高尔夫球场能为这个项目带来多大的溢价升值？

一个高尔夫球场能带来多少高端客户及地产溢价很难详细评估；但如果用同样的投资做别的配套提升项目形象，是否存在着总体效果并不差，配套项目盈利前景还能更好的可能呢？

对这个总投资几十亿元的大型地产开发项目，也许两三个亿的配套投资不算什么，但地产是滚动投资，初始资金多增加一亿多元的时间成本如何考量？而且如果注定这个投资是为将来管理运营找麻烦，是否真的有必要去投入建设这个项目？

二、如何达到为项目带来溢价吸取高质量客源的目的？

解决1：投资练习场或迷你球场

即使要做高尔夫地产概念，也不必是18洞标准球场，可以建造一个标准较高的练习场，加6洞迷你球场或9洞球场即可。这样，未来运营压力会变小，再增加几个体育场馆，比如羽毛球、网球、壁球、篮球场，甚至室内攀岩场等，这样运动场馆的休闲性与高尔夫球场如出一脉，而且符合政策，方便经营，将来的盈利前景肯定会好于高尔夫球场，真正形成“体育休闲公园”概念，为整体项目注入高端、休闲、运动的概念，不弱于仅只一座18洞球场的高尔夫地产概念。

未来，高尔夫球场、练习场、会所（与业主会所共用）及这些配套体育场所，既可以自己经营，也方便对外承包经营，大大缓解了开发商的经营压力。

解决2：建设主题公园

这个思路偷师深圳东部“华侨城”，以同样的投资，建设一座小型的“欢乐谷”或其他的主题公园，例如建设水族馆、小型野生动物园、现代农业生态园等低成本项目，既无政策风险，又提升客流量。相信这类项目在当地能风靡一时，引起市场轰动，为项目带来更多活力。这类项目也会深受当地政府支持，受市场欢迎，利于加快开发节奏，达到量快价升。

三、高尔夫项目市场定位在先，实施在后

高尔夫球场的定位，需要天时地利人和。高尔夫地产或者旅游地产的项目定位，往往应在拿地之前就想清楚。

受近几年旅游地产、休闲体育地产一些成功项目案例的激发，许多开发商往往不顾自身软、硬实力和综合

条件，贪图远郊的地价便宜，或经受不住当地政府招商引资的诸多优惠政策的诱惑，拿下一大片不宜开发第一居所、第二居所的土地。

中国开发商的一个习惯是不放过稍纵即逝的机遇，先低价拿地，再考虑如何为项目定位，打造什么样的适销对路的地产产品。土地拿到后，他们又感觉迷茫不堪，还未琢磨明白这块地该如何做更好，于是花顾问费聘请专业人员提供咨询服务。

殊不知，这样的操盘流程是非常冒险的一种做法。这种情况，如同命题作文，开发商已用土地合同和不能改变的地貌、气候、交通等条件，限定了顾问专家的思维，再好的创意局限于地域地块本身的限制。如果确实是一块烂地，高明的策划专家也难以摆脱这个项目不好定位的糟糕局面。

因此，开发商必须要有一个概念，并非每一块地皮都可以赚钱。许多地块有相当多的现实条件制约，开发商也有自身资源的制约，顾问专家并非个个能点石成金，他们在接下项目咨询案子后，最讨巧的办法是，迎合开发商的思路给出些项目定位建议。他们其实早就知道木已成舟，但是，他们既不能说这块地难做，更不能说这块地当初拿地时就错了，这种批评甲方老板的做法对乙方来说是冒天下之大不韪。

高尔夫开发是一个综合项目，具有大投入、大产出、周期长、战线多、营运复杂的特点，这样的开发特征不但考验投资商的资金实力，更需要他们具备足够的经验、资源、交际圈、胸怀和远识。

第三章

Chapter THREE

高尔夫项目开发技术要点

01

SECTION ONE

第一节

高尔夫地产策划与定位的前期注意事项

1. 前期策划定位需要专业研究机构介入
2. 大型项目拿地前的市场研究不可或缺
3. 高尔夫地产用地一定要事先测评地块价值
4. 高尔夫地产地段选择的几个标准
5. 对经典高尔夫项目个案的市场调研更要深入
6. 摆正高尔夫球场与地产项目的关系
7. 高尔夫地产的价值构建

本节阅读导图

图：上海佘山国际高尔夫俱乐部别墅

高尔夫地产项目分为简单的“高尔夫＋地产”类型项目、“高尔夫＋医疗养老＋休闲度假”类型的项目、高尔夫综合旅游地产类型的项目等多种类型，总体称为高尔夫社区。

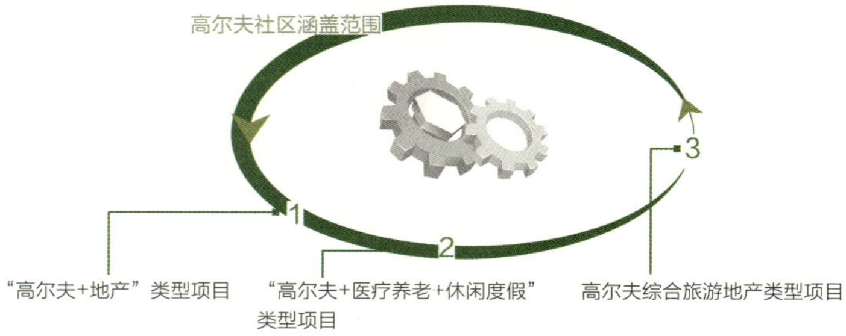

图 3-1　高尔夫社区的涵盖范围

高尔夫综合旅游休闲地产项目属于大型高端综合项目开发，它们往往是多种经营类别和企业品牌、项目市场形象等多方面的集合体，是典型的复合型产品。

高端综合类开发项目与普通住宅项目最大的区别是什么？

高端综合类开发项目，客户群体对其价格敏感性不高，但目标客户群体比较狭窄。从开发商角度说，综合高端项目一般拿地成本比中心城区普通住宅项目要低，理论上可以博得更多利润；从购买人群角度说，客户购买这类产品考虑的问题更多、更复杂，购买者除了考虑房产本身之外，还存在一系列项目附加价值是否值得的疑问。

这类项目的操盘特点是什么？

这类项目更考验开发商的操盘能力、见识水平和资源调配能力，开发商为产品投入复合成本的能力，集聚更好的智力为产品“包装”增值的能力。

因此，高端综合地产项目往往对前期的策划与定位的精准性要求更高，后期运营受前期策划定位影响较大。市场策划与精准定位的作用，在高尔夫地产这类高端项目的开发过程中怎么强调都不过分。

操作这类项目的注意事项有哪些？

高尔夫地产项目前期策划，应由专业咨询调研公司操作，这类项目属于偏小众的细分市场，从事普通住宅地产的市场人员大多不了解高尔夫地产市场的特殊性。而许多高尔夫职业经理人中，懂运营的往往未必了解市场营销，明白高尔夫会籍市场的却对地产行业涉猎不深。因此，如果项目投资规模较大，或者投资方希望真正打造精品高尔夫项目，引进专业公司进行详细的市场调研是非常关键的环节。

做高尔夫地产项目前期策划有以下几个环节要特别强调：

事项01 前期策划定位需要专业研究机构介入

专业地产咨询机构做项目前期策划工作步骤如下：

01 专业机构前期策划的模块化流程

一般专业的高尔夫咨询机构做前期策划定位会遵循如下的步骤：

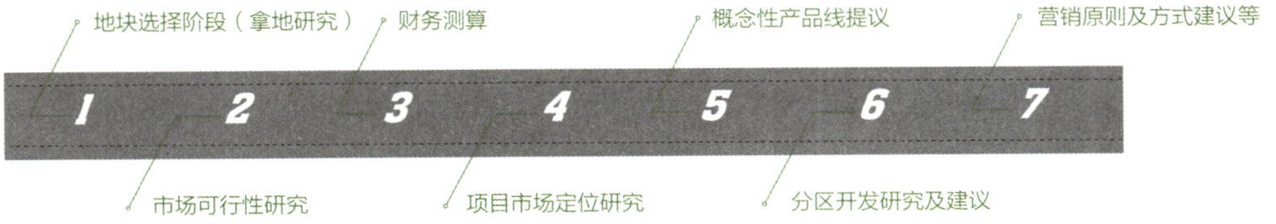

图 3-2 调研分析的 7 个不同阶段和模块

首先，调研分析。

调研分析分为七个不同的阶段和模块：

一、地块选择阶段（拿地研究）；二、市场可行性研究；三、财务测算；四、项目市场定位研究；五、概念性产品线提议；六、分区开发研究及建议；七、营销原则及方式建议等内容。

然后，项目进入实际操作阶段。

咨询机构提供的服务包括区域市场动态跟踪研究、项目案名建议及营销推广、销售策略建议等。

最后，行业资源丰富的咨询服务机构还可以提供特殊行业资源引入的服务。

比如高尔夫球场设计师、会所建筑装饰设计师、球场建造单位及高端物业管理、国际级精品酒店、明星级演艺人员、高尔夫职业球星经纪、高端医疗、顶级保健、美容及养老机构等。

02 高尔夫地产项目对市场调研要求很高

高尔夫地产项目需要进行周密的市场调研，尤其是前期调研，这个调研重要性主要体现在以下两个方面：

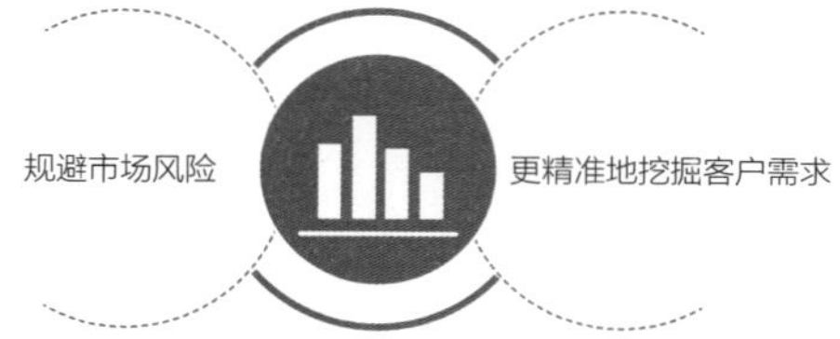

图 3-3　高尔夫地产项目前期调研的 2 个重要性

（1）规避市场风险

房地产行业作为资金密集型行业，项目运作资金动辄数亿元，一旦马虎大意，拍脑袋作决策会导致非常严重的后果。既浪费财力、精力，也为项目后期运营带来隐患。周密的调研以及慎重的决策可避免高尔夫球场拖累企业资金周转和发展节奏。这时市场调研起到的具体作用有三个：一是使房地产开发商对现有市场充分了解；二是对产品及营销策略进行评估；三是不断发现和检讨市场机会，解决面临的问题，规避市场风险。

（2）更精准地挖掘出客户需求

市场调研分析本身就是一个发现客户需求的过程，高尔夫这类小众产品的定位更需要深入的市场调研。这种调研有狭义和广义之分。

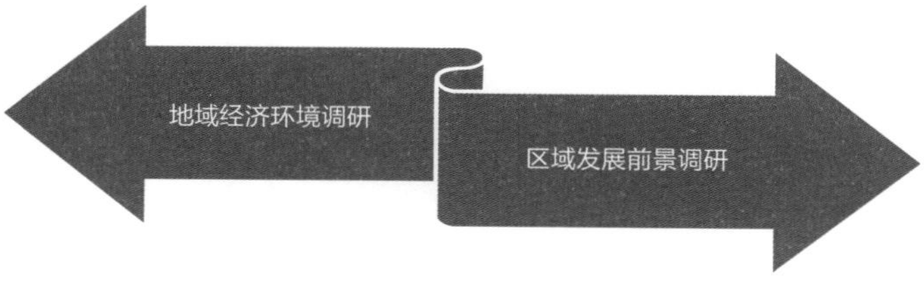

图 3-4　广义市场调研范围

广义的市场调研范围很广泛，包括地域经济环境的调研，区域发展前景研究等，这类调研偏重宏观动向、政策、区域规划和发展前景等理论。

图3-5 狭义市场调研范围

狭义的调研，包括区域高尔夫市场专项调研，高尔夫地产置业倾向和消费者爱好研究（房型、面积、价格等）、邻近类似项目、竞争项目成交数据及市场调研、球场经营模式及项目整体定位建议，细分市场走向及重要配套项目调研等。这种调研偏重具体市场数据和消费行为特征的采集。

事项02 大型项目拿地前的市场研究不可或缺

某知名天使投资人说：“创业者一定要花大量的时间，至少好好想三个月，如果把这些事想清楚了，很多事就迎刃而解。先想后做，这是关键。”

不仅是创业，任何投资行为，谋定而动都是不变的原则。

01 先拿地再考虑产品的做法易失败

很多地产投资商看到一块地皮价格低廉，风景良好，不考虑地段的区位价值和市场优劣势，没想好可以做什么，就采取先拿地再策划的方式搞开发。有的老板拿了偏远的一大块地，自己没想清楚做什么，只能依靠咨询公司给出方案，多数的咨询机构此时给出的都是程式化的标准答案。比如是做高尔夫地产，还是做旅游地产？做什么配套，再需引进什么资源，采取什么营销方式等等。这种形势下，开发商决策是处于非常被动的位置。

如果所处地段不好，一个大型高端项目不能完全靠做配套提升项目价值，配套设施在某种意义上是为地产项目创造增值，对那些先天基础条件太差、地段太偏远的地块，再好的配套也难为项目带来高增值。笔者业内多年积累的近两百个案例研究经验表明，这种“先拿地再考虑做什么产品”的做法是很多高尔夫地产项目失败的根本原因。

02 以专业市场研究作为是否拿地的根本依据

投资者准备拿地做项目之前，需要先预估企业对这个地块投资额的多少和资源配置情况，因此企业一定要先进行市场研究，这是判断企业是否可以拿下这个地块的根本依据。

为得出准确的判断而聘请咨询顾问公司，多花几十万、百多万元的咨询费是值得的，或许专家一句中肯的建议能节约后期大量不必要的投入。如果一个项目投资进去的金额已达数亿元，才发现项目是一块难啃的硬骨头，企业和项目都会“很受伤”。

即使地价再便宜，政府的招商引资政策再优惠，地块原始景观再壮观、秀丽，做高尔夫项目之前也要先研究以下四个方面的内容再做拿地与否的决定，这四个方面正是市场调研的结果：

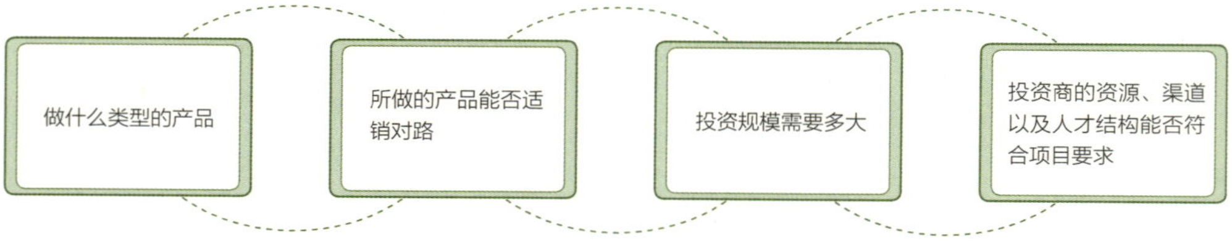
做什么类型的产品
所做的产品能否适销对路
投资规模需要多大
投资商的资源、渠道以及人才结构能否符合项目要求

图 3-6　拿地之前的四项重要研究内容

第一，做什么类型的产品；第二，所做的产品能否适销对路；第三，投资规模需要多大，资金如何安排；第四，投资商的资源、渠道以及人才结构能否符合项目要求。

为什么一定要重视市场研究呢？

一、高尔夫地产的 18 洞球场及配套投资一般花费在一至两亿元（其中，球场花费约五千万元，会所约数千万元至一亿多元，以及其他配套数千万元）。在国家现行的土地政策下，这种资金规模的投入政策风险很大；二、高尔夫球场及旅游项目达到经营上的成熟，一般需要两三年时间；三、高尔夫地产的客户转化率较慢；四、而高尔夫综合旅游地产投资规模更大，需要调动的资源更多，投资周期更长，对企业的操盘要求更高。

事项 03

高尔夫地产用地一定要事先测评地块价值

地产开发用地的最大价值因素一是地段和交通条件，二是当地经济水平。

众所周知，一线城市郊外一小时车程范围内的地块，与三、四线城市近郊的一块同样面积的土地，价值不可比拟。地段对于地产项目的意义，无论怎么强调都不过分。这个问题很好理解，比如在市区，同一条马路两边隔街相望的楼盘，也分阴街、阳街，二者售价会有较大的差异。

高尔夫地产项目也不能超越这一土地的价值规律运作。

从开发动机上，高尔夫地产一般因为地段较为偏远，需要以高尔夫球场来提升地块价值，这一点与其他类型的地产项目需要用主题公园、养老配套或丰富的体育设施、休闲娱乐等特色配套提升项目价值的思路一致。

国内单纯只经营球场不从事地产开发的项目并不多，高尔夫球场本身盈利周期较长，利润率不能与同步开发的地产项目相提并论——至少目前如此。所以，如果地块的地段太差，交通条件恶劣，当地经济条件和高尔夫球市场极度欠发达，这样的项目盈利压力很大，仅以高尔夫球场这一个引擎难以驱动项目发展。如果改做旅游地产的概念，又需要更加丰富的配套、更完善的服务来实现地块升值。

图 3-7　投资人需慎重考虑的点

事项 04

高尔夫地产地段选择的几个标准

01 不同的地块，价值差异巨大

（1）一二线城市的近郊地块

从市场运营的角度看，最好的高尔夫地产用地是一二线城市的郊区地块。但这类大型城市的近郊土地现在已很难取得，而且从成本上考虑，近郊地块对于需要占用一千多亩地做高尔夫球场配套未必划算。

（2）一二线城市的远郊地块

大多数高尔夫项目会选择距离一二线城市不太远的远郊地段。这样的地块开发价值较高，球场运营压力也较小。

（3）近一线城市的三四线城市

价值次之的地块是靠近一二线城市，距离在 1 个半小时车程左右的三四线城市地块。这样的地块拿地成本不高，而且大多数地区没有限购、限贷的政策，利于目标客户购买。

高尔夫专业笔记

高尔夫项目地块选择在城市的 1 个半小时车程内是很重要的心理距离。再远，就是两个小时的概念，这样的距离会让客户产生疲惫和不耐烦情绪，地产、会籍销售，甚至日常经营和打球价格都大受影响。

02 不同区域的两小时车程地段价值不同

三四线城市如果交通便利，距离经济发达的一线城市在两小时左右的车程范围内，也可选择，比如长三角、珠三角、京津唐地区范围内。这样的地块如果放到内地中西部经济和高尔夫球市场均欠发达的地区，又非旅游城市或者高尔夫旅游度假目的地就非常不好。这样的项目面临的地产销售压力最大，球场经营困难重重。然而，近年许多新项目往往在这类地区。究其原因，大部分都非投资者理性选择的结果，这类地块的背后往往意味着当地政府招商政策更优惠；为吸引投资，会默许开发商建设高尔夫球场和别墅项目。

图：天津蓟县峪景山高尔夫俱乐部球场

03 旅游目的地做高尔夫项目要因地域区别对待

单纯从高尔夫球场经营来看，已成为高尔夫旅游度假目的地的地区之间市场潜力和客户结构也非常不同。

比如，环黄海、环渤海地区城市圈，此地海上交通或航空交通方便，日、韩高尔夫客流旺，很利于做高尔夫球场推广；比如，海南、云南等球场比较扎堆的区域，度假客户量大，可以选择单纯做球场经营，但地产销售的压力就非常大，因为当地高尔夫球爱好者数量有限，当地能接受和消费高尔夫球生活方式的房产潜在客户较少，地产项目的地缘性、制约性难以克服。

在这类市场条件下，判断是否要做成高尔夫地产项目，重点要考虑主流客户会将这里作为第一居所还是第二、第三居所。值得警惕的是，海南近年大型旅游地产如雨后春笋，但多个项目销售不畅，继 20 世纪 90 年代后，有可能再次引发“海南地产泡沫”破灭。

事项05 对经典高尔夫项目个案的市场调研更要深入

在高尔夫地产业内，谈起建球场都喜欢拿“观澜”、“佘山国际”、“华彬庄园”等经典项目说事儿，但一般业内人士却不明白这些项目的来龙去脉。

01 经典高尔夫项目成功背后有独特成因

投资人在参考一个成功项目的运营模式时，一定要分析清楚其成功的根本原因。

（1）每个成功项目背后的原因都未必可以复制

“观澜”、“佘山国际”此类成功项目背后的专业规律性知识、投资技巧、经营手段并非都能被他人借鉴和模仿，并非所有决策者、从业者都可以掌握学习。像“观澜”这类经典项目，皆是因为其背依北京、上海、深圳、香港这样的国际化大都市，有它独特的地段及综合成长条件，球场可以调动的资源不是普通内地项目可以复制和比拟的。

事实上，在深圳、上海地区，也有许多高尔夫项目做不成功的案例，否则上海滨海高尔夫及地产就不会转让给雅居乐集团。

（2）成功的高尔夫项目往往经过了长期艰难的市场培育

高尔夫球场经营跟商业地产比较相似，一定需要经过一个较长的市场培育期才能逐渐实现盈利。“观澜”、“佘山国际”在项目启动的前期，日子并不好过。“佘山国际”整体项目的建设品质虽然高，但当时项目交通和周边配套不佳，开业前创始会籍售价仅三万美金。据悉当初还用一些会籍抵了部分工程建设和采购款。可见，投资商对市场经营的准备并不充分，同样缺乏长期市场规划，球场当时的启动资金也不充裕，需要快速回笼资金。“佘山国际”经营转机出现在高调开业的一年以后，从大手笔举办 2005 年首届“汇丰杯冠军赛”起，用国内最顶级的赛事带动了会籍、房产销售，这为球场维护在一流水平奠定了经济基础。十年后，“佘山国际”会籍达到两百多万人民币，其房产项目成为上海顶级富人区。现在的客户群体（无论是会籍还是地产业主）与开业时相比，已是两种截然不同的消费群体。“佘山国际”会籍基本售罄，现在要维持较高的经营收入水平，需要重新梳理和选择高质量的会员，这个工作通过二手会籍转让已进行了几年。再比如深圳“观澜”，开业前几年高速公路未开通，交通状况不佳严重制约项目的发展，客流不旺，一段时期内曾负债经营，官司缠身，生存艰难。“华彬庄园”是国内顶级高尔夫俱乐部，54 洞球场及众多设施维护成本高昂，“华彬”集团每年为这个项目补贴数千万元，这种经营定位不是其他项目能够比拟的。

02 早期成功的高尔夫项目市场背景独特

“观澜”、“华彬庄园”、“佘山国际”、“春城湖畔”等经典项目的成功，似乎已成为国内绝版，这其中有它特殊的历史、地理、资源等原因，已再难复制。比如深圳“观澜”在海口复制的大型高尔夫项目，现在地产销售面临巨大压力，十座球场的经营压力和困难也难以被外人所理解。

03 调研重点是判断市场机会和定位

高尔夫地产前期调研，目的在于以下三点：

一、判断和确定整体项目的市场机会与定位；二、确定投资规模、投资回报周期；三、判断人才、资源储备等。

图 3-8　高尔夫地产前期调研的目的

调研方式大多为消费者问卷访问、主力配套合作商摸底访谈、高尔夫球爱好者和置业者访问、意向客户小型座谈或访谈、国内同类项目案例调研及共性、特性分析、电话调研等。

图 3-9　高尔夫地产调研方法

04 由专业人士主导市场调研

高尔夫地产是小众市场，在全国同类项目仅数百个，目前在售的更少。这些项目跨越的时间周期较长，有的开发于上世纪九十年代，有的开发于 2008 年以前，大的经济、政策环境以及项目现实的地理、交通和气候条件等方面差异巨大。投资人能找到可做参考的项目可谓凤毛麟角，能够通过调研拿到的项目一手运营资料更少。正因为这个市场普遍缺乏切实可用的基本数据支撑和行业经验，投资人才很难以通过案例研究总结和提炼出可资借鉴和复制的规律性经验。如果不是借助资深业内专家把脉，调研结果提交的答案难以令人信服和满意，更经不起专业推敲和时间检验。

高尔夫专业笔记

地产商比较喜欢借鉴和模仿同类案例，认为复制成功项目不容易犯错，却不注重同类项目案例的深入研究。

事项06 摆正高尔夫球场与地产项目的关系

高尔夫球场与地产项目，即使由同一个投资商来开发建设和经营管理，也是工作内容区别较大的两条线，经常出现的问题是企业无法让这两条线的团队和谐、有效地合作，最终造成内耗。

从项目产值贡献而言，高尔夫球场和地产项目的关系如何界定？

01 仅把高尔夫球场当景观配套会贻害项目

“不差钱”的房产开发商有一个比较普遍的观念，认为建设一个高尔夫球场不是大事，亏损两三年也可接受。对以亿元为投资单位的地产行业而言，每个项目都需要“烧钱”——尤其是项目前期，建一座球场及会所约两亿元的资金，而一个高尔夫项目的产出往往是十几亿、数十亿元。从产出金额上看，建球场的确不是大事，反正从将来楼盘房价里每平方米加价几百元就能平衡掉成本。而且即使不做球场，项目内也还需要做大面积绿化和其他配套。

但我们还是要注意，做高尔夫地产项目，不能把高尔夫球场仅仅看作是景观配套或者绿化。做球场与做绿化完全是两码事，它们需要支付的成本也完全不同。

一座 18 洞球场每年需要约 400 万～ 800 万元的养护成本，以及一两百名员工的人力成本、财务成本等。经营不当的话，每年可能会亏损数百万元，亏损两三年后扭亏为盈对一些项目来说已经是比较理想的状况。

另外，做景观和做球场投入的区别暂且不说，一旦球场经营不佳、口碑不良，对地产项目产生的负面影响就会非常大。如果楼盘销售不畅，不能达到价高、量快的理想状态，整个项目就会多了一座球场的经营负担。许多项目内的高尔夫球场，投资一两亿元，如果不算财务成本情况，经营多年后，盈利只达到每年两三百万元，计算利息和 CPI 增长的话，这个项目的高尔夫球场投资是完全失败的；如果地产再销售不畅，整个项目就有陷入死盘的危险。

02 高尔夫球场和地产项目关联要密切

高尔夫地产项目的普遍开发思路是希望高尔夫球场在前期通过球场建设和良好经营，为整体项目积聚人气和树立形象，地产经过数年开发，完成销售。高尔夫球场和其他配套设施却是持续经营、长期赢利的过程，也是整体项目实现价高畅销的品牌保障。在整体项目建设中的前若干年，地产项目更重要，它的顺利推售是整体项目良性发展的资金后盾，为投资商带来巨大利润。但地产开发销售相对于球场数十年的经营属于短期工程，三五年就可以开发完毕，交房后由酒店或物业管理公司接手并提供长期售后服务。

事项07 高尔夫地产的价值构建

高尔夫地产最有价值的产品是地产本身吗？不尽然。

高尔夫地产的售价通常会比普通地产溢价 20% ～ 50%，会比国内普通住宅溢价高出 20% ～ 30%，而且土地成本更低。在总投资金额不变前提下，这种盈利水平相对于投资普通地产项目，在利润上实现了翻番。但开发商能否赚取这部分高附加价值，取决于项目运营是否能给客户带来价值感，是否获得了市场认同。

当然，地产经营本身也需要符合客观市场规律。例如，曾有某个高尔夫地产项目，其别墅的销售过程中，企业老板成了最大的销售员，往往老板亲自带客户看房、洽谈购买，也由老板亲自掌握房价优惠折扣。这种情况下，客户大多知道买房就直接找老板，也只有老板出面接待客户才能成交。久而久之，公司其他人均难以成交，售楼员不能起到应有作用，而老板为节省开支干脆取消了地产营销人员的销售奖金，让售楼员普遍缺乏销售动力，并且固定薪资水平也不高，导致招聘不到有经验的好售楼员。好不容易培养出来的售楼员也经常跳槽去了别的项目，销售局面非常糟糕。这位企业主小作坊似的亲自接待客户、亲自谈价的操盘手法，漠视团队的营销力量，越俎代庖，违背了市场规律，自然让项目走入恶性循环。

01 让高尔夫球场给客户带来价值感

高尔夫球场可以从以下两个方面带来客户价值感。

（1）软硬件配置上让客户觉得物有所值

包括保值、升值空间设置（开发商品牌形象、项目总体规划、投资规模、物业服务、生活及教育、医疗、养老、休闲度假的配套设施、赠送面积、社区内绿化、文化理念建设及文化品位感等增值部分）和地产硬件。

图 3-10　高尔夫项目保值升值空间设置

地产硬件包括高品质的建筑材料、朝向、风水、合理的户型及面积设计、建筑及内外饰特点、施工品质、室内外配套设施设备、空间及交通设计（室内电梯）、科技创新（新技术、新材料，高新科技含量，例如交房标准包括多功能智能温控、灯控、远程安全监控、智能空调除湿等）、小区景观塑造。

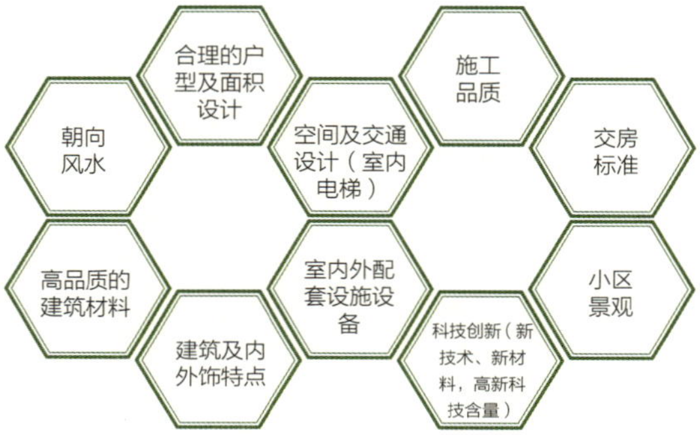

图 3-11　高尔夫项目保值增值硬件部分

香港半岛酒店在1985年成立了半岛研究和技术部，有工程师27位，分别负责电子、软件、硬件自用产品开发。原因在于，半岛酒店不喜欢第三方供应商提供的技术设备，因为别的酒店同样也会采用供应商提供的技术设备，这让所有的酒店看起来千篇一律，而这家酒店希望无论是客房设计还是技术设施，都让来宾印象深刻。以高新科技的技术运用促进酒店更加人性化的服务，这已成为该酒店的一大卖点。

2013年半岛酒店客房翻新工程后，所有的客房均安装了他们自己研发的客房科技产品。有意思的是，新客房的床边和书桌上都摆放了一台平板电脑，只要轻轻一触，就可以选择显示餐厅菜单、酒店服务、阅读天气资讯、新闻、调节客房温度及“请勿打扰”指示。这个平板设备，还可以控制房间内所有的按钮开关，电视机等设备也不再需要遥控器操作。另外，它实现了智能家居的一些功能，例如电话响起，电视的音量就会自动调低，通话结束，音量又会自动恢复；午夜时分，如果来了电话，床头灯会自动亮起；根据室内的自然日照光线，调节灯光的亮度，如果你开始做SPA，房间的灯光也自动调暗并且音响会播放一些轻松舒缓的音乐等等。在酒店或餐厅，看到一台平板电脑不奇怪，但这台设备如此多的智能功能和人性化设计，绝对让人眼前一亮。

如果我们高尔夫球场内的酒店，甚至我们开发的高端别墅产品也能采用类似的设施，展现高科技和人性化服务，能够从产品和服务上获得更大的产品附加价值，为项目打造更多的卖点。

（2）体现高端项目的附加价值和生活方式价值

这是高尔夫地产与其他地产类别的区分所在。

高尔夫地产除了宜人的景观，满足长居或度假、养老实用功能之外，还附加了一座高尔夫球场带来的价值。这个价值包含了高尔夫这一高雅、健康的生活方式，为孩子近水楼台获得了高尔夫教育价值。因为富裕家庭留学成风，在美国，大学会为打高尔夫球的青少年提供多项奖学金，让孩子从小学习高尔夫球不仅能培养他们良好的品性，还能为他们出国留学深造提供一块踏脚石。

据美国《侨报》和《高缘网》报道，中国赴美国留学的人数逐年增长，导致竞争加剧。进名校、拿到奖学金的机会越来越难得，而高尔夫球这一在美国许多高校均有大笔奖学金的体育项目，目前已被不少准备让孩子去美留学的中国家庭看好。中国学生申请美国名校另辟蹊径，练好高尔夫球已成这些家庭送子女去美申请名校及奖学金的敲门砖。

此外，高尔夫地产的价值还包括业主优先或优惠打球及享受俱乐部设施的权利，高尔夫商务社交圈的价值、名流富豪聚焦的俱乐部圈层文化等。

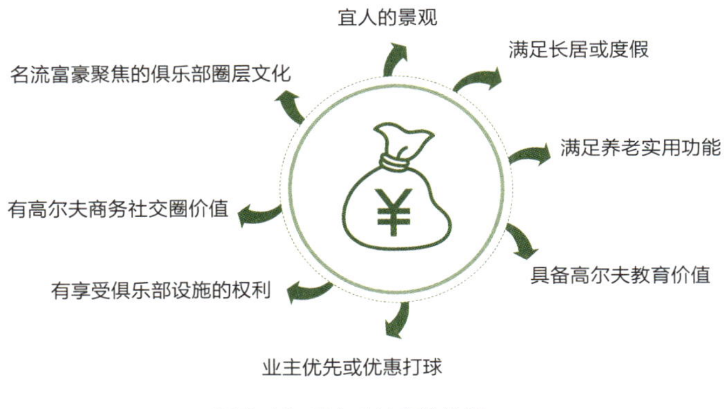

图3-12 高尔夫地产的价值

高尔夫地产的业主不论是否经常打球，首先都会认可高尔夫生活方式，他们注重和希望有一种健康和谐、亲近自然的生活理念、维护家庭氛围（许多家庭全家都是高尔夫球爱好者，也是俱乐部的忠实会员）、以球会友、拓展交际平台等。这些不可复制的特性成就了高尔夫地产的高价值。

高尔夫专业笔记

高收入家庭对于孩子教育和修养非常重视，高尔夫球场给业主的孩子带来的高尔夫教育价值特别珍贵，值得大书特书。高尔夫球规则和礼仪可以培养孩子多项良好的品格，训练“绅士贵族”气质，养成孩子守时遵礼、尊重他人、自律自信、诚实守约等良好习惯。

02 不能按普通地产项目的思路经营高尔夫地产

高尔夫地产比普通地产售价更高，要求这类项目首先要做出与普通项目本质的区别。无论从环境品质、社区生活品位、建筑设计、景观丰富程度、配套设施、服务水准等方面均应超越其他竞争对手。

现在许多高尔夫地产项目对这一点认识不够，除了容积率、绿化率、建筑形态与一般物业有差别外，内在品质差异不大，无非是多了一座高尔夫球场。

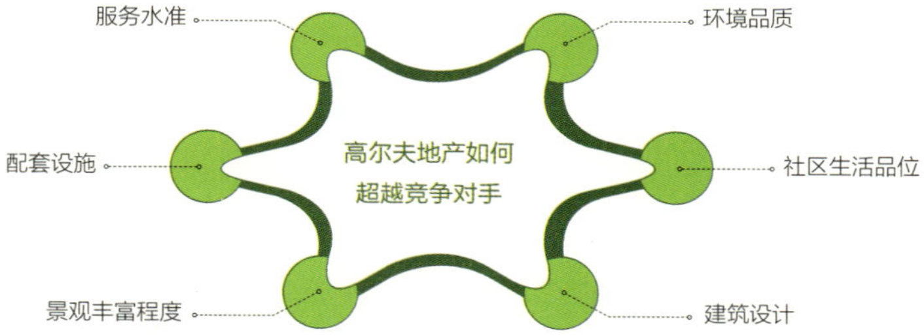

图 3-13　高尔夫地产如何超越竞争对手

02

SECTION TWO

第二节

高尔夫球场投资建设前期的专项研究

高尔夫球场项目可行性研究
步骤 1

高尔夫球会定位研究
步骤 2

高尔夫球场项目投入成本分析
步骤 3

本节阅读导图

图：成都麓山高尔夫俱乐部

投资商开发建设高尔夫球场的目的不尽相同，大致可以分为三类：

图 3-14　投资高尔夫球场三大目的

第一类，将球场视作独立经营的项目；

第二类，将球场作为体量不大的房地产项目配套；

第三类，将球场作为综合度假村项目和大型旅游地产项目的一部分。

必须注意的是，投资建设高尔夫球场绝不是一件容易的事。对投资者而言，投资任何大型项目都需要经过一番调查研究才能做出正确决策，更何况高尔夫是一个投资金额、占地面积、人员编制都很庞大的项目。

现在高尔夫投资建设中出现最普遍的情况是，高尔夫球场多数是作为房产项目的附属配套而兴建，投资方非常不重视高尔夫球场的规划、建造与市场运作等方面的工作。这也是高尔夫领域容易出现球场建成后运营不良、口碑不佳、高尔夫房产项目滞销的案例特别多的重要原因。高尔夫球场原本是整体项目的加分项，但最后它却反倒成为地产项目被客户诟病的对象之一。尽管每个失败的高尔夫案例各有成因，但对高尔夫球场投入重视不够而给项目带来伤害却是最主要的原因。

所有的投资者终究会被市场所教育。国内高尔夫球场建设数年持续狂热将逐步减退，高尔夫地产会逐渐走上成熟理性的发展之路。建设者、运营商也会认识到，只有遵从高尔夫产业的市场规律，做清晰的产品和服务

图：成都麓山高尔夫俱乐部

定位，以高品质的球场、优质的经营与服务打开市场形成口碑，才能带动球场周边地产的价值提升，从而达到理想的收益预期。高尔夫球场与房地产的关联密不可分，非常像一个人走路的两条腿，只有交替前行，互为支撑，才能让整个人走得好，走得稳健。

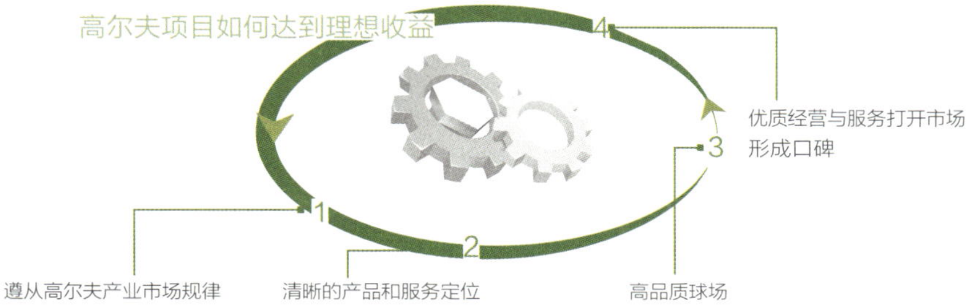

图 3-15　高尔夫项目如何达到理想收益

作为投资者，投资任何一个项目之前，必然会考虑以下四大问题：

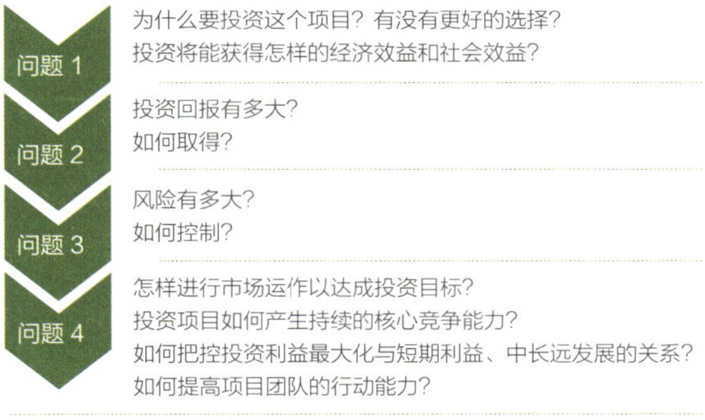

问题 1
为什么要投资这个项目？有没有更好的选择？
投资将能获得怎样的经济效益和社会效益？
问题 2
投资回报有多大？
如何取得？
问题 3
风险有多大？
如何控制？
问题 4
怎样进行市场运作以达成投资目标？
投资项目如何产生持续的核心竞争能力？
如何把控投资利益最大化与短期利益、中长远发展的关系？
如何提高项目团队的行动能力？

图 3-16　投资项目前应考虑的四个问题

第一个问题，为什么要投资这个项目？投资将能获得怎样的经济效益和社会效益？有没有更好的选择？

第二个问题，投资回报有多大？如何取得？

第三个问题，风险有多大？如何控制？

第四个问题，怎样进行市场运作以达成投资目标？

前三个问题是投资的决策性问题，属于战略分析范畴。投资者根据其投资偏好，需要平衡好经济回报与市场风险之间的关系。第四个问题属于战略决策的执行范畴。

在第四个问题里，需要重点考虑三个问题：

第一，投资项目如何产生持续的核心竞争能力？

第二，如何把控投资利益最大化，以及与短期利益、中长远发展的关系？

第三，如何提高项目团队的决策和执行能力？

高尔夫球场投资前期建设研究有三个步骤：

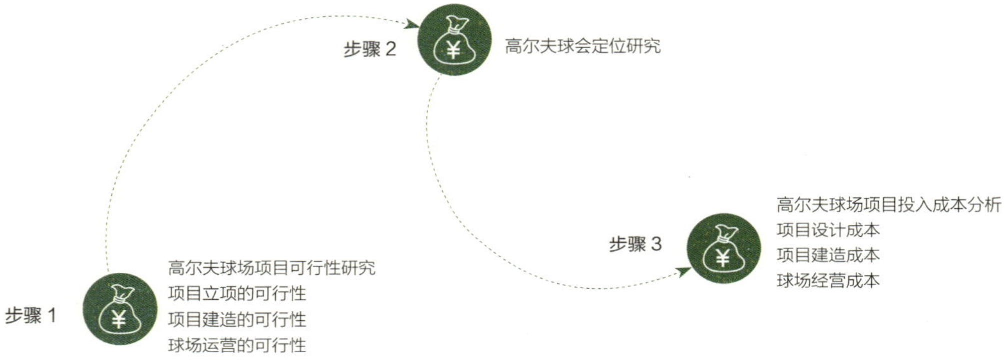

图 3-17　高尔夫球场投资建设前期研究步骤

步骤 01 高尔夫球场项目可行性研究

在高尔夫球场的投资行为中，球场选址是决定球场投资和经营成败的一大关键因素。投资人建设高尔夫球场最先考虑到的问题有两个。

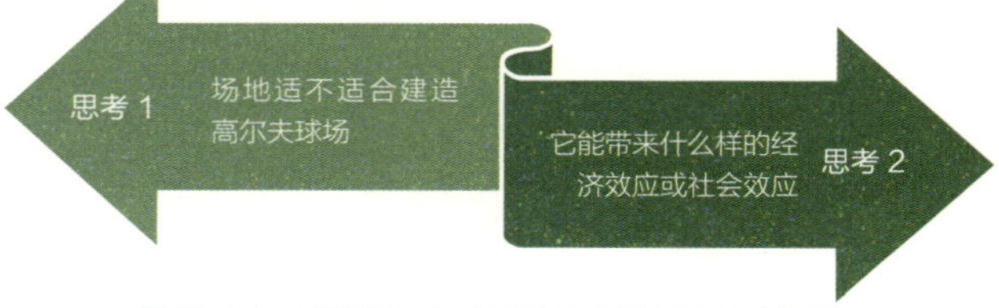

图 3-18　投资高尔夫球场最先应思考的 2 个问题

第一，这里是不是适合建一座高尔夫球场；第二，它能带来什么样的经济效应或社会效应。

回答以上两个问题要借助高尔夫球场项目可行性研究，项目可行性研究报告书内容上包括三个部分：第一部分是项目立项的可能性；第二部分是项目建造的可能性；第三部分是项目运营的可能性。

图 3-19　项目可行性研究报告书的内容组成部分

研究01 高尔夫项目立项的可能性

受现行国家政策的影响，很多新球场不能以高尔夫球场经营的名义申报立项，而只能以生态公园、体育公园、绿地保护区等名称来巧立名目。这种方式终究不是长久之计，面临的政策和法规风险很大，一旦被曝光，将给企业带来巨大的损失和压力。

现在，地方政府对高尔夫球场项目往往默许其“非正常”立项，但有三个硬性的前提条件：

图 3-20　高尔夫球场能立项的三大前提条件

第一，不得占用大量耕地；第二，不得占用、污染水资源；第三，不得占用风景区、自然保护区等。

如果一个高尔夫项目不冲破以上三条底线，也就规避了将来可能面临的巨额罚款或被迫“关张”的风险。

因此，高尔夫建设前期，一要充分了解国家和当地相关政策；二要取得当地政府支持，对于投资者十分必要。

这样做的好处是一能规避项目的政策风险，二能为将来项目正常发展铺平道路，三能为球场日后运营打下基础。

现在，高尔夫运动已是奥运会中的体育比赛项目，各高尔夫球场可利用这一特点，争取申请到国家或地方体育主管部门的支持，这有益于解决球场“牌照”问题。这个申请过程需要借助专业的公司来运作，国内一些专业高尔夫咨询服务公司拥有独特资源，能够参与此类项目的前期规划，协助拟定立项、报批相关文件，提供专业帮助。

研究02 高尔夫项目建造的可能性研究

一个地块能否建设高尔夫球场，主要由地块的场地条件决定。

投资商意欲拿下一片土地建设球场和开发高尔夫地产，第一步就是先请专业球场规划设计单位或专业高尔夫咨询顾问机构勘查和评估地块情况。

勘查地块的内容

勘查角度	勘查点
从经营和建造角度	地块是否适合建造和经营高尔夫球场
从项目定位角度	地块是否适合开发高尔夫旅游地产或高端社区
从交通和自然资源角度	场地交通情况，地下是否有光缆或燃气管道、当地经济水平、土壤情况、水源情况、气候变化和水文情况、野生动植物情况
从人文历史角度	地块是否有历史文化遗址

经过勘查和评估的地块需要得出如下结论：

第一，从经营和建造的角度分析地块是否适合建造和经营一座高尔夫球场；第二，此地块是否适合开发高尔夫旅游地产或高端社区；第三，从交通和自然资源角度看，场地的交通情况、地下是否有光缆或者燃气管道、当地经济水平、土壤情况、水源情况、气候变化和水文情况、野生动植物情况；第四，从人文历史角度看是否有历史文化遗址，这四点对地块价值判断都非常重要。这四类大的因素是决定一个球场能否建成和正常营业的关键。

在这里，我们尤其需要说一下哪类区域或者地块不适合建造高尔夫球场。

图 3-21　三类区域不适合建造球场

怎么判断该地区适合还是不适合建造球场，一个根本的考量因素就是要看球场需要的建造成本和维护成本。

随着高尔夫先进球场施工技术和球场建造技术的不断快速发展，理论上，任何地方都可以建造一个高尔夫球场，即使是加拿大、西藏等高海拔和高寒的国家或地区也同样可以建造球场。然而，不同地区建造球场的成本却大相径庭。

有三类区域不适合建高尔夫球场。

第一类：非常缺水的地区

在缺少水源的沙漠中建一座球场，草坪养护的灌溉成本一定会很高，而且经营压力巨大；盐碱地上建造球场要对土壤改良花费较大成本；还有很多球场需要开发商开山平林或者填埋湖泊或湿地沼泽。这些工程的施工成本都很高。

第二类：地势太平坦

有的球场为了迎合高尔夫球场设计需要，就会在平原地区建造较大起伏的球道。这类建造需要的土方量巨大，建造成本无疑会增多。这样的土地往往也是成熟的耕地，属于国家严控的不能碰触的 “耕地高压线” 范围，征用或者租赁这样的地块做球场，从成本上来看，是一件很不划算的事。

从国家政策限制来看，许多地方都不适合建造高尔夫球场。理想的高尔夫建造场地应该是自然地势有高低起伏，但落差不会太大（为驾驶球车安全起见，一个球道的落差不宜超过 150 米，否则既不安全，盘山路和灌溉设施的施工也麻烦），如果山高路陡，质量差一些的球场人就爬不上去。如果是制造噱头，例如某国外度假型山崖球场，发球台与果岭落差达到两三百米，球手无法上到发球台，需要用直升机运送球手，这可能成为球场的一大特色也可能会成为球场局限。

第三类：自然条件很差的地区

有土壤沙质化、不适合植物或农作物生长的环境、水资源污染严重等问题的地区，都不适宜建造球场。

近年来，在垃圾填埋场、废弃的矿山、湖海边的滩涂滩地、荒山丘陵、沙漠边缘地区建造球场，成为一种趋势。这样的好处是既可以使环境美化，也让这些废弃的土地得到治理。但是，这样的地块，投资商一定要考虑房产如何销售、投资收益比如何等问题。

研究03 高尔夫球场运营的可能性研究

从市场角度看，球市荒漠地区也不适合建造球场，球场开业缺乏客流，是不可原谅的投资失误。

这项工作主要目的是从球场所处的地理位置和当地经济基础出发，分析球场市场运营可行性，即通过对周边经济社会环境、打球人员数量、潜在高尔夫消费人口、周边现有球会经营状况、球场交通状况等方面分析确定球场运营的方式、方法，预估可能会面对的情况和应对措施。

高尔夫项目的可行性研究中最关键的因素是项目地理位置研究。地理位置如果较为理想，在基本确定项目建造和经营原则性问题后，球场经营就具备了一大半的先天条件，项目可行程度就会较高。因此，项目选址工作在这个时期尤为重要。

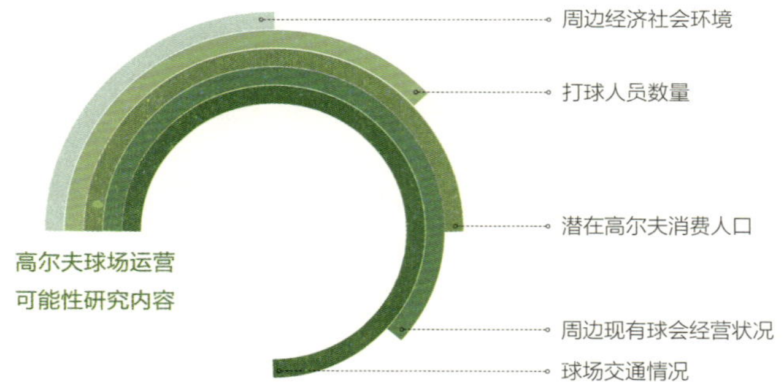

图 3-22　高尔夫球场可能性研究内容

如何形成高尔夫项目的可行性研究？

做这类项目可行性研究既可以聘请专门机构做地块研究，也可以聘请专业人员专职做研究。

需要提醒的是，这里所说的专业人员不仅仅是设计和建造人员，也包括高尔夫球会运营和市场研究人员。这类专业人员应从项目拿地之初就参与其中，做出一份完善的专业报告供公司决策。第三方专业高尔夫咨询服务机构或综合性较强的旅游地产顾问公司都能够提供周到的服务和详实的调研数据，给出相对公正的专业意见来论证项目的可行性。

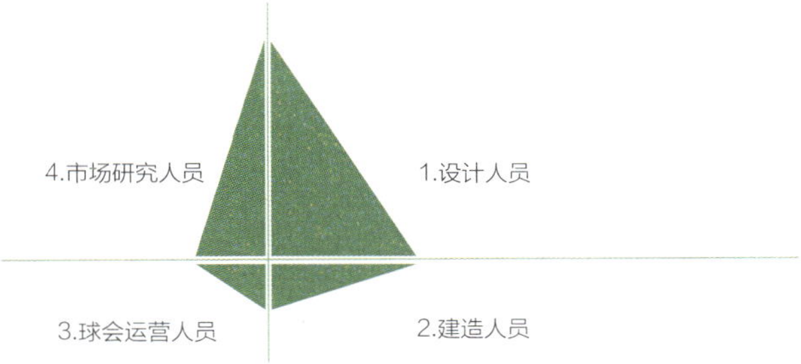

图 3-23　高尔夫项目看地之初需要参与的四类人员

步骤02　高尔夫球会定位研究

清晰的市场定位决定了球场的前途。

以笔者多年的经验，因为定位不清晰而导致后期运营困难的球场并不少见。这类球场最大的问题就是项目建造流程很不合理，没有遵循高尔夫行业客观规律。之所以出现定位不清晰，本质还是投资人对高尔夫建造流程认知不准确，很多重要工作的环节程序颠倒，导致后来无力整改挽救不及，致使项目陷入死局。

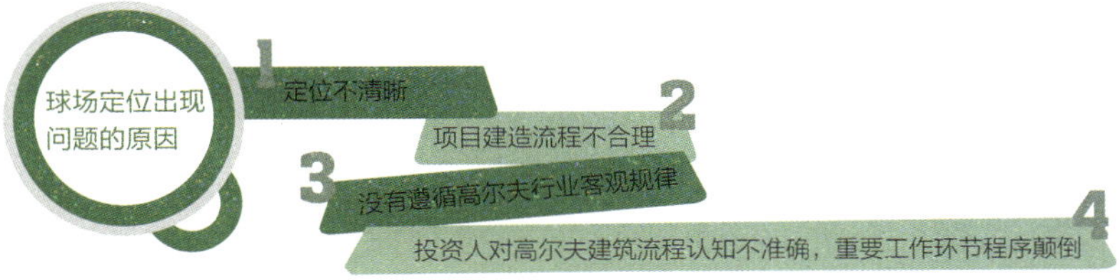

球场定位出现问题的原因
1 定位不清晰
2 项目建造流程不合理
3 没有遵循高尔夫行业客观规律
4 投资人对高尔夫建筑流程认知不准确，重要工作环节程序颠倒

图 3-24　球场定位出现问题的原因

比如，很多球场在刚上马时，先定的口号是“国际顶级”或者“国内一流”、“锦标赛级”等。接下来，他们花重金聘请国际知名设计师打造高端的五星级会所，把球场的配套设施修建得极致和奢华。此后如果高层决策者一是发现成本偏高，决定压缩成本，往往会在球场品质上节省开支，这为后期维护和营运带来先天障碍。这个阶段容易出现的最大疏漏是高尔夫市场和球场运营两方面“职业人”配置缺失，这两类专业人才的缺失会让项目整体缺少高尔夫特有的文化气质。比如，有的项目，球场品质不佳，会所却面积过大，装修虽然豪华但毫无品位，整体氛围感觉像洗浴中心，证明了企业决策层和职业经理人的文化品位和素质不高。这正是因为投资、建造者不明白球场和配套设施要为客户服务，需要市场化经营。这样做的结果往往没能使球场成为所谓的国际顶级，反倒成为一个四不像的产品。其根本原因，就是球场上马过快，刚开始没做好清晰、准确的定位，没想明白经营方式和发展方向。在后来的建造过程中，也没有以清晰的定位去指导建设工作。

高尔夫专业笔记

高尔夫球场的定位与整体项目的可行性研究分不开，要综合分析项目所处的地理位置、设计建造的品质、当地的经济和高尔夫发展水平等要素，以确定球场的运营模式。

球场经营定位与市场研究密不可分。对于一个球场，是做一个半开放的偏公众型球场，还是高端私人俱乐部，或者是都市型商务球场，还是注重旅游市场的半开放度假型会员制球场，或者高尔夫度假酒店球场等。

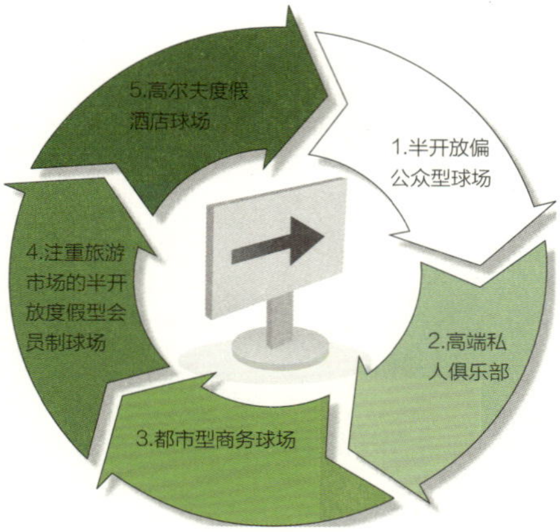

图 3-25　球场定位的五个方向

一定要弄清楚球场未来的主流客户是什么样的人，客户来自哪里，他们需要什么服务，他们有哪些消费特点，弄清这些问题后，才能为球场做出正确的定位，也就可以将钱花在关键点上，而不是为了追求虚名到处乱花钱。

很多高尔夫球场的会所描金绘银，硬生生将高雅、私密的高尔夫会所建成了高大气派但俗不可耐的歌舞厅，这是非常不了解高尔夫文化而制造出的一个拙劣结果。

图 3-26　球场定位的客户研究内容

01
案例

上海佘山国际高尔夫俱乐部的规划策略

项目概况

佘山国际高尔夫俱乐部位于上海市松江区佘山国家旅游度假区核心区域林荫道，占地面积 2200 亩。球场建设时此地段稍显偏僻，但开业后数年间周边配套已发展齐全，成为高档别墅区。它是上海惟一的森林丘陵型高尔夫球场和意大利托斯卡纳风格的高尚别墅区，是纯会员制高尔夫俱乐部，现成为上海顶级的高尔夫生活社区。

成功点01 规划设计合理

1700 余亩符合国际锦标赛标准的 18 洞佘山高尔夫球场由著名的高尔夫设计公司 NELSON&HAWORTH 设计规划，总标准杆 72 杆，总长 6605m/Yd。

整个球场设计以茂密的原生态森林为主题，更突出的是地势的起伏使得整个球场成为山体的延伸。在竭力保护原生植被的基础上，精心营造上海惟一一家森林丘陵型高尔夫球场，体现山脉延续，与国家森林公园融为一体。其间百米深潭悄然深藏，更有两棵聚天地精华的千年银杏。其中第 16 洞和第 17 洞为上海地区独有的标

图：上海佘山国际高尔夫俱乐部球场

志性设计师签名球洞。这些设计，不仅使球场保留了原有的自然风貌，更增添了整座球场的趣味性和历史文化内涵。

成功点02 别墅社区独树一帜

佘山高尔夫别墅社区占地 500 亩，总建筑面积 88620 平方米。

别墅以意大利托斯卡纳（TUSCAN）风格为蓝本，拥有 100 幢左右的独立别墅以及联排别墅区。别墅区与 1700 余亩的高尔夫球场交融一体，如同球场的脉络一般和谐伸展在起伏的球道之侧，并与周边水系浑然一体，组成了一座极富意大利田园悠居风格的高尚社区。

最经典的是妙手细心营造的托斯卡纳神韵，属于中国别墅建筑史上率先引入这一风格，独树一帜，重现意大利文艺复兴之荣光。会所里播放的背景音乐意大利歌剧经典片段也加强了这一文化韵味。根据地形不同，每幢别墅还拥有 3 ～ 10 亩的独立私家花园。

成功点03 配套齐全

社区配套建有直升机停机坪、业主会所、泳池、高尔夫学校等设施，切实营造国际化的生活、社交平台。

项目定位和运营

佘山高尔夫定位非常明确，即一个高尔夫社区。

高尔夫项目中，高尔夫是作为一种内容存在。国内很多项目很难把高尔夫和地产结合得非常完美。很多高尔夫地产，在气质、形式、布局上看，房子与高尔夫之间的关系突兀，不能和谐相容。打球的人觉得旁边的别墅很多余，住别墅的人又觉得球场是种干扰。佘山高尔夫项目的产品，建筑与环境搭配非常协调。社区中的建筑、环境、生活文化做到了很好的融合。

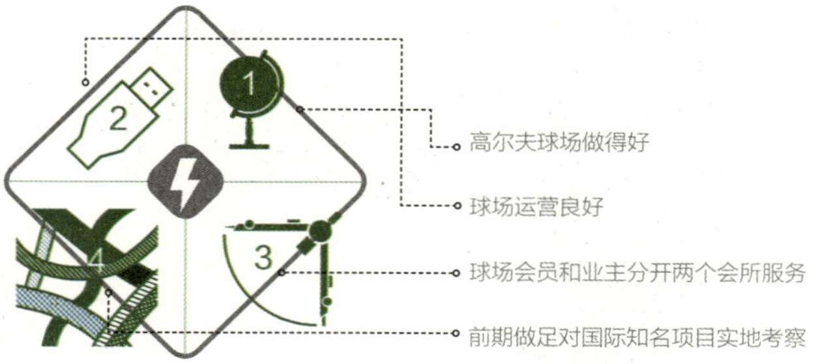
1
2
3
4
高尔夫球场做得好
球场运营良好
球场会员和业主分开两个会所服务
前期做足对国际知名项目实地考察

图 3-27　佘山高尔夫做得好的原因

佘山高尔夫为什么做得好？

首先是它的高尔夫球场做得好。

高尔夫做得好的原因，是球场在建造之初就考虑独立运营与管理，佘山高尔夫的各种配套设施立足长远的运营，球会跟房地产项目没有直接交叉。球会因此发展得很好，这个结果又带动了别墅的销售，别墅的销售又反过来推动球会的发展。

第二，球场运营良好。

佘山高尔夫是上海地区能够良性运营下去的为数不多的球会之一。因为自身能够运营良好，也不需要通过物业做任何的补贴、投入。

第三，球场会员和业主分开两个会所服务。

佘山高尔夫设置了两个会所，一个是高尔夫会员会所，一个是业主会所。建立两种会所分开来服务是因为考虑到，高尔夫会员不一定全部来自业主，业主也不一定都成为会员。

第四，前期做足对国际知名项目实地考察。

做一个非常地道、纯粹的高尔夫，至少要具备 2 个条件：第一个是好的设计团队，第二个是整个项目团队有丰富的实地考察和体验经验。佘山高尔夫在建造之初，决策层在世界范围内看了很多的知名项目。这也是项目做前期市场调研的一部分。这个环节也非常重要。

02
案例

北京华彬（高尔夫）庄园

项目概况

北京华彬庄园位于北京市昌平区，占地6400亩，踞长城、临燕山，为京城上风上水之地，是现今中国最具影响的纯会员制俱乐部之一。

成功点01 定位大型庄园式高尔夫项目

华彬庄园是中国首屈一指的集体育、养生、休闲、婚庆、会议、度假为一体的大型庄园式项目。拥有54洞高尔夫球场，由“高尔夫球王”杰克·尼克劳斯规划设计，球场拥有金熊会所和尼克劳斯两个会所，是亚洲最大的会所。其中一个为东南亚建筑风格，与泰资企业背景相吻合，一般大型赛事才启用新会所，既节约成本，又不影响会员尊贵性。有五星级豪华酒店（包括两栋使用面积达两千多平方米的出租别墅）、马术俱乐部、绿色生态基地、生命科学健康中心和世界产业领袖会邸以及位于北京CBD的城市会所等，多为世界成功人士休闲度假、沟通交流和商务活动所选。

俱乐部会员中约有47%为世界五百强企业，43%为中国百强企业，主要包括跨国集团和国内知名企业董事长、CEO、总经理等各界名流精英。

图：北京华彬尼克劳斯球场17号洞

图：北京华彬庄园酒店式别墅内的小型会议室

成功点02 会所设计符合项目定位

华彬高尔夫俱乐部的老会所（金熊会所）由世界驰名的英国G.A.Design设计事务所规划，会所建筑面积达13000平方米，风格考究，设施齐全，私密性强，高尔夫文化氛围浓郁，誉称京城第一会所。会所设有中餐厅、韩餐厅、咖啡厅、英式酒廊、露台茶座、花园酒吧、董事会议厅以及会员交谊厅等。更衣洗浴区内设私人密码储物柜、独立淋浴间、冷热水力按摩池、芬兰浴及蒸气浴、纯氧睡眠室、美容美发室等。会所提供中式、泰式古法按摩、瑜伽体验以及足疗服务。为会员特设贵宾以及家庭专区。

成功点03 配套设施与项目定位相匹配

华彬高尔夫庄园占地6400余亩，已营业的包括由尼克劳斯设计的两个45洞国际专业高尔夫球场和一个9洞灯光球场。除球场外，还配有超豪华会员专用白宫酒店、50套世界冠军公寓和138栋豪华别墅、一个世界级生命科学健康中心和两万平方米的高科技绿色生态基地。建国门CBD商圈的华彬大厦一层至四层是俱乐部设在室内的城市会所。

华彬高尔夫练习场共有18个打位，纵深长达270码，设有两个练习果岭，两个练习沙坑，还配备有夜间灯光照明设备，外籍专业教练现场指导球技。2010年6月，高尔夫球历史上最伟大运动员之一，“金熊”杰克·尼克劳斯在中国授权开办的第一所高等级高尔夫球学院在北京华彬庄园宣告落成，“金熊”亲临现场出席学院成立仪式。

03
案例

深圳光明高尔夫俱乐部

项目概况

深圳光明高尔夫球场是中国屈指可数的公众球场之一，位于深圳宝安区光明镇，地理位置优越，距离市区仅 30 分钟。球会占地面积 1800 亩，为 27 洞球场。球场本着“自然、生态、环保”的原则，最大程度地保留了原始地理地貌，是一个丘陵型球场。

成功点01 球场与自然环境和谐统一

球场三面环山，植被繁茂。雨后山上的溪流泉水顺流而下，山水交相辉映。有芳草野花，果园菜地 ；湖光山色，田野风光，占尽了自然风光的好处。

成功点02 以公众球场的定位获取客源

深圳光明高尔夫俱乐部是以国内第二个公众球场为众多球友和从业者所熟知，营业后加强了都市商业特性。球场坚持不卖会员证，降低了高尔夫运动的门槛，给众多球友提供了打球的便利，也为球会经营提供了丰富的客源。

04
案例

北京渔阳国际高尔夫俱乐部

项目概况

渔阳国际高尔夫俱乐部是一座典型的18洞山地型球场。球道总长7118码，标准杆72杆，球场落差50余米，占地1200亩，整座球场依山而建。作为北京市平谷首家高尔夫俱乐部，渔阳国际高尔夫俱乐部填补了平谷高尔夫市场的空白，极大地丰富了京郊旅游资源，为当地旅游业注入了新的活力。

成功点01 高尔夫俱乐部彰显当地特色

凭借“品质铸就高品位生活”的经营理念，渔阳国际高尔夫俱乐部追求环节完美，从草种选择到球道的设计都经过严格的筛选和讨论，力求体现高尔夫运动的渔阳特色。

成功点02 球场设计与周边环境自然结合

“渔阳国际”高尔夫保留了自然的地势地貌，蜿蜒起伏的地势让球场有了丰富的起伏变化，造型各异的山脊错落分布其周，为高尔夫运动增添了自然韵味。

成功点03 打球、滑雪、美食、四星酒店形成黄金服务链

渔阳国际高尔夫俱乐部是北京率先将高尔夫与滑雪两项户外运动相结合的球场，成为北京众多球场中的一大特色。渔阳国际滑雪场占地6000余亩，规模设施与国际接轨。目前已建成高、中、初级道11条，高级道总长3200米，为京城雪场之最。滑雪的浪漫与高尔夫的优雅相互映衬。15000平方米的渔阳大旺美食生态园和四星级渔阳酒店分布其周，形成了一条黄金服务链。

渔阳国际高尔夫俱乐部很好地把高尔夫运动跟滑雪运动结合在一起，夏天打高尔夫，冬天滑雪，很好解决了北方高尔夫球场营业时间过短的问题。

05 案例

华中某高尔夫俱乐部

项目概况

华中某高尔夫俱乐部位于某四线城市中心一个靠湖的生态公园内。

项目总占地 2400 亩。这个高尔夫俱乐部是国内罕有的城市型高尔夫球场。

由中国香港某公司和当地公司合作投资兴建，现已营业的是 18 洞球场，用地 1000 亩，标准杆 72 杆，总长 7200 码，设计师是来自马来西亚的 CJ Tan，第二期用地 1400 亩，计划建设为 9 洞灯光球场、园林式五星级酒店及纯高尔夫别墅开发，二期项目仅在进展中。

从当地机场驱车前往，约需一小时车程。靠湖公园水面达 2000 亩，镶嵌在球道中，将滨湖型球场与低丘森林型球场两种风格完美地结合在一起。

项目缺陷

这家俱乐部拥有良好的自然环境和可称道的球场品质，但地理位置不佳，离球友集中的省会市区较远。球场早期投资者把项目错误定位为纯会员制俱乐部，让球场一度经营困难。在当地早期的三家球场激烈的市场竞争中，一直处于下风。

缺陷分析

为什么一个自然条件资源不错的球场会有如此经营状况？

最关键的问题还是在于早期投资者对球场的定位不准确，错失良机。

01 三四线城市不具备纯会员制球场的市场环境

一、当地没有打高尔夫人群。

虽然当地离省会较近，但它毕竟是三四线城市。当地经济水平比较落后。球场建成时，当地几乎没有打高尔夫球的消费人群。

二、纯会员制策略失当。

省会城市内的两个球场市场竞争激烈，但经营手段灵活，而当时该省的总球友量有限。与这两家球场相对，该球场原拟通过高端纯会员制的经营形成差异化竞争优势，却不被市场接受。因为以省会城市为主的当地球友难以舍近求远，不接受球会的市场策略。

三、较高的会籍费和打球费用。

这让很多球友浅尝辄止，望而却步，新鲜感过后便不再光临，更遑论成为会员。

笔者认为，即便是在高尔夫相对比较发达的当地省会城市，现在经营一家纯会员制的高尔夫俱乐部也会有一定风险，要看总体项目的投资规模和盈利方式定位。

02 球场和其他配套硬件品质水准不高

球场的品质虽然较受好评，但整体硬件设施的品质和服务水平与国内一流、顶级还有一定差距。与纯会员制的一流俱乐部相比，这家俱乐部在球场的设计、风格、草坪养护及会所设施等许多方面还缺乏足够的吸引力。

03 缺乏纯会员制俱乐部的高端服务

因为经营绩效不佳等原因，该俱乐部的中高层管理团队更换频繁，使得球会的经营管理方式总处在不停磨合中，管理者工作氛围也曾经比较紧张，影响了服务的提升。

许多爱好者都惊叹美国内达华大沙漠里面，那片美不胜收的沙漠绿洲里的几个球场——影子溪高尔夫球场、拥有绝美海景的美国圆石滩高尔夫球场、拥有深厚文化背景和历史的苏格兰圣·安德鲁斯老球场等。经典之所以成为经典，就在于它们不易复制和难再重现。

06
案例

华北某高尔夫项目

华北某草原森林风景区有一片美丽的大草原，一位热爱高尔夫运动的投资商看到这片土地后，深深地被当地的自然环境所吸引，他惊叹这就是天然的高尔夫球场，于是便有了这个球场的诞生。

事实上在这里开发高尔夫球场并不是一个最佳的选择，主要原因如下五点：

第一，地块处于黄土高原和内蒙古大草原的结合部位，水资源紧张，没有办法解决高尔夫球场核心的用水问题。目前球场快建成，但没有建立自动喷灌系统，只能采取最简单、原始的移动管为草坪浇水；

第二，当地缺乏高尔夫运动的消费群体，本地人口稀少，人均收入较低，缺乏高端休闲的氛围，缺少对高尔夫运动最基本的认识，因此不具备培养高尔夫打球人群、开拓市场的条件；

第三，坝上草原景区的气候条件决定了旅游季节较为短暂，也决定了将来高尔夫球场的营业旺季不长。同时，周边的旅游景区汇聚的主要是观光性散客，难以聚集居住游玩类游客，景点比较分散和类似，多数游客不会选择停留、居住数天，也难以再故地重游；

第四，交通环境极不便利，围场县位于该省最北部，没有高速公路可以直达，也没有飞机场，距离当地球友最集中的北京市需要 3 个多小时近半天的车程，北京的球友打球不能当天来回，必须住宿，因此北京及周边地区的客人不会经常前往，只有少数铁杆球友慕名尝鲜去体验；

第五，球场附近没有同类型的高端休闲运动、旅游项目，缺乏联动效益。开车 4 个小时，单单去打一场高尔夫球，对于很多球友来说吸引力不够。这要求开发商要同步建设酒店、休闲娱乐等一系列配套项目，加大了投资成本，而产出及盈利难有胜算。

高尔夫专业笔记

高尔夫项目的选址和经营不能仅凭投资者单方面的激情和理想，以及地块良好的自然环境和一时的景观优美。需要投资者对项目的地理环境、当地经济发展水平、旅游度假资源和社会环境等各方面进行深入调研，评估项目的可行性，做出适合的定位和营销策划。

图 3-28　球场附近不适合建球场的原因

步骤 03 高尔夫球场项目投入成本分析

在高尔夫球场投资项目前期规划中，开发商最关心的问题是投入成本。一般球场投入的成本包括三类：设计费用、建造费用和筹备运营费用。

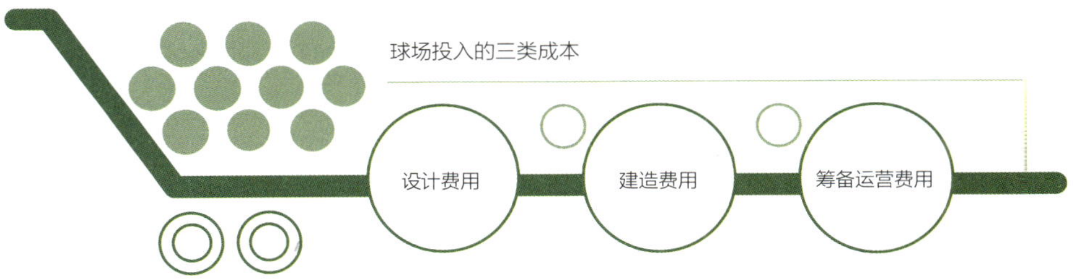

图 3-29　球场投入的三类成本

至于每项费用的多寡和预算如何，每个项目情况不同预算金额也不一致。影响项目成本的因素有两类：

第一，球场的定位。

球场定位不同，设计、建造和管理各个环节的投资都会不同。

第二，球场地理位置差异。

球场地理位置以及用地条件也直接影响到球场建造的成本。

通常，人们会简单地以一个球场投资了多少钱，去衡量一个球场品质的好坏，这显然不科学。根据行业经验，一般一家 18 洞球场（不含会所），施工成本概算为 5000 万元左右，这个投入基本可以保证做出比较好的球场。

我们仅以一个 18 洞球场的投资建造费用概算表来看其成本配置。

某 18 洞球场投资建造费用概算表

序号	项目名称	单价（元）	工程数量	项目总价（元）
一	前期费	——	——	4 800 000
1	图纸、测量	——	——	300 000
2	18 洞球场设计	——	——	4 000 000
3	招标费用	——	——	500 000
二	球场建造费	——	——	56 912 000
三	机械设备	——	——	7 550 000
1	练习场设备用品	——	——	800 000
2	草坪机械	——	——	5 000 000
3	球童用电瓶车、手推车	35000	50 台	1 750 000
四	球场建筑工程及其他费用	——		61 300 000
1	会所	15000	3500 ㎡	52 500 000
2	练习场建筑	3,500.00	800 ㎡	2 800 000
3	停车场	250.00	4000 ㎡	1 000 000
4	市政工程	——	——	3 000 000
5	员工宿舍	2,000	1000 ㎡	2 000 000
五	不可预见费	——	5%	5 553 100
	成本小计	——	——	——
六	资金利息	——	7.4%*2	——
七	管理费	——	3%	——
	项目总投资	——	——	略

成本 01 高尔夫项目设计成本

一个高尔夫项目因规模大小、设计单位及其特长水平、设计深度等要求不同规划设计成本也从数十万到数百万元、上千万元不等。决定其设计成本的因素有以下四点：

（1）项目整体规划设计成本

第一，项目总体规划设计图决定成本大小；

一个项目都有“项目概念性规划设计图”及“总体规划设计图”，它的作用决定了项目整体发展许多方向性问题。

通常一个高尔夫项目包括球场、酒店、会所和房产等配套，因此要对整体项目地块进行总体规划设计。“总体规划设计图”既是满足项目立项、审批的需要，也是决定项目建筑密度等重要经济指标的关键性文件，具有一定的“法律文件”的意义，“总体规划设计图”一旦获批，将决定项目整体发展许多方向性问题：土地上将建设多少洞的球场；是否有酒店及休闲娱乐配套；商业地产、住宅地产的体量、布局、容积率如何等。

第二，由项目以球场为主导还是地产为主导决定；

投资方在进行项目整体规划设计时，应要考虑并确定项目是以地产为主导，还是以球场为主导。投资方怎么确定是以地产项目开发为主还是以球场投资建设为主呢？

一般情况下，如果地产的开发量不大，而业主希望球场颇有特色，强调球场品质，则可以优先考虑球场为主导；而如果球场只是巨量地产的配套，则好的地块应优先满足地产的需求，而高尔夫球场可作为特别的人文和自然景观，在楼盘和高档小区间穿插，但需要保证良好的交通、安全距离和球场景观视野。

第三，由设计公司决定。

国内有专业从事高尔夫地产的规划设计单位，国外则有更多分类更细的专业高尔夫度假村、大型主题旅游地产的规划设计单位。这些设计单位的收费方式差距也较大。有必要在这里强调下设计师的设计任务的明确问题。

首先，要和设计公司明确项目的主导核心。

要和设计公司明确项目的主导核心，即项目以地产为主还是以球场为主。国内专业地产项目规划设计公司一般不具备球场设计和运营经验，设计师一般不打球，也不了解高尔夫文化和经营特点，对地块的分析和解读不能融入高尔夫概念，难以体现地块的最大价值。尤其是他们不清楚高尔夫球场与地产或其他项目的关系问题（包括安全距离、接待便利性等）。在和设计师沟通时应提前明确这一点。

其次，只懂球场设计的公司无法做好“球场＋地产”类高尔夫项目。

许多小型高尔夫地产项目，往往在进行“总体规划设计”时，出于节约成本等原因，只请来球场方面的设计师或只请来总体规划设计单位，这样做易产生问题。因为球场设计师往往对地产不太在行，他们注重设计出好的球场而忽视了地产项目的特点，造成地块最大价值的部分被浪费。而如果总体规划设计单位不明白球场的经营特性需要，也会为未来的球场经营带来很多问题，造成为球场预留的地块安排失度。

因此，建议高尔夫地产项目在进行前期规划设计时，需要球场设计单位、项目总规设计单位和专业高尔夫咨询服务单位或资深高尔夫度假村的经营管理者，三方共同商榷，确立翔实的项目总体规划和布局，最终控制好球场整体成本。

高尔夫地产	1	2	3	4
项目前期规划设计时必须共同参与的单位	球场设计单位	项目总规划设计单位	专业高尔夫咨询服务单位	高尔夫度假村资深经营管理者

图 3-30　高尔夫地产项目进行前期规划设计时必须共同参与的单位

（2）高尔夫球场设计成本

图：云南天湖岛高尔夫球场项目图

球场设计师的选择直接决定了球场设计费用的高低。

一个优秀的高尔夫球场设计师，要拥有专业的景观学、建筑学、植物种植学、草坪学、测量学、土方工程学、给排水学、图纸和技术规范和工程造价预算等很多方面的能力，一般一个球场设计费用从 100 多万元到 1000 多万人民币甚至更多，那投资方如何评估设计师费用的合理性？

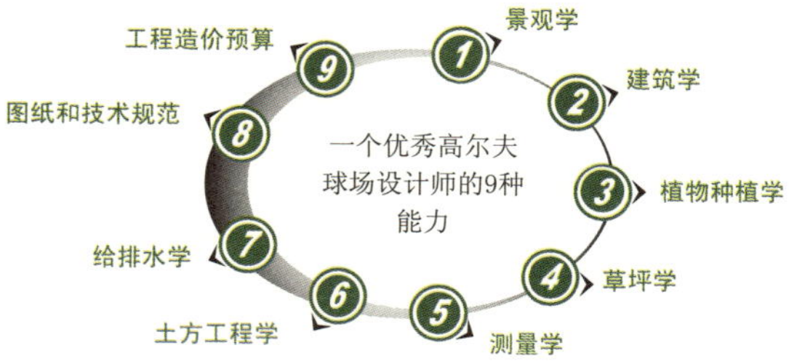

图 3-31　一个优秀高尔夫球场设计师的 9 种能力

球场建造费用与设计费用存在比例关系。

欧洲高尔夫球场设计师协会指出，以欧洲为例，一座新18洞球场设计费应占建造预算总费用的8%～12%（不含交通费），而球场改造设计费占改造预算总费用的12%～15%（不含交通费）。

欧洲高尔夫球场设计协会对设计师在不同设计阶段应收取多少比例的费用给出了指导性的标准，具体如下：

设计师在不同设计阶段应收取的费用

设计阶段	设计费支付比例	可协商范围
确认设计师阶段	5%	5%~15%
规划设计阶段	10%	7%~15%
施工图设计阶段	40%	25%~30%
详图、设计说明和工程量清单阶段	5%	5%~15%
访场、定期验收和移交	40%	30%~50%

（3）会所设计成本

会所设计是高尔夫项目设计费用里占据很高比例的一个重要分支项目，设计成本一般可以参照国内地产项目业主会所或酒店项目的设计成本。

会所设计费用

国内和国外的设计公司会所设计收费差别较大，设计师及其公司在行业内的名气、实力不同，设计收费也有所不同。目前国内的会所设计公司设计费在100～200元/米^2，国外公司设计费大概在200～300元/米^2。

高尔夫专业笔记

高尔夫会所设计属于专业设计，需要设计师根据俱乐部或整体项目市场定位和高尔夫球场经营特点来做创意性设计。比如前台、更衣室、出发站及餐厅、酒水吧、休息室等，虽与酒店或地产业主会所有些类似，但在高尔夫运营动线、接待流程安排等方面还有更多的专业要求。

早期有些高尔夫项目，因为控制投资成本或抢施工进度等原因，往往先只建一个临时会所，待项目初具人气或地产展开预售、项目招商合作回收周转资金后，再启动正式会所的建设。

现在大多数开发商为彰显企业雄厚的实力，往往将会所与球场、地产项目一体建设呈现。有的项目借高尔夫会所做客群集中之地，装修豪华，同时也作为地产项目营销接待中心，这样的成本当然各不相同。

会所设计成本控制

设计会所时，投资方要特别注意的是：会所的建筑和装修费用较高，一定要根据俱乐部的经营定位与长远发展需要，对功能布局、装修装饰品位做全面的设计和布置。球场经营管理者要提前介入并聘请有经验的设计公司，最重要的还是投资者对球场的定位、预算比较清晰，知道自己要的是什么，要达到什么效果，做出取舍。

如果整体项目还只是在培育期，球场接待流程、运营规律还没定型，会所许多功能区（包括面积、功能、设施设备安装的位置、功率、客流通道等）有可能不符合后期的运营需要，会所将面临改建、改造，这样既会严重增大投资者的前期成本，也影响营业。

严格图纸审定过程，控制预算

许多球场的会所设计图纸审定是一个非常痛苦的过程，投资者既想贪多求全、舒适高雅，又要控制预算、兼顾成本，还想别具一格、特色鲜明，诸多要求颇难兼顾与取舍，导致会所设计往往数易其稿，多次推敲，甚至一砖一瓦的选择都需要几轮考察和比较。这个阶段的成本控制不只是需要投资者和建筑、装修的工程技术人员，更需要经验丰富的高尔夫职业管理人员参与会所设计、建造的全过程，避免疏忽大意形成缺憾，浪费资金（局部功能改造造成重复建设），或者细节处理不到位，延误工期，影响效果。

有的投资者要求会所设计公司的专业人员驻场办公，全程监控，参与施工、选材、采购选样的全过程，以确保效果也是一个很有用的策略。

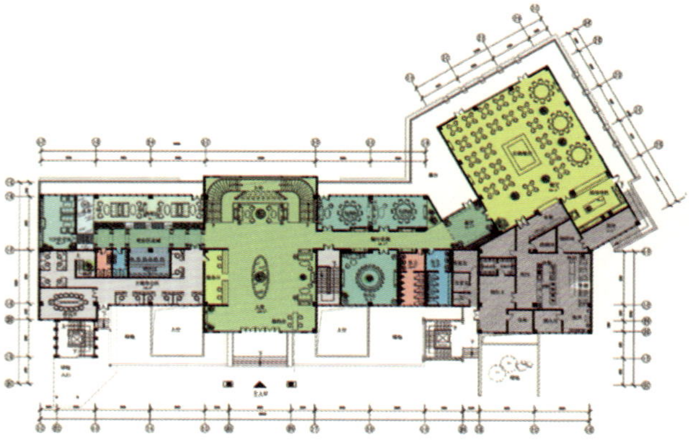
图：成都天府高尔夫球会所一层设计图

图：成都天府高尔夫球会所地下层设计图

（4）景观设计成本

在早期，国内建造的大多数球场都没有景观设计这一说。所谓的景观设计基本上是设计师自己在场地内布置点种植，或是设计师出一个景观方案概念图，然后由球场绿化景观部门的人员按图施工。

当高尔夫球场在数量迅速增长的同时，高尔夫球场的品质也越来越受到投资者的关注和重视。球场不但要拥有景观设计，很多漂亮、高端地产项目更是视球场为地产项目最大、最动人的景观配套工程，这已成为有实力开发商的普遍共识。因此，越来越多的球场投资者在设计球场的同时，会聘请专业景观设计公司对球场的景观进行专项设计。按照目前国内通常的情况来看，国内的景观设计一般18洞从方案到施工图，费用为100万～150万元左右，而国外的做高尔夫景观设计公司，基本上只提供方案和概念设计，不提供施工图深化设计，费用为200万～300万元人民币。

许多有景观设计资质和经验的公司对高尔夫经营特点和文化并不了解，因此国内能提供高尔夫球场景观设计服务的公司并不多。

高尔夫专业笔记

球场的景观设计，尤其是绿化种植，有一定的专业要求，需要考虑球场的运营和草坪养护特点，既要避免太人工化，又要有景观层次，以丰富的色彩体现季节变化，还要易于养护打理，节约养护成本。

图：美国沙漠万柳高尔夫球场景观

成本 02 高尔夫项目建造成本

作为一个高尔夫项目，大部分投资都在建造方面，主要由球场建造、会所建造、配套设施三部分构成。

图 3-32 高尔夫项目建造成本构成

（1）球场建造成本

球场建造的费用千差万别，决定它的关键因素是场地的条件以及球场想要达到的最终效果。场地条件要考虑的是：球场的土石方多少、植草面积多少、水源的获取方式、土壤是否被盐碱化、当地是否有适合建造球场的砂子（含泥量、粒径等指标符合要求）、材料以及价格等，这些因素都会影响到球场建造的费用。

图 3-33 球场建造费用的影响因素

一般而言，在球场设计确定以后，球场建造的费用大致可以确定下来。

如果球场场地条件不是太差，一般 18 洞球场（含练习场）的建造成本大致在数千万元至 1 亿元。有些球场聘请专业咨询顾问公司担任建造工程监理，自己组队建造，或只将部分工程委托给专业球场建造公司或绿化景观施工公司，并结合重要材料由甲方供应，这也是投资方降低施工成本的一个策略。

以下是美国 2007 年球场建造费用概算表，供参考：

美国 2007 年球场建造费用概算表　　单位：美元

建造项目	最低建造标准	平均建造标准	较高建造标准
入场	10000	35000	75000
布局、立桩标界	10000	30000	120000
冲蚀防治	0	25000	150000
清表和刨根	3000	35000	280000
选择性清表	0	54000	240000
剥除表土	40000	150000	300000
岩石爆破	0	15000	150000
土方工作	0	375000	750000
造型	75000	150000	300000
表土复原	40000	150000	240000
暴雨排水系统	10000	75000	500000
排水系统	20000	100000	150000
喷灌泵站	130000	345000	910000
果岭 11150m^2	36000	190000	600000
发球台 11150m^2	30000	60000	100000
沙坑	17000	52000	84000
球车道	0	112000	530000
草坪苗床	50000	95000	125000
植草（种子）	50000	120000	110000
植草（草皮）	0	50000	200000
总额	521000	2218000	5914000

（2）会所建造成本

会所建造成本关键的影响因素是会所的功能、面积、建筑风格特色和内部装修档次，造价从数千万元到一两亿元都有可能。国内高尔夫球场的会所普遍追求较大的面积和豪华的装修设施，将会所视为整体项目的形象工程、面子工程，自然造价不菲。因此，中国高尔夫球场会所方面的投入比国外的许多公众型球场，费用要高出许多。

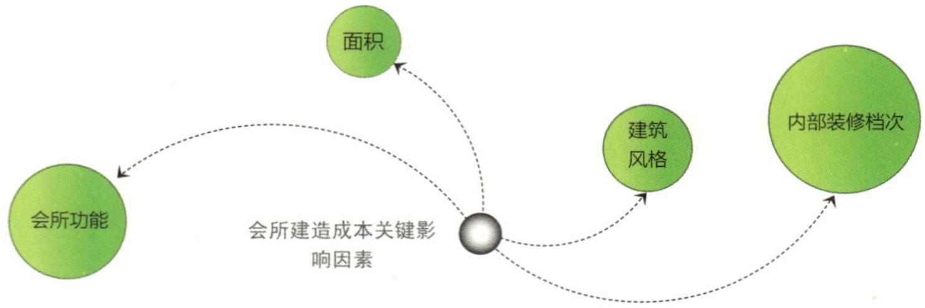

图 3-34　会所建造成本关键影响因素

（3）配套设施建造成本

跟高尔夫球场直接相关的配套主要有进出场道路、球车道、员工宿舍、机械维修中心、练习场建造、水电房、球场或整体项目的行政办公区等主要项目。此类配套项目会因为球场所在的地理位置、经营定位的差异而有所不同。一般 18 洞球场的基本配套设施，施工成本大约在 500 万元以内。但如果这是一个高尔夫度假村的项目，还有酒店客房、KTV、足疗等众多其他营业设施，则配套设施也相应增加，成本则远不止这些。

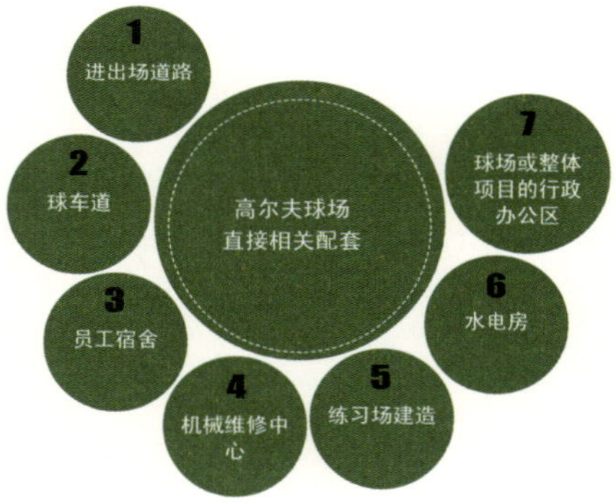

图 3-35　高尔夫球场直接相关配套

成本03 球场经营成本

(1)球会经营物品采购成本

图 3-36 球会经营物品采购成本

高尔夫球场经营物品的采购主要集中在草坪维护机械、球车、会所家具及餐饮设施设备、客用消耗品和运营设施及物资用品等方面。这里既包括了价值数百万元的机械等固定资产类的，也包括了众多的小件物品，小到更衣室的鞋油、洗发水，大到草坪五联机、客用大巴等，在球场建造开始及营业筹备期，需要各部门做出详细的列表和预算。

草坪机械设备的投入

草坪机械设备的投入跟球场的定位有很大关系，按照目前的市场价格来配置 18 洞草坪设备，高品质的球场一般在 500 万～ 600 万元人民币，中等品质的球场，一般在 400 万～ 500 万元人民币，而普通类的球场一般在 300 万～ 400 万元人民币。

高尔夫球车配置

对于目前国内大多数球场来说，球场配置高尔夫球车既提高了营运效率，也让球客打球节省体力，同时也是一项重要的经营收入，所以在球会开业前期往往需要购置大量的球车。

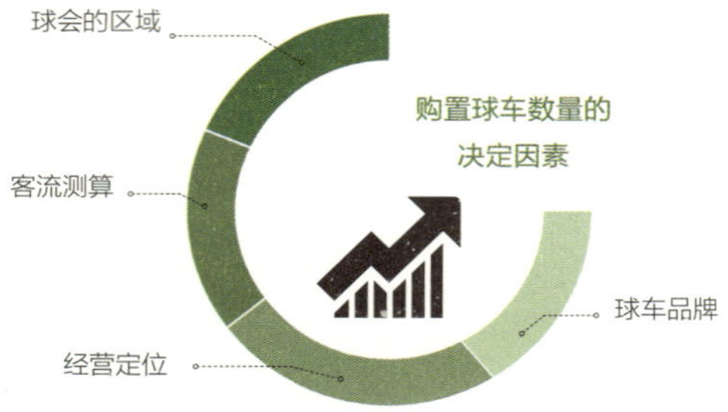

图 3-37　购置球车数量的决定因素

具体需要购置多少辆球车、什么品牌等，这跟球会的区域、客流测算、经营定位、球车品牌有直接关系。一般 18 洞的球车购置费大概在 400 万元，预算紧张的球场可以采购置换的方式与厂家或经销商合作，但如果置换的是会籍产品则要慎重，因为置换给厂家的会籍，他们并不自己使用而是转给中介商销售，售价一般会低于球场正常会籍价格，将会冲击正常会籍市场。

图：高尔夫球场建造施工中

图：美兰湖高尔夫俱乐部球车

会所及餐厅家具等相关设备

会所及餐厅的家具和相关设备，需要考虑会所的装饰风格和经营项目、经营定位，其间费用差异也比较大。另外，球场专业管理软件采购，也是一笔不少的开支，金额在 30 万至 50 万元不等。这类软件基本是按球场选择的功能模块收费，定位稍高的球场应当选择购买这类软件，便于提高球场的经营管理效率。有些软件，例如业内资深球场管理人员联合开发的“高明软”球场管理软件，对客户关系管理和维护较有帮助，利于拓展市场，并且讲究球场历史数据分析，益于科学管理。

至于经营所需的日常用品和办公用品，本文不赘述。

（2）球会经营期的运营成本和管理费用

我们可以通过分析球场成本构成来确定如何控制成本。球场进入经营期后，草坪养护和运营管理费用在开业前几年一般会居高难下。造成这种情况的原因一是经验不足，不能合理控制预算，二是需要根据养护情况增购一些设施设备。

在球场经营逐渐定型后，便会慢慢趋于稳定，球场的费用能较好地通过预算来管理。

运营成本中最大的两类开支分别是草坪养护费用和人力费用。一般 18 洞球场的草坪养护费用从每年三五百万元到接近千万元不等，这些开支的费用额度与球场养护的品质要求有直接关系。

高尔夫球场经营是劳动密集型的服务行业，对低端人力使用量很大。一般 18 洞球场配备的员工数量在 120 至 200 名之间，生意好的球场员工配备会更多。员工中占最大比例的是球童，其次是草坪养护工人。人力成本是一项不小的开支，每年会达到数百万元。

除金额最大的草坪养护费和人力成本外，球场还有水、电、燃气等能源费用，税费和招聘、培训、差旅等各项行政办公开支。此外，市场营销和品牌推广也是重要的支出。

图 3-38　球场运营成本构成

球场的日常经营和会籍收入经营有时会发生矛盾，如果过分追求营业收入，承接大量散客、旅游客，则会籍价值受到影响，会员证销售不畅。如果为了提升会员价值，则需要适当缩减来宾数量，以提高服务质量，但接待的球友有限，造成球场人气不旺，日常营业收入减少。这种矛盾的平衡和调和考验着投资商的决策和实力，决策者是否一切经营以平衡成本为先。这涉及到俱乐部前期定位是否正确、如何坚守、品牌如何树立、市场如何开拓等一系列问题，对球场管理层的经营管理水平是一大考验。

高尔夫专业笔记

高尔夫球场的经营收入包括两大类：一类是打球及相关的餐饮、租赁、专卖店等日常经营收入；另外一类是会籍及各类权宜卡的销售收入。这两类收入都与球场的管理水平有关。

03

SECTION THREE

第三节

高尔夫球场选址、调研及定位逻辑

本节阅读导图

图：湖北梁子湖高尔夫俱乐部

一 高尔夫项目选址的考虑因素

高尔夫球场的选址非常重要。高尔夫球场选址需要考虑哪些因素呢？

1. 城市 GDP 及利用外资水平 ；2. 城市是否是旅游目的地；3. 是否是一二线城市，或距离一二线城市多远；4. 地块周边配套条件如何；5. 是否把高尔夫球场放置到旅游地产概念中规划；6. 是否针对资产高净值消费群体需求；7. 是否具备运营场所要求的细节。

城市 GDP 及利用外资水平如何
城市（地域）是否是旅游目的地
是否是一二线城市
地块周边配套条件如何
是否针对资产高净值消费群体需求
是否具备运营场所要求的细节条件
是否把高尔夫球场放置在旅游地产概念中规划

图 3-39 高尔夫球场选址要考虑的因素

考虑点 01 城市 GDP 及利用外资水平如何

根据对高尔夫球场的调研统计，各省市高尔夫球场的洞数与当地 GDP 的关联度为 65%，与当地实际利用外资的关联程度高达 90% 左右。换句话说，如果当地的经济水平达不到中国中大型城市和省区 GDP 排名的前列，而且当地外商（含港澳台）企业数量较少，则球场经营前景一定不会乐观。这个判断很重要。这也是为什么北京、上海、广东等一线省市的城市高尔夫球场市场发达，经营盈利状况也普遍较好。

（1）投资者不能忽视当地 GDP 指标参数

经济水平决定了消费能力，投资者要做是否建设一座球场的决策时，如果能把当地经济指标这个参考数降低几个百分点再去参考，还能找到应对办法，但如果投资者完全忽视这个指标，则球场经营注定陷入困难的境地，而伴生于球场的地产项目，投资回报率也会相对较低、回收周期也会拉长，难以充分发挥高尔夫球场带来的营销优势。作为企业决策者，在项目立项时，就应有这样的心理准备，这是天时、地利的先决条件，企业做经营难以逾越这个经济规律。

内地许多经济欠发达地区，对高尔夫项目误解很大。许多新球场草率决策，贸然建设，完全无视经济基础，球场立项之时就为将来项目运作埋下了隐患。投资者可能以为只要沾了高尔夫的光，地产项目就会卖得量快价高，但实际上，市场往往会对此无情地说“NO”。

（2）欠发达地区建球场不被看好

为什么经济欠发达地区球场命运不被看好？这仍与决定房地产项目价值的主客观因素有关。

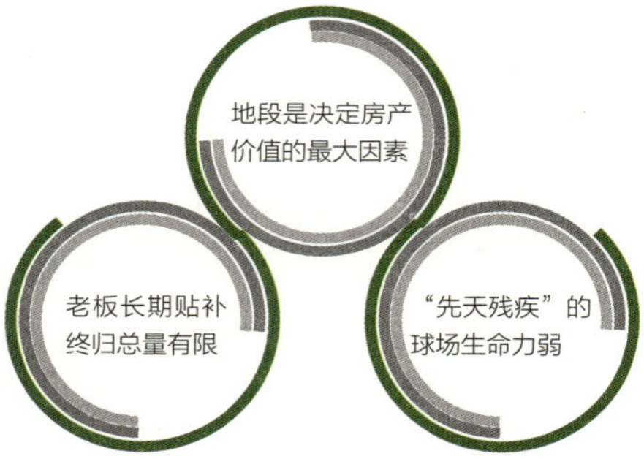

图 3-40　经济欠发达地区球场命运不被看好的原因

首先，地段是决定房产价值的最大因素；

对有经验的高尔夫球场经营者而言，一些内地经济落后地区的球场就不该诞生，因为它一出生就先天不足，难以运营，而投资商臆想的“不怕亏损，拿地产赢利补贴”的思路也未必靠谱。

其次，投资商给予贴补终归在时间和总量上有限；

即便投资商建球场时有这个心理准备，但每年掏几百万元补贴球场，在地产行情不景气或者房产项目销售完毕后，球场迟早会被断奶，这样的球场最终会陷入经营的困境。

最后，“先天残疾”的球场生命力脆弱。

此时，球场管理者也免不掉被一茬茬撤换的命运，球场运营水平越来越差，缺乏沉淀，养护费用越来越少，客人评价也越来越差，这样的球场最终会陷入经营的死结。

内地经济欠发达地区，包括一二线城市周边的一些经营中的老球场，破败不堪，经营每况愈下，会员埋怨不断，投资者却无力改造、翻新，重塑品质，这样的案例层出不穷，但仍在不断上演。许多高尔夫球场的投资商只管生不管养，不理“计划生育”和“优生优育”那一套，吃亏不小，值得其他投资者借鉴。

高尔夫专业笔记

因为地段太差而陷入经营困境的球场，最终会被投资者或者当包袱卖掉，或者抵债质押、股权出让。如果这个球场最有价值的地产用地已被开发完毕，新主接手意味着还需再花几千万元去改造、翻新，这远不如再拿一片新地做球场，连带开发新房产项目来得划算。

考虑点02 城市（地域）是否是旅游目的地

高尔夫项目所在的城市（地域）如果是旅游目的地，高尔夫球场项目会好做一些。

海南、云南、广西等地，旅游经济是当地政府重点发展的支柱性产业，高尔夫项目正是提升旅游消费不可或缺的一项。海南、云南、广西等地，均发布了对高尔夫项目规范管理的政府文件，这是有力佐证。值得提醒的是，这种旅游地区的球场大多走的是高尔夫旅游度假市场路线，球场经营策略与定位同国内其他地区的不太一样。尽管海南、广东等地的球场每年冬季红火一季，让内地许多球场的经营者眼热，但人们却没有看到，这些地区的有些球场在夏季门可罗雀，球童被放长假，看着也让人揪心。

考虑点03 城市是否属于一、二线城市和经济发达地区

按中国城市发展水平，一个约定俗成的说法是，一线城市大多是指北京、上海、天津、重庆等直辖市以及广州、深圳、大连等沿海经济异常发达城市，二线城市往往是指内地省会城市及非省会地区经济异常发达的中大型城市，如沈阳、武汉、青岛、厦门、南京等。江苏的苏州、常州，广东的东莞、中山等地，虽然城市面积不大，但经济体量巨大、活力非凡，经济活力不弱于经济欠发达地区中西部的省会城市，如果以房价为参考标杆，这些城市已跻身于二线城市之列。因此在高尔夫球场和高尔夫地产的经营上，它们非但不输于中西部的省会城市，甚至更好一些。

据笔者了解，即便是一线城市重庆，也有些远郊的高尔夫楼盘仍卖不出中山、昆山等地的同等价格，这是因为当地深处中西部内地，消费水平有所欠缺。

考虑点04 地块自身条件与城市市政配套如何

高尔夫地产项目的地缘性、地段性以及开发商对项目的把握水平、投资实力、投资期望值，均是决定项目发展的重要因素。

曾经有一位开发商在内地的四线城市，拿了一块邻近省会城市的“飞地”（所谓“飞地”是指隶属于某一行政区管辖，但不与行政主管地区相毗连的土地，被其他行政区包围或半包围），这块地与省会城区相隔一个大湖。现以这个项目为例做分析：

第一，打球的时间成本过高；

从交通时间成本来说，市区到湖边需要半小时至一小时的路程，球友如果想节省时间就必须乘坐摆渡船作为通行工具，但有时等船需要花半小时至一小时。

第二，当地市政配套不够，投资者难以精确做出定位；

球场建成后，在经营定位问题上徘徊数年。企业主希望做一个高端项目，但执行层却不知球场是要做成纯会员制型、度假型抑或是商务型。大多数执行层的理解力只有纯会员制的经营方式才叫“高端”。而且，当地城市大市政配套极端缺乏，限于发展商实力和当地地理、气候等条件，度假型或商务型经营定位都难以走通。

第三，自然资源好但城市消费力不高，项目后期投入过大。

这块地自然资源非常好，但当地消费水平不足以支撑一座高端球场的经营，交通又被大湖相隔，即便是度假，也多有不便，球场的地产项目很难被客户接受。项目从建设至今近 8 年，仍在持续投资完善配套中。

球场选址和定位决策太重要了。如果在拿地之初让专业的高尔夫及地产项目市场人士参与决策分析，也许不会建议企业主做这样掣肘很多的项目。这个简单的经济账很容易算明白：八年前投入两亿元，不如在城区或市郊拿一片别的地做开发，或许早就盈利并已经实现资金的几轮周转，轻松赚回了这座球场。

高尔夫专业笔记

如果甲项目的资金周转率为一年，而乙项目的资金周转率为半年，那么在其他条件不变的情况下，同样的投资在乙项目获得的经营利润将是甲项目的一倍，而且乙项目具有降价促销的优势，能够实现更快的资金周转，也就能够获得比甲项目更大的利润空间。但资金的时间成本，恰恰易被投资人忽略。

如今在一、二线甚至三线城市，拿地做高尔夫球场及高尔夫地产项目，已非易事。北京、上海、广州、深圳等一线城市，市郊土地已是寸土寸金，那里已建成的高尔夫球场及项目非常集中，竞争趋于白热化。

而在二、三线城市，高尔夫项目投资的机会或许还有，但拿地成本比较高，高尔夫项目因为政策限制审批也非易事。而且在二、三线城市，同类项目（不只是高尔夫地产，还包括其他配套齐全的旅游地产）较多，周边竞争对手太多的高尔夫项目，投资金额往往较高，投资收益测算不一定划算。所以，高尔夫球场开发在邻近大型城市的三、四线城市，或许机会更大。但因为那里与大型城市相距较远，又会面临当地客群少、会籍和房产价格不高、经营收益回收缓慢等问题。这些因素都需要投资者仔细调研，反复测算斟酌。

考虑点05 把高尔夫球场放置到旅游地产概念中规划

从地产营销层面分析，大多数开发商将高尔夫球场作为地产项目的优质景观资源。开发商通过开发、营造丰富的休闲娱乐资源和景点，吸引消费者来此旅游观光、休闲度假和打高尔夫球，从而为房地产开发打下消费基础。

（1）高尔夫地产更适合做成旅游地产模式

旅游地产开发有“三菜一汤”（酒店、高尔夫球场、度假别墅及温泉）之说，为什么高尔夫地产适合做成旅游地产，并成为旅游地产下的一个门类了呢？这是由高尔夫地产的三个特征决定的。

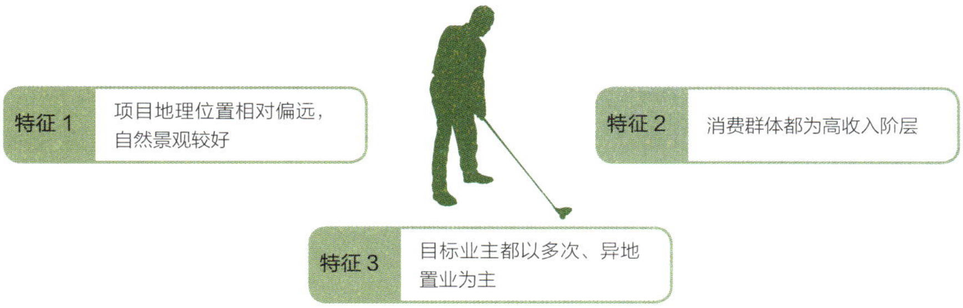
特征 1
项目地理位置相对偏远，
自然景观较好
特征 2
消费群体都为高收入阶层
特征 3
目标业主都以多次、异地
置业为主

图 3-41 高尔夫地产的三个特征

特征1：项目地理位置相对偏远，自然景观较好

首先，高尔夫地产一般会位于自然景观、人文景观比较丰富的地区；

其次，高尔夫球场规划的特殊性，要求它同步开发的面积相当大。往往达到数千上万亩，这样的土地面积一般都处在中心城市远郊，或者三四线城市郊区；

最后，高尔夫球场草坪养护用水量较大，高尔夫选址要求地块邻近河流或水库等水资源丰沛之地，自然植被也要较多，地块的自然景观资源往往比较丰富。

这样的地块与高尔夫球场的巨大绿化和人文景观相呼应，形成了特殊的稀缺性旅游资源，这类景观正是打造旅游地产项目和高尔夫地产项目的基础。

特征 2：高尔夫消费群体都为高收入阶层

地产形态不一样，消费行为特征也不一致，目标消费群体特征也有所差异。无论从消费行为还是生活方式来看，旅游地产和高尔夫地产的一致性在于二者都要求消费者具有较高的收入，注重生活品质。项目内的产权酒店、联排公寓或花园洋房目标市场锁定以投资兼带业主自身居住为目的的中产阶层，别墅则主要是以具有强烈度假需求和面子消费的高收入群体为目标市场。

特征 3：目标业主都以多次、异地置业为主

高尔夫地产和旅游地产的消费人群具有明显的异地置业特征，他们多是二次或三次甚至多次置业人群。目前，中国的三、四线城市多数还没实行“限购、限贷”等措施，仍能满足投资类客户的购买需要。所以，高尔夫旅游地产对于异地置业者而言，可以满足业主自用的旅游度假、养老并兼有地产投资概念的多种需求。因此，高尔夫地产的投资价值在旅游地产中占有较重的地位。

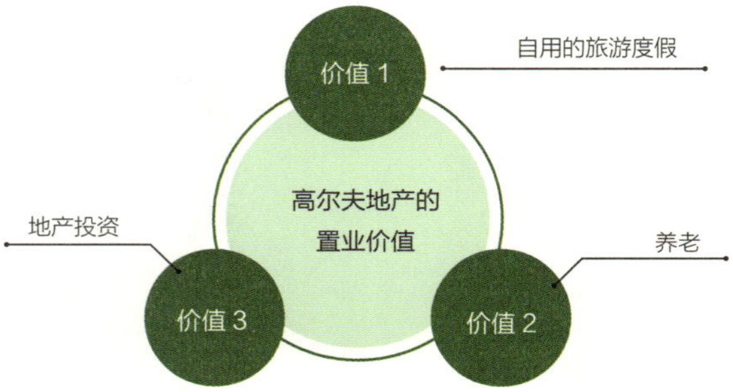

图 3-42　高尔夫地产的置业价值

图：重庆上邦国际高尔夫别墅区

（2）高尔夫开发要趋向于旅游地产概念

从拿地情况及球场和高尔夫地产项目的盈利前景看，高尔夫地产项目越来越快地趋向于旅游地产的性质，而非十多年前简单的“高尔夫＋地产”概念。

那么，在做高尔夫地产前就要先弄懂旅游地产开发的特点有哪些。

图 3-43　旅游地产开发的特点

特点 1：旅游地产开发前期投入高，资金回收慢，服务水准高

旅游地产最困扰开发商的是开发前期投入比普通住宅高许多，资本回收周期长，操作难度大，尤其是对资源整合能力要求高，通过产品和服务塑造产品价值。旅游地产是“巨资做配套，服务创品牌，后期赚大钱”的项目。那些擅长于“短、平、快”操盘手法的开发商如果想投资高尔夫地产项目还要真正回归到地产的服务业属性本质上来。

做酒店、休闲娱乐以及高尔夫球场，在经营上的相同点是服务品质的高低决定了地产的价值高低。这一点对许多开发商及其执行管理层是一个挑战，因为他们对高端奢华的概念比较模糊，缺乏从事高端服务的经验，不知道如何服务于高端客人。行业内也鲜有管理者有耐心通过建立一套体系来解决这个难题，他们习惯的方式是匆忙挖来一两个资深职业经理人，让他们去解决那一堆系统的问题。

不能系统化地解决问题，会导致经营团队即使有专业高手加盟也很难成功，这个情况在其他领域有很多例子可证。比如青岛男篮 2013 年曾请来了 NBA 明星麦蒂，麦蒂场场技压群雄拿高分，球队却仍然是 12 连败，这不是麦蒂的错，是教练或老板对团队整体能力提高缺乏核心策略，仅靠一两个明星、高手并不能从根本上解决问题。

特点 2：按照开发旅游地产的定位做高尔夫收益相对较高

开发商按照开发旅游地产的定位做高尔夫项目会让开发商收益相对提高，原因在于：

第一，高尔夫球场和旅游配套可以让地产获得持续的高溢价。球场或旅游设施市场越成熟，口碑和公众形象越好，项目价格越高。市场不是不能接受高价产品，而是开发商要给他一个或几个支持高价的理由或故事就行。

第二，高尔夫项目做旅游地产的开发定位非常利于开发商品牌塑造，对品牌传播效应有时大于广告的作用，传统地产项目在这点上无法与之比拟。

（3）高尔夫地产开发要懂旅游地产开发模式

旅游地产的发展得益于中国经济实力整体提升之后，“假日经济”、“会议经济”、“会展经济”、“生态养老”、“休闲运动”等生活方式改变而带动出来的消费潮流。

图 3-44　中国新兴起的潮流消费

房地产开发核心地区已经由城市市区向城市边缘地带、旅游景点挺进，城市新贵们已能接受卫星城的生活方式：在城区工作，在郊区居住。这要求我们开发的产品形式也要融入进更多新生活观念。

根据目前旅游地产的性质，旅游地产可以分为 3 类：

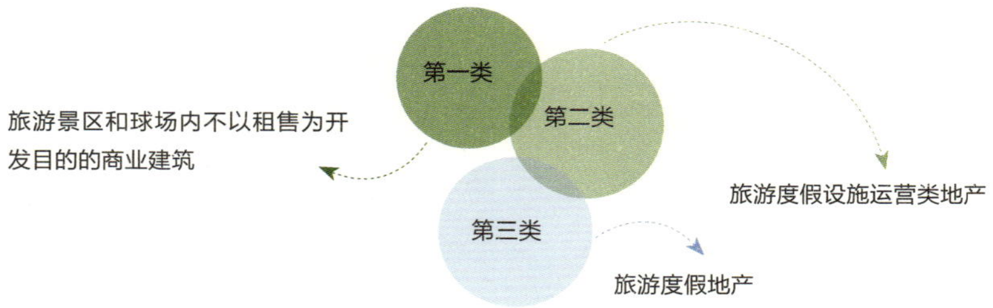

图 3-45　三种不同性质的旅游地产

第一类，旅游景区和球场内不以租售为开发目的的商业建筑。

主要指在旅游区内为游客、球客丰富的活动和消费而建造的各种观光、休闲、娱乐等设施，比如宗教旅游景区项目中的寺庙、庭院、楼阁及绿化景观，高尔夫球场内的会所、SPA、餐厅等。往往是景区和球场开发商的自建、自营的配套建筑，即使有少量租赁承包经营的，产权一般也是归开发商所有。

此类地产不属于本书讨论范围。

第二类，旅游度假设施运营类地产。

主要指在旅游区内或旅游区旁边提供旅游配套服务的商店、餐馆、娱乐城、酒店、商业街等建筑物及关联建筑项目，在运营上可以租赁或出售产权、使用权的地产开发品种。

这种地产虽然有鲜明的商业目的，但往往体量不大，比如杭州宋城景区内的建筑以及众多新兴景区内的各种配套工程。这类项目严格来说是商业地产，或者是大型旅游地产中的商业配套。从用地性质而言，土地大多属于旅游用地或商业用地，而非住宅用地。

第三类，旅游度假地产。

主要是指为游客或度假者提供的、直接用于旅游休闲度假居住的各种类型的地产，如度假村、产权酒店、度假别墅或花园洋房等商品房住宅。

考虑点06 必须针对资产高净值群体的消费需求

根据全球领先的专业消费行为调研公司——益索普集团的调研显示：在中国二线、三线城市的高资产净值消费群体中，“购买和投资地产”成为占列前三位的消费意向。这部分人群拥有城区豪宅，但因为国内投资渠道狭窄，仍看好地产的投资前景，而且好的地产项目是他们重要的资产保值增值配置之一。

根据以上分析，针对这部分人群的需求特点，高尔夫旅游地产项目的选址，需要考虑以下 3 个因素：

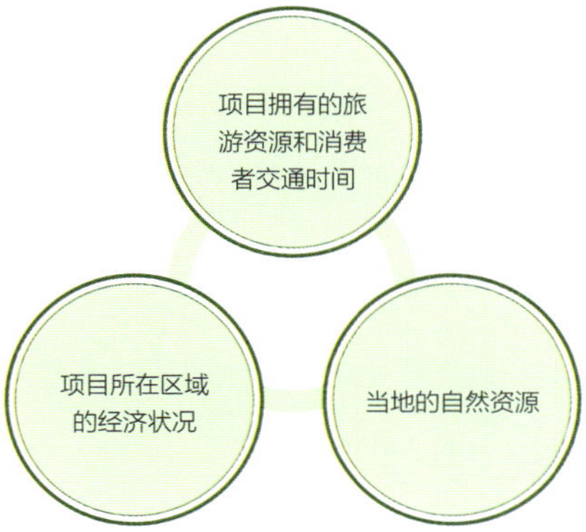

图 3-46　高尔夫旅游地产项目选址的三个因素

（1）项目所在区域经济状况

从高尔夫旅游地产的特性可以看到，购买意向客户大多表现为二次置业、多次置业。这样的项目是以高尔夫球场及稀缺性的旅游资源为依托的，直接表现为满足人们的旅游、休闲兼顾投资等方面的消费需求。所以，项目所在区域经济的发展对旅游地产的发展至关重要，只有区域经济发展到一定程度，才可能建设和发展高尔夫旅游地产。但是也有两种例外情况：

第一，高尔夫项目地处知名旅游胜地，但不依托当地区域经济发展。

对于大型旅游地产项目而言，它如果地处全国性甚至世界性的旅游目的地，或者位于名山大川一类非常著名的风景区、旅游胜地，就不一定需要依赖当地经济的发达，而依赖景区的知名度、景观特点甚至温度的差异性就可以。

这样做的有两个例子可供参考：

一是，中坤投资集团早几年在新疆阿克苏投资开发的旅游地产项目，当地经济水平并不算高，可项目做出来后，经济效益不俗；

二是，在海南许多小户型低总价的地产项目，吸引了众多来自全国尤其是北方的客户。这是因为，旅游地产的消费者主要是区域外的消费者，支撑项目销售起主要作用的是项目所在区域的配套和国内经济发展前景。

第二，区域经济异常发达地区项目选址可以偏远一些。

有一些项目是位于大城市远郊的主题公园，例如深圳东部华侨城开发的云海谷，虽然地理位置离深圳城区较远，而且是主题公园类大型综合景区，大部分是人造景观（包含一座公众球场和一座高端私人会员制球场），但当地经济发达，项目又傍山观海，建成后成为国内著名的豪宅区。

东部华侨城这类定位高端的项目对当地区域经济发展水平有较高的要求。如果项目附近区域生活配套如超市、医院之类的非常缺乏，周边过于荒僻，很难让投资者打消心头疑虑，果断购买。

如果这类项目不位于云南、海南等气候良好或与内地有较大互补性的旅游目的地，也不具有全国甚至全世界的名声，投资选址要慎重，因为它最大的经营问题是很难吸引到区域外的消费客户。

（2）有良好旅游资源的项目

旅游性质地产的选址自然离不开良好的旅游资源。风景名胜地旅游资源的数量、质量及地理位置和通达性决定了房地产开发规模和对资源的利用程度。

图 3-47　位于风景名胜区的项目面临规划限制性条件

但也有弊端：位于风景名胜区的项目，往往面临政府的很多规划限制性条件，如政策限制、规划制约、环保要求等。所以在项目规划建设时，应考虑与当地的生态环境融合，选址应巧借山、水、景，注意保护自然生态，注重对旅游景观资源的占据与融合。不但要求项目要借用天然观景，更要求项目整体规划能做到融入风景、享受风景。著名的广西石林高尔夫及地产项目，坐在家里可以看到石林美景，就是一大特色。

高尔夫地产在景观要求上有两个特点：

一、高尔夫球场、主题公园类的旅游地产项目对自然资源要求不高。

高尔夫球场、主题公园类的旅游地产项目，往往对旅游自然资源要求不高，而对开发商的资源整合能力要求比较高。因为这类旅游地产的旅游资源主要是人工环境，可以通过开发商设计、建设而使项目后天建造出来独特的旅游资源。如果先天景观资源不佳，合理借助丰富的配套做补充，比如酒店、温泉（SPA）、商业街等仍然能达到吸引旅游人群的效果。

二、地理位置不佳的高尔夫地产可以增大配套的丰富性，弥补不足。

对于高尔夫地产而言，如果地理位置不佳，又远离城市商业配套，以一座单纯的球场去撬动市场往往较难。就需要以丰富的生活配套和项目特色，为低成本拿到的地块增加更高的附加价值。

一般而言，高尔夫球场及地产的交通时间，应距离中心城市和机场在一个半小时以内为宜。交通时间再长，客户开车或乘车会比较烦躁，难以考虑置业。这样的项目还有一个值得注意的是，交通不能太折腾，比如路况太差、太堵，或者需要换乘摆渡等。

（3）开发高尔夫地产需要考虑当地的自然资源的特点

当地自然资源包括水文、地形、气候、地貌、植被、土壤等因素，这些因素直接决定了球场能否建设和经营的问题。比如北方，球场一般冬季要封场，而且缺水的地方较多，相对于南方来说建球场多了许多问题。北方曾有一座球场建设在极端缺水的地方，曾被公众媒体抓住用水的问题不放，一度被查封。这样的问题，最好在立项时就避免掉。

考虑点07 关注运营场所要求的细节

在确定了高尔夫项目大的区域范围后，和选址相关的考虑还有需要结合球场运营和总体项目盈利考虑的几点因素：

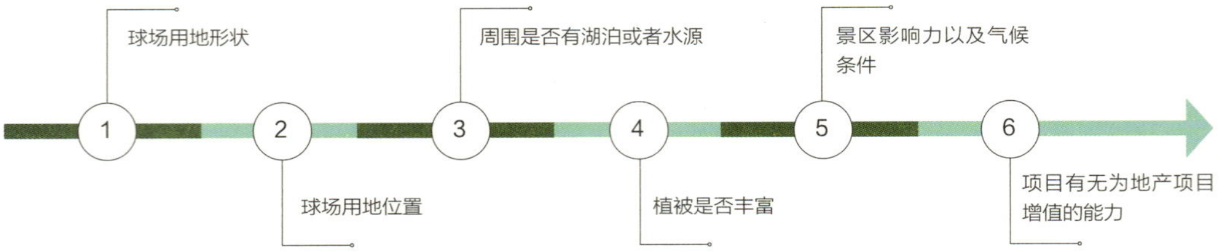

图 3-48　高尔夫项目选址需要考虑的 6 大因素

1. 球场用地形状

球场的地块不能太崎岖、陡峭，否则球员的交通安全和灌溉系统、排水系统及草坪养护工作很麻烦；地块也不能太平坦，平坦到一马平川，做球场造型时增加的土方量较大，打球策略和景观变化也较小。另外，基地内土壤如果是富有营养的黑土、砂质土壤最为理想。

2. 球场用地位置

位于高速公路附近或城市干道附近，通达性要较好，如果是旅游度假型球场，则要离机场较近。如果机场在南，球场在北，乘坐飞机达到的球客需要绕行或横穿城区，会相当不便。

3. 周围是否有湖泊或水源

4. 植被是否丰富

地块最好原生植被丰富，自然资源和景观优美，如湖边、林间、风景区周边地块、山坡地等。此外，球场用地外围要确定没有大型动物养殖场，以避免对球场和地产业主居住造成气味影响。

图：北京绿洲丰盈高尔夫球洞

5. 景区影响力以及气候条件

旅游度假型球场要考虑旅游市场特色，比如气候影响、景区知名度、公共旅游资源配套条件等。

6. 项目有无增值的能力

比如球场是用来屏蔽地产销售的劣势，还是提升地产销售的溢价以及地产开发用地（包括商业用地）的指标等问题。这些都决定了项目后期运营成果。

考虑点 08 解读政府的规划政策，借力使力

高尔夫旅游地产项目选址时要考虑当地城市发展规划政策。如果项目选址与城市规划政策正好合拍，能捕捉到未来的热点地区，项目符合城市发展方向，这样可以借用政府大规模城市建设和多项目招商引资的力量，为项目解决交通路网、高级酒店、农家乐旅游等配套资源问题，投资方将会受益良多。

选址在政府强力推进的经济开发区、新区，以及宜居新城、卫星城、大型高科技园区、城市重点工商项目、新旅游景区或主题公园等项目的周边，对投资来说，最好不过。

如果在球场建成营业，地产分期建设和推广上市时，区域内已有多个项目启动、运营，这将是重大的销售利好，是项目增值的强心针。反之，如果选址在城市规划的死角、远角，属于两不管、三不管的地带，则开发和经营压力倍增，所有的建设和配套要靠投资方自身力量，要求开发者的资金实力比较雄厚。

考虑点 09 高尔夫球场建造及规划要求

根据国家政策规定，高尔夫项目严禁侵占林地、耕地。因此，新球场在进行前期规划设计阶段，就应尽量避免此类问题，以免将来秋后算账，遭到不可预料的行政处罚。大规模毁田毁林造球场，既不利于环保和社会建设，也最容易被公众媒体批判。

高尔夫地产按地理位置，可以分成城市近郊、乡村远郊两种情况。这两种不同的地理位置以及项目的整体占地面积、项目的地产开发量及项目定位等几种因素，一起决定应该要建造成什么样的球场以及采取什么样的经营方式。

如果地块面积不大，规划的是低密度的高端房产，且地理位置距中心城区较近，交通比较便利，需要借助高尔夫概念提升项目品质，可以只做“练习场 + 迷你 6 洞或 9 洞”就已经足够，以便最大限度地利用土地资源。

如果是远郊城区，且项目整体体量较大，则需要 18 洞标准球场，甚至 27 洞、36 洞。

从投资经营的角度，如果球场只是主要起到地产项目的配套作用，一般 18 洞或 27 洞就够，不必太追求洞数规模，毕竟球场的投资回收周期和融资变现能力要比地产、酒店或其他项目差得多。

如果是度假型球场，且当地没有太多的旅游资源可利用，则可考虑建造 27 或 36 洞球场，会员与业主共用一座会所。也可考虑一座球场做半开放的度假或商务类型经营，另一座球场实行严格的会员制（当然，这要看当地市场情况而定）。如果不在一线城市选址，一般而言建一个 36 洞球场就足够。即便是在一线城市，比如项目定位为高端私人俱乐部的北京华彬 54 洞球场，事实上它面临的经营压力非常大。

球场的运营场所，除了球场外，一般都有练习场、会所。练习场往往包括挥杆练习区、练习果岭、练习沙坑和包房，会所则包含餐厅、出发站、更衣洗浴区、停车场、高尔夫专卖店等必有配套。

大多数球场往往将练习场和会所建在一起，这样能够方便运营管理。

国内许多球场的会所还有多功能会议室、宴会厅、贵宾接待厅、豪华餐厅包房，甚至 KTV、SPA 等其他附属设施，这与项目的定位有直接关系。

在国外，许多球场的会所面积并不大，简单舒适，满足打球运营需要即可。但国内，有的球场或许是考虑将地产业主会所与球场高尔夫会所合并使用，或者为了追求品质和档次，或者为了举办和承办中大型比赛的需要，将会所建设得很豪华，建筑面积动辄数千上万平方米，功能也较多。会所此时被看作是整个项目的脸面，既然是形象工程，当然花费不薄。

二 竞争对手调研和客户分析是项目定位的必要前提

市场定位的作用之一是让客户能将本项目与竞争对手区分开。实现这一目标，通常采用的工作方式是通过做竞争对手调研分析，寻找项目市场机遇，确定市场定位。

做项目市场定位时调研分析竞争对手要经过以下 2 个步骤：

图 3-49　竞争对手调研分析的 2 个步骤

步骤01 分析对手类型确定直接竞争对手，做调研考察分析

高尔夫地产项目的竞争对手，一是包括市郊大盘、城区高端楼盘、其他休闲、旅游、体育、养老等复合类型的地产项目；二是方圆两小时车程范围内类似项目均需要调研；三是周边凡是可替代的产品，都需要调研、考察和分析。

图 3-50　高尔夫地产项目竞争对手的调研内容

高尔夫市场发达地区调研

在高尔夫市场发达地区做竞争对手分析时，常常分不清直接竞争对象。尤其是上海、广东，球场集中，各球场的经营模式、类型也变化多。有的球场是纯会员制，有的球场是半开放都市商务型，还有的球场是半开放度假旅游型，它们分属于不同的目标市场，并非都是直接竞争关系。

竞争对手测试

在高尔夫不太发达的地区，判断某一球场与自己是否存在直接竞争关系的一个简单测试方式是，在球场促销期间降低打球价格时，观察对方的会员和常去的客户能否转移过来。如果有，则是直接竞争对手，球友转移越多竞争程度越高，反之亦然。

高尔夫专业笔记

在确定地产项目的竞争关系时，可以通过与意向客户和球场里经常打球的客人聊天，了解到他们对什么样的项目感兴趣，了解其买房标准，心目中好项目的标准，从而挖掘出客户消费喜好，判断出与本项目形成竞争关系的项目。

步骤02 采集竞争对手信息

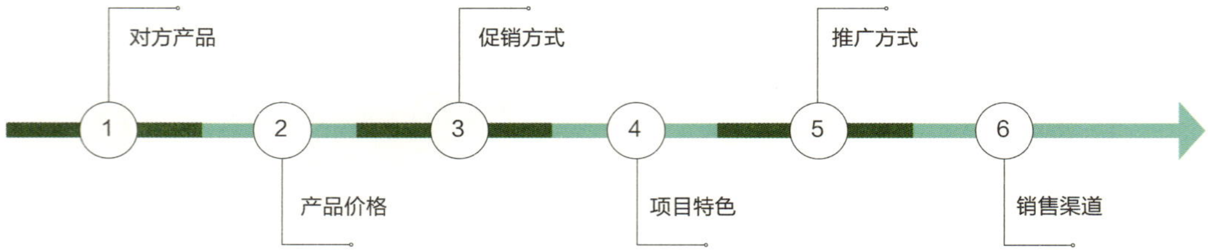

图 3-51　收集竞争对手有效信息包含内容

确定竞争对手后，必须采取多种方式收集竞争对手的有效信息，这些信息包括对方的产品、价格、促销方式、项目特色、推广方式、销售渠道等，将之与本项目的客观条件优劣势相比较。如果对方也是高尔夫地产项目，则要比较的内容更多。通过项目对比和大量客户信息收集，发现项目优势和不足，从而调整产品和服务，发现项目的定位方向。高尔夫地产项目定位，是混合多种因素和服务环节的综合定位。市场定位必须涵盖多个方面，往往不能用简单的三言两语说清楚。

高尔夫地产项目极为复杂，跨越多个产品类型和服务项目，服务流程环节较多，仅高尔夫会所就要提供餐饮、洗浴、宴会，甚至会议、酒吧、健身等多种功能，是一个操盘难度较大的复合型项目。需要注意的是，做项目的市场定位并不只是放大和凝聚在某一个经营特色。

三 高尔夫球场立项前的市场调研分析

选址与立项是高尔夫项目一个问题的两个方面，都是前期拿地研究的一部分，但是侧重点各有不同。

图 3-52　高尔夫地产或旅游地产立项前的市场调研分析内容

高尔夫地产或旅游地产立项前的市场调研分析，主要包括城市（地域）进入性研究、项目可行性分析、专项市场研究三大部分。这是开始项目评估的重要依据。

城市（地域）进入性研究是项目可行性分析中的一个分支问题，之所以单独列出有两个原因：

第一，无论是高尔夫地产项目还是旅游地产项目，其城市圈的生活、经济发展水平及地块所处的地理、交通位置和当地气候、环境等，都对项目起着决定性作用；

第二，地段和经营大环境的优劣，在地产和旅游项目中是决定性因素。

无论是旅游地产还是高尔夫地产或者是会籍销售，均具有非常鲜明的地缘性特征。但如果发展商实力超强，花巨额投资，打造横空出世的区域级甚至全国级、世界级的旅游新城镇，则另当别论。比如万达集团联合众多知名房地产企业、财团以及数十亿元巨资，在偏远的长白山区打造长白山国际度假区，配套建有亚洲最好的滑雪场、高端酒店群、度假小镇、萨满文化体验馆、54洞高尔夫球场等众多完善的度假生活配套，甚至将当地县城也迁移到项目邻近地，又借政府之力解决众多的生活和市政配套问题。

这样的项目是真正用钱砸出来的大手笔项目，一般开发商难以负担。这类项目的特点是销售周期较长，数年内难以收回投资，需做长线发展。意欲参考和借鉴这类项目的投资商要清楚一点，万达长白山国际度假区等项目立项前经过了周密的市场调研和多轮市场论证，才最终启动，而非先盲目拿地后再做调研、立项。

高尔夫球场立项前市场调研有以下几个关键工作：

01 做《项目可行性调研分析》

这项工作需要专业人员以假设为前提、以事实为依据，通过准确详尽的市场调研与深入分析来让投资商充分了解项目所处的供需以及竞争环境。这也是市场研究与定位策划的准则。《项目可行性调研分析》报告包括以下几个模块：

（1）城市（地域）进入基地研究内容

城市（地域）进入基地研究的工作模块

城市基础认知	城市经济环境研究	城市发展方向研究
城市地理位置 城市特色 城市人口变化情况 功能空间布局 交通情况	经济发展水平分析 产业发展水平分析	空间发展规划分析 交通发展规划分析 产业发展规划分析

（2）旅游（高尔夫）市场研究内容

旅游（高尔夫）市场研究的工作模块

城市主导旅游资源评估	旅游市场深度研究	市场竞争格局研究
城市旅游资源概述 城市旅游资源分布 城市旅游资源现状与问题 城市旅游市场“空缺”	旅游市场结构分析 旅游市场趋势分析 高尔夫球场、酒店、度假村等 专项旅游市场运营分析	区域市场同质化分析 重点项目比较分析 重点项目案例介绍

（3）房地产市场研究内容

一、房地产市场研究的工作模块

房地产市场研究的工作模块

城市土地市场研究	房地产市场研究
土地利用现状及规划分析 土地供求市场情况分析	房地产市场发展情况研究 细分品类市场发展情况研究

二、城市投资机会研判及发展建议报告

在进行上述两方面研究后，服务机构一般会整理出“城市投资机会研判及发展建议报告”给开发商。这份“城市投资机会研判及发展建议报告”的内容包括：

城市投资机会研判及发展建议报告

城市投资机会研判	本企业发展机会分析
房地产发展周期 企业竞争环境分析 城市发展潜力分析 投资风险提示	区域板块发展潜力分析 旅游市场容量分析 项目利润空间分析 板块进入及进入时序建议 城市客群情况分析 产品线落地性分析

02 项目可行性分析

这部分研究主要是项目背景、宏观区位、定位等方面的研究。

项目可行性分析的模块内容

项目背景理解	项目基本情况：项目拥有的资源梳理、资源评价
	项目开发的约束条件明确
	项目研究的目标确定
	建立项目“问题树”模型
	确定项目研究的理论原则
项目宏观环境研究	经济发展环境研究
	人口环境研究
	人文环境研究
	商业环境研究
	产业环境研究：主导产业、政府规划产业
	其他宏观环境研究：城市规划发展环境及政策等
投资商／开发商研究	企业整体发展战略
	企业自身资源优势
	企业项目开发期望
项目区位环境研究	周边居民环境研究
	区域交通环境研究
	区域旅游环境
	区域商业环境
	区域产业环境
	区位特征
	未来规划状况
项目定位建议	项目主题和定位方向研判
	项目总体定位
	项目初步规划布局
	项目初步产品建议
项目产品研究	项目产品规划建议：项目主力产品规划、项目配套产品规划
	典型产品案例分析
	市场饱和度研究
	消费者需求调研

续表

可行性分析	市场可行性分析
	经济可行性测算
	项目发展建议
	项目可行性总结

做完一份专业可信的《项目可行性调研分析》后，才涉及到是否拿地、拿地之后的开发模式、地块如何规划和市场定位等问题。至于是否要建高尔夫球场，建多少洞等，则要等另一份调研即高尔夫市场做专项市场调研分析出来后才能定夺。

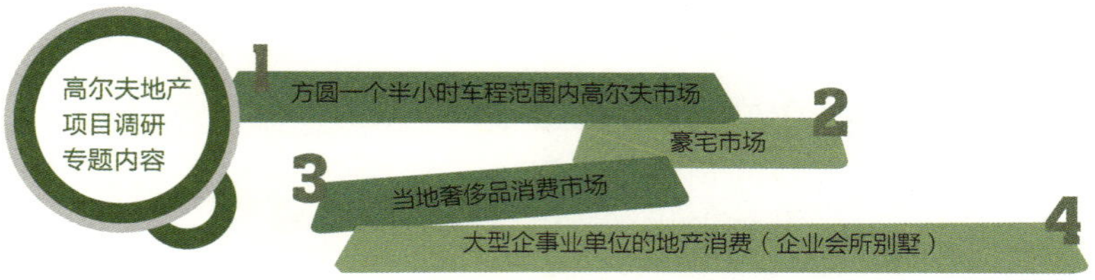

图 3-53 单纯高尔夫地产项目的调研专题内容

单纯高尔夫地产项目的调研分析，至少包括方圆一个半小时车程范围内高尔夫市场、豪宅市场、当地奢侈品消费市场、大型企事业单位的地产消费（企业会所别墅）分析等专题内容。需要对相关消费客户群体进行定性、定量的交叉分析，调研方式包括问卷调研、定向拜访、座谈会、电话（网络访谈）、当面深度访谈、成功案例研究等多种形式。

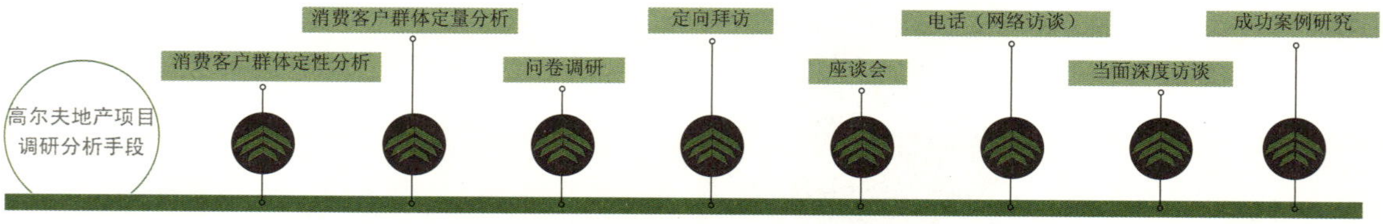

图 3-54 高尔夫项目调研分析手段

03 专业第三方机构服务价值

为什么要由专业的第三方机构完成项目调研分析呢？

第一，发展商虽有市场部门，但其不具备跨行业的经验、视野，资源十分有限，对小众市场见识不足；

第二，一个尽责的第三方机构，能够做比较客观的分析，避免受发展商决策层的思维影响，防止做出迎合老板思维方向的命题作文，最终将调研演变为大老板提想法，其他论证的一个内部游戏。

综合性咨询服务机构除了可完成《项目可行性调研分析》外，一般还可完成《项目定位及运营模式建议报告》、《营销推广建议书》及地产营销代理等合作内容。

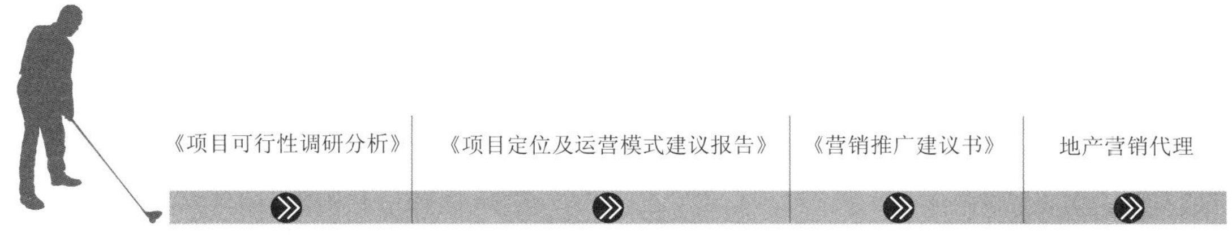

图 3-55　综合性咨询服务机构服务报告内容

有的专业机构还掌握了众多高端生活方式的资源，为项目引入精品酒店、游艇俱乐部、飞行俱乐部、马术俱乐部等运营商、高端医疗保健及美容养生、职业球星、文化名流、演艺明星、特色旅游、度假或文化娱乐活动项目等资源。这些资源平台将为项目增添卖点和附加价值，为综合性项目的快速发展增加多引擎驱动。

四　高尔夫地产项目的市场定位

“定位”一词是由两位广告业人士陈尔·里斯和杰克·特劳斯于 1972 年率先提出来的。“定位”的意思是，以产品（包含服务）为出发点，但定位对象并不是具体的一个产品，而是产品链和服务体系在潜在客户心目中会获得什么样的位置和评价，产生哪些印象，可以通过一些关键词直接形容。

01 如何理解定位

“定位”这里面包括两个基本概念：

一、项目根据自身的特性，主动选择什么样的客户为目标客户群体，从一个细分市场切下实实在在的一块蛋糕；

二、项目要在目标客户群体中树立怎样的传播形象，达到差异化竞争的目的。

高尔夫项目定位的三个问题

高尔夫项目的市场定位，首先要考虑的是三个问题：

一是为谁服务；二是球场客户群体的主流消费特征如何满足；三是为什么类型的客户群体服务，即客户定位是定在高端还是中端，或者低端。

高尔夫项目所谓的高端，一种类型是纯会员制或接近纯会员制经营方式，另一种类型是项目整体配套齐全，品质上佳，但未必采取纯会员制的经营方式。原因在于如果项目内地产体量较大，仅一座会员制球场难以撬动消费市场，还需要更丰富的配套设施和良好的文化品位为项目增加附加价值，需要大众消费项目提高人气，扩大客群。单纯计算高尔夫项目投入、产出，并非纯会员制球会的综合产出一定比半开放的球会更高。

客观而言，高端高尔夫项目一般一二线城市较多，当地高端消费群体多，客户量大，消费力强。

所谓低端，消费则以走量为主，靠吸引大量打球客户，以旺盛的客流带动会籍和地产销售。国内的项目，大多数是定位在中端，就目前国内市场的现状，定位在中端比较切合实际。

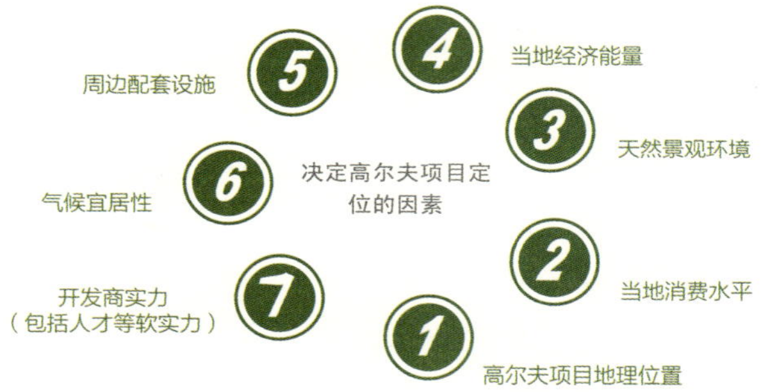

图 3-56　决定项目定位的因素

项目定位为高端还是中端、低端的决定因素在于高尔夫项目的地理位置、当地消费水平、天然景观环境、经济能量、配套设施、气候宜居性以及开发商实力（包括人才等软实力）等综合因素。这种定位规律难以超越。主动选择“低端”的开发商不多，毕竟高尔夫项目现阶段客户比较高端的特性决定了球场不能建设和经营得太烂，不能让客户觉得项目建设得毫无水准。

一个高尔夫项目，从地块选择、项目的人文自然环境、设计师选择、建造精细程度等最基本的几个方面就可以看出端倪，这些因素已大致决定了项目的走向和定位高低。

定位是为强化产品和服务的差异化

每一类型产品都有自己的定位。例如高级酒店中，希尔顿酒店在顾客心目中意味着“高效率的服务”，假日酒店则给人“卫生、舒适、整洁”的印象，丽思卡尔顿酒店则是为绅士、淑女们提供的个性化、温馨而尊荣的服务。这些基于清晰的定位而进行的差异化竞争十分有效。

清晰的定位就是要放大产品特点以确立鲜明的市场形象

从另一个角度看，定位也要求我们要有独特的个性，有一个鲜明的市场形象。地产产品是多个因素的综合反映，包括地段交通、户型与结构、建筑特点、施工质量、交房标准（内外饰、层高、赠送花园等面积、车库等）、生活便利、景观优美、环境舒适、风水朝向、通风采光、服务态度、特色物业增值服务或特色技术运用、配套齐全（子女教育、购物、出行、居家养老）、价格适中、居住安全、形象高贵、邻里圈层、员工素质形象等，加上高尔夫球场特有的服务和市场形象。市场定位就是要强化或放大某些特点，从而形成与众不同的形象和品牌，并利于市场传播。

围绕高尔夫消费者需求特点做定位

做高尔夫圈层营销要对消费者有清晰的概念：高尔夫地产项目之所以高端是它的消费群体比较富有，而非因为用高尔夫球场作配套才形成高端。客户群体的高端与项目是否高端无直接联系，许多高尔夫地产项目稀松平常却自命高端，这样客户当然不买账。

高尔夫地产消费人群见多识广，他们不会青睐一座简陋的球场，也不会为低劣的服务买单。他们是某私人会所或高尔夫球场的会员，他们虽然未必知道一座球场的运营规律，但他们知道什么叫品位，什么叫好的服务品质。圈层营销至少要做到以球场和服务品质去实证和维持定位所要求的“高端”。

02 定位要始于产品和服务

“定位”的主要作用，是企业产品和服务给客户留下的强烈的印记、评价和心理地位，以使自身产品和服务有值得评说的特点，区别于竞争对手之间形成的差异化竞争，能因此在目标市场上吸引更多潜在客户。

产品差异化并非故意求变，一定要建立在市场细分的基础上求变。简单来说就是“人无我有，人有我精”，借此建立竞争优势。从目标客户的消费分析中发现市场空隙，实现他们没有被满足又比较集中的消费需求和个性化需要，这也是市场营销观念的具体体现。

从定位的涵义可以知道，定位始于产品和服务，但要能扩展到整个体验消费的过程中，包括一系列的商品、服务、渠道、沟通，以及企业经营理念和企业文化建设等众多软性环节。具体到高尔夫项目，甚至一名球童的服务水平、一名保安或草坪工的素质和应对能力都对定位的贯彻、执行产生直接影响。

（1）成功的项目都源自产品定位清晰

图：天津滨海湖高尔夫球场边的岛居别墅

成功的项目往往是一开始就有比较清晰的市场定位，或者靠着投资决策者的直觉和见识。虽然他们没有像学院派那样提炼和总结出书面的市场定位纲要或报告，但在混沌之中还是有比较清晰的与市场定位相关的原则性界线范围。这个原则性的界线范围，其实也是定位。

地产项目投资人往往有一个常识误区，认为市场定位只是一个营销手段，甚至只是宣传推广口号，认为那是可以随便忽悠的东西。这是对营销专业的不尊重，也是地产代理咨询业多年来习惯性忽悠，喜欢玩概念造成的恶果之一，好做“标题党”。

事实上，一个经营企业的市场定位，既是企业经营者要倾力打造的经营和产品服务特色，更是企业本身一定时期内的经营管理和市场营销的指导性原则，是希望在目标市场上挖掘到足够多的目标客户的策略，更是希望客户能够接受和认可的品牌塑造方法之一。

（2）建有高尔夫球场的项目要把优势落到实处

在高尔夫球场不多见的地区，项目中配有高尔夫球场是一种优势，但只有将这一优势落到实处，才能体现优势的价值。对于见多识广的高端消费群体，有了球场并不等于就是高品质，相反，一个糟糕的球场带来负面影响，还不如没有这个球场。那种认为项目有了高尔夫球场就是差异化，就是最大卖点的投资商和工作人员会在后期销售中尝到这种想法的恶果。

对高尔夫地产而言，要挖掘出球场和项目在客户体验的过程中留下的美好的印记，即与项目竞争对手比，除了球场，还有哪些真正让高端客户感觉到有价值的东西，能够感染和影响到目标客户做出选择，至少是产生羡慕和拥有的冲动。

（3）高端人群的圈层营销不要出现错漏

处于高尔夫圈层中的人都很有影响力，他们的口碑评价将影响更多有影响力的人，这些人正是高尔夫营销中难以寻找的沉潜的巨鲸。一个地区，金字塔顶尖的圈子就那么大，他们对一个项目一旦有了坏的第一印象将很难扭转。市场形象树立起来很难，千砖百瓦，千头万绪，但一个细节不到位就前功尽弃。

03 市场定位对项目的现实意义

市场定位的现实意义主要体现在两个方面：

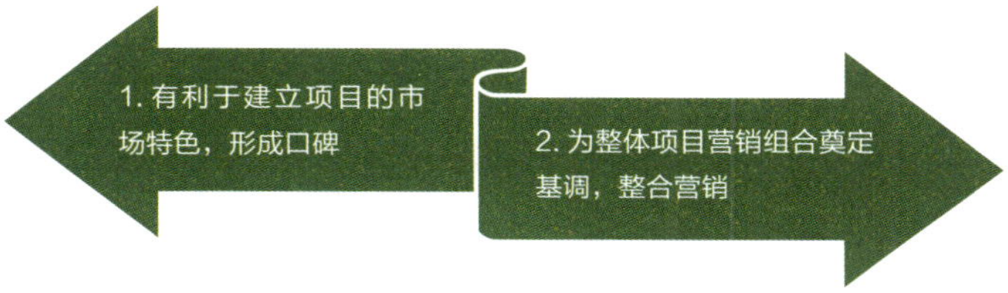

图 3-57　市场定位的现实意义

（1）明确市场定位能抓取到小众高端客户群体的认可

无论是地产还是高尔夫球场经营，现在市场均存在严重的供大于求的状况，市场竞争激烈，高尔夫地产的主要竞争品类是养老地产、旅游地产、体育地产、“5+2”式度假地产等同类项目。

高尔夫地产一般位于远郊，地价相对便宜，但售价可比肩近郊大盘项目甚至更高。这样的定价和销售，需要更鲜明的特色去支撑，需要更明确的市场定位去抓取小部分高端客户群体的认可，以期形成一种特殊的偏爱。

高尔夫生活方式是非常好的卖点，值得深深挖掘，从而建立自己的市场地位。例如酒店业，在南京有“住金陵、食丁山、玩玄武”的说法，这种口碑流传，就是这几家酒店前期市场定位和营业过程中刻意追求和营造的结果。这样的思路，我们可以复制到高尔夫地产项目。

某地一个项目，所处地段非常偏远且交通不畅，算是典型的旅游度假型项目，球场建造和经营管理水平尚可，但同步经营的酒店装修档次却只能与经济快捷酒店相比，服务水平与星级酒店差距大，备受诟病，影响到整体项目形象，产权式酒店公寓的销售价格也受影响。关键的是，该公寓楼在最初设计时并没将它作为酒店使用，户型不是豪华酒店的客房类型，是因为后期房产滞销且球场经营所需再装修、改建而成。

这个项目的问题，是典型的市场定位不清造成的。

（2）好的定位为整体项目营销组合奠定基调，整合营销

高尔夫地产项目的市场营销分为地产营销、会籍营销、球场日常经营，以及会议市场、酒店市场、度假村市场等配套经营设施的营销等多种类型。高尔夫地产项目的市场定位是若干个经营项目的集合体，涉及多个专业。这些项目的市场定位要与整体项目的定位保持调性一致，互不干扰，协调运作，集中优势形成合力。

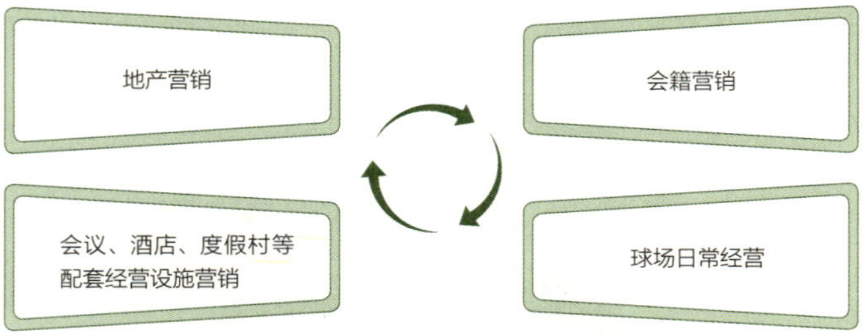

图 3-58　高尔夫地产项目市场营销内容

高尔夫地产项目里的地产销售部分会创造较大利润目的是为了给客户一个良好的体验，必然需要球场、酒店等经营类项目共同支持。理论上，球场建设和服务品质不能拖后腿，但有时囿于预算和投资者实力和见识，不能使其与整体项目搭调，酒店（如果有的话）等其他配套及物业服务方面也容易出问题。

07
案例

华中某球场——败于球场品质与服务

华中某球场，原投资商实力薄弱，经营不善，品质较差，是当地球友众口一词的“烂场”之一。后被某地产集团整体收购，但该集团收购这个项目的重点是看中了球场内尚未开发的住宅用地价值，对球场和自营酒店的经营未做大的改造，增加的投入不足，仅做简单翻新会所、酒店和修缮球道，借机多卖了几个会员证，但球场、酒店服务品质并未有实质提升，甚至将球场和酒店的整体经营权外包了数年，导致球场越做越烂。待该项目的地产大片开发上市后，发现并不受追捧，售价虽然比邻近没有球场配套的楼盘略高，但销售速度却远不如竞争项目。

究其原因，这里面或许有建筑、规划和营销配合等多方面的问题。但一个带高尔夫的项目没有发挥高尔夫项目应有的市场优势，根源在于球场品质和服务不佳，吸引不到目标客户。高尔夫球场和酒店在这个项目里，不是加分项，反而成为负累。几年后，该集团计划将这一项目整体转让，但已找不到买家，因为没有谁愿意当冤大头，买一个做烂了的项目，更何况剩余的地产开发用地所剩无几。

这个案例失败的根源，在于投资者和球场承包经营者想“短、平、快”操作，球场和酒店根本谈不上做定位，地产项目也几乎没有做定位。遗憾的是，这类项目在国内并不鲜见。

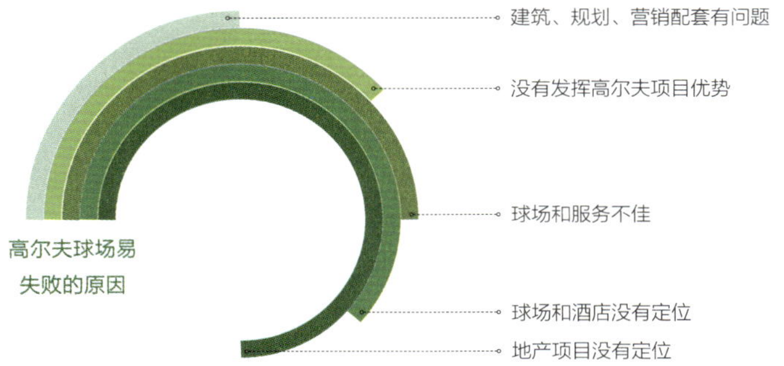
建筑、规划、营销配套有问题
没有发挥高尔夫项目优势
球场和服务不佳
高尔夫球场易
失败的原因
球场和酒店没有定位
地产项目没有定位

图 3-59　高尔夫球场易失败的原因

五 高尔夫地产项目定位方法

在项目执行过程中，众多项目都存在定位模糊的问题，比如对高尔夫地产，市场定位含糊的常使用“高端”一词，可这个“高端”由什么构成？来自项目建有高尔夫球场的“高端”，还是来自产品中有别墅或联排等低密度、高价产品的“高端”，或者客户群体本身较高端。再或者细节产品如何体现高端呢？这些问题开发者都没有认真地考虑过。

这样问下去之后就会发现，仅仅用“高端”一词作为项目的定位会显得缺乏依托。

一个概念一定要纠正，项目需要高端的客户群体，不代表项目本身就能达到高端。很多项目做球场定位时模糊不清，喜欢喊的口号是“国内一流”、“国内顶级”或“国际锦标赛级球场”等广告词。内地某高尔夫地产项目对球场的宣传语竟然是“国内三大私人高尔夫俱乐部之一，比肩奥古斯塔”，这样外行的话，会让见识过真正“顶级”、“高端”俱乐部的目标客户群和球友笑掉大牙。

高尔夫地产做定位一定要准确清晰。定位方法大致分为以下 6 种：

图 3-60 为高尔夫地产做定位的 6 个方法

方法 01 根据项目特性和客户利益定位

根据项目产品特性及客户由此获得的好处和利益，客户能具体体验到项目的“定位”。例如“华东精英高尔夫·游艇度假山庄”（华东某海边山地别墅项目，定位强调的是“游艇”和“高尔夫俱乐部”配套），这种定位方法强调产品“游艇 + 高尔夫”的生活方式特性，这种特性正是周边竞争对手一般没有的。

方法 02 根据品质和价格定位

品质和价格两者变化搭配，可以创造出不同的市场定位。在通常情况下，项目高质则高价，但在地产业内，地段和交通对价格影响非常大，假设项目品质上佳，但因地段关系定价不高，项目前期可以采取“以价换量”

的线路，低开高走，在定位时可以着力于“质优价廉”的策略。

比如“距上海一小时车程，以上海远郊公寓的价坐享 ×× 高尔夫大宅，买别墅送会籍，融入精英商圈”就是一种基于这种定位而设计的宣传语，卖点清晰。

方法03 根据产品用途定位

同一个产品有不同的用途，通过“产品用途”来分析所在市场，是这种定位的基本出发点。

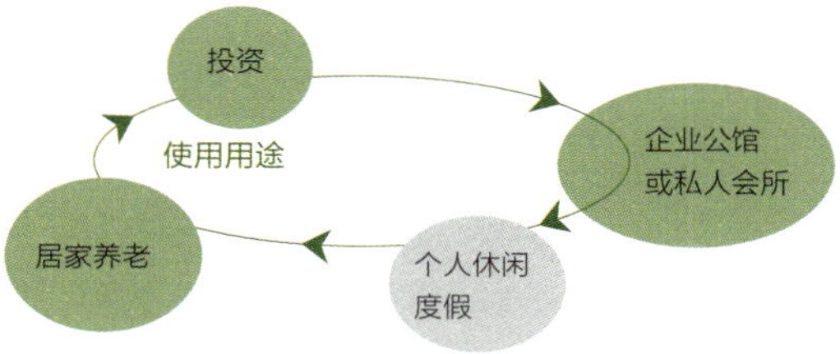

图 3-61　高尔夫别墅的使用用途

同样是高尔夫别墅，消费者的使用目的大致有四种：一是买来做个人休闲度假，二是买来用做居家养老，三是买来做投资，四是买来做企业公馆或私人会所。从消费者不同使用用途中发现较主流的市场契机，然后分别树立不同产品个性和市场形象。

值得注意的是，这一定位方式涉及不同的产品类型，需要从前期规划、产品设计到项目配套建设进行完整筹划，并要在项目初始就开始筹划，而不是等产品出来后，才去想如何包装、推广。

方法04 根据使用者身份定位

根据使用者的身份定位是常见的定位方法。但在高尔夫市场，球客要分为许多类型。

许多球场日常打球的主流客户一般是小企业主或空闲时间较多的高级专业人才，但他们球瘾大，个人的打球预算又控制得非常严格。他们不算高资产净值群体，日常消费比较关注价格，购房相对谨慎，但对小面积、低总价的房产仍然有消费能力。针对这类客户，要以低总价的小独栋、联排或公寓等产品为主。反之，真正的资产大鳄，他们中意高尔夫项目中的大独栋、大花园，钟情于更高档、私享性高的产品。

按客户的个人资产分类，内地许多高尔夫项目的目标客户群体锁定个人资产千万元级以内人群，这样的项目房产价格就不宜定得过高，两三百万元是他们能够承受的总价，面积也不宜做得过大，但项目户数可以较多。此外，还需建一些景观较好、面积较大的“楼王”树立项目整体形象，建立项目价格标杆。

方法05 根据品质档次比赋定位

根据品质档次比赋来做定位的方式是将产品特性定为与其相类似的另一种知名度非常高的产品类型，并与该产品相提并论，为项目寻找一个形象的市场参照物。比如球场硬件品质可以比赋为“宝马7系”；如果球场品质和服务上佳，配套高档齐全，甚至也拟采取比较严格的会员制经营模式，可以自诩为“中部佘山国际，湖南观澜庄园”等；再比如某高尔夫地产项目内，拥有良好的会议设施，有举办高规格的行业论坛、高端会议的条件，对外推广就可以主打“西北博鳌”这样的市场定位。

方法06 根据竞争关系定位

根据竞争关系做定位重点在于，针对竞争对手做实和放大本项目的优势和卖点。在营销过程中，通过促销、价格、渠道建设等方面扩大自身优势，与竞争项目形成巨大的区别。

比如某球场餐饮做得极有特色，厨师长是知名大厨，就可以主打美食牌，以与其他球场区分。

项目的市场定位，尤其是细分市场的竞争优势、客户定位、价格定位、推广策略等方面，许多企业往往只做出一些比较模糊的原则，因此，项目的管理层一定要在执行过程中把关，管理好一定时期内的经营及市场推广。

高尔夫专业笔记

行业内大多数项目并没有一本完整的企业“市场定位手册”，只确定了未来三五年企业发展纲要这类文件。这类文件也是一种比较清晰的市场定位，但是这需要由富有经验和市场方向感的职业经理人去达成目标。

六 高尔夫球场经营定位方向

如果项目内不只有高尔夫球场，则要做到高尔夫球场的定位与整体项目的定位直接相关。球场的经营和市场定位，其实也就是经营模式的选择问题。

下面介绍几种高尔夫球场的定位方向。

图：北京顺峰乡村高尔夫俱乐部山间球道

图：天津滨海湖高尔夫球道边的别墅

01 三类项目采取何种经营模式

第一类，整体项目是大型旅游地产项目

球场经营定位一般走旅游度假路线或都市商务路线。如果当地球市发达，会员量大，球洞较多，也可部分球场走纯会员制，部分球场走半开放会员制式经营，甚至直接做公众型球场。

第二类，项目远离一二线城市

这类项目如果当地经济发展水平不太高，球友量有限，则要谨慎标榜纯会员制。

第三类，非热门旅游目的地的项目

大多数高尔夫地产或者综合性旅游地产开发，除非位于比较热门的旅游目的地，一般不建议建造超过 36 洞及以上的球场规模，类似山东南山、深圳观澜等超大规模的高尔夫主题度假区，他们的出现有其特定的历史阶段和地理条件等原因，现在的市场很难复制，而且这类项目都耗资巨大。

海口观澜的十座 18 洞球场受困于成本压力巨大，客流有限的经营烦恼中，作出“全球最大的公众球场”定位实属无奈。因为球场定位做会员制球场或部分球场做会员制经营，会籍销售收入和预订不太好，也不能为地产项目带来旺盛的客源，不利于地产销售，做会员制的定位使其项目经营陷入不便。同样也是会员制球场的北京华彬庄园 54 洞球场也是养护成本极大，每年经营成本都亏损千万元。而与其相距不远的同样定位为会员制的北京顺峰高尔夫俱乐部，只有 18 洞，经营就好得多。

02 高尔夫球场的经营模式选择考虑点

前文述及，高尔夫球场一般分为纯会员制高尔夫俱乐部、半开放会员制高尔夫俱乐部、公众球场三大类。其中，半开放会员制又分为地产业主会员制混合度假村型、酒店度假村型、都市商务型、商务度假型等多种类型。

高尔夫球场的经营与市场定位，必须综合考虑以下 5 项条件：

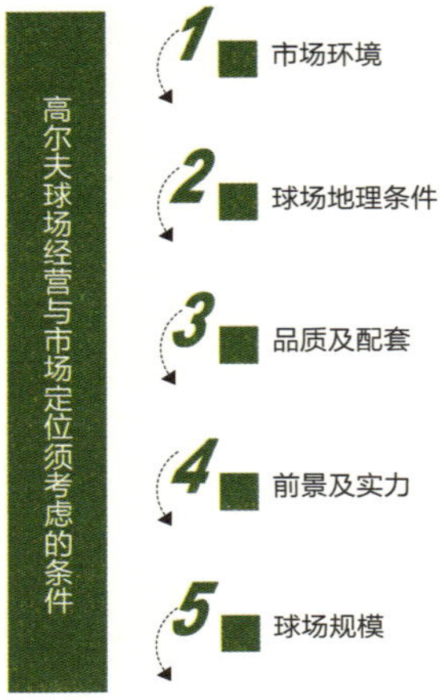

图 3-62 高尔夫球场的经营与市场定位必须综合考虑的 5 个条件

（1）市场环境

球场所处的当地市场环境，包括当地的经济发展水平、高尔夫球友数量、球友消费层次、周边球场的经营特点等。

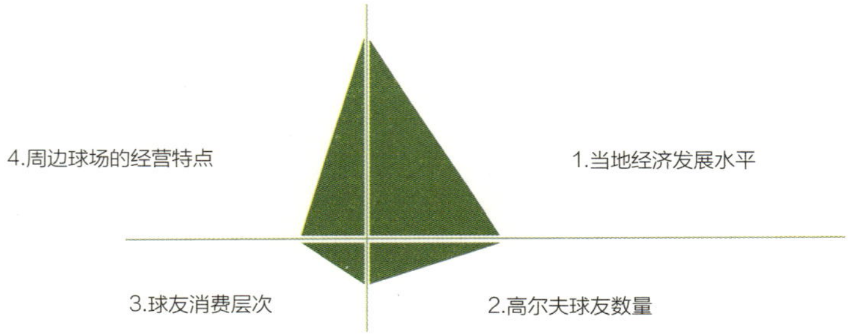

图 3-63 球场所处的当地市场环境包含内容

一线城市能诞生纯会员制球场，是因为有足够的客户支撑，他们是真正高消费、高品位人群，希望有更私密、高贵的场所与身份匹配，不喜欢球道拥挤、气氛庸俗的球场。球友多且品质高的二线城市，也可以支撑纯会员制俱乐部，但在级别更低的城市，纯会员制俱乐部经营多数难以为继。

（2）球场地理条件

球场地理位置及交通条件(即交通通达性)；球友集中的中心城市是否在1.5小时车程范围内，竞争情况如何，如果球场是旅游概念的定位，则要考虑球场距离机场的距离。

（3）品质及配套

球场建设品质、会所及其他配套丰富程度；开发商资金实力能否保证实现定位，比如度假型球场，就应有酒店客房等，这又加大了项目资金投入和运营水平压力。

（4）前景及实力

项目整体发展前景及开发商期望值、能够掌握和调度的资源，包括政府关系等。

（5）球场规模

球场规模即球洞数量，在一二线城市周边如果建了一个36洞新球场，则可以考虑分开定位，各自经营，实现最大投资价值。

高尔夫球场经营定位的选择，需要专业人员根据调研分析，结合发展商的实力、资源以及项目前景、同步开发的地产项目定位等多种因素，综合考虑。

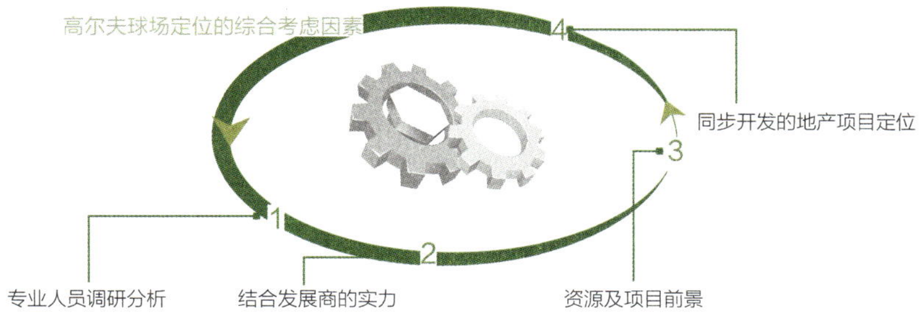

图 3-64　高尔夫球场定位的综合考虑因素

七 高尔夫项目定位变化应尊重会员权益

高尔夫球场经营一定要注意口碑，客户对球场、开发商的感受，影响到客户对地产项目的形象和前景的评判。高尔夫地产项目是相对高端的消费者，面对的是相对比较挑剔的客户，他们的评价则代表着许多意见领袖的意见，也会影响更多的潜在客户。

有的球场，在经营前期宣称是纯会员制，但随着项目的变化，有可能球场定位会悄然改变，球场会承接一些商业赛事、旅游团队等，变成事实上的半开放球场。也有的球场随着项目股权变化，升级改造，从半开放的会员制变成纯会员制。但要注意的是，不论球场定位如何改变，应当优先考虑和尊重高尔夫会员的权益，毕竟他们是球场最重要的伙伴。

随着市场竞争和中产阶级的崛起，在不久的将来，日收费制的公众球场会越来越多，高尔夫平民化也是产业健康发展和需要引导的方向。高尔夫的主力消费人群以中产阶级为主——这是世界潮流。那时，高尔夫运动才会脱下“贵族运动”的外衣，回归到休闲体育运动的本质。

第四章
Chapter FOUR
高尔夫球场建造及运营管理要点

01

SECTION ONE

第一节

高尔夫球场设计的关键问题

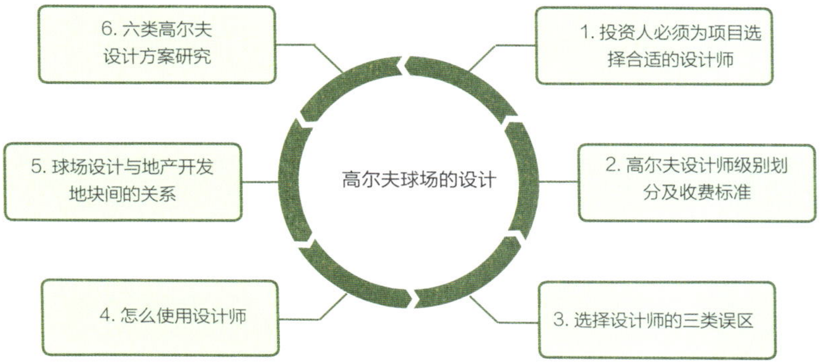

本节阅读导图

图：成都麓山高尔夫俱乐部

几个简单却重要的高尔夫球场设计问题

一、什么是高尔夫球场设计？

高尔夫球场设计是指球场设计师以大地为画布，通过对土地的解读，发现地形原始魅力，尽量利用场地的原始地形、地貌环境去布置球洞节省建造费用的建筑艺术。

二、高尔夫球场设计师的作用是什么？

高尔夫球场设计要求设计师善于捕捉大地的地质和地貌特点，将自然景观融入到球场中，让富有特点的高尔夫球场与自然环境和房地产项目及酒店、会所等建筑和谐融为一体。

三、高尔夫球场设计师如何完成工作？

设计师一般是以图纸体现其设计思想，然后通过其认可的造型师在土地上精心雕刻出一个个球洞。

四、高尔夫球场设计和其他建筑设计有何不同？

高尔夫球场设计有别于很多建筑工程的设计，其设计图纸并不能很直观和完整地呈现作品并表现设计思想和意境、效果。

随着科技的发展，目前出现了球场设计图出稿后，由专业公司制作成3D影片，展示设计师设计成果的技术，这样的3D影片能很好地展现设计作品的精妙之处，但这个表现方式至少需要数十万元制作费用，在目前的高尔夫设计市场还不太普及。而且，球场的体量太大，3D技术难以展现设计师细节的精妙，只能做大致效果展现。

在球场施工过程中，需要设计师多次到达现场，把握进展和工程质量，以掌控设计效果，并根据现场情况做出设计变更等调整。甚至有的大牌设计师为了保证球场施工品质和自己作品质量及口碑声誉，要求球场造型师是自己指定的人选，或者干脆由自己设计公司出任球场建造的施工监理单位。

球场选址确定以后，接下来就是为球场选择设计师。一个球场的设计工作贯穿于球场建设的整个过程，一个项目成败的关键与设计师密不可分。

一 投资人必须为项目选择合适的设计师

如何为球场选择一位合适的设计师，要下很多功夫。

01 投资人要具备考察设计师的专业能力

第一，考察设计师。投资人对设计师的考察必不可少。

第二，多方沟通。要多听取专业人员的意见，对球场的经营定位和发展前景有明确的思路。例如，是否举办国际大赛及办赛的频率等。多了解国内外设计师的情况，最后再与设计师进行沟通，看设计师对场地的把握能力和能否把自己的设计理念灌注到投资商的愿景之中，理解和满足投资商的愿望。

第三，清晰地了解设计师风格。这是投资商最需要关注的，设计师个人风格是否符合整个项目的大环境和小环境，是否符合项目定位和发展决定了球场的定位是否能实现。

寻找设计师，业主需要多做功课，也需要记住一个真理：兼听则明。包括多到国外走走，多同在国外生活和打球的朋友聊天，当然最简便的方法是找行业内的专业顾问机构做推荐和筛选。

02 决策者越了解高尔夫行业越能找到好设计师

对高尔夫行业了解越多，越清楚谁是最适合这个地块的设计师，而适合地块的设计师需要专业人员根据项目定位和预算作推荐和介绍。如果球场并非经常计划举办大型职业赛事，也没计划建造和经营纯会员制的顶级俱乐部，地块或地段不适合建造太过高端的球场，从营销上不太需要借助大牌设计师的名气和业界影响力，则选择设计师就要考虑性价比的问题。

事实上，大多数项目决策者对设计师费用的性价比比较关注，但因决策者对高尔夫行业不了解而陷入选择误区的案例在国内也比较多。

03 根据球场定位决定球场选用设计师标准

高尔夫球场设计师的选择标准很多，但绝非越大牌、收费越高就越好。选择一个什么样的设计师首先取决于球场的经营定位。另外，也与球场的设计效果与地块特点、经营定位及设计师个人的技术特点等因素直接相关。

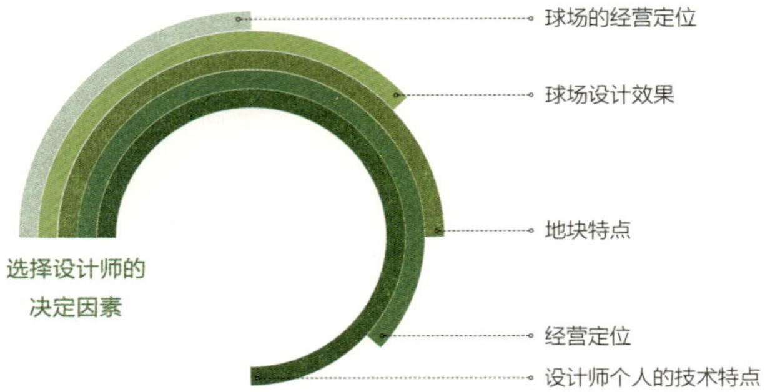

图 4-1　选择设计师的决定因素

职业选手出身的设计师，往往在设计球场时倾向于多考虑竞技性功能设计，在球场的观赏性、趣味性与挑战性等方面的平衡上，会更多地考虑挑战性。他们设计的球场适合举办高规格的职业赛事，而让许多业余球手"找乐子"的度假型球场就非他们所擅长。

著名的设计师往往都有自己最鲜明的优势和特点。比如吉姆·英格擅长设计低成本的山地球场；而给汤姆·多克一块海边的好地，他绝对不会辜负你；里斯·琼斯最擅长的是旧球场的改造，将球场升级成为承办锦标赛的好球场；而汤姆·法齐奥笔下的世界百佳球场，普遍造价不菲，只要你有足够的投资预算和耐心，他一定会帮你实现梦想。

04 和设计师沟通什么

与设计师充分沟通的价值在于，能让设计师及其团队的工作费用在预算范围内。能根据当地的文化、市场、定位因地制宜、量体裁衣，为投资商打造专属个性化的服务，这才是好的合作。聘请设计师，要注意以下 7 方面问题：

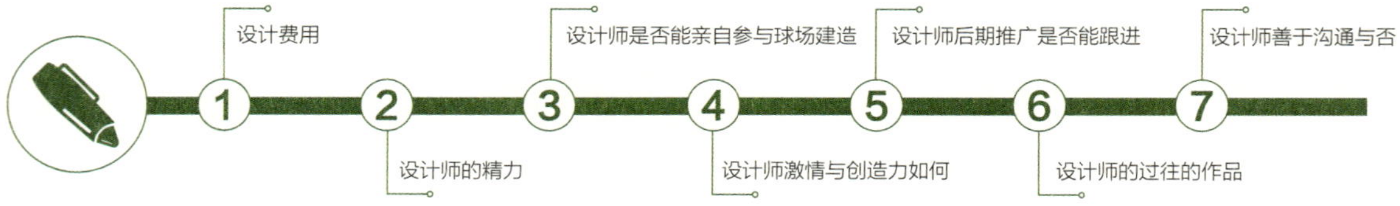

图 4-2　选择球场设计师应考量的 7 个问题

第一，设计费是否在预算内

设计公司的设计费是否符合整个项目的预算。

第二，设计师的精力

设计公司是否有足够的设计师和能力去应付多个项目的同时进行，即设计师同时承接的项目有多少，对本球场的设计及后续服务跟进是否能够投入足够的精力和时间。比较知名的设计师，往往承接的项目也较多，精力和时间有限，难以服务得非常周到。

第三，设计师是否能亲自参与球场建造

要确定设计师是否会亲力亲为参与球场建造，是否有足够的时间访场，这点可以在合同条款中做明确的节点、次数约定。

第四，设计师激情与创造力如何

设计师是否有足够的激情和创造力，使得他所设计的每一个项目都各具特点、保持差异，能够在本项目创造出与众不同且特别值得称道的细节。

第五，后期推广是否能跟进

设计师是否能够配合整体项目做市场营销，比如，出席球场开业庆典、撰写球场击球攻略等。

第六，设计师本人过往作品的考察

要对设计师的作品特点以及过往设计的球场情况进行考察，收集过往业主对设计师的评价等相关资料。

图：某球场高尔夫球场设计局部效果图

图：浙江德清 18 洞高尔夫球场设计图

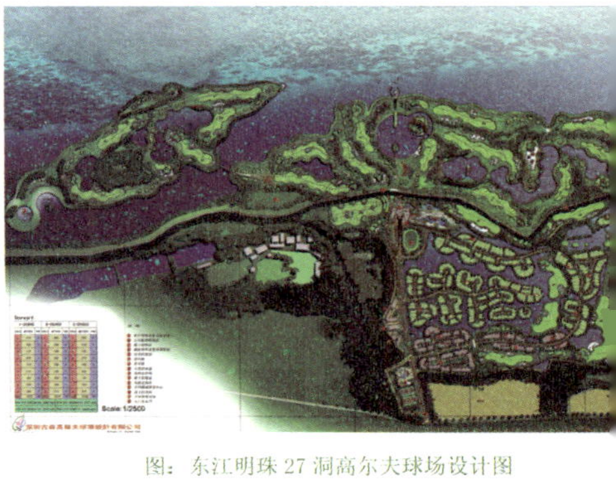

图：东江明珠 27 洞高尔夫球场设计图

第七，设计师善于沟通与否

能与业主充分沟通的设计师，会更理解业主希望达成的目标，厘清设计思路，碰撞出设计灵感。

05 清楚高尔夫设计师的级别标准

在美国，球场设计师与建筑规划设计工程师、景观工程师是同类专业建筑设计人员，通常被称为“建筑艺术家”。全球公认的权威专业杂志美国《Golf Digest》每两年推出全美百佳球场和全球百佳球场的评选，其中百分之九十以上的球场都由经验丰富的知名设计师设计。尤其现在，全球新高尔夫球场项目往往伴随着房地产项目的开发。球场如果聘请一位有名气的设计师作亲笔设计，就意味着球场会籍可以定更高的价位，房地产将拥有更高的品位。当然聘请不知名设计师也能达到一流效果，这需要投资商对设计师了解深入，能虚心听从专业人士的建议。

高尔夫专业笔记

高尔夫球场设计师的市场价值作用与整体项目的资金投入、市场营销能力和服务水平相关。内地许多球场聘请的设计师较有名望，费用也较高，但因为项目其他方面的制约，项目的整体合力不足，仅凭设计师的市场号召力不足以撬动市场，投资人对球场设计师所寄望的高市场回报很难在项目营销推广中实现。

二 高尔夫设计师级别划分及收费标准

目前，活跃于中国高尔夫行业的设计师及其收费主要分成以下五类：

01 大师级高尔夫设计师

这类设计师有两个主要特点：

第一，基本上能亲力亲为参加球场的设计和建造，而且作品往往都是经典。属于这一阵营的设计师有汤姆·法西奥、皮特·戴、汤姆·多克、比尔·库尔和本·克伦肖等，其设计费大概在 100 万～ 300 万美元之间。

第二，即使投资方愿意支付高昂的设计费，并不能保证大师级的设计师对你的项目感兴趣。因为他们多数都会“挑项目”，对项目进行前期的考察，再决定是否愿意接受球场的设计任务。

约十年前，他们的设计作品主要集中在欧美本土以及周边的国家和地区。由于经济危机的打击，以美国为代表的高尔夫发达地区，球场建造出现大幅度萎缩后，他们开始把目光聚集到亚洲、南美等迅速成长的新兴市场。

目前，比尔·库尔设计的海南中信山钦湾球场已经开业，获得业内外的一致好评；汤姆·多克在海口设计的球场也在紧锣密鼓进行中，相信不久的将来会让国内的高尔夫爱好者近距离体验到“简约主义球场设计师”的风采。

另一位知名设计大师皮特·戴，其家族在业界拥有很高的威望。他年事已高，不可能像以前一样亲自设计球场，不过其徒弟和侄女在中国承接球场设计项目并由他签名的球场作品已经被国内高尔夫爱好者所熟悉，如深圳观澜湖北戴球场、天津滨海湖和港中旅聚豪球会的 DYE 球场等。

02 大牌职业球手型设计师

知名球手型设计师一般是曾经获得成功的明星球手，他们拥有相当高的市场号召力，选择这类设计师有利于球场作营销宣传。

他们的特点是出现在建造现场的时候不多，往往自己并不绘图，不亲自操作设计绘图软件，甚至不过问设计细节。他们只在设计前期提供指导创意和理念，之后在设计审核过程中做修改和调整，后期会较多地参与效果呈现，能够把控质量关。大多数的设计工作量由他的设计团队来完成，然后球场可以利用他的名字作为球会的宣传，例如“老虎伍兹”及其设计团队。

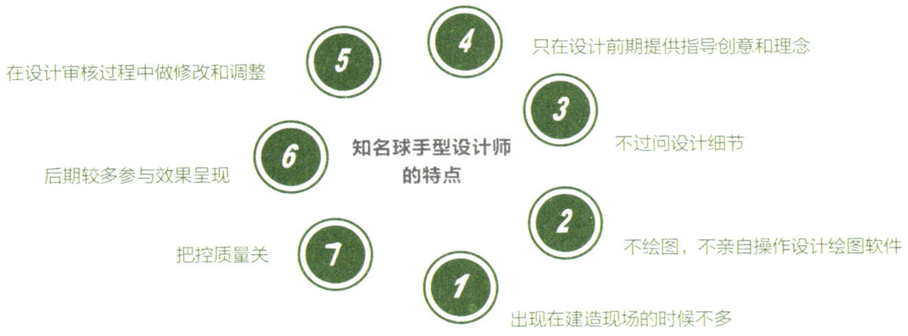

图 4-3　知名球手型设计师的特点

这类设计师收费非常昂贵，平均价格大概在 100 万～ 400 万美元左右。当然，每个不同球手设计师的市场号召力不一样，设计费用标准也不一样。

此类设计师中具代表性的有杰克·尼克劳斯、阿诺·帕尔默、加利·普莱耶、葛·诺曼、汤姆·威瑟科夫、皮特·汤姆逊、泰格·伍兹等。

此外，在高尔夫球场的设计中，还有职业球星和大牌设计师的“签名设计”一说。签名设计师并不真正从事某一球场的全程设计，但球场希望借助他们知名球星的影响用于球场的营销宣传。事实上，球场设计的真正操刀者是幕后另一个专业团队，这种设计合作形式就是“签名设计”。签名设计师只是负责前期沟通，提些理念意见，审核、把关，之后签名“冠名”，露脸出席发布会、开业仪式等活动，收取费用。

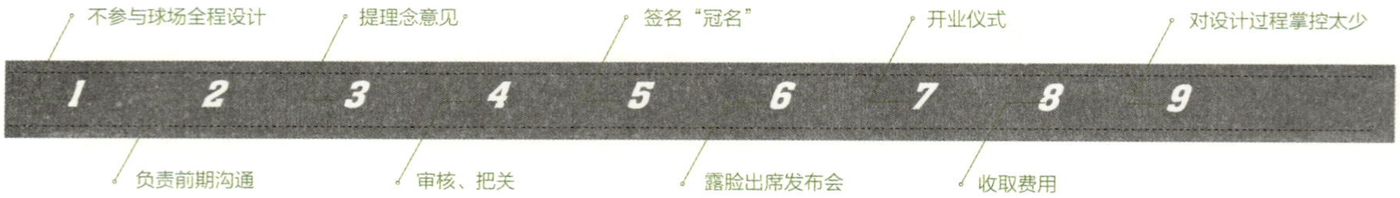

图 4-4　签名设计师工作内容

签名设计与明星团队直接完成设计全过程的差别在于，签名设计师主要是挂名卖名声，选择这样的设计师主要出于球场后期推广和宣传的需要，这类设计师对设计过程掌控较少，设计质量主要由投资商和执行设计师把握。

国际知名的 IMG 公司是体育、娱乐业的大牌综合服务商，也是多名职业球星的经纪人。他们公司开展高尔夫球场设计、建造和顾问管理等业务。他们非明星设计师的球场设计费一般在 50 万美金左右。

03 知名世家型高尔夫设计师

这类设计师多数来自高尔夫设计师世家或者拥有专业、深厚的设计师背景，其设计公司基本都拥有一个分工明确的专业团队。这类设计师会亲自参与设计，把控设计品质，在行业里获得了成功，甚至于世界各地都有其设计的代表作品。他们中大多数人已经进入了中国市场，并有项目代表作，也获得了行业的认可和成功。他们中的代表人物有小罗伯特·琼斯、里斯·琼斯、罗杰·帕克德、里克·罗宾斯、杰克·里克布森等。此类设计师收费价格属于行业的中上水平，设计费大概在 50 万～ 100 万美元，拥有较高知名度的甚至在 100 万～ 300 万美元。

04 国内活跃的外籍设计师或设计公司

外籍设计师一般由三部分人组成：

一部分是从真正的球场设计大师手下打拼出来，专业经验丰富；

一部分是与著名职业球员和大牌设计师有过合作经验，有代表作品；

还有一部分是从多个小项目做起，积累了丰富的经验而做出名气。

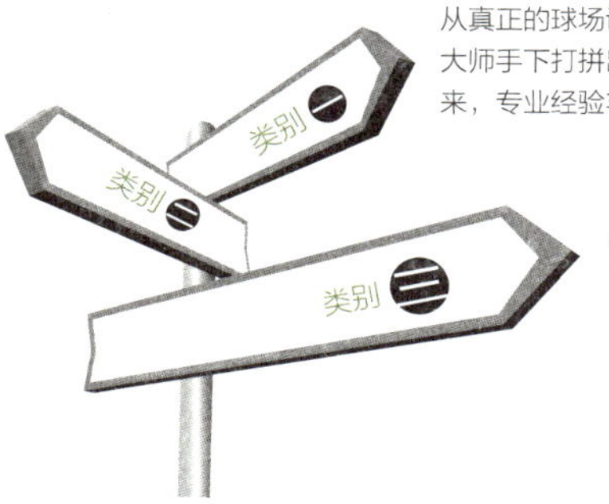

图 4-5　外籍设计师的类别

以上设计师基本都是亲力亲为型设计师，或者是多人合伙组建专业团队的设计公司。

许多活跃在国内的国外设计师，在中国以外并没有太多出色的项目，但在中国却取得了巨大成功。原因是中国近十多年的项目众多，又比较崇尚聘请国外设计师，许多国内较知名的球场都出自于这类设计师或者设计公司之手。

这类设计师都会亲自参与球场设计全过程，定期出现在施工现场进行施工监督和验收，如格拉汉姆·马什、布莱恩·柯利、尼尔森·哈沃斯、Golf Plan、JMP、IMG 公司旗下设计师、JFO、凯·示模等。他们熟悉中国高尔夫设计的市场行情，设计费大概在 30 万～ 100 万美元。尼尔森·哈沃斯等设计师在中国创作“佘山国际”一类的经典项目后，个人市场价值也获得倍增。

05 国内华人高尔夫设计师

中国现在也涌现一批活跃在国内的华人设计师。他们的努力和能力在业内开始得到认可，现在已有许多开发商乐意选择他们。

华人设计师对中国文化的了解比国外设计师更有优势，设计费用相对低廉，性价比较高。但是，由于高尔夫进入中国的年头比较短，国内许多知名度高的球场都由国外设计师设计，国内设计师生存空间较小。目前活跃在国内的设计师人数更是少之又少，设计过 5 座以上开业球场的设计师大概不超过 10 位。他们的设计费用根据设计服务内容不同，大概在 100 万～ 200 万人民币之间。

中国活跃性较高的高尔夫球场设计师

公司	代表设计师
兰星	宋宝健、丑晓伟
朝向	赵建国
北京新自然	余刚
北京泛华公司	刘军
桑潘、卢军、郝建彪、陈华茂、梁树友、梁国坤、周德、刘家振	

三 选择设计师的3类误区

误区01 只选贵的而非对的，非大牌设计师不选

很多球场投资人选择设计师时，往往不事先考虑土地条件，也不管要做成怎么样的项目及要做什么样的市场定位，特别是还没有明确的球场建造预算和资金计划，就开始热衷于盲目的寻找大牌设计师。这样做的结果是资金投入的压力，他们先把金钱浪费在设计师身上，而到了后续开工建造和养护等开销非常大的阶段，撑不住资金的压力，不得不降低标准来节省投入。最终的结果是设计公司很不满意——因为球场最终呈现出来的效果与他的设计反差太大，有损设计师声誉；投资者和有见识的经营管理者不满意——花费不少，效果不好；对于有经验的球友们来说，这个球场也难以获得他们的满意，在这个球场体会不到乐趣，感觉到的是庸常和低级，球友们更不愿意为球场买单，偶尔过来打打可以，购买会籍和房产则免谈。

误区02 外来的和尚会念经，国内设计师都不行

很多球场投资者认为高尔夫球是舶来品、洋玩意，国内设计师玩不转，非要请国外设计师，事实并非如此。

经过近三十年的历练，现在国内已成长出来一批具有相当水平和能力的球场设计师。除了土生土长的内地设计师之外，还有许多中国台湾、东南亚的华人设计师也活跃在内地，他们的经验和见识也相当丰富。

不可否认，内地设计师早期一些作品差强人意，但随着越来越多国外设计师的进入，国内设计师获得了大量的学习机会。一部分悟性很好的设计师逐渐形成鲜明的设计风格，向市场提交一份比较成熟和有水平的球场作品。

中国国内经典的林克斯风球场——“海阳旭宝”，就是由“旭宝”老板宋矿满先生亲自设计。

这类设计师的特点是：第一，价格低廉；第二，比外国设计师更了解中国文化和内地人的打球习惯，做球场设计时会予以充分考虑；第三，投资商与他们沟通方便，不存在语言障碍，他们能深入理解投资商和经营者的要求，能因各种情况和条件变化不断调整设计思路；第四，他们更方便及时指导现场施工。国内设计师确属性价比高，有其自身的优势，业主单位可以根据自己地块的特色和项目预算、定位，给国内优秀设计师更大发挥空间。

误区03 裁判员和运动员是一家，设计和施工一体化

国内有些设计师依附于各类球场建造公司，有的设计与施工是同一个集团下的两个子公司，或者是同一家公司里的两个不同的部门。

国内著名的球场建造公司，如兰星、朝向、泛华等。为保证多渠道业务开展和提高施工水平，都有球场设计团队。将设计和建造交给同一家公司执行的优缺点是什么呢？

肯定会获得整体价格优惠，甚至有的设计公司承接球场施工工程后免收设计费。但是，如果裁判员和运动员是一家的话，就会变成工程怎么好做、怎么省钱、怎么省时就怎么设计，设计师会更多地满足施工单位的需要，考虑施工方的商业利益。如果他们站错了立场，工作过程中自然不会精益求精，对球场品质的要求就会大幅降低。

所以，预算较为充足的开发商在选择球场设计师和施工单位时，应尽量避免设计师与工程建造队伍为同一家单位或者关联公司。

四 怎么使用设计师

对于一个高尔夫旅游地产项目或者高尔夫地产项目，当明确项目的市场定位、经营方式后，就需要尽快选定一位球场设计师。

一个重要的环节是设计师什么时候开始介入项目。

01 球场设计师在拿地阶段就要参与项目

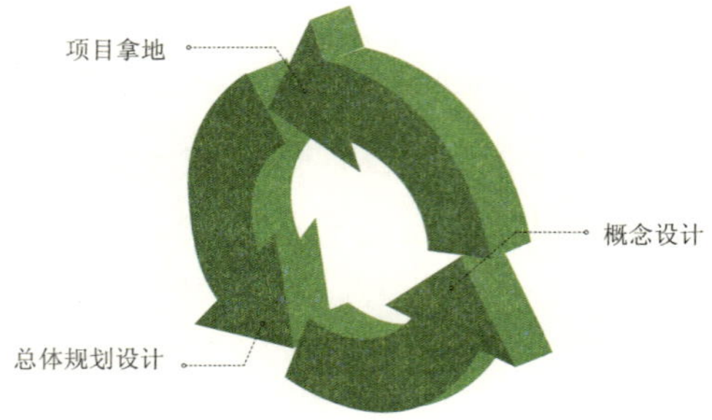
项目拿地
概念设计
总体规划设计

图 4-6 设计师参与项目的环节

必须提醒的是，一定要让设计师提前参与整个项目的设计，即从项目拿地、总体规划设计、概念设计阶段就要让设计师介入。当然，在地块初始规划只有球场设计师而没有地产专业规划设计师进入时，容易造成把最适宜做地产的地块规划成球场的问题。因此，让球场设计师、专业高尔夫地产咨询顾问机构及地产总体项目规划设计人员提前参与“总规”设计过程，可以把球场、房产与会所、酒店、度假村完美地结合起来，既能满足球场经营管理的便利需要，同时也能让房产收益达到最大。

国内经常发生的情况是，业主已经聘请规划公司将项目“总规图”做好了，并获得政府审批，才留下一块地让球场设计师来设计。此时球场设计就有很多限制因素，结果造成要么土地价值浪费。例如，适宜利用原始地势高差做地产以使景观均好性较强的地块被迫只能做球场。要么通过审批的设计规划给以后球场运营或交通组织带来麻烦。再或者是球场跟地产项目的关联度不高，浪费高尔夫资源价值。

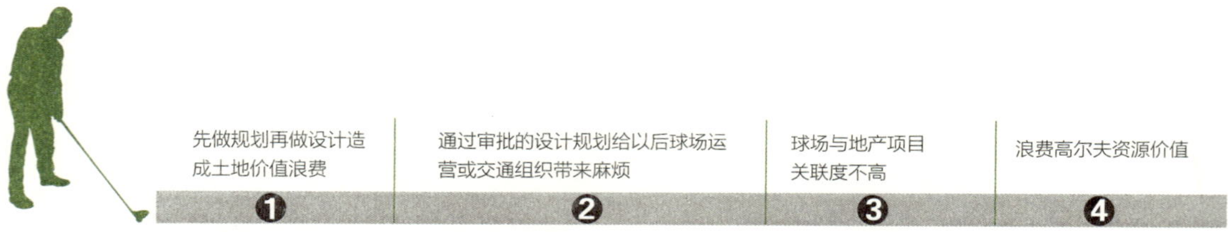
先做规划再做设计造成土地价值浪费
通过审批的设计规划给以后球场运营或交通组织带来麻烦
球场与地产项目关联度不高
浪费高尔夫资源价值
❶
❷
❸
❹

图 4-7 国内常见的球场设计流程错误的结果

02 必须要求设计师能做现场控制

高尔夫球场设计是一项艺术创作的过程。在图纸上难以看出高尔夫的独特魅力和精妙之处。施工过程中即使按图施工也未必能达到满意。高尔夫球场的施工过程中往往需要不断地调整，造型师的工作被称为球场设计的二次创作。比如，不影响原设计效果的时候如何平衡土方，以降低建造困难和费用等。

设计师及其团队是否经常出现在施工现场，对于一个球场建造来说非常关键。由于高尔夫球场施工建造的独特性，需要设计师对重要的施工阶段进行品质监控。因此要求设计师多去现场，对球场的施工过程、质量进行控制和说明，其中包括施工过程关键步骤的检查和验收。特别是在施工前期的清场与粗造型阶段，这个时期如果控制不好，所产生的错误将是不可弥补的，会给球场留下永久的伤疤和遗憾。

五 明确球场与地产开发地块间的关系

从土地资源综合开发及利用效益来看，如果能够将高尔夫球场与毗邻房地产项目共同开发建设，一般都会使球场和房地产获得双赢的效果。高尔夫球场是地产非常美的人文和自然景观资源，也是整个区域内丰富的绿化配套。如果将高尔夫球场和毗邻房地产地块的关系处理得当，可以形成一种“1+1 ＞ 2”的经济增效关系。

关系01 地产与球场是包围关系

地产项目与球场一般会有三种包围关系：

（1）高尔夫球道包围或半包围地产组团

如果球场内的地产大多采用这种形式，表明地产项目的建筑密度不大，开发商非常重视球场品质，甚至愿意牺牲经济指标来确保球场的品质。

地产项目和高尔夫项目由同一个开发商开发建设的项目中，较常见的是把球道环绕在地产组团外围，或者地产组团安插在几个球道之间，这样利于最大程度地借用高尔夫球场景观。在球场范围之外也往往会布置房产项目，除非球场外围的土地不能开发楼盘，或者暂时没人开发。在球场中间布局的房产项目，大多数是以别墅类产品为主，以避免太高大、突兀的大体量建筑破坏球场景观效果。

图：高尔夫球道包围地产

图：地产用地围绕高尔夫球道

图：桂林兰花印象谷总体规划

（2）地产组团包围或半包围球道

如果对球场的定位是地产项目的配套，地产项目多半会包围高尔夫球场。说明开发商非常重视和在意对地块经济指标的追求，地产项目的密度较大。此时，我们需要注意：

过于密集的房产，会使每一个球道均被房产项目包围，密集的地产楼盘会给球友带来压迫感。球友的视线范围内全是房产，视野狭窄，空间逼仄，会影响打球人的心情。

经验不足的高尔夫地产项目做设计时，未考虑球道与地产项目的安全间隔，二者保留的距离不够，业主生活的安全性和隐私性受到影响，也影响到地产的价值，这是投资者应当注意规避的问题。不能因为片面追求经济效益而影响后期销售、物业服务和运营品质。

（3）球场与地产项目的插花式组合

部分地产组团被球道包围或半包围，部分地产组团包围或半包围球道，或者整个项目分成若干期、若干个组团被球场切割成几块，散落或穿插在球道之间，这就是插花式的组合。这种组合也是优缺点兼具：

优点是球场与地产关系密切，地产若干组团分区不显密集，房产可以从不同角度获得更多的高尔夫景观；

缺点是地产开发比较零散，土地利用率低，市政配套工程（水电气）方面的投入较大。这种情况较多适用于用地条件宽松、地形复杂、高程变化比较大的区域，如山地高尔夫球场。选择这种模式也有的是因为项目开发商资金不足，分片征地或当地市场和项目运作不成熟，选择分片开发销售、分散零星开发模式。这样的项目时间跨度较长，地产开发不能一气呵成，甚至住宅用地也是零星取得。

关系02 球场与地产相对独立分区，地产组团多集中球场边缘或外围地块

这样的规划设计往往在地块的初始规划时，总体项目规划设计工作是由高尔夫球场设计师主导完成。他们习惯从高尔夫球场运营的角度看问题，偏向注重球场的品质和打球人的感受。但是，如果球场设计师对总体项目尤其是地产规划的知识水平不够，很容易将优质用地做成球场，或者没有发挥高尔夫球场景观及当地丰富的自然景观价值，造成地块价值的浪费，为项目将来的土地利用和开发带来问题。

这种设计思路适用于周边景观资源丰富的项目，例如滨海、滨湖或山地的高尔夫地产项目，特别适合高尔夫用地性质已确定或球场已建成，之后再进行地产规划的项目。

关系03 高尔夫球场是地产项目的景观资源，无穿插、包围关系

此类项目有的是由同一个开发商建设，有的是由不同的开发商利用毗邻高尔夫球场的景观优势开发高尔夫楼盘。这类地产项目一般建在球场外围，按楼盘与高尔夫球道的远近关系，依次分布别墅类多层建筑、小高层（花园洋房），在地块成熟、生活配套设施齐全的地段，也布置高层或超高层楼盘。这类项目主要是国内目前比较多的城市高尔夫，比如武汉的万科高尔夫城市花园项目、深圳的天安高尔夫花园。

关系04 高尔夫只是高档地产项目的概念元素

一般由不同开发商所开发的地产产品，在该物业周边有高尔夫球场、练习场，或者在地产项目内，加入一些高尔夫设施（例如练习场）或者高尔夫元素的景观（例如小区的绿化种植是高尔夫球道草、果岭草，或者有一两处小型练习果岭等）。这类项目在国内也有许多，如东莞的万科棠越、武汉的顺驰泊林等项目。

六 六类高尔夫设计方案研究

度假型球场一般采用非会员制经营模式（少数例外），球场与度假区一体化、互补经营。高尔夫度假村也大多同步开发度假物业。

高尔夫度假村一般具有以下 2 个特征：

第一，球场远离城市人口密集地区，缺乏足够的常住人口支持；

第二，地处旅游度假区，自然景观丰富，依赖于季节性游客作为球场消费主体，依赖于度假区本身的吸引力度（度假区的人文景观、自然景观、气候差异性等），并且球场颇具特色，经营和服务富有品质。

这类项目硬件设施除了高尔夫球场外，还附带有酒店和丰富的休闲娱乐设施，经营上鼓励“打球+住宿”相互优惠式的两天或三天行程。

度假型球场的配套要求是：

第一，需要有到达度假区的交通便利、特色食宿等条件；

第二，有可以接待企业高规格会议、高层次培训的会议设施；

第三，提供与当地景区和其他旅游项目联运的套餐线路，可以接待球友及非高尔夫球爱好者举家休闲旅游或团队、会议客，给来宾多样性的旅游休闲选择。

类型 1 高尔夫度假村

特点 酒店与其他旅游项目及地产项目结合

01 案例

云南昆明春城湖畔高尔夫

图：昆明春城湖畔高尔夫

春城湖畔度假村坐落在昆明城郊宜良县绵延的山脉和美丽的湖泊之间，拥有豪华的会所，同时提供舒适的别墅客房、精美的食品和多种娱乐设施。它有两个锦标赛高尔夫球场，分别由 Jack Nicklaus 和 Robert Trent Jones Jr. 设计。另外，度假村还开发有若干个高端度假别墅区。

01 山景球场设计

由阳宗海构成球场的绝美背景，宽敞的球道使球员轻松挥杆，而山脉的海拔高度给球员击球增加了额外的距离。精心布置的沙坑和草洞需要准确的近距离击球，而精心修剪的“常绿草”草坪使击球入洞很具有挑战性。这是一个所有水平的球员都能享用的球场，球场设计了五个发球台，供球员选择最适合自己水平的距离和难度。

02 湖景球场设计

由 Robert Trent Jones Jr. 设计，保留了天然的美景、突兀的岩石和起伏的山脉。位于海拔 2100 米的高地，稀薄的空气为每次正确的击球增加额外的距离。从俱乐部会所到湖边低地有 150 码的落差，从而营造了梯田式的效果。从 18 个球洞能看到迷人的湖光山色，特别是从 8 号洞至 11 号洞。这座球场球道长度约 7204 码，湖景球场是 links-style 高尔夫最后的挑战，强调的是精确性。每个球洞都被塑造的能提供多个位置打至果岭。在典型的 Trent Jones 模式中，球场的设计要求球员认真考虑每次击球的策略。

03 球洞设计

两个国际级的经典球场共计 36 洞。Jack Nicklaus 设计的山地球场穿插在海拔 1900 米的群山中，而 Robert Trent Jones Jr. 设计的湖畔球场则洞洞依山而建，球道狭窄，湖面强风阵阵，惊为天人。

04 配套设计

春城湖畔度假村提供五星级的酒店住宿，各类设施一应俱全，其中包括荟萃中西名菜的鹰巢餐厅以及 19 洞快餐厅。春城湖畔度假村的高尔夫专卖店商品极为丰富，云集各大高尔夫时尚品牌，球友可以选购高尔夫用品和旅游纪念品。球场配套设有澳洲高尔夫球专业学院及练习场，桑拿按摩，香熏水疗，日本专业美容美发，阳宗海水上活动中心，各种专业水上运动设备，迷你游泳池，国际标准的灯光网球场，设备一流的健身房和环境舒适的棋牌娱乐室，商品丰富的迷你超市。

总之，春城湖畔度假村以齐全的设施配备和完善的服务吸引全国乃至东南亚地区众多的球友，“春城湖畔高尔夫”是中国球友心目中必打的球场之一。

“春城湖畔高尔夫”的度假别墅依山傍水，采用法国地中海式建筑风格，用精美装修外带全套家电，附赠终身会员卡来吸引投资客。

高尔夫专业笔记

高尔夫球场设计师罗杰·帕克德创造的作品超过250个，众多作品获誉“全美百大球场”、“最佳新球场”、“最佳设计”等殊荣。日本M·A·O曾负责设计日本东京迪斯尼海建筑及景观、长崎荷兰村（2000年世界最佳旅游项目）、东京国际时装中心、上海东方音乐厅等具有国际影响力的大型建筑艺术工程。

02 案例

云南腾冲国际高尔夫度假村

高尔夫别墅集高尔夫运动、休闲度假、自然山水资源于一体，是房地产市场上的新兴贵族。腾冲国际高尔夫旅游度假村是一个6000亩的原生山水项目，为近年崛起的高尔夫品牌。项目所在地腾冲冬暖夏凉，年平均气温14.8℃，宜居养生，真正是冬无严寒、夏无酷暑，四季如春，自然条件非常好。项目所处区域内，有无处不在的原始森林、火山奇观、地热温泉和湿地景观。占地4000亩的3个18洞国际标准高尔夫球场与千栋别墅珠联璧合，别墅、球场浑然一体，彻底摒弃了一半是球场一半是别墅的传统形式。

腾冲·国际高尔夫旅游度假村定位成做世界一流地产项目，项目聘请国际知名的高尔夫球场设计师——美国罗杰·帕克德和世界一流建筑设计公司——日本M•A•O打造。千栋别墅和4000亩高尔夫球场融为一体，最专业的高尔夫球场融合顶级原生别墅，成就了这个项目的稀缺性。

03
案例

惠州棕榈岛高尔夫度假村

图：惠州棕榈岛高尔夫度假村

棕榈岛高尔夫度假村位于广东惠州市惠阳区淡水镇，该项目总投资超过 10 亿美元，总面积有两个北京故宫大。这里一次可以满足客户 3 个愿望：住度假别墅屋、打高尔夫球、享受顶级 SPA。

度假村被响水河半包围，并在球场中种植大量的热带棕榈科植物，与高尔夫球道交相辉映，故得名曰“棕榈岛”。

在设计上，整个棕榈岛简洁独特，以“禅”学意境为本，特别注重四周环境和装饰摆设的整体风格，追求自然平和的境界。

做糅合泰式建筑及热带园林景致的别墅有多种选择，36 间湖景别墅式房间均面向碧湖，由九曲小木桥相连接，最为特别的是，五栋别具特色的建筑组成的度假酒店，紧挨着高尔夫球场。上下两层的小洋楼外观仿若古老的古堡，又似开平的碉楼。整个建筑材料大都取自天然石材和林木，充分保留了自然效果。

高尔夫球场由著名职业球手尼克劳斯（Jack Nicklaus）设计。球场以湖泊、河流及荔枝树为背景，配以棕榈点缀，整个球场风格体现的是泰式风情。

04
案例

万达长白山国际度假区

长白山国际度假区项目坐落在吉林省抚松县，距高速公路约 5 公里，距长白山机场约 14 公里，距离天池风景区约 20 公里。整体项目由国内知名的万达、泛海、一方、亿利、用友、联想六大集团联合开发，总投资 230 亿元，是中国投资最大的单个旅游综合地产项目。

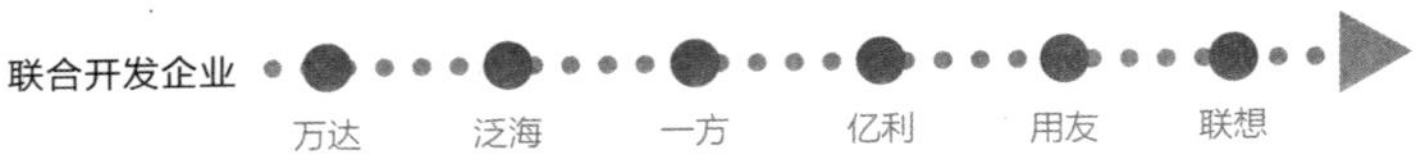

图 4-8　万达长白山国际度假区的联合开发企业

01 整体设计

长白山国际度假区分为南北两区，北区规划为旅游新城，将建设抚松县行政中心及会议中心、文化中心、购物中心、学校、医院、住宅区等生活设施。南区为国际旅游度假区，由多家酒店形成高端度假酒店群、国际会议中心、大型滑雪场、54 洞标准高尔夫球场、森林别墅、国际狩猎场、漂流等项目组成。

02 滑雪场设计

滑雪场由曾设计 5 届冬奥会比赛场地的加拿大 Ecosign 公司担纲设计，总面积约 7 平方公里，拟建 43 条滑雪道，雪道总长度约 30 公里。建成后，可同时容纳 8000 位滑雪者，是亚洲最大的滑雪场。此外南区还将建设冬季雪上两项赛场，总面积约 2.75 平方公里。建成可举办各种国际级冰雪赛事。

03 旅游风情小镇

旅游小镇位于长白山国际度假区的中心，由滑雪服务中心、大剧院、商业街、娱乐中心、温泉洗浴中心、公寓式酒店及人工湖等设施组成。通过借鉴欧美滑雪小镇的形式，充分体现了国际级旅游度假区的高端品质。

04 球洞球场设计

长白山国际旅游度假区的高尔夫球场包含18洞森林球场和36洞峡谷球场，分别由排名世界前两位的杰克·尼克劳斯和罗伯特·琼斯设计，建成后将成为全球排名前20的高尔夫场地。

海口观澜湖高尔夫球会坐落在海南海口市郊，在一片万年火山岩地貌之上，是香港骏豪集团成功投资经营世界最大的高尔夫综合品牌——深圳观澜湖高尔夫球会之后，在海南投资建造的又一大型项目。

05 案例

海口观澜湖高尔夫度假区

图：海口观澜湖高尔夫酒店灯饰

图：海口观澜湖高尔夫酒店俯视

01 项目定位

海口观澜湖度假区延续了深圳观澜湖的成功，成就了观澜湖世界第一大高尔夫的品牌内涵，成为集运动、赛事、保健、养生、文化、娱乐、美食、商务、会展、培训、居住为一体的综合高端休闲产业群。在设计定位上，它不再是单纯的高尔夫综合项目，而是在缔造世界级综合休闲胜地，意欲建成海南最大的体育、经贸、文化的国际交流平台。

02 传播推广

2010 年 10 月 28 至 31 日，“海口观澜湖世界职业明星邀请赛”在度假区盛大举行。赛事汇集了八十多名好莱坞顶级娱乐巨星、国际体育、影视红星及著名职业高尔夫球手参加，共吸引了来自世界各地的 12 万多名现场观众、500 多名媒体人，近 150 个国家进行了电视直播、转播及录播，约有 4.3 亿人收看。

度假区拥有十个风格各异的球场，而壹号球场更获得“2010 年全球十大最佳新球场”第二名，“亚太地区最佳新球场”、“最佳球场设计奖”、“最佳景观奖”等荣誉，此球场一经面市就取得巨大声誉。

2012 年 5 月，冯小刚、华谊兄弟传媒集团董事长王中军以及观澜湖集团主席兼行政总裁朱鼎健在北京召开新闻发布会，宣布将在海口观澜湖度假区打造中国最具特色的电影旅游商业项目——海口观澜湖华谊冯小刚电影公社，以呈现一个“乌托邦”式的电影主题旅游胜地。2013 年，冯小刚的新电影已在海口观澜湖度假区取景。

03 配套设计

海口观澜湖酒店共有 423 间奢华优雅的客房、98 间尊尚套房及 4 间复式总统套房。所有客套房均设有观景阳台，可以俯瞰高尔夫球场及度假区美丽、壮观的景致。

海口观澜湖有福建客家土楼似的水疗、泳池建筑群。度假区内，仅高尔夫专卖店就是一栋建筑面积近两千平方米的三层单体建筑，引进各大知名品牌设立专区，地产营销推广中心也是独立专区，面积数百平方米。

高尔夫度假区拥有海南岛上最崭新和全面的康乐、康体设施，包括融合万年火山岩地貌的特色高尔夫球场、海南唯一的火山岩主题水上乐园、健身中心、室内游泳池、儿童乐园、图书馆、购物广场以及画廊、明星手印长廊等。

度假区内共有 12 所风格各异的餐饮食府，呈现世界各地特色风味的佳肴，为四方宾客提供富有品味及情调的餐饮体验。

高尔夫度假区的火山岩温泉拥有天然火山资源，融合七大洲设计风格，超过 230 个蕴含丰富养生矿物元素的冷热温泉，为水疗爱好者专门设计的Mission Hills Spa，水疗中心配有多栋优雅的独立水疗别墅、私人温泉池、茶座、美甲中心、图书馆、静修花园和专卖店。

海口观澜湖高尔夫宣称不出售会员证，将是世界上最大的公众度假球场。除高尔夫球场及众多的休闲度假设施外，度假区内一栋栋公寓建筑正在树起。在度假区美名传播时，这些物业也已进入销售阶段。

类型 2 城市高尔夫球场

特点 地段好，城市重要旅游资源

06 案例

深圳高尔夫俱乐部

图：深圳高尔夫俱乐部

深圳高尔夫俱乐部位于深圳市福田区中心地段的深南路，早在 1980 年该项目就已立项，是国内第一家项目内的高尔夫球场，但迟至 1985 年 11 月才建成营业。

深圳高尔夫俱乐部是深圳经济特区发展（集团）公司与香港华联实业公司共同投资兴建、中外合作经营的球场，是中国最早营业的高尔夫球会之一，这里成为中国高尔夫运动的发轫地之一，培育出众多的职业球员和职业经理人。

01 打造成深圳市旅游资源

球场开业时位置还是深圳的郊区，深圳繁荣发展至今，这个球场现已成为中心城区之内的球场，球场外围高楼林立。球场距离皇岗口岸咫尺之遥，是内地最靠近香港的球会，毗邻深圳多个旅游热点，与高交会馆相望，周围顶级宾馆一应俱全，成为深圳重要的城市旅游资源。

02 球场基本布局设计

球场占地面积 136 万平方米，是拥有 27 个标准洞、标准杆 108 杆的国际标准球场。球场设计出自日本富有传奇色彩的高尔夫球星青木功之手，布局合理。此后，不断创新完善，在 2000 年 9 月经过加拿大著名球场设计师尼尔•哈沃斯（ Neil Haworth）扩建、改造球道，球场更加完美，极具挑战性和趣味性。

03 球场管理模式

二十多年来，深圳高尔夫俱乐部一直以严谨的会员制度管理模式吸引着海内外高素质的高尔夫球友会员，造就了一大批具有丰富的高尔夫运作经验的管理精英，培养了如张连伟、程军、刘国杰等中国一流的高尔夫人才，承办过 Volvo 中国公开赛、Volvo 中国巡回赛、Hugo Boss 公开赛、职业业余配对赛、中国挑战世界职业赛等国内国际赛事。

深圳高尔夫俱乐部奖项列表

时间	授奖单位	获奖名称
2001 年 6 月	中国高尔夫协会	高尔夫运动贡献奖
2003 年 1 月	深圳高尔夫协会	突出贡献奖
	GOLF DIGEST	中国十大球会 中国 18 名洞 最佳果岭草坪保养之球会 最具潜质之球会
2004、2006 年	中国十佳球会	十佳球会

因该球场用地是通过行政划拨方式无偿取得，土地使用期限为 30 年，将于 2015 年届满。现在有传言说该球场将外迁，政府拟在远郊再提供一片土地重建球场，而原球场将规划建成城市公园和商业区。

07
案例

云南昆明万达高尔夫俱乐部

昆明万达高尔夫球会位于风景秀丽的昆明滇池国家旅游度假区内，球场坐落于滇池湖畔，有青翠的球场和优美的湖光山色，球场设计巧妙地融合了近 16 万平方米的水域面积，具有挑战性和娱乐性。球场内湖泊环绕，远可以看见美丽的西山龙门，开阔的视野给球手营造出愉悦的挥杆体验。

01 球场设计风格

球场现代东南亚建筑格调的高尔夫会所简约而舒适，总建筑面积 6000 平方米，视野开阔。球场因地段上佳，配套建有云南省内规模最大的双层灯光练习场，另配套建有咖啡厅、景观餐厅多功能宴会厅，以及号称云南最顶级、专业的“La Vino”红酒坊。

02 球场配套

球会位置优越、交通便利，距市中心非常近，离昆明国际机场仅二十多分钟车程；与毗邻的昆明滇池湖畔高尔夫球会、温泉花园酒店、红塔体育中心、海埂体育训练基地及云南民族村形成昆明高尔夫休闲度假的黄金胜地。

08
案例

东莞峰景高尔夫俱乐部

图：东莞峰景高尔夫俱乐部

东莞峰景高尔夫球会邻近东莞市中心，交通网络四通八达，方便快捷，距深圳机场约 40 分钟车程。

球会毗邻虎英湖度假区，依傍旗峰山麓，36 洞高尔夫球场环绕于群山之中，球会集 36 洞锦标高尔夫球场、度假酒店及社交会所于一身。

该俱乐部曾入选中国十佳球场，品质超群。由于地理位置上佳，该球会拥有两座豪华会所：一是宽敞舒适的高尔夫会所；二是华美典雅的城市会所，总建筑面积超过 19000 平方米。

类型 3 山地风格球场

特点 球场与山地别墅结合

09 案例

成都麓山高尔夫俱乐部

图：成都麓山高尔夫俱乐部球场

成都麓山国际的 18 洞标准锦标级高尔夫球场出自于美国顶尖的 JMP 高尔夫球场建筑设计公司首席设计师 MARK Hollinger 之手。球场虽然命名“麓山”，但事实上球场的起伏、落差并不太大，并不属于典型的山地球场。

球场开发有北美风格的“麓山国际社区”别墅群，物业的建筑密度较高，球道与别墅之间大量种植的高大树林起到较好的掩藏作用。

麓山高尔夫俱乐部是西南地区知名度较高的俱乐部，多次举办国内外职业赛事。会所是一座巨大的北美城堡式建筑，拥有西餐、中餐、咖啡厅、酒吧、雪茄吧、专卖店、健身房和宏大的宴会厅等设施，曾由锦江酒店管理公司承担会所管理和服务。

野象高尔夫俱乐部

图：西双版纳野象高尔夫俱乐部

西双版纳野象高尔夫球会由“首创集团北京经济发展投资公司”等数家北京企业投资兴建，是位于热带雨林中的高尔夫球场。球会位于云南省西双版纳州景洪市大渡岗乡，四季如春，气候宜人，风景优美。

这座十八洞的山地球场，配套有 18 套傣式别墅酒店客房和近五百亩生态茶园、咖啡种植园等设施。球场设计建造较有特色，依山势地形精心打造，充分满足旅游度假型客人的审美需要。

俱乐部的球童及员工由傣族、僾尼族、彝族、布朗族、基诺族等八种少数民族构成，他们的工服由国内著名的民族服装设计师设计，民族特色十分浓郁。

野象俱乐部拥有得天独厚的自然环境，球场内的建筑最大限度地使用当地的各种生态材料和建设风格，连发球台的码数桩备沙罐都是采用当地老树根、花卉、手工制作的陶罐。

类型 4 平地风格球场

特点 景观独特

11 案例

海南西海岸高尔夫

海口西海岸高尔夫球会位于海口市假日海滩对面，由国际高尔夫设计大师之手——DYE 家族设计。球场配

套开发的房产有四个社区，且规划在球场之中，球场环绕在楼盘之外。球场的每个球
巧妙的造型，球道高低起伏，线条优美，搭配独特的热带植被，确保每一洞均有良好的海
受到真正海滨球场带来的趣味。

12
案例

深圳沙河高尔夫球场

图：深圳沙河高尔夫球场

位于深圳湾畔的沙河高尔夫球会，占地面积达150万平方米，当中大部分以填海方式建造。沙河球会拥有27洞国际标准球场，其中18洞是灯光球场。沙河的地段非常好，练习场的生意火爆，练习场配套有高尔夫训练学校。球会的会所与练习场一体经营，会所建筑面积达75000平方尺，设施包括38间会员专用房、中西式餐厅、品种齐全的球具专卖店、宽敞的男女更衣室，娱乐健身室等。

纵览整个球场，最大的特色是果岭面积大而起伏变化万千，球场内的沙坑大而多。球场虽然整体地势平坦，但部分球道上建有人造丘陵，建造时工程量巨大。

类型 5 滨 格球场

景观开阔

天津滨海湖高尔夫俱乐部

图：天津滨海湖高尔夫俱乐部

天津滨海湖高尔夫球会位于滨海湖生态旅游度假区内，球场由殿堂级设计大师皮特·戴设计，深而大的壶型沙坑、火车枕木的大量应用以及长长的发球台都体现了著名的“戴式风格”。球场的发球台面积较大，略高于球道，使球手的视野更加广阔；果岭面积大，起伏也较大，使球手的推杆更具挑战性。

14
案例

海南神州半岛高尔夫俱乐部

图：海南神州半岛高尔夫练习场

这个项目总占地 18 平方公里，配套齐全，规模宏大，开发商是中信泰富集团，这

产项目。地产项目中既有高层公寓楼，也有滨海高尔夫别墅群。

神州半岛高尔夫球场出自知名职业球星兼球场设计师 Tom Weiskopf 之手，许多球友将这座

斯风格球场，但设计师却认为这座球场的林克斯风格并不十分典型，他认为神州半岛的风格确切地

海沙地球场。

01 球场球洞设计

球场由东部、西部和锦标赛三个部分组成，36 个标准球洞及 5 个练习球洞迂回穿梭于天然沙丘和巨石间。球场整体设计充分利用了当地高低不平的海岸沙丘和陡峭崎岖的嶙峋巨石等独特的地理环境，将海滩景观与高尔夫球场设计及周围天然场地条件自然融合，达到完美和谐，浑然天成。

02 配套设计

除了高尔夫球场外，项目配套建有两座 5 星级酒店，引进喜来登酒店管理集团经营，保证了宾客的完美度假体验。神州游艇码头则位于天然海港之内，除了完备的码头服务设施，一应俱全的海洋服务中心，还提供租艇服务。项目内的神州半岛度假村提供适合家庭旅游的多项休闲度假设施，独具新意的游艇城和娱乐项目丰富的沙滩会所，均淋漓尽致地体现着对激情人生的追求。

15
案例

海南三亚清水湾高尔夫俱乐部

图：海南清水湾高尔夫俱乐部

三亚清水湾高尔夫球场由史密特－科里高尔夫设计公司设计。

由 3 座国际标准 18 洞，标准杆 72 杆球场及 6 座国际顶级品牌酒店和别墅、洋楼组成的国际顶级高尔夫社区，现建成一座球场，另外两座球场预计明年对外开放。第一座球场占地面积 1291 亩，球道全长 7427 码，人工湖面积 71982 平方米，属于典型的滨海高尔夫球场，具有浓厚的欧美 Links 球场韵味。

球道设计精湛、造型细腻，球道看似平坦，却暗藏玄机，兼具挑战性和娱乐性，能满足不同水平球手的需要，球场地理位置得天独厚；阳光、沙滩、空气、宜人气候，加之天然的沙滩海岛，更令整个球场有如鬼斧神工、自然天成，成为一个兼具观赏性与挑战性的国际顶级海景球场。

类型 6 林克斯风格球场

特点 风格自然、原始

16 案例

山东海阳旭宝高尔夫俱乐部

图：山东海阳旭宝高尔夫俱乐部

山东海阳旭宝高尔夫球场 （Tiger Beach Golf Links） 为纯正的苏格式滨海球场（ LINKS ），国际标准 18 洞，全长 7222 码，位于中国东北方的山东省海阳市，由宋矿满先生设计并主持建造。

海阳旭宝高尔夫球场濒临黄海 1.6 公里的海岸线，海风成为主导海阳旭宝的一切。 历经三年上百次不断的修改及改造，这座有着英国古老滨海式球场风貌的球场在 2000 年终于出现于中国的土地上。球场营业后，有不少来自欧美及亚洲的著名球场设计师及专业高尔夫媒体人士给予这座球场极高的评价。

海阳旭宝的整体造型与四周地貌完全合而为一，球场上几乎看不到人为加工的修饰，场内沙石路、古朴石桥、会馆的老屋瓦、长及膝的长草、起伏不止的球道，球场整体风格简单、自然、原始、浑然天成，看起来像没有被设计过一样，风格更像已存在数百年的苏格兰古老球场。

17
案例

沙漠高尔夫

陕西大漠绿淘沙高尔夫俱乐部坐落于榆林市沙地生态公园内，由陕西亨泰伟业投资有限公司投入巨资倾力打造，榆林亨德瑞文化体育产业发展有限公司经营管理。

球场位于榆林市外，地处毛乌素沙漠和黄土高原的过渡地带。它的建成开创了中国在半干旱沙漠地上植草建球场的先河，同时更是在中国高尔夫历史上画下了浓墨重彩的一笔。2011 年，球场因用水问题，被推上舆论的风口浪尖，一度关门歇业。事实上他们的用水主要是当地矿厂洗矿的废弃净化水，这座球场起到一定的防风固沙和绿化造林的作用。

这个球场创造了人类与沙漠斗争中新的奇迹，天然的沙漠、绿色的草坪体现了人与自然和谐交融的生机景致。一望无际的苍茫大漠充斥四野，带着林克斯的狂野气息。球道的高低起伏间则蕴含着未知的凶险挑战。

02

SECTION TWO

第二节

高尔夫球场建造及施工要点

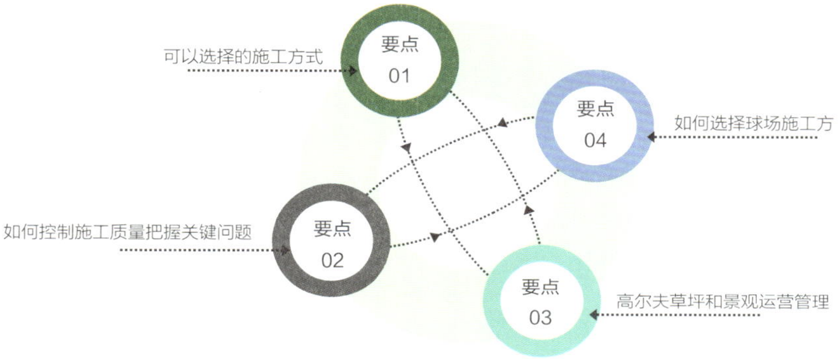

本节阅读导图

图：山东海阳旭宝高尔夫俱乐部

高尔夫球场施工是指按照设计师的设计图纸，用各种施工技术来完成球场的建造，以达到球场运营的要求。

球场施工过程由许多单项工序相互交叉而有序地组成，施工技术也有多种形式，它们与当地气候土壤条件以及和球场的工期目标相关。

一 可以选择的施工方式

高尔夫球场施工建设是整个高尔夫球场项目的重要部分，施工方式包括自建、总包和分包三种形式。

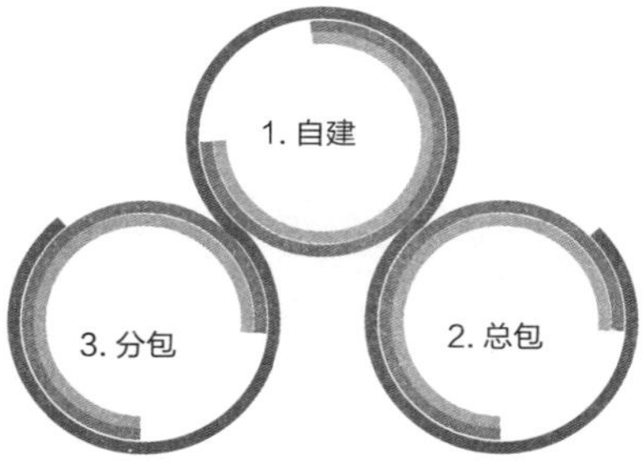

图 4-9　高尔夫球场三种施工方式图

01 自建方式

自建即投资商自己聘用专业团队来建造球场，国内最成功的自建项目是观澜湖球会，他们的建造完全由投资商方主导，聘请外籍资深人员组建团队施工。

采取自建施工的方式，要求投资商投入更多的人力、物力，且必须要找到专业督管人才方能保证项目的成功。

02 总包方式

总包是指把球场总体包给专业建造公司来建造。

这种方法对投资商来说比较省心、省事，只要监督施工方按要求建造即可。但总包方式的关键是选择施工方，必须要找到有能力把项目按质按时按设计要求完成的施工方，并且要有懂建造技术，能为企业节约成本并达到设计要求的施工监理。

03 分包方式

分包是指一些单体项目自建，另外一些项目包给施工单位来完成，或者不同的项目分别找多家施工单位各自进行，共同完成。

我们建议尽量少用分包的方式，或者分包的施工单位不宜过多。为什么呢？

因为分包形式虽然可以控制费用和看似可以赶工期，但是球场施工需要遵循很严格的程序和技术要求，许多地方都有施工的季节性要求，如果分包单位太多，工期衔接和质量监控很难把控到位，难免会出现冲突和推诿、闹矛盾现象，给投资商的管理和球场质量带来不利影响。

二 如何选择球场施工方

比较而言，目前施工总包的方式在市场上采用的最多，如何选择总包方就成为了关键性的一步。

一个好的施工队伍可以兼顾设计师与投资商二者的要求，并能将设计师理念贯穿于整个施工过程中，是球场质量的保证。

目前在国内的球场建造公司数量众多，但是水平参差不齐， 需要投资商在选择时至少进行以下三项考察研究：

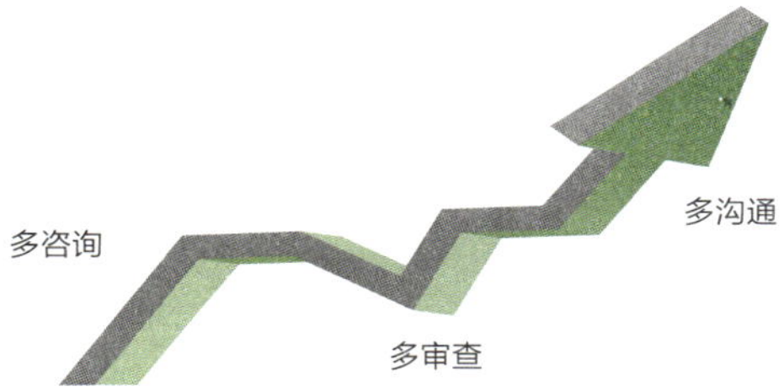

图 4-10　如何选择球场施工方

01 多向业内资深人士咨询

多向业内资深人员询问，向以往的投资商、设计师等询问关于施工单位的情况，还应考察施工单位完成的代表性项目及在建的项目。

02 多审查施工单位技术标

招标时，需要审查施工单位的技术标，评议和比较施工方的组织计划、硬件设备和人员构成等关键资源，与施工单位为本项目配备的项目经理进行深入交流等，这些工作必不可少，最好能与专业球场施工单位合作。至于商务标，如果有专业技术可靠的咨询顾问公司或监理单位，提前介入竞标对比就不会出太大的差错。

03 多与施工单位项目经理沟通

施工单位的项目经理是最关键的指挥官，他的能力、责任心、沟通水平及资源掌握和调配权利，往往对一个项目成败起到至关重要的作用。因此，不管最终选择哪个建造公司，一定要对施工的项目经理进行审查和提出具体的要求。

三 如何控制施工质量把握关键问题

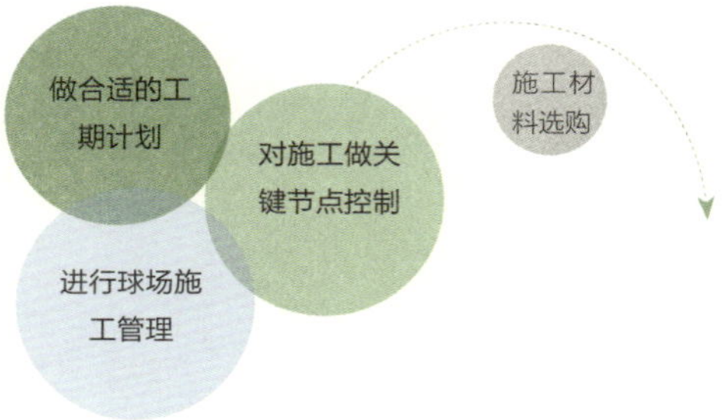

图 4-11　如何把握施工关键问题图

对投资商方来讲，了解施工过程的重要环节对球场质量的影响度非常关键，为此，投资商在施工中必须了解清楚三类问题：哪些施工环节需特别注意；哪些管理工作要提前筹划介入；哪些工作需要及时处理。否则，会对球场品质和工期、成本产生影响，甚至决定着项目的成败。

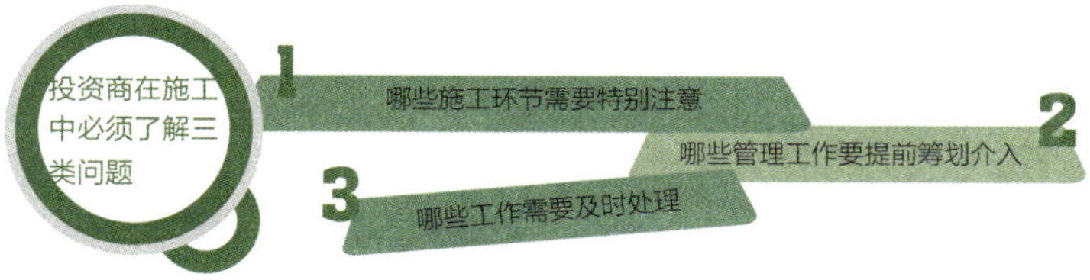

图 4-12　投资商在施工中必须了解三类问题

01 做合适有效的工期计划

国内建设球场往往受到政策的影响，因此投资商总是在当地政府的压力下制订不符合实际情况的工期计划。笔者所经历的多个球场施工过程，最主要的问题都是，没有一个正常的施工计划来保证球场建造进度和质量，而不合理的工期计划和赶工必然导致球场质量下降。

高尔夫球场施工属于大型野外作业，不同于建筑物或者其他场地的施工。球场施工面积庞大，现场情况错综复杂，每一步施工过程都是环环相扣，一旦某个环节出现问题，都会造成整个工期的延误。比如，在许多地区，球场施工受到气候条件影响巨大，雨季基本上不能施工，甚至还会对成品造成破坏；再比如，植草也必须在合适的季节进行，太冷或太热都不适合种草，这就要求提前做足准备，做到万事俱备，否则错过一次就要再等一季。

理性制订切合实际的工期计划是球场质量得到保证的前提，这个计划中一定要考虑进去，媒体曝光等意外不利局面和现场变化因素造成工期拖延的可能性。

02 对施工关键环节做节点控制

球场施工工序一般有：土方、粗造型、排水、人工湖、喷灌、细造型、GBT 建造、球车道建造、覆沙、坪床植草。投资商最需要了解的施工关键节点，主要是造型、喷灌、覆沙和植草四大环节。

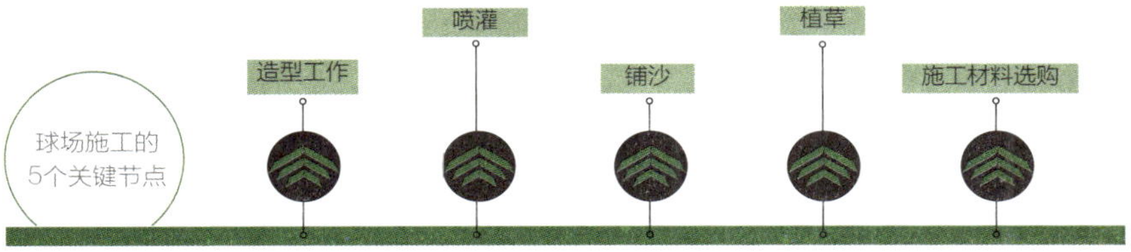

图 4-13　球场施工的 5 个关键节点

环节 1 造型工作

造型工作是球场施工过程中最关键的工作之一。

如果说设计师是球场灵魂的创作者，那么造型师就是球场肉体的缔造者。造型工作并不是简单的堆山造湖，它更多地灌注了造型师的心血和创意，将设计思想精髓的理解付诸实践，甚至是对球场设计的二次创作。当球道造型完成以后，需要得到设计师的认可，方能进行后面的施工工作。

在这个过程中，设计师与造型师会针对现场情况做出一些调整。所以，造型工作是最初的也是最关键的工作。当造型完成以后，球场的雏形便已具备，后面的施工工序相继展开。

环节 2 喷灌

喷灌就是使球场达到灌溉要求，是为后续植草工作做好准备，这个过程中需要解决水源的供给、喷灌泵站的运行等问题。很多球场经常遇到的情况是要准备植草了，喷灌泵房的电还没有供上，或水源储量不够，补水措施还没有确定等问题。这些问题本来应该在喷灌施工时就要得到完全解决。

环节 3 铺沙

球场的铺沙工作至关重要，这是因为在粗造型的基础上覆沙，等于又进行了一遍最终的造型。这部分工作也需要造型师来完成，而且需要造型师比粗造型阶段做得更精细，因为一旦成型便是球场最终的样子。

环节 4 植草

球场建设最后一个环节就是植草工作，这是球场进入养护前的最后一项工作。植草工作的完成标志着球场硬件建造工程大体结束。由于植草工作受到季节影响太大，在施工过程中要引起特别重视，应为植草预留好足够时间。

环节 5 施工材料选购

这个过程中，投资商要注意施工材料选购的问题。

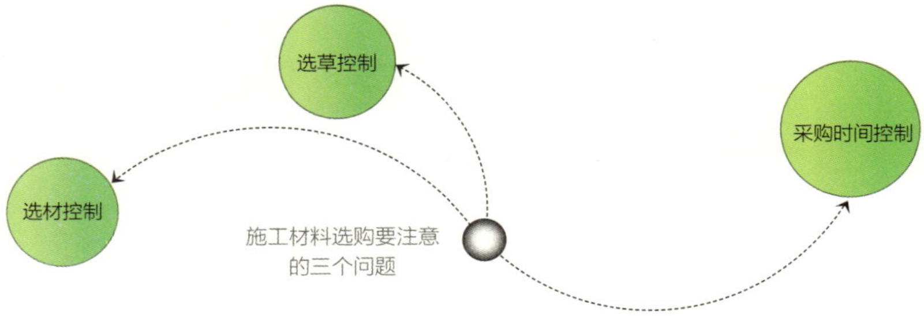

图 4-14　施工材料选购要注意的三个问题

选材控制

对于投资商来讲，需要知道一些关键材料的选择和购买时间，能够按照施工计划要求及时到位，既可以保证施工进度，也要保证施工质量。在材料选择上，喷灌系统、水泵、果岭沙、沙坑沙、草种都是关键，特别是球场草种的选择将关系到球场以后的养护、运营和整个球场的效果。

选草控制

一般来讲，中国北方与南方的草种选择相对简单，北方选用冷季型草，南方选用暖季型草，而处于长江流域过渡带的草种选择一直是一个难点。选用暖季型草会面临冬季交播的问题，而选用冷季型草又面临度夏困难的问题。因此，在草种选择上多听取专家意见，参考设计师的推荐，参考周边球场草种选择情况做出合适的选择。

此外，供应商的选择非常重要。草种的纯否将影响今后草坪的质量，如果草种中混入了其他草，为后期养护带来的麻烦非常大，需要花数年及非常大的代价才能恢复成理想草种，成本高昂。

采购时间控制

采购材料环节一个问题是采购时间控制。

很多施工材料的选择要经过长时间的比较和讨论，签订采购合同之后还要经过较长的运输、交付时间。所以，材料购买的时间一定要及时跟上施工进度，不然会使工期延误。

国内很多球场，经常出现马上要展开施工了，而主要材料却没有确定下来，或者已经确定了却没能交货到位，这样都会造成施工工期的白白浪费，如排水材料、喷灌材料、果岭沙坑建造材料、草种等。在笔者过往的经验中，很多时候往往是因为材料的原因使得施工工期不得不延误。

03 球场建造施工管理办法

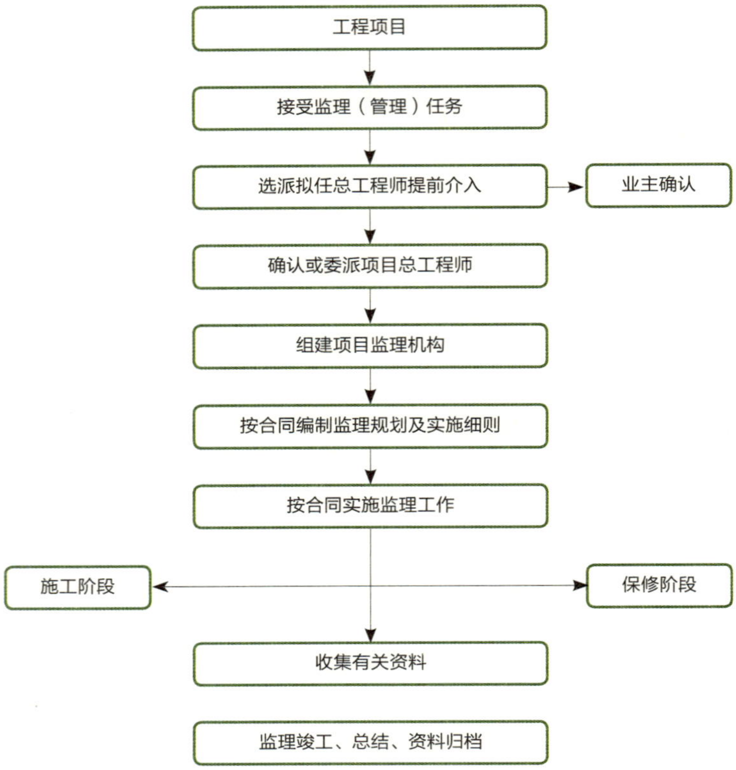

图 4-15　工程建设监理工作总程序

保证施工结果达到投资商与设计师要求是一项艰难的任务。高尔夫球场施工是一项多工序紧密结合的施工过程，一环紧扣一环，从最初的动土到最后的绿草成坪往往历时一年多，如有不顺甚至要经过两三年的努力。

这其中关键的管理环节就是施工过程和现场的控制。在施工过程中，专业、敬业的监管可以有效地控制投资、工期和质量，同时还可以优化设计，提升球场的品质，让投资商和球场会员的投资获得更大的回报。

具体可以根据各自项目情况不同，采取以下任何一种方式：

施工管理方式

施工管理方式	值得注意的问题
投资商自己组织力量监管整个项目	1. 球场项目完工后，原建造、经营管理人员可以留在球场作为日后主要养护或经营管理骨干人员 2. 球场改造或扩建，可以从现有球场中抽调相关方面技术人员专职负责改造或扩建，有效监管工程
投资商委托专业的顾问或监理公司监管项目	1. 监理团队中不可缺少专业的球场运营人员，他们会从运营、营销和客户的角度思考问题 2. 其他建筑类、景观类相关行业监理公司并不熟悉高尔夫球场的建造过程和高尔夫球场建造的技术标准，难以有效监理
投资商委托其他专业球场建造公司监管工程	1. 球场建造方与监理方会相互猜忌 2. 高尔夫球场的施工及其监理工作缺乏国家强制性的法律、法规条文规定 3. 球场施工的工程质量影响也不及建筑工程那样会产生重大的安全事故和社会影响
设计师委派或指定相关管理公司或专家监管	1. 设计师熟悉的外籍专业人士具有丰富的球场建造经验和良好的职业操守，敢于行使质量监管职责，可以更有效地将设计师的设计理念体现在球场中 2. 这种情况下，设计师、监管人员甚至造型师都为外籍人士，球场会为他们配备专职翻译担任助理

办法 1：投资商自己组织力量监管整个项目

针对不同的球场建造项目，投资商可以选择不同方式，组织力量对球场进行有效的监管。假若球场是新建项目，可以在球场建造项目启动前，由投资商组织一些资深高尔夫建造、经营管理的专业人员成立监管小组，对高尔夫球场建造的各个工序进行有效的监管。待球场项目完工后，这些人员可以留在球场作为日后主要的养护或经营管理骨干人员。假若球场是改造或是扩建，就可以从现有的球场中抽调相关方面的技术人员专职负责改造或扩建，对工程进行有效的监管。

办法 2 ：投资商委托专业的顾问或监理公司监管项目

高尔夫球场目前在我国属于禁止发展的项目，因此不像房地产开发一样有专业的监理公司可供选择。

高尔夫项目建造的监理工作，往往由高尔夫行业的咨询顾问公司或施工建造公司、设计公司来承担。因为球场建造与大型园林景观工程有类似性，也有的球场聘请景观工程师担任建造监理。

在这里需要强调的是，建造球场的目的是为获得经营收益，因此监理团队中不可缺少专业的球场运营人员，他们会从运营、营销及客户的角度思考问题。

目前，其他建筑类、景观类相关行业监理公司的从业者大多缺少高尔夫专业工作经验，并不熟悉高尔夫球场的建造流程和高尔夫球场建造的技术标准，难以有效地对高尔夫球场建造进行监理，在很大程度上只是履行签字的义务而已，专业指导性并不强。

办法 3：投资商委托其他专业球场建造公司监管工程

选择其他专业球场建造公司作为球场建造的监理公司，是我国目前高尔夫行业发展特殊环境和背景下一种比较理想的选择。因为他们同样从事高尔夫球场建造，有丰富的球场施工和监理经验，熟悉高尔夫球场建造的流程以及施工过程中各个环节的质量控制。但是，作为球场建造业的同行，在某种程度上球场建造方与监理方会有些相互关系的顾忌，而且高尔夫球场的施工及其监理工作缺乏国家强制性的法律、法规条文约定，球场施工的工程质量影响也不及建筑工程那样会产生重大的安全事故和社会影响，行业内执行的多是约定俗成甚至不成文的口头标准，标准的不统一在球场建造监督的执行力上也产生影响。

办法 4：设计师委派或指定相关的管理公司或专家组监管

很多著名国外设计师为确保自己所设计的作品有较好的施工水准，能够建成一座精品球场，他们在签订设计合同时就要求甲方委派或指定相关公司或专业人员，负责球场建造的质量控制。

在球场建造过程中，他们还会经常到施工现场巡视建造过程，对建造提出相关的标准和要求。球场的建造监理工作，一般会由设计师熟悉的外籍专业人士来担任，因为他们都具有丰富的球场建造经验和良好的职业操守，敢于行使质量监管职责，并跟设计师有多年的合作经历，可以更有效地将设计师的设计理念体现在球场中。

这种情况下，设计师、监理人员甚至造型师也往往是外籍人士，为了解决语言沟通的不便，球场往往会为他们配备专职翻译担任助理。

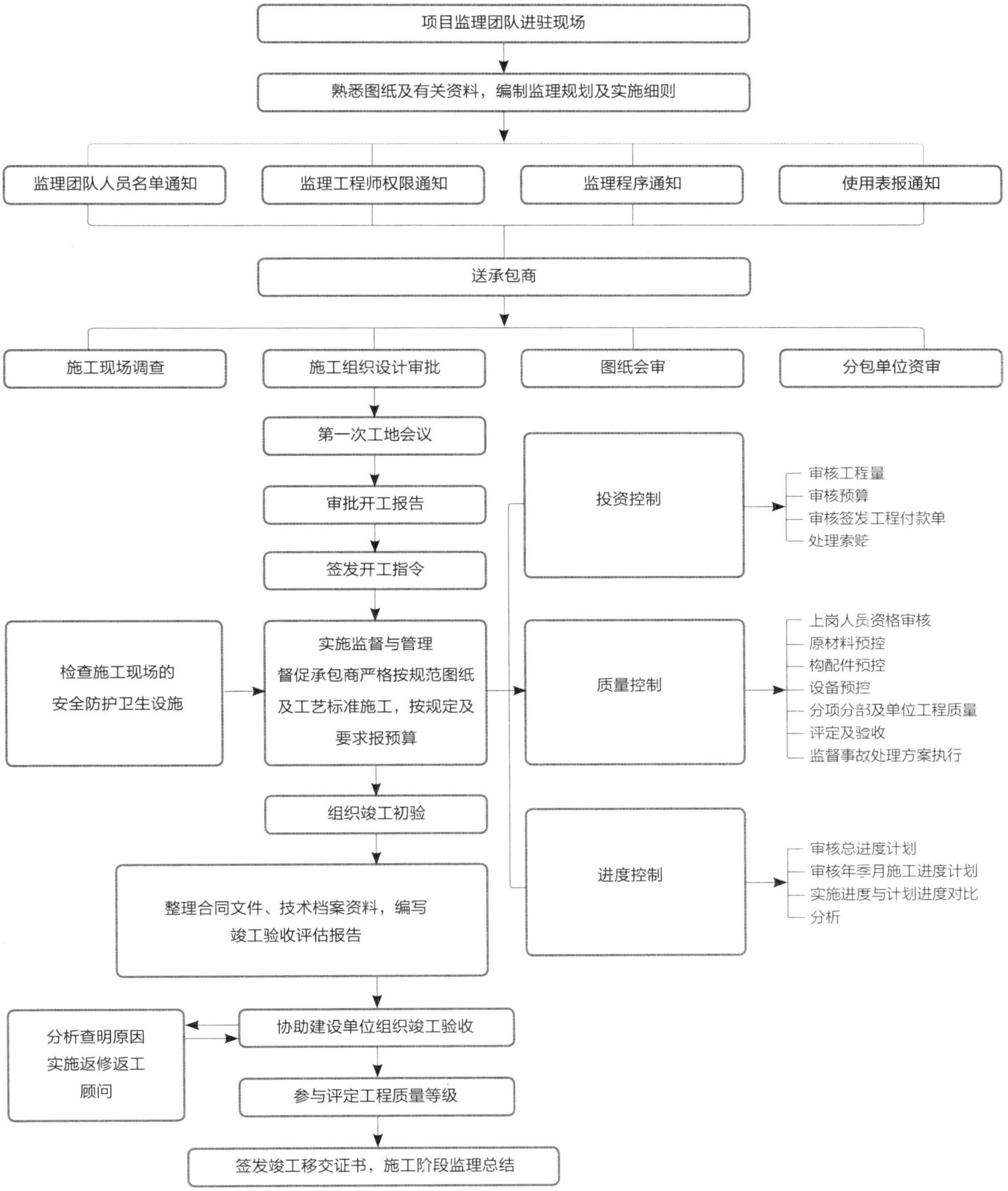

图 4-16　施工阶段监理工作主要程序

四 高尔夫草坪和景观工程管理

高尔夫草坪和景观是球场中两个核心的部分，是衡量一个球场品质的重要标准，也是球场带给客人直观感受和享受的两个方面。

高尔夫业内流传着一句话："高尔夫球场三分建、七分养。"就是说，草场养护非常重要。一座高尔夫球场的建造能在一两年内完成，然后就需要球场养护者精心养护，让球场状态达到完美。

高尔夫球场的养护是指对球场的草坪、沙坑、园林等进行必要的维护以达到球场运营需求。

01 如何选择草种

草坪是高尔夫球场的"皮肤"——整个球场躯体上最大的器官。草种选择至关重要，它直接影响到球场的品质，既不能盲目听从球场设计师尤其是外籍设计师提供的草种配合方案，他们往往并不了解当地的气象和水文条件，也不能完全相信草种销售公司所提供的方案。因为他们很多时候都是从自身商业利益出发，我们需要根据以下具体的情况去分析和做出正确的草种选择：

第一，草种的选择要充分考虑当地的气候条件、土壤条件和水质条件；

第二，草种的选择要多进行调查和咨询，看本地区周边的球场的草种方案是如何搭配的，目前在球场的表现情况如何；

第三，选择草种时要注意草种纯度，如果选择纯度不高的草种，混进其他草种造成异草、杂草侵占本草，将对后期养护和景观效果带来巨大麻烦；

第四，草种的选择应与球场的定位相结合，考虑球场的风格特点；

第五，草种的选择应与球场的投资预算和场地养护预算相结合，考虑今后的养护水平和成本。选好了草种，今后的草坪养护将事半功倍。

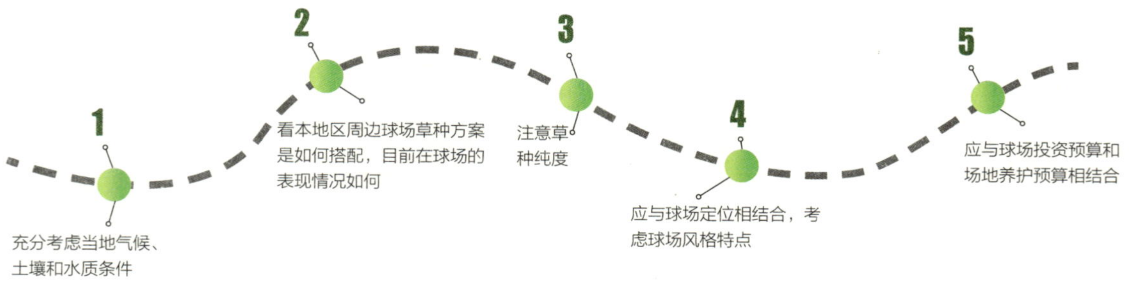
1
充分考虑当地气候、土壤和水质条件
2
看本地区周边球场草种方案是如何搭配，目前在球场的表现情况如何
3
注意草种纯度
4
应与球场定位相结合，考虑球场风格特点
5
应与球场投资预算和场地养护预算相结合

图 4-17 如何选择草种

高尔夫球场草坪的成坪期是指草种播种到草皮成坪达到打球要求的这一段时间。这段时间的养护不同于常规的养护，正常情况下一般需要三到五个月时间，与气候条件和草种选择有关。该时间段的主要任务是让草迅速覆盖裸露的土地，根深叶茂并经过修剪达到打球要求。

成坪期养护关键是水肥的控制和对病虫害侵蚀的控制。由于草坪没有成坪时，土壤容易受到雨水的冲刷，冲刷造成的破坏有的非常严重，需要机械进行重新修复再播种，有一些小的冲刷需要人工仔细恢复，以保证不破坏球场的造型。

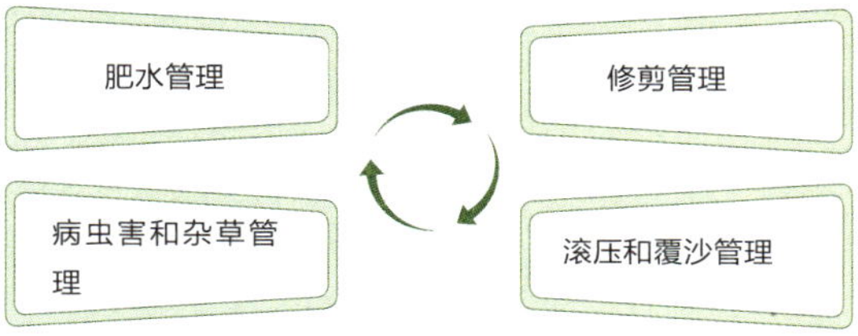

图 4-18　如何做好成坪期草坪管理图

（1）肥水管理

高尔夫球场草坪建植期间的肥水管理非常重要。在幼坪生长覆盖度达 50% 以前，以 300kg 轻型镇压器反复镇压为主，以促进覆盖度和草坪密度。这个阶段以水分管理为主，肥料管理为次。随着草坪密度增大，覆盖度提高则调整为以肥料管理为主，水分管理为次。在促进根系生长健壮时，采用多水、大肥管理，促使草坪早日成坪。

（2）修剪管理

草坪第一次修剪的时间要尺度掌握好，修剪要遵循“三分之一”原则，保留较多的草叶和草茎，使之有充足的光合作用，让草有良好的营养供给，利于根的生长。之后，再根据草坪生长情况，逐渐减低草坪修剪的高度，最后达到球场各个区域所要求的修剪高度。

冷季型草坪为了使得草能够安全越夏，适当提高各个区域的修剪高度，增加地上部分的草叶面积，减缓地下根系的衰退过程。而暖季型草坪为了能够安全越冬，也需要适当提高各个区域的修剪高度。

（3）滚压、覆沙管理

在球场建造草坪养护期内，加强对新建植草坪的镇压和铺沙，一来可以使草坪有一个良好的平整度，二来可以促进草坪的生长和分蘖，提高草坪成坪的速度。在果岭铺沙时，一定要保证沙子的质量。果岭沙应是干净的中沙、颗粒均匀、含泥量少，不能有石子和泥块。铺沙完成后，要及时打扫干净，既美观，又避免在下次修剪时沙子磨损刀具。

（4）病虫害和杂草管理

病虫害防治

病虫害防治要以预防为主，防治结合，早发现、早诊断、早治疗。掌握各种草坪病害发病的条件和发病的规律，科学管理与施肥，合理浇灌。水分管理是最重要的减少病害发生隐患的措施之一。应选用一些高效、低毒的生物农药，禁止使用高毒、高残留、气味大的农药。注意环保，综合防治病虫害，多采用生物防治和物理防治的方法，确保球手的健康。

杂草管理

对于新植的草坪，成坪期的杂草管理对于以后球场杂草控制起着关键性作用。杂草多数都是阔叶类，采取人工拔除的方式就可以，严重情况下也要考虑使用农药。

图：高尔夫球场草坪剪草机

图：景观植物选择之银白槭

02 如何选择草坪机械

高尔夫球场最重要的功能就是提供场地，打造和养护一个高品质的高尔夫球场，场地的维护水平是决定性的要素。对场地草坪必须进行科学管理，并借助高性能的草坪机械，对整个球场进行精心细致的养护管理。

为了使球会的场地品质达到最佳的状态，配置合理、足够且保养良好的养护设备无可替代。对球会的场务部门来说，设备的管理与维修也是球场管理的一个重要组成部分。要使球场的状态达到最佳，养护设备是需要配备要保证齐全，由于各个球会的具体情况不一样，对养护设备的需求也不尽相同，但是合理的机械配置非常重要。

所谓合理，是指在球会的预算允许的情况下，根据当地的实际情况而定的最优配置。

养护设备的配置，由以下五个因素决定：

第一，球会的所能够承担的预算；

第二，球场及其会员对场地维护水平的要求；

第三，球会草坪的总面积或者是需要养护的草坪面积；

第四，喷灌系统的覆盖度与覆盖面积；

第五，场地的每年使用强度。

在一些球场密集的地区，对不常用的高价值器械，不一定非要采购，也可以考虑采取租赁和租借的方式，比如周边几家球场相互借用等，以节约开支。

18洞高尔夫球场草坪维护机械配置建议

区域	机械设备型号	18洞配置（台）	说明
果岭	22寸手扶式果岭剪草机	6～8	——
T台	26寸手扶式T台剪草机	6～8	——
球道	驾驶式5联滚刀剪草机	4	——
	驾驶式3联滚刀剪草机	4	——
长草区	驾驶式3联浮动式旋刀剪草机	1～2	——
	60″或70″驾驶式旋刀剪草机	2	——
	21″或36″手扶旋刀剪草机	4	——
沙坑、湖边、陡坡	气浮式旋刀剪草机	4～6	其中部分为两冲程、部分为四冲程
草坪边缘	手扶式修边机	2	——
割灌机	剪树头草	6～8	其中部分为两冲程、部分为四冲程
沙坑	耙沙机	2～3	配推沙板、切根刀和拖网
果岭	小型喷药机（125加仑）	1	——
球道	大型喷药机（600加仑）	1	——
背负式喷药机	——	3	——
球道	——	1	配其他组件使用，进行铺沙和施肥
果岭	手扶式施肥斗	3～5	——
球道	车载式施肥机	1	与多功能工作车同用

续表

区域	机械设备型号	18 洞配置（台）	说明
果岭	手扶式果岭铺沙机	1	——
发球台	车载式铺沙机	1	与多功能工作车同用
球道	拖挂式球道铺沙机	1	与拖拉机同用
果岭	果岭打孔机	1	——
球道	球道打孔机	1	与拖拉机同用
长草	拖拉式收草机	1	与拖拉机同用
道路	手提式吹风机	3	——
果岭、T 台	补草，更新	2	——
果岭	手扶式果岭梳草机	1	——
T 台	手扶式 T 台梳草机	1	——
球道	拖挂式球道梳草机	1	与拖拉机同用
果岭	果岭滚压机	2	——
果岭	果岭清扫机	2	——
园林	花卉，绿篱修剪	4	——
草坪	多功能车	2	其中 1 台配多功能组件
草坪	球道运输车	3 ~ 4	——
园林	园林树木修枝	2	——
维护	倒磨磨刀机	2	果岭、发球台剪草机磨刀
维护	磨床	1	各种剪草机的滚刀

03 如何选择景观植物

高尔夫球场景观的成败关键在于景观植物的选择。景观配置是高尔夫球场建造中一项非常重要的工作，因为好的高尔夫球场园林景观会使高尔夫球场更具有特色，让众多球手在击球的同时获得美的享受。通过高尔夫球场园林景观工程的实施，将草坪、水景、树木、花卉灌木等景观元素完美地结合起来，营造自然的景色。但是这需要专业人员进行规划设计和提供解决方案。

不选贵的，只要对的
合适的尺寸，经济环保
适地种树，多选用本土树种

图 4-19　如何选择景观植物图

（1）不选贵的，只要对的

园林植物无废料，关键是看我们如何使用它；各种景观树木也没有贵贱之分，关键是把它放在什么地方。每一种植物都有其独特的美，野花野草有它们特有的野性美，关键看如何使用，把它用在什么地方，需要表达出来怎么样的球场效果。

高尔夫球场场地面积巨大，如果选择一些较贵的苗木花卉，成本是惊人的。因此，需要尽量选用相对便宜的、方便养护和易于打理的植物，而只添加少部分珍贵的苗木花卉营造亮点即可。比如，可以选择显现四季不同色彩的植物，赏花、赏叶植物在球场上穿插，以花草、灌木和林木组成丰富的绿植景观层次。

（2）合适的尺寸，经济环保

在园林景观中，植物的大小，直接影响到整个园林景观工程的投资。在景观植物选择上，大多数选用一些常用规格的园林树木，而一些大规格的景观树，可在比较关键位置用来营造空间的骨架，起到画龙点睛的作用。

（3）适地种树，多选用本土树种

不同的区域有不同的气候和土壤特点，从而适宜不同的树木生长。近年来，许多球场园林工程一味追求效果和互相攀比，但却忽略了树木生长所需的条件，花了大价钱把树种下去了，却无法达到理想的效果，甚至所选的树木无法生长。

高尔夫专业笔记

在选址及初步规划确定后，开发商可以在闲置地块上引种大量树木以便移植。这些树木在球场和地产建成后，往往已长高且移植方便，这样既节约了成本又操作方便。这甚至是一种投资，某地球场在筹备期就大量种树，球场建成后，卖树盈利近千万元。

04 如何选择农药化肥

在场地维护的费用里面，除了人力成本外，农药化肥是最大的开支之一。做好农药化肥的选择，有利于场地养护成本的控制，有助于场地草坪的良好生长，为客人提供一个高品质的球场。在高尔夫进入中国早期，高尔夫球场的农药化肥多数是采用国外的产品和国内大田的农药化肥。随着高尔夫球场数量的增加，需求不断增加，也出现了一批国内专业的养护产品。选择农药化肥要做到三点：

第一，做到“货比三家、物美价廉”对大宗的肥料进行公开招标；

第二，千万别被“高尔夫专用”这些产品所迷惑，关键要看产品的成分是什么，含量是多少，选择市场认可度高、大厂家生产的产品；

第三，根据场地管理部门的使用计划，合理库存，减少资金的积压。

第四，为避免生态环境破坏，市场上许多农药化肥是比较环保的。生物性药肥，价格并不太高，但对环境破坏少，应优先考虑采购这类产品。

05 如何构建场地管理养护团队

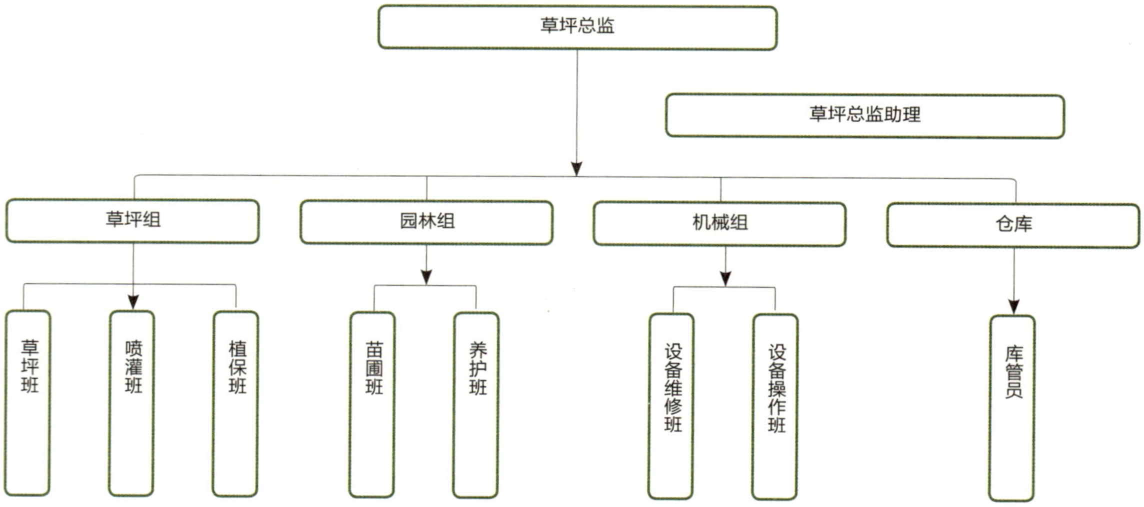

图 4-20　球场养护组织架构

在上图的球场养护组织架构中，注意两点：

一、草坪总监是球会草坪的总负责人，直接向总经理负责；

二、球会的组织架构不一样，草坪部门的架构也要做出适当调整。

草坪是一个高尔夫球场的核心，场地管理养护团队担负着场地草坪养护的重要工作，所以构建一个优秀的场地管理养护团队对球场运营就会起到事半功倍的作用。对于一个优秀的草坪养护团队来说，首先必须有一个优秀的草坪总监（又称场务总监），然后由他去根据需要构建部门的组织架构、岗位设置以及招聘人员等。

对于一个新建球场来说，最好在球场开工建造时就招聘草坪总监和喷灌主管，让他们参与到球场建造的过程，熟悉球场情况，并根据他们的专业和经验，提出一些合理化的意见和建议，避免在建造中可能对球场草坪养护产生不良影响的问题。

06 如何做场地维护预算

对于一个高尔夫球场来说，场地维护方面的支出占比比较高，做好场地维护的预算尤为重要，场地维护成本一般包括以下几个方面：人员工资、油料、养护沙、肥料、农药、喷灌排水维修配件、机械维修配件、水电费、交通费、劳保费、办公用品等。

一、按标准 18 洞球场计算：其中草坪面积按 50 万m^2计，园林面积按 10 万m^2计，则以下四类球场管理费用如下：

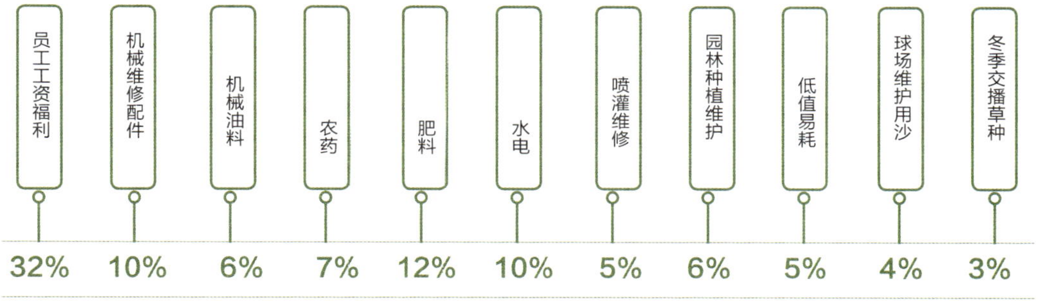

图 4-21　高尔夫球场面积与管理费用对比

二、球场类别：

各类球场管理费用

各类球场	管理费用表
A 类球场	每年场地管理费用　500 万元以上
B 类球场	每年场地管理费用　400 万～500 万元
C 类球场	每年场地管理费用　300 万～400 万元
D 类球场	每年场地管理费用　300 万元以内

场地管理费用分配参考了不同档次和品质的 4 类球会，仅做参考

专业过硬的草坪总监和一个好的养护团队是草坪养护的关键。一个好的团队可以在控制养护成本的前提下，保证球场达到运营的要求。草坪总监根据实际情况制订每年、每月的养护计划，养护团队按照计划实施。

对于新球场而言，建立草坪基础数据资料库非常重要，以便掌握草坪养护过程中季节气候的影响因素、病虫害发生等各种规律，利于工作开展。

03

SECTION THREE

第三节

高尔夫会所设计要点

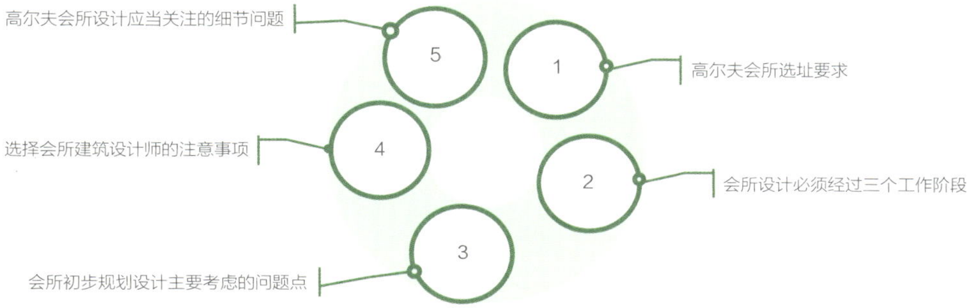

本节阅读导图

图：美国Maditerra高尔夫会所

高尔夫球场会所是来宾进入球场以及打完球进餐、洗浴、休息时必然停留的场所，也是不打球的来宾聚集之处，它能为来宾留下深刻的印象。一个设计不佳的会所会将客人打球的美好经历毁于一旦。会所设计应与球场相得益彰，让会所成为一个令人愉快的地方，这样做也有利于球场增加经营收入。

不幸的是，高尔夫会所的设计、建造通常在球场进行整体规划设计和建造环节里被忽视。许多新项目的球场已经可以打球了，会所建设却滞后，迟迟无法营业，不能为来宾提供舒适的服务，影响项目进度。也有的球场出现会所空间利用率不高、功能布局不合理、内饰缺乏品位，影响营业接待工作效率，会所与周围的配套设施脱节等多方面的问题。

有些国外的公众球场，会所只是供球友们打球后简单餐饮、洗浴之地，功能简单，建筑体量不大；另有一些高尔夫乡村俱乐部，满足会员和球友家庭度假消费，功能相当齐全，还包括少量酒店客房、健身房、咖啡厅、酒吧等休闲娱乐设施，建筑面积较大。

在中国，之所以要特别强调会所，是因为大多数投资者视会所为项目的脸面，和高尔夫项目的标识性建筑，在设计上，它应该表现出持久性和永恒性，与周边建筑和环境融为一体。

一 高尔夫会所选址要求

要求01 道路便利

第一，便利的道路出入，避免来宾车辆穿越太多的球场区域，也可减少道路及沿路的绿化成本支出；

第二，有独立的道路进出口，成为一个综合服务区（餐饮、会议、卫生设施及电瓶车贮存、检修和冲洗设施、办公区等）；

第三，停车场能满足经营高峰期的车位需求（周末假日、赛事活动等情况）。

图：成都天府高尔夫球会所

要求02 建筑景观与定位匹配

第一，会所的建筑、装饰要与经营定位相匹配，基础设施完备。例如水、电、燃气、宽带网络、有线电视、电话等；

第二，会所地势适当较高，能让端坐会所的人享受宜人的景观，适合眺望，如有全方位的景致最理想不过。

要求03 与球道的距离位置

第一，两个出发开球洞宜在会所附近（18 洞球场的 1 号洞、10 号洞），以方便球员尽快开球，一般是两个半场的出发球道由会所向外扩散，不折腾球友。注意开球方向和球道走向避免向东，因为早上出发打球的客人较多，上午东方的日出会令球手看不清击球，延缓打球进度，干扰球员；

第二，两个结束洞（一般是中长距离的 4 杆洞，18 洞球场的 9 号和 18 号洞）能方便的回到会所，避免球员回场时走太远的路（尤其是举办职业赛事时，球员参赛是不乘球车的），并且这两个球道避免向西击球，因为下午回场的球手会受西方强烈日光的影响。

要求04 与球道及毗邻设施的位置关系

会所的选址要注意不影响球道的走向，以使球道之间保证相互安全，避免球打到邻近球道的球员，更不能打到公众区域和球车道上，还要注意附近的建筑（酒店、别墅或其他房产）和其他设施是安全的。

要求05 设计好与练习场的位置关系

第一，会所最好就近有一处练习场，许多球场对会所与练习场做一体设计，这样能方便球员下场前热身练习，也节约了练习场服务功能区的建造和装饰费用，利于练习场与会所、球场一体运营，缩短服务动线；

第二，练习场应有一处推杆练习果岭，最好还有一处切球、劈球、沙坑球的练习区。

要求06 能源供应环保节能

会所的能源消耗巨大，是一笔持续的经营成本压力，应在会所设计阶段预先做好节能环保的规划和安排。

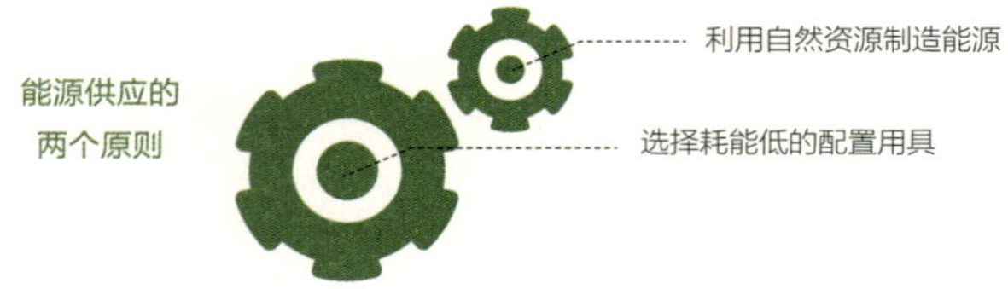

图 4-22　能源供应的两个原则

（1）利用自然资源制造能源

根据当地的阳光日照、风能、湖泊或土壤条件，制定太阳能发电或太阳能热水器方案，也可以结合地源（水源）热泵空调、水暖系统、风能发电系统等。根据新颁布的政策，民间太阳能发电可以并入国家电网，太阳能发电多时卖少时买，可持续节约能耗。现在已有企业为高档住宅免费安装太阳能，获得国家补贴和电能销售分成。

（2）选择耗能低的配置用具

例如会所灯具的选择，LED 节能灯与普通灯具相比，初始采购成本会较高，但使用年限较长，且在后续使用过程中大约每月可节约 40% ～ 50% 的电费。长远看来，节能灯更节约且环保。

还有的球场合理利用资源，例如对球场修剪的草屑和绿植废弃物、餐厅废弃物等作环保“堆肥”处理，制成有机肥料二次利用，既可以改善土壤节省药肥成本，也可以减少球场经营对环境的破坏。

球场及地产绿植养护需要大量的肥料，业界有人曾大胆提出：

可以结合农家肥（人畜大小便）和现代生物科技、环保“堆肥”技术，将会所、酒店、员工宿舍的排便单独收集到化肥池，并混合草屑、餐厅废弃物，制作肥料和可燃气体进行综合能源开发利用。如果初始成本并不高，这种创新技术能大大节省项目后续能耗，也利于企业形象宣传，树立环保公益品牌。

二 会所设计必须经过三个工作阶段

在高尔夫会所建筑设计师选择上，需要找到了解高尔夫文化并熟悉球员消费需求和球场运营流程的专业人士。会所设计必须经过三个工作阶段：

阶段01 根据场地及定位分析做设计规划

会所设计师展开设计前需要了解和解读的资讯较多，主要有 7 个方面：

一要了解开发商的背景；二要了解决策团队的喜好与项目发展计划；三要了解当地的建筑艺术特点；四要了解当地建筑材料和文化生活环境、植物；　五要了解项目的总体建筑特点；六要了解球场的地理环境和自然风貌；七要了解球场及地产项目的市场定位等。

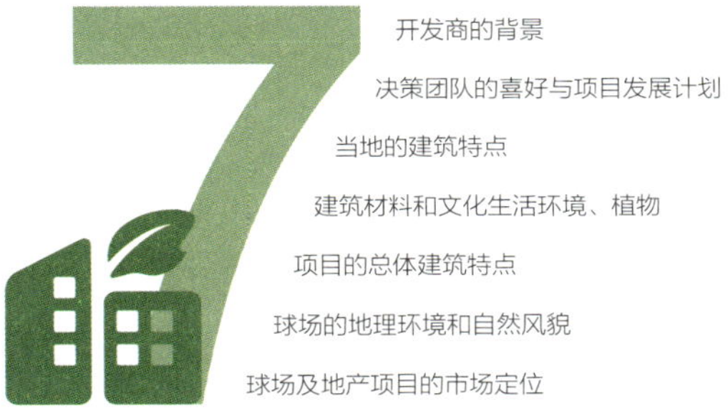

图 4-23　会所设计师展开设计前需提前了解的 7 方面

（1）达到会所设计与周边环境相结合

设计师根据这些资料，从土地现场中寻找设计创作的灵感。这些都是将会所设计与周边环境相互结合的关键因素，结合工地地形以及景观特点创造出与周边景观和谐的建筑物。同时，会所设计师需要向开发商提供过往的作品案例资料和搜集的案例资料，通过与开发商的反复沟通寻找设计的方向。设计师还要考虑建造和装饰成本，尽量使用当地的建筑材料建造出一座成本效益合算的可持续性“绿色”会所。

（2）要达到会所设计与球场运营及功能相关性

会所建设必须要考虑到球场运营方式与功能需求。

设计第一步需要考虑的因素包括：球场人流量以及客流交通便利性，服务动线合理性，如何将球车库、设备间、修理间、球童休息室及员工宿舍"隐蔽"起来，利于运作，会所建筑与高尔夫球场的相关性等。

根据多位会所设计师的经验，会所建筑物与周边景观搭配效果对客人产生的视觉、听觉上的影响至关重要。试想一下，球员来到会所之外，看到光秃秃的水泥或沥青地面，听到从球车库或修理间传出的乱糟糟的声音以及厨房预加工的腥臊味，毫无美感可言，客人感受将会大打折扣。

（3）一个好的会所设计要内外部空间兼顾

一个良好的会所设计不只是考虑室内空间，也应当提供各式各样的户外或半户外空间——阳光的、隐秘的、私人的以及适于社交的，甚至在有风雨时也能给客人提供私人空间以及明亮、舒适感觉。

会所外部空间设计，如阳台、露台、练习场、水池、竹林以及草坪等，也需要结合当地平常的风向、太阳起落的规律及周边环境和景观等因素。室内外空间的穿插与借景非常重要，要让来宾能观赏到大自然和球场的美景，可以欣赏到比赛时开球及结束洞的精彩。

高尔夫专业笔记

一个舒适的会所就像在讲一个引人入胜的故事——按照客流的消费流程，从外部的门廊、庭院开始，到大堂、更衣室、练习场、出发站以及餐厅、阳台，聚会场所内，提供一个丰富多彩的旅程和保持兴奋的体验。

阶段02 附属、临近及功能设施的布置

会所设计师对球场、会所的经营项目和功能区域需求做完充分了解后，就能借此列出附属设施、临近设施以功能设施布置要点。新球场的会所设计时常出现两类问题：

第一，许多新球场在会所设计阶段，对功能布局和面积需求缺乏经验，导致会所内有的区域过于宽敞，浪费面积；第二，有的区域又过于狭窄、局促，或者只考虑当时的需要而缺乏远见，导致开业数年后的会所需要改建、扩建或大面积修缮。

（1）分析功能需求并测算成本

有经验的设计师有责任对开发商提出合理建议，共同分析和测算会所的功能需求和预算成本，以免造成浪费或者因为过于节约、投入不足而影响日常经营和球场品位。

会所设计师通过合理的功能、面积规划、能耗设计达到减少员工及人力成本、节约维修费用和能源开支等目的。会所设计师的作品将直接影响球场的长期成本支出。

（2）会所设计的概念和方向要清晰

从俱乐部经营的角度，会所是高尔夫球场创造营收即“做生意”的地方，以下是俱乐部会所空间设计时应当留意的问题：

第一，客户们在会所的哪些功能和设计方面更乐意消费，怎样利于提高客单消费？

第二，如何为来宾创造更多的社交机会、更好的家庭气氛及对健康有利的活动？

第三，会所如何体现企业的文化和品牌建设？

第四，多建几个餐厅或者包房也许很有必要。因为餐饮收益能占到球会总餐饮收入的1/3甚至一半，它们如何单独或共同发挥作用，如何在容纳下大型Party的同时，还能在非繁忙时段提供足够的私密空间；

第五，在度假型俱乐部或地产配套的球场，会所各功能区如何按照不同的客流创造盈利？

第六，更衣室和餐厅在俱乐部中的重要地位仅次于球场本身，如何体现独特的风格？更衣室里如何创收，餐饮、酒吧等盈利性服务如何提高经营收入和利润？

第七，厨房及卫生间设施是会所建造费用最昂贵的一部分，如果允许，尽量建造一个单一、集中的中央厨房；

第八，对高尔夫社区而言，妇女和儿童能够参与进高尔夫运动以及常进高尔夫俱乐部，将利于提高球场营收，如何体现对她们的关注？是否要有相应的设施满足他们的消费需求？

（3）定位不同的会所设计有很大区别

图：九龙山高尔夫会所餐厅

最佳的会所设计明显会取决于开发性质，各类不同定位和不同位置的球场，会所设计略有不同：

第一类，会所位于地产项目的封闭式社区内。

这种球场通常都是地产的重要配套，高尔夫球场对地产销售有明显拉抬作用。当然，也有高尔夫球场随着时间的推移，在周边建起一片住宅，变成了一个整体社区，反映在会所设计中，我们要注意：

第一，会所面积需要稍大一些，以便将健身房、泳池、SPA、网球、多个功能餐饮场所、孩子们的活动场地等设施都装进去。或者，将地产项目的业主会所与高尔夫会所一体化考虑，错位经营；

第二，这类项目的会所，服务目标人群应该从纯粹高尔夫打球人士转向多提供家庭式、社交式的设施搭配，家庭化设施往往会成为首要选择；

第三，给予会员更宽的选择权（包括有高尔夫、社交、健身以及孩子的娱乐空间）等；

第四，如果地产业主会所与高尔夫会所没有分开运营，则会所内除提供给家庭活动的喧闹场所之外，也必须要有提供给“成年人”和高尔夫人士静谧、秘密的空间。

第二类，会所与酒店一体经营或位于综合度假村内。

一般酒店或者度假村经营者会给予消费客人打球权益，与俱乐部会员的权益有交叉，那么会所就必须将这两个不同类型的市场和客流（酒店／度假村与高尔夫球场）相互联系起来。俱乐部的会员以及住店客人，都是项目的主要经济来源。尤其是会员，他们是最忠实的客户群体，他们还是希望能独占一些东西以提高消费的隐秘性。因此在会所设计时，就要注意三个问题：

第一，会所面积可以设计得小一些。因为需要的设施基本上在酒店或度假村内都会有（例如SPA、健身房、泳池、网球场以及宴会厅等）；

第二，会所应该更加专注地对准高尔夫球友，体现高尔夫高档场所的私密性，但是对于更衣室以及餐厅的菜肴品种、菜式等方面，要比一般的高尔夫会所要求稍低——因为度假村内会有多个餐饮服务场所；甚至更衣柜数量和洗浴面积可以减少，因为可以共用酒店客房洗浴设施；

第三，可以考虑给俱乐部会员更加独立的空间，以防止他们与酒店、度假村的客人相互打扰。会所空间应当避免在酒店入住却不打球的客人随便出入，这会影响会所营业和打球客人的感受。

阶段03 会所的美学体验及氛围营造

一个会所的建筑风格会取决于发展商和当地的一些民风民俗，也取决于整体项目定位。风格一经确定，设计师的职责就要从外表的风格转向内部的空间设计，需要在内部体现出优雅和休闲。室内空间设计是一件非常复杂的设计工作，要在会所设计上表现出舒适、有品位以及方便经营和持续的美感吸引力是一件很不容易做到的事。

会所带给客人的美学体验以及氛围的营造都是从设计风格演变而来，以下几条设计原理需要设计师了解和掌握：

第一，超大的门、圆柱、木材、吊灯以及体型较大的家具都会增加俱乐部会所宏伟的感觉；

第二，许多设计师喜欢将门厅、餐厅以及更衣室给予较大面积，但并非所有空间都需要这般气派；

第三，用不同的空间和展示，表达不同的感觉。比如在壁炉角落里设计一件令人倍感亲切、温暖的摆设。再如营造一个可以让阳光透入的空间，在冬天会让人感觉到温暖、舒适，或者设计一间墨香四溢的图书室，或者是酒香扑鼻的红酒储藏室，再或者在高尔夫会所中穿插一些当地文化或其他独特的元素等。这些都是有助于设计师提高内在空间美感的着眼点。

三 会所初步规划设计主要考虑的问题点

所有高尔夫会所在初步设想时，都有一个大概的建筑规模和预算设想，那么到底应该多大、预算多少合适呢？规模绝非越大就越好，如何在会所建筑规模与投资预算和回报上做平衡呢？投资商和设计师应该做如下考虑：

第一，会所定位如何？是高端住宅社区，还是都市商务型俱乐部，或者是乡村高尔夫度假村？不同定位的球场会所需要不同的设计风格和功能、面积；

第二，设计之初要确定功能需要。除打球服务设施外，是否需要额外的设施，例如网球场、健身房、宴会厅、游泳池、马术设施、SPA或者是红酒窖？VIP客户及政府官员是否需要单独的接待空间？

第三，如何让第1和第10号洞，以及第9和第18号洞更好地与会所相连接？如何让练习场、球车库、球童休息室以及西式点心房有更好的布置？会所餐厅设施里需要正宗的西餐厅吗？

第四，会所是否要接待和承办大型职业赛事？如果球场会举办赛事、承接婚礼或者其他大型活动，会所需要的面积功能如何与平日球场运作和前期投入之间做出权衡？客流如何分割？

跟商业地产开发中的建筑设计前置一样，以上这些问题都必须在下达设计任务书时，就已经确定得非常清晰，否则在会所设计工作启动后再去讨论定夺，会导致设计多轮修改，造成时间和成本浪费。

四 选择会所建筑设计师的注意事项

选择一名会所设计师需要考虑的因素很多，除设计师的价格外，还要考虑设计师个性、过往作品、经历以及文化品位塑造能力等。以下是我们认为要考虑的关键因素：

第一，设计师是否熟悉高尔夫行业运营规律，并具备扎实的专业知识；

第二，设计公司的创新能力如何，能在不同领域都有广泛的经验，在设计风格、发展类型以及经验上了解所有的高尔夫球会以及度假村的会所设计要素；

第三，除熟悉高尔夫外，还对餐厅、酒吧等经营项目的运作方式非常熟悉，并了解会所建造成本和施工工艺，能够把握和控制预算；

第四，团队在业界被称为是有激情、有团队意识，并愿意在功能性、经营以及建造上提出指导性建议，甚至愿意在施工、内装修阶段派员驻场协助业主把控效果，这一点对新球场尤其重要。

五 高尔夫会所设计应当关注的细节问题

考虑会所功能分区时，有必要做出能让各类不同客户群体相互不打扰的设计，在交通动线上也尽量不交叉。会所还要同时包括前后场、球车库及办公区，一般不包含草坪部门。

01 会所的面积与功能分布

（1）功能定位

设计师首先是要弄清楚会所的功能定位。

有的业主单位不只是将会所当作服务打球客人的场所，还兼具其他功能，比如地产营销接待中心以及会议功能区、红酒窖等配套设施。需要注意的是，无论会所兼具什么服务功能，设计师必须明白会所的核心功能就是服务于打球客人，它首先是一个充满了高尔夫文化氛围和注重私密性的场所。

会员在球场享有备受尊敬的地位——当然还有更高身份的VVIP们，高尔夫的会所服务特征决定了它与其他会议中心、洗浴中心或者酒店有巨大差异，这也是设计高尔夫会所与设计其他相类似公众性经营场所的最大区别。

（2）建筑面积

常见的会所建筑面积只服务于打球客户的会所。业内一般对会所的面积段有一个经验值，仅供参考：

一般18洞球场的会所建筑面积在3500平方米左右；27洞球场的会所建筑面积在4200平方米左右；36洞球场的会所建筑面积在5000平方米左右。

当然，依照不同的预算、经营功能需求，面积会有大有小。各个主要功能区都要设置前、后场，整体会所也需要考虑前后场的问题。

另外，最重要的是考虑清楚服务动线的安排合理与否，常见的高尔夫会所功能区都会区分前后场。

前场功能分区

前场分区主要有以下 8 个功能区：

第一，会所下客车道雨棚区；

生意较好的球场要考虑能并排放下三辆车，旅游度假型球场甚至要能停靠大巴，方便上下球包，因此面积要适当大一些。会所内或外部，背景好的地方，要考虑适宜团队拍照留影的地方，因为许多大型赛事活动或会议愿意以会所为背景合影。

第二，大堂的登记柜台区；

客户签到、买单结算的服务台必不可少，要考虑球队比赛签到时的临时服务台，设置少量的等候沙发。

第三，大堂吧可与等候区结合；

这个结合区设计最好能通到户外，营造休闲、观赛时的互动氛围。从经营角度来看，大堂吧也是一个盈利创收的设施，如何产生营业收入也是一个需要考量的问题。另外需要注意的是，许多球场未设立单独的司陪室，造成球员的陪同人员或司机往往没地方可去，只能坐或躺在大堂，影响会所形象。

第四，考虑设置专门的会籍咨询室或会员服务区；

能摆放几组沙发，这个空间也可用来接待偶尔到访的贵宾客户、政府人员或接洽业务使用。

第五，高尔夫专卖商店；

这是球场营业创收很重要的部分，专卖店的面积大小和商品的多寡、陈列方式，与球场的经营状况、客流量直接相关。如何让来宾关注和吸引购物，甚至将专卖店设置在来宾必经之地，是比较重要的考量。

图：梁子湖高尔夫会所红酒窖

图：海南青水湾高尔夫专卖店

第六，男女洗浴更衣室；

这个功能区的面积和球洞多少、球场经营定位、状况以及客流大小有直接关系，同时考虑 VIP 客人、会员和一般客人的接待方式是否要作区别。

从更衣柜的数量设置来说，一般 18 洞球场，常见的男宾更衣柜要有 160 个左右，女宾更衣柜要有 50 个左右。

从淋浴间数量设置来说，一般 18 洞球场的男宾冲凉位要 15 个左右，女宾要 6 个左右。

另外，可以考虑布草间、等候区，甚至可以提供休闲饮料服务，产生创收。更衣柜是单柜还是上下合用的双柜，与球场经营定位有关系，比较主流的作法是单柜，既提高球场档次，也充分尊重客户的隐私和使用便利性。不至于空间局促，而且有时会员所携带的嘉宾比本人身份地位更高，以单柜、双柜区分会员和其他来宾的做法，并不能体现和尊重会员们的利益。

第七，出发区；

这个功能区除了有出发登记柜台，一般要考虑设置卫生间，以及小面积水吧，为下场的打球者和中途转场的人提供冷热饮品。有的高尔夫会所也将专卖店设置在出发区，售卖打球常用品，这样的设计主要是考虑来宾中球客占绝对人数，同时也是节约面积和人力成本的需要。

第八，餐厅的设计。

会所的餐厅往往不止一处，一般较大的餐厅是多功能宴会厅，要考虑赛事宴会、颁奖和演艺活动，餐厅是若干包房、自助宴会厅（或西餐厅）的组合以及大型比赛时记者所需的媒体发布会及媒体人员的办公功能。餐厅设计要考虑平日与假日期间用餐人数和效益、习惯、餐厅菜式档次等问题，以及用餐、观景、观赛的便利性等元素。通常 18 洞球场的多功能餐厅一般在 400 平方米、120 人左右。

有的度假型球场将餐厅分成多功能宴会厅、自助餐厅、可拆合的包房、小型包间等多种面积、功能组合。

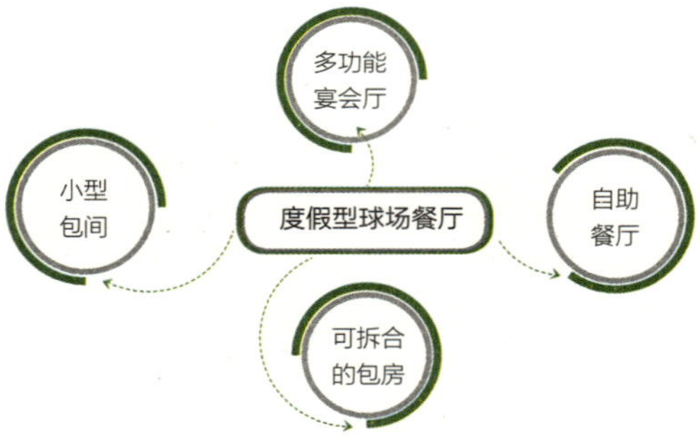

图 4-24　度假型球场功能分区图

后场功能区

关于后场功能区，我们要知道：

第一，后场要考虑的问题很多，包括服务动线，机电、水、燃气等配套设施及维修距离；

第二，大多数高尔夫会所包含了球车库、球童休息室等配套服务保障设施。一般 18 洞球场的球车库要储存 100 ～ 150 辆球车，球童虽然一般分成两班，也需要容纳 80 位左右，而且要考虑为球童配备储物柜、单独的洗手间、开水房甚至冲凉间；

第三，厨房大小依餐厅面积和高峰客流量而定，储存仓库一般是厨房的 1/4 ～ 1/3 左右，特别注意食物和垃圾的运输动线，厨房工作间要注意噪音、气味等问题，位置要相对隐蔽；

第四，机房、泵房的安排要考虑男女洗浴的位置，不宜距离太远。

02 建筑与装修设计前的考虑要点

（1）建筑设计的“5W+1H”分析点排布

建筑设计的“5W+1H”即 what、where、who、when、why 和 how，是指导建筑设计的创作理念、思考前提的 6 大关键因素，通过“5W+1H”分析几方面的问题。

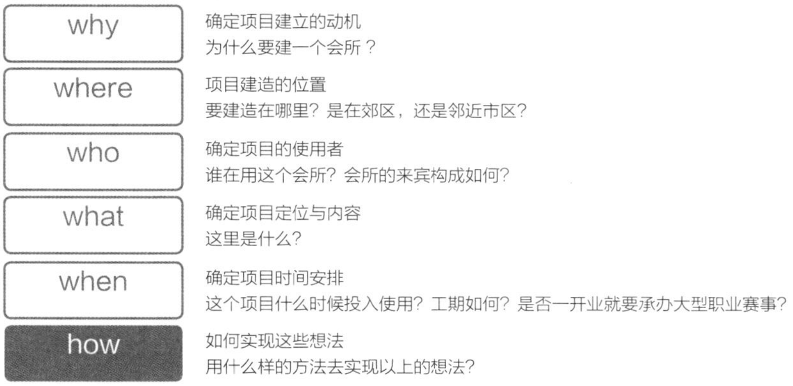
why
确定项目建立的动机
为什么要建一个会所？
where
项目建造的位置
要建造在哪里？是在郊区，还是邻近市区？
who
确定项目的使用者
谁在用这个会所？会所的来宾构成如何？
what
确定项目定位与内容
这里是什么？
when
确定项目时间安排
这个项目什么时候投入使用？工期如何？是否一开业就要承办大型职业赛事？
how
如何实现这些想法
用什么样的方法去实现以上的想法？

图 4-25 “5W+1H”分析法图

关于 why

第一步，为什么要建一个会所？有的是为了政府形象工程配套，有的是为了房地产配套等，动机不同，业主单位要的结果和预算等都会不一样。

关于 where

项目要建造在哪里？项目是位于远郊区，还是位于邻近市区？是与酒店、度假村配套，还是独立运营的高档会所？车程时间等因素都会决定这个会所的建筑规模和功能配套到底怎样。

关于 who

谁在用这个会所，会所的来宾构成如何？来宾不同，消费类型不一样，会所的功能设施也有差异。

关于 what

这里是什么？我们的会所既是球场的必要设施，为球员服务，那么它与五星级饭店就有不同，不同的属性自然需要不同的元素来搭配。

关于 when

这个项目什么时候投入使用，工期如何，是否一开业就要承办大型职业赛事？这点设计师也应当重点关注。

关于 How

最后就是用什么样的方法去实现这些想法。

“5W+1H”思考清楚后，要把“五觉”放进去。如何让宾客在经历过众多的会所后，记住你的设计和策划，仅仅靠视觉是不够的，听觉、嗅觉、味觉和触觉都要放进设计里。

（2）创造出中西方文化的融合感

西方文化和中国文化是完全可以互相融合的，国内出现了多个中式建筑的高尔夫会所和高尔夫度假村，既营造了良好的高尔夫文化氛围，也展现了独特的建筑设计风格，与当地环境融为一体，深受球客好评。

高尔夫专业笔记

我们设计会所也不能一味强调奢华、高档，或者用简单的西式建筑符号堆砌，而是要从高尔夫固有的文化出发，比如尊重自然、环保等理念。

我们要寻找一种中西合璧的交融方式。西方文化和东方哲学的融合，不只是形式上的，更是精神层次上的互融。国学讲究平衡、和谐，天人合一。中国文化中的“借”字很重要，借力打力、顺势而为，反映在会所和建筑设计上就是高尔夫会所要讲究借景、框景，大自然的景色无人能够替代，“借景”是中国文化中“天人合一”的最好体现。

图：梁子湖高尔夫会所会员休息区

(3) 会所人性化功能要清晰地体现

笔者在设计华彬庄园的尼克劳斯会所时，听到业主提到了一个需求：要设计一个让会员的家人都感觉满意的会所，让全家人一起融入到高尔夫球运动中来。业主的这个要求，就要通过许多设计细节反映出来。业主把需求定义清楚之后，设计师才能加入自己的设计思想和设计灵感。设计师如何实现这一点呢？

举例来说，湖南株洲的一个会所在设计时，我们注意到球场周围很少有卖高尔夫球具的商店，这样，我们在设计会所时就把会所内的专卖店的面积适当放大。还有长沙的天府高尔夫会所，它有夜间球场，我们在设计时就运用了较多的灯光，把会所展现得更加光亮辉煌，使来宾在夜晚打完球回场时，感觉会所是一个指引人们回家的灯塔。设计师用心体验生活、理解业主和环境，会让设计和来宾的感受更细致。

03 会所建筑设计的方向性问题

高尔夫会所是整个球场的运营中心，它集运动、娱乐、休闲、社交多种功能于一体。会所的建造、设计和装饰是球场的内在品质、气质和文化内涵的流露。会所设计需要有较高的艺术性要求，不仅满足使用功能需要，更要设计独特，尤其重要的是具备不同的地域性和文化特性。会所设计不必太过豪华、庄重，要增加闲适氛围。

(1) 会所建筑设计应注意整个流线

会所建筑设计应注意整个流线，人、车以及打球消费。来宾的动线，电瓶车的路线，球包接送，经营物资流动等，这些都要进行细致的分析。

每个用户的设计方案都要做得各有特色，因为他们的具体情况都不一样，要呈现出的是符合各个地方特色的作品，独一无二。

从建筑到室内，景观跟室内互动等，都是一个成功的高尔夫会所能够成功的灵魂。整个高尔夫会所的设计需要按照实用性、创新性、节能环保来体现。笔者看到过一些这样的设计，它不仅破坏了生态平衡和区域景观，还加重了水土流失和环境污染，随处可见的是太强烈的人工痕迹和对自然的重整，这样做很不讨喜。所以，会所建筑设计并不是简单的从高尔夫球这个主题出发，而是从整个项目的总体规划前景出发。

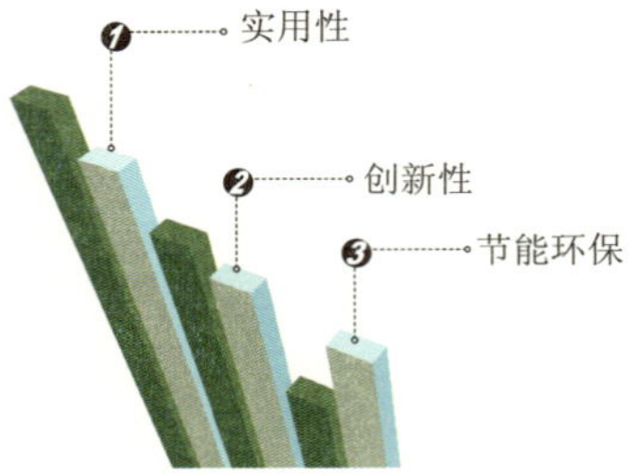

图 4-26　高尔夫会所设计原则

（2）会所设计要顺从高尔夫固有的尊重自然、环保等文化理念

据统计，现在国内平均约 2000 万人才拥有一座球场，而真正能步入球场切实享用的人口还不到国内总人口的十万分之一，这是按每个球场容纳会员总数为球洞数的 25 倍左右，即 200 ～ 700 人来测算的。这说明在中国，高尔夫球场及会所还只是少数精英人士享用的体育设施，在未来的十年或者二十年内，中国的高尔夫球运动还不可能像美国、日本、韩国一样普及。

一项运动的演变和传播都伴随着文化背景的融合与彼此吸纳，怎样将高尔夫运动与此会所的建筑设计理念相结合，甚至使其更符合中国的国情和消费者文化品位，塑造良好的高尔夫氛围，是高尔夫设计专业人士需要探讨的课题。

（3）中国高尔夫会所建筑设计更应体现中国特色

作为一个设计师，笔者认为，高尔夫会所的建筑设计更应努力体现具有中国特色的风貌，而不是照搬西方的建筑，事实上许多国外知名球场的会所，并非奢华、高大、功能配套高级，但一定会有文化传承。从选址、设计、施工、管理等方面，我们希望会所的设计更符合中国的生态规律和园林艺术观念。会所建筑的设计强调对自然景观的利用，对生态原理的充分体现，融入中国园林、造园的思想，在施工管理上形成与国际高尔夫接轨的建设队伍和配套机构。

04 会所设计的建筑风格

设计会所首先要注意位置、朝向，其次是关注最佳的景观视觉因素，包括练习果岭及结束洞的果岭、水景位置以及停车、货品运输、垃圾进出等细节。

（1）会所的建筑风格与球道设计的风格有关

建筑风格是球场自然景观的延续，内外合一。会所的建筑风格与球道设计的风格有关系。比如 links 的球道风格可以考虑英式建筑，或者美式乡村的建筑风格，整体会感觉比较搭调。

高尔夫会所建筑设计师应当经常打球，才会理解和考虑到打球人的习惯，避免动线交叉。另外，现在球场经常要接待高官政要，还要考虑他们的特殊招待问题，隐秘而又尊贵的出入，设计出相对独立的空间。

（2）建筑材料运用上，尽量考虑用当地材料以节省运输和采购成本

在建筑材料的运用上，要尽量考虑当地材料，既节省运输和采购成本，也利于将来节约维护成本，甚至成为特色，例如海南的观澜湖球场，会所内外大量的使用当地的火山岩切面做饰面砖，独具匠心。

设计师还要注意淋浴间的喷头水量大小和水温控制。高尔夫会所与洗浴中心毕竟不一样，更要考虑打球后的全身放松，更需要隐私尊重和舒展空间，空间不能设计得太小。高尔夫球会所的灯光设计，与高级酒店相比，讲究可以低一些，毕竟有许多球场夜间不营业。对于夜晚不营业的球场，会所要考虑使用智能灯控系统等，既要保证灯光的场景氛围渲染，也利于节省能耗。

04

SECTION FOUR

第四节

开业筹备工作管理

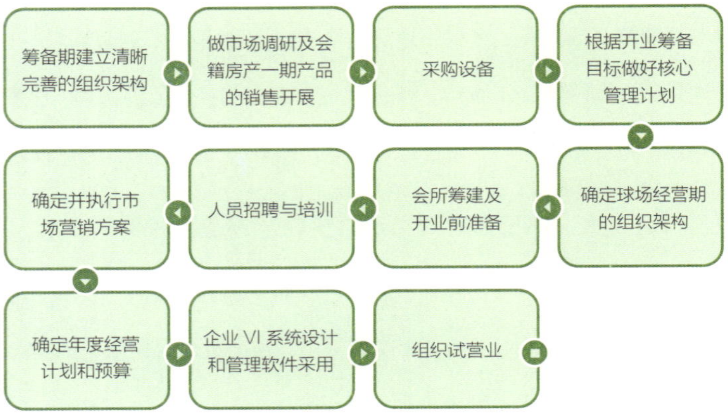

本节阅读导图

图：雁栖湖高尔夫俱乐部会所

开业筹备工作是球场建设项目组在启动建设过程中就应思考的问题，经验丰富、实力雄厚的投资者，在建设期就已招聘到擅长球场经营管理和市场运作的人才，或者已经聘请到专业咨询顾问公司，由他们协助筹备球场开业。

根据高尔夫项目的经营板块，球场管理的组织架构应分别成立各个板块的筹备小组，这个版块常见的划分方式有：高尔夫球场（含会所）板块、酒店板块、地产板块等。每个板块均应安排经验丰富的专业人士担任负责人，在项目组的支持下，开展开业筹备工作，本章要谈的是高尔夫球场板块的组织管理。

图 4-27　高尔夫项目经营板块划分

不管什么样的项目定位，为了将项目的投资思路真正落实，所谓“运筹帷幄之中，决胜于经营之后”，筹备期的工作一定要做扎实。一般要提前至少半年开始组织专业团队开展营业筹备工作，筹备工作一定要步骤化。筹备期的工作流程如下：

步骤01 筹备期建立清晰完善的组织架构

球场开业筹备工作繁多复杂，涉及的专业面非常广。所以，做好开业筹备首先要有一个清晰的筹备期架构，便于同时开展其他各个专业面的工作，筹备涉及到市场、草坪、采购、人事、财务、运营等 6 个方面。

这里推荐一个常用的筹备期组织架构：

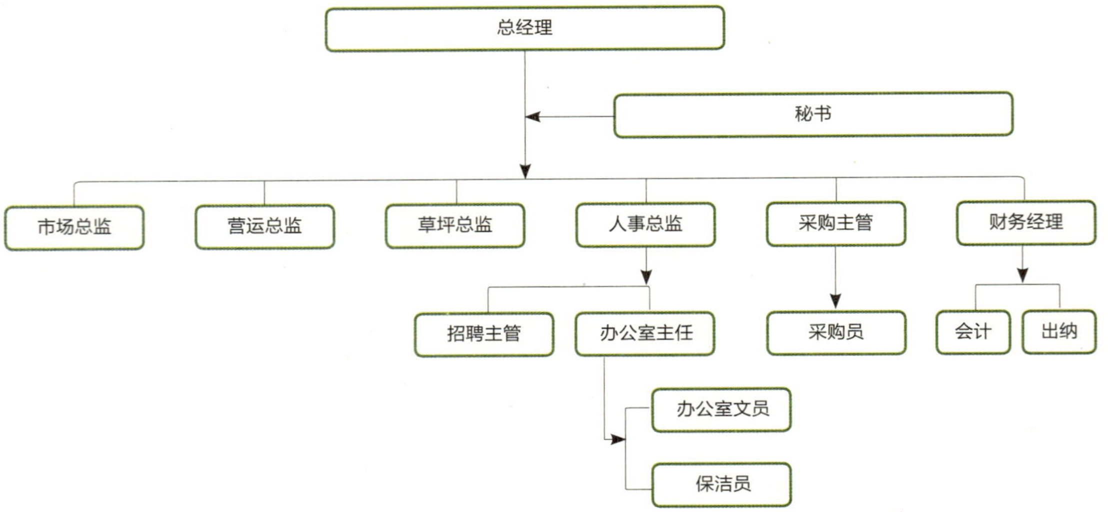

图 4-28　筹备期组织架构参考

步骤02 做市场调研及会籍房产一期产品的销售开展

每个人对市场的认识都有局限，个人工作经验也有地域和市场定位等方面的差异。所以，这个环节的市场调研建议请有丰富经验的专业市场人员或机构来做，由总经理和市场总监下达调研任务书，并同时对调研过程提供支持和监控，确保调研数据准确，让调研结果科学且具备可行性。此时的调研是对前期策划方案的细化和补充，要重点围绕产品、价格、渠道等内容展开。

01 调研报告内容结构

这个阶段的调研报告，需涵盖但不仅限于以下七个方面的内容，最重要的是第七条。

第一，项目所在区域的经济环境和发展前景；

第二，项目所在区域的交通状况和改善前景；

第三，项目所在区域的高尔夫及地产目标客户群分布和特点；

第四，项目所在区域的高尔夫及房产竞争对手分布和经营状况；

第五，本项目的竞争优势和市场定位；

第六，区域成功项目的营销、经营特点，可借鉴内容；

第七，从高尔夫发展的角度看，本项目原有的项目定位和市场战略方针是否需要调整？本项目高尔夫及地产的市场营销思路如何？

02 调研需要解决的问题

通过调研，要解决以下几项问题：

第一，何种会籍产品符合市场需求？

第二，房产是否适销，如果不是，还有什么补救策略？现阶段适合推广什么会籍？

第三，是否销售创始会籍产品（如果计划销售，则应在开业之前至少半年酝酿市场，接触准客户），房产是否与会籍产品捆绑销售？

第四，如何解决球场营业初期客流量有限的问题，是否要低价销售一批初始会员证，吸纳基础会员，以分摊球场日常养护和高水平运作的成本？

第五，会籍产品的定价、权益设置、销售方式和渠道建立方式？

第六，是否自组会籍销售团队，或者将会籍销售外包，或者将地产销售团队与会籍销售团队一体化？

第七，销售团队的人事和管理架构、薪资水平如何，如何招录？

第八，关于销售和推广渠道，与中心城区现有的练习场如何合作，是否要在中心城区建立项目营销推广中心，是租用写字楼还是商铺，相应的成本预算如何，是否要在邻近的发达城市设立异地营销中心，是否投资设立自己的城市俱乐部，如何与高端品牌企业进行联动？

第九，对客户地产和会籍产品的价格预期的摸底结果如何？

第十，地产一期开盘的推盘量是多少，有怎样的推广计划，蓄客及开盘优惠方案、价格如何刮订等？

解决这些问题必须通过这类调研给出决策依据。

03 销售前期市场调研

项目动工建设之前甚至在拿地规划时，建议做第一轮市场调研，项目第一次调研的目的是解决这个项目可不可做，如何做整体规划，大致怎么做等决策性问题。

项目做成后准备开业之前做的第二轮调研，目的主要集中于解决市场营销战略执行层面上的问题，确保营销推广“一炮而红”。对调研涉及的那些问题的解答，不能仅仅简单依靠新招聘的市场总监的个人经验和能力。

因为往往懂会籍销售的，不一定擅长营销策划，懂地产销售的，也不一定明白高尔夫会籍和球场运营的具体执行。在高尔夫营销和地产项目营销这两方面具有很丰富的知识深度和思维高度 “通才”，目前市场上极为缺乏。但不论是地产和会籍的营销，能否“开门红”是整体运营中非常关键的一步，它既决定了项目走势和老板的投资信心，更决定了今后球场和地产项目的经营团队能否有一个成功的起点。

笔者曾亲历华中某高尔夫项目，他们在一期房产项目的开发上，犯了客户定位不清的错误，为了压缩初始投资金额，房型面积设计得过小，户型设计也不尽合理，部分客户评价说“这哪是高尔夫别墅，还不如球场之外的农民房”。这样的口碑导致房产滞销数年，严重影响项目发展，甚至后任总经理和营销负责人都想将一期项目炸掉重做。这个球场的会籍销售也很不顺畅，球场的定位模糊，致使换了几任总经理，决策者和经营团队始终想不明白到底要怎么经营、走什么路线。

为什么会这样呢？

问题就出在拿地之前，没有做过市场研究，盲目投资 ；球场做好了，仓促开业，胡乱销售，整个项目的发展路径，一直在模糊中开始，在探索中曲折前进，没有补上专业的市场研究这一课，缺课越来越多，终于被市场教育了。这样的操作流程致使这个项目付出惨重代价。

步骤 03 采购设备

有了项目市场定位，知道目标客户群的消费特点，再结合球场、会所等硬件风格，才能在琳琅满目的商品中准确的采购到符合企业要求的设施和设备。

项目采购秉承的原则：第一，不能目光短视，一味节约。事实上这种短视下的节约反而是另一种浪费，会给后期经营造成麻烦，带来养护和使用成本增高；第二，也不要避免盲目追求名牌、求大、求多、求全，导致固定资产投入过高，给后期球场的经营和维护成本带来巨大的压力。

一个球场开业需要采购的设备有以下 5 类：草坪和园林养护机械；会所设施设备采购；餐饮设备（包括员工食堂）；练习场设备；办公用品。

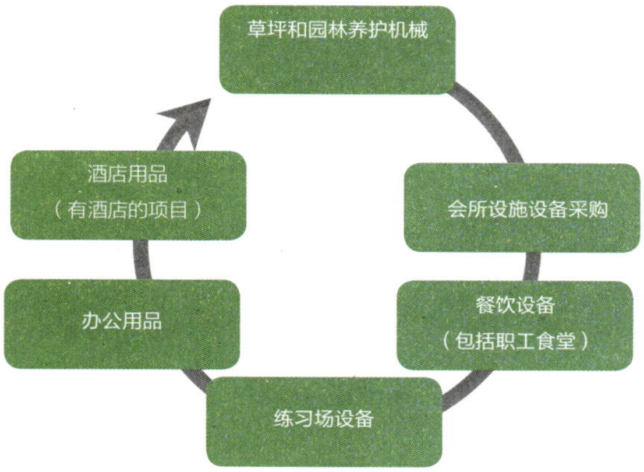

图 4-29 球场开业设备采购类别

如果有酒店，还涉及酒店用品的采购问题。

如果项目规模较大，还应建设专业的养护中心（草坪机械库房，含修理间）、球车库、员工宿舍区（含相应设施设备）、办公区等，采购时还要考虑到这些功能单位的物品使用。

步骤04 根据开业目标做好核心管理计划

在营业筹备期，各部门负责人应制定自己的工作计划（包括人员招聘和培训计划、各岗位职责和权限设置），尤其是确定经营期的管理架构和人事体系，以确保招聘、培训工作进程不受影响。

必须注意一点，草坪养护是各部门工作计划中的重中之重。营业初期的草坪养护器械采购，也将由草坪养护计划决定。这时草坪管理非常重要，既衔接球场建造收尾，又承担着球场“丑媳妇见公婆”的面市压力，公开亮相是否获得球友好评是球场开业顺利的关键。如果将球场比作一个女子，那会所就是她的脸蛋，草坪则是她的身材和皮肤，球场美不美，是不是健康，草坪和景观是决定性因素之一。

以下是某城市的 9 洞球场及练习场开业筹备的工作表格，供参考：

高尔夫管理工具箱 一 设备采购清单表（动产）

固定资产采购清单表——动产部分

类别	名称	使用地点	型号	单价（元）	数量	总价（元）	使用年限	月折旧（元）	责任部门	备注
球场设备	电瓶车	球场	2 人座	35000	30 台	700000	6	9700	营运部	
	电瓶车	球场	6 人座	45000	2 台	90000	6	1250		
	发球台标志	球场		50	54 个	2700	10	22.5		多一套备用
	沙箱	球场		800	12 个	9600	10	80		多 3 个备用
	垃圾箱	球场		800	12 个	9600	10	80		多 3 个备用
	发球台码数牌	球场		90	54 个	4860	10	40.5		多一套备用
	球道码数牌	球场		150	72 个	10800	10	90		多一套备用
	障碍杆	球场		40	300 根	12000	10	120		多三分之一备用
	雷雨警报器	出发区和小凉亭		3000	2 套	6000	10	50		恶劣天气用
	扩音设备	出发区		5000	1 套	5000	10	41		赛事用
	租杆	出发区		1600	5 套	9000	3	250		出租，可产生收益
	球包牌	接包区		80	150 套	12000	3	333		
	球童评估卡	出发区		5	200	1000	3	27		
	球童评估箱	出发区		200	1 个	200	3	6		
	赛事板	出发区		600	1 个	600	10	5		
	告示板	出发区		600	1 个	600	10	5		
	测距仪	球场		1500	1 个	1500	10	12.5		
	空气压缩机	出发区		1000	1 台	1000	5	16		
	对讲机	球场		1200	8 部	9600	3	267		含会所和保安用
	小计					886060		12395.5		

续表

类别	名称	使用地点	型号	单价（元）	数量	总价（元）	使用年限	月折旧（元）	责任部门	备注
练习场设备	打击垫	练习场	1.5m×1.5m×3.5cm	1650	40个	66000	5	1100	营运部	
	练习球	练习场	双层	2.5	10000个	25000	2	1041		练习场主要耗材
	胶TEE	练习场		3.5	200个	700	2	29		
	发球盒	练习场		14	100个	1400	2	58		
	装球盒	练习场		120	50个	6000	5	100		
	单包架	练习场		150	50个	7500	5	125		
	打位分割器	练习场		250	50个	12500	5	208		
	两联捡球机	练习场		6500	1台	6500	5	108		
	捡球车	练习场		45000	1台	45000	6	625		
	目标网	练习场		220	2个	440	5	7		
	球杆架	练习场		800	1个	800	5	13		
	洗球机	练习场		12000	1台	12000	6	166		
	距离牌	练习场		300	10个	3000	5	50		
	租杆	练习场		100	30支	3000	2	125		
	装球筐	练习场		150	10个	1500	2	42		
	手推车	练习场		300	1台	300	2	8		
	饮水机	练习场		300	1台	300	5	3		
	烟灰缸	练习场		50	50个	2500	5	41		
	茶杯	练习场		20	50个	1000	2	41		
	小计					195440		3890		

续表

类别	名称	使用地点	型号	单价（元）	数量	总价（元）	使用年限	月折旧（元）	责任部门	备注
会所设备	消费本	会所		15	200 本	3000	5	50	营运部	
	大保险柜	会所		5000	1 个	5000	无	——		
	电脑	会所		4000	5 台	20000	5	333		
	LED 显示屏	会所门口		5000	1 条	5000	10	42		
	告示板	会所		600	1 个	600	10	5		
	液晶电视	会所		5000	2 台	10000	10	83		
	打印一体机	会所		1500	2 台	3000	5	50		
	传真机	会所		1000	1 台	1000	5	16		
	电话机	会所		100	7 台	700	5	17		
	贵重物品寄存柜	会所		300	10 台	3000	无	——		
	冰毛巾柜	会所		800	2 台	1600	5	27		
	电热水机	会所		300	1 台	300	5	5		员工饮水
	考勤机	会所		800	1 台	800	5	13		
	小计					54000		641		

续表

类别	名称	使用地点	型号	单价（元）	数量	总价（元）	使用年限	月折旧（元）	责任部门	备注
办公设备	商务车	办公室		250000	1台	250000	10	2083	行政部	商务用
	微型客车	办公室		50000	1台	50000	5	833		采购用
	大班台	办公室		1600	6套	9600	无	——		
	沙发	办公室		2000	2套	4000	无	——		
	会议桌	办公室	15人	1500	1套	1500	无	——		
	电脑桌	办公室		300	10套	3000	无	——		
	文件柜	办公室		600	7个	4200	无	——		
	电话机	办公室		100	10台	1000	5	16		
	传真机	办公室		1000	1台	1000	5	16		
	打印机	办公室		1500	1台	1500	5	25		
	复印机	办公室		7000	1台	7000	10	58		可复印A3
	照相机	办公室		2000	1台	2000	10	16		
	保险柜	办公室		5000	1台	5000	无	——		
	电脑	办公室		4000	13台	52000	5	867		
	饮水机	办公室		300	1台	300	5	5		
	茶杯	办公室		15	20个	300	3	8		
	小计					392400		3927		
员工生活区设施	空调	宿舍	1.5匹	2500	50套	125000	10	1041	行政部	
	床	宿舍	1.5米	1200	10张	12000	无	——		
	双层床	宿舍	1.2米	400	80张	32000	无	——		
	被芯和床垫	宿舍		300	90	27000	5	450		
	衣柜	宿舍		400	50个	20000	无	——		
	书桌	宿舍		150	50个	7500	无	——		
	乒乓球台	活动室		700	1个	700	无	——		
	台球桌	活动室		1200	1个	1200	无	——		
	篮球架	生活区		1500	2个	3000	无	——		
	餐桌	员工饭堂		450	6套	2700	无	——		
	厨具	员工饭堂						——		
	小计									

续表

类别	名称	使用地点	型号	单价（元）	数量	总价（元）	使用年限	月折旧（元）	责任部门	备注
草坪机械	三联剪草机				2台					
	覆沙机				1台					
	滚压机				1台					
	果岭机				3台					
	梳草机				1台					
	悬浮机				2台					
	手推式割草机				1台					
	割灌机				3台					
	风机				2台					
	打药机				1台					
	空气压缩机				1台					
	直联真空自吸泵				3台					
	水泵				3台					
	倒磨机				1台					
	油脂注入器				1个					
	草坪运输车				1台					
	切边机				1台					
	电焊机				1台					
	切割机				1台					
	钳板台				1个					
	手掌磨光机				1台					
	手推车				7部					
	打孔机				1台					
	打药车				1台					
	工具箱				4个					
	小计									

高尔夫管理工具箱 二

经营耗材筹备清单

类别	名称	单价（元）	数量（个 / 本）	总价（元）	使用周期	月折旧
营业单据	签到表	5	500	2500	3 年	
	消费单	5	500	2500		
	酒水单	5	500	2500		
	入库单	5	500	2500		
	出库单	5	500	2500		
	收款收据单	5	500	2500		
	借支单	5	500	2500		
	押金单	5	500	2500		
	固定资产登记卡	0.3	500	150		
	计分卡	1	10000	10000		
	价目表	1	3000	3000		
市场单据	球道宣传单张	2	3000	6000		
	公司宣传册	10	1000	10000		
	公司宣传单张	1	3000	3000		
	会籍条款和权益书	1	1000	1000		
	会员章程	5	200	1000		
	会籍合约书	1	1000	1000		
	入会申请书	1	1000	1000		
合计				56150		1559

高尔夫管理工具箱 三

人员招聘编制及预计薪酬列表

部门	职位	定编（人）	基本工资（元）	补贴（元）	奖金	佣金（元）	部门人数合计（人）	部门工资合计（元）
	总经理	1	30000	5000	年度	无	1	30000
草坪部	草坪总监	1	10000	200	年度	无	19	37000
	草坪主管	2	2500	无	月度	无		
	剪草技工	3	1800	无	月度			
	药肥技工	1	1800	无	月度	无		
	喷灌技工	1	1800	无	月度	无		
	机修技工	1	2000	无	月度	无		
	协议工	10	900	无	无	无		
市场部	市场总监	1	4500	无	月度	总销售额 1.5%	8	13300
	客户经理	5	900	无	无	销售额的 4%		
	市场策划专员	1	2000	无	月度	无		
	市场行政专员	1	1600	无	月度	无		
行政部	行政部经理	1	3500	200	年度	无	14	24100
	人力专员	1	2500	无	月度	无		
	保安队长	1	1800	无	月度	无		
	保安员	3	1500	无	月度	无		
	宿舍管理员	1	1200	无	月度	无		
	文员	1	1600	无	月度	无		
	员工饭堂厨师	2	2000	无	月度	无		
	采购员	1	1600	无	月度	无		
	司机	1	1600	无	月度	无		
	协议工	2	900	无	无	无		
财务部	财务部经理	1	4000	200	年度	无	4	9700
	会计	1	2500	无	月度	无		
	出纳	1	1600	无	月度	无		
	仓管	1	1600	无	月度	无		

续表

部门	职位	定编（人）	基本工资（元）	补贴（元）	奖金	佣金（元）	部门人数合计（人）	部门工资合计（元）
营运部	营运部经理	1	4500	200	年度	无	51	52900
	运作主管	1	2500	无	月度	无		
	球童主管	1	2500	无	月度	无		
	球童	35	700	无	无	无		
	出发员	2	1600	无	月度	无		
	巡场员	1	1600	无	月度	无		
	接待员	2	1600	无	月度	无		
	收银员	2	1600	无	月度	无		
	练习场服务员	2	1300	无	月度	无		
	男更衣室服务员	1	1100	无	月度	无		
	电工	1	2000	无	月度	无		
	协议工	2	900	无	无	无		

备注：
本表所列工资标准为内地华中区域某球场 2008 年的标准，依照各球场所在区域和经营定位、管理水平、行业资历、任职要求，各俱乐部间会有较大差异。比如草坪总监，沿海地区高水平的俱乐部月薪有的达到 2 万多元，如果为外籍管理则更高，低的则为 1 万多元；再如总经理月薪，业内高水平的可达到 10 万多元，而较低的月薪只有两三万元。

步骤05 确定球场经营期的组织架构

高尔夫球场通行架构主要包括三个部门：

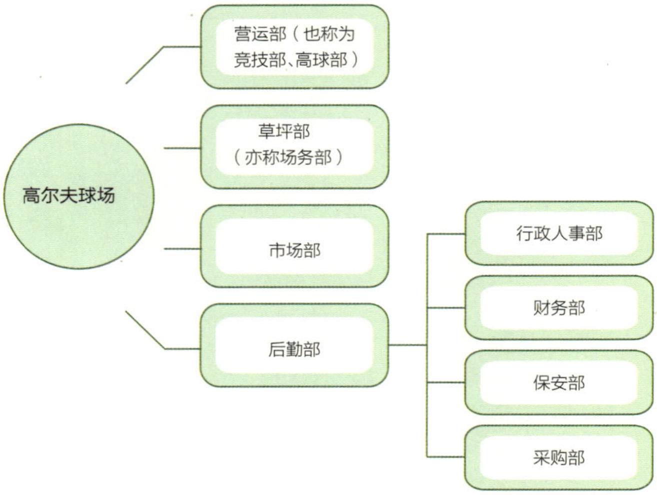

图 4-30　高尔夫球场的通行架构图

营运部（有的球场称作竞技部、高球部，如果只是高球部，则不包含餐饮和会所，这两个业务板块单独成立部门）、草坪部（亦称场务部）、市场部，这三个部门是三大核心业务部门，另有行政人事部、财务部、保安部、采购部等后勤支持部门。如果有酒店配套的，则部门设置更加复杂。

以下是某 18 洞球场的组织架构图，供参考。

需要说明的是，每一座球场都可以根据自己的运营特点和总经理擅长的管理方式来设置组织架构，并无一定之规。

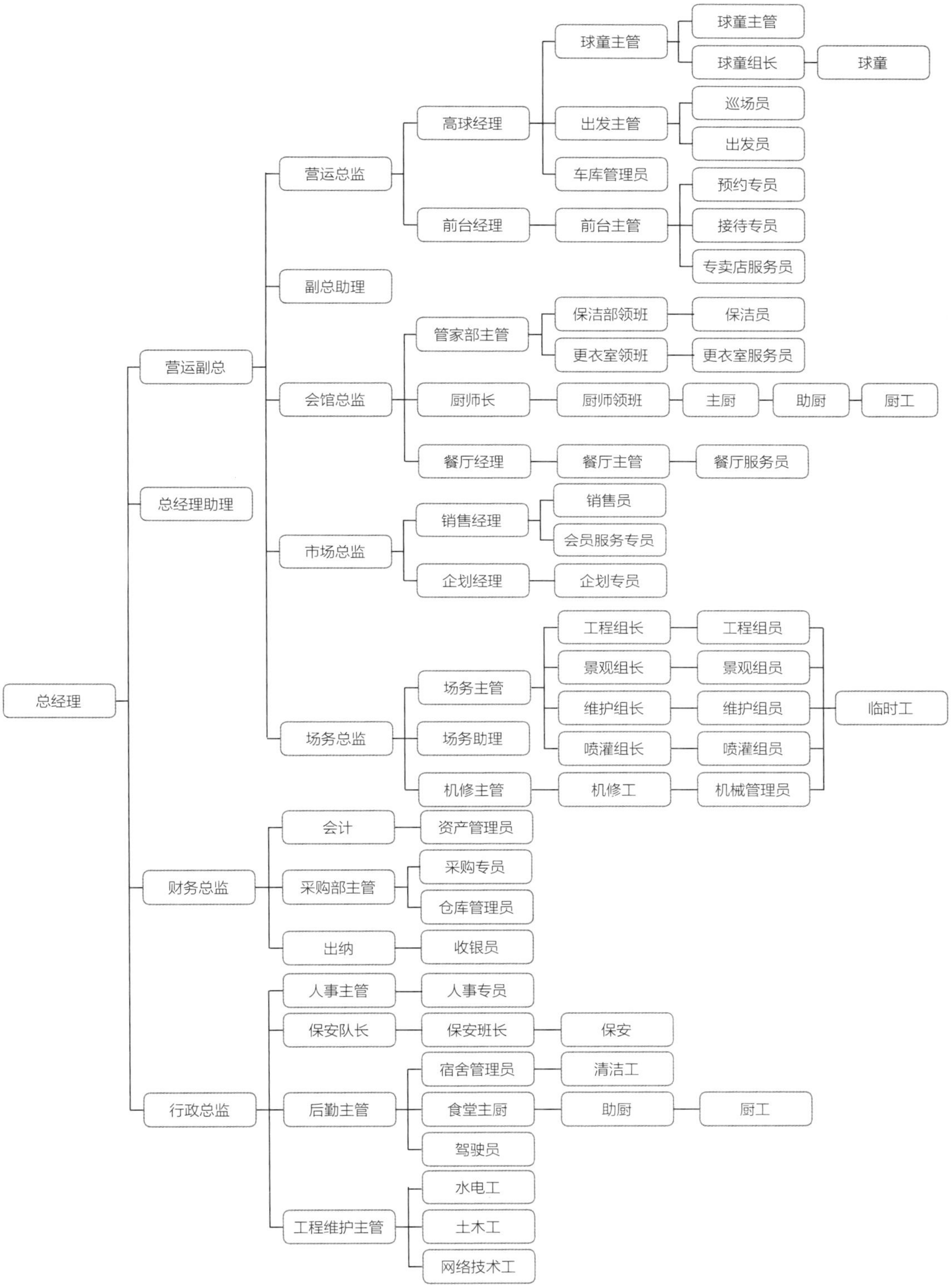

图 4-31　18 洞球场的组织架构

步骤06 会所筹建及开业前准备

过去，许多球场会所往往会先试营业一段时间，甚至于球场开业之后数年再建设、启用；但现在，许多具有实力的球场开发商会选择球场的会所与球场同步营业，而且球场内的房产项目也需要建设营销接待中心，否则难以彰显开发商的实力。

步骤07 人员招聘与培训

这是筹备期内持续时间长且耗费精力最多的一项工作，这一环节的工作也非常具体。

01 制定合理的用人标准

在招聘开始之前，应制定各级别人员合理的、有竞争力的薪资待遇标准和用人标准。

对于新球场而言，首先球场应招聘一位有高尔夫从业经验的行政人事工作负责人。高尔夫球场用工量大，人员流失率高，而且专业程度比较高，对各类人才的任职水平应有明确的要求。球场行政人事总监如果对高尔夫运营管理和独特文化没基本概念，将缺乏清晰的用人标准，不知各岗位应配备什么样的人，有哪些人才选择、考评维度。

02 筛选重要岗位人选要慎重

对人事行政部门负责人的工作能力有较大的要求，他的水平决定了球场的整体人力资源水平。

人力资源总监必须警惕一个问题，就是专业人员的不合理“跳级”的履历问题。

由于新球场如雨后春笋，各个新球场对高尔夫人才都非常渴求，人才匮乏一直是高尔夫球场管理者最头疼的问题。一个比较常见的现象是，各个球场都会出现了“跳级”使用人才的情况。

什么是人才的“跳级”？就是一个应聘人员如果在一座较有知名度的老球场做过领班，跳槽到新球场就会升级为主管甚至部门经理。业界甚至出现三年前还只是某家知名球场的巡场（基层员工），三跳两跳后，就成为某球场的总经理。

球场任用“跳级”的人有一定风险。也许这个人的确能力非凡，但大多数的情况是，“跳级”使用的管理人员工作能力、管理水平并未达到新岗位应有的任职要求，而如果一家新球场的中层、高层人员大多是“跳级”使用，未经系统测评，一定会给这个球场未来的经营管理带来隐患和问题。

03 看重综合管理能力而非单一技能

在高尔夫管理领域，有的人单兵作战能力非常强，但沟通协调、灵活变通等综合管理能力未必好，有的销售员完成个人业绩常年排名第一，但不明白营销策略，也不具备带领团队能力，甚至导致所带团队内部总是关系紧张，总挖同事的客户，与同事抢单争客户，这样的销售员就不能提升为主管或经理。

在用才的策略上，这类人在性格和知识储备等方面看更适合走单纯的技术路线而非管理路线。我们的用人误区是，专业技术线与综合管理线的用人标准不分，一个好球童往往被提升为管理序列的主管甚至经理，造成企业和个人发展都有苦难言的“受伤”。而在高层人员的录用上，有的新球场招聘的总经理是酒店管理出身，不懂球场的运营规律，有的总经理做过多年的运营管理，却不懂市场营销，也不具备总经理应有的知识储备，比如绩效考核、成本管理、财务、人事知识等。这类问题在新球场很常见。

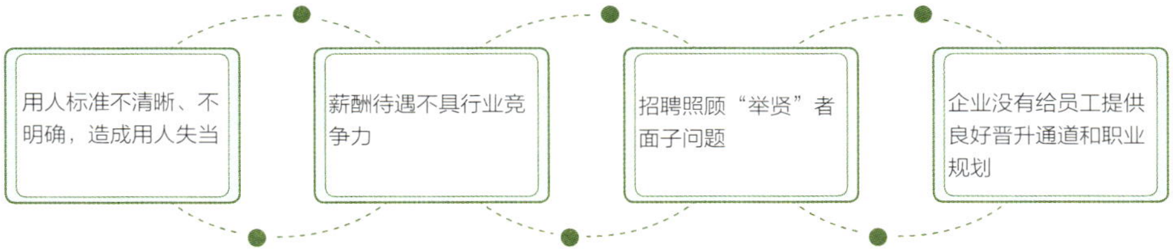

图 4-32　球场用人不当的原因

出现以上问题的原因有四个：

第一，项目决策者或人事部负责人对球场用人标准不清晰、不明确，造成用人失当；

第二，新球场薪酬待遇不具行业竞争力，招聘不到真正高水平的人才；

第三，招聘照顾“举贤”者面子问题，比如某人是老板的朋友推荐的，或新任总经理带来的老部下等，在人才考评体系不健全时，就难以慧眼识珠，难免泥沙俱下，挑选不到合适的人才；

第四，企业发展目标不能够转化成为员工尤其是基层管理人员的个人发展目标，即企业没有给优秀员工良好的晋升通道和职业规划，使优秀人才在待遇和职位上不能提升，员工团队缺乏正能量。

04 企业培训管理要全面

至于培训，则包括高尔夫常用知识（礼仪、规则、打球技巧）、服务技巧、球场知识（球道码数、障碍物、草种、草坪养护等等）、服务流程、企业制度、球车驾驭、体能和纪律训练（尤其是新球童应进行军训和跑步训练）等多方面内容。

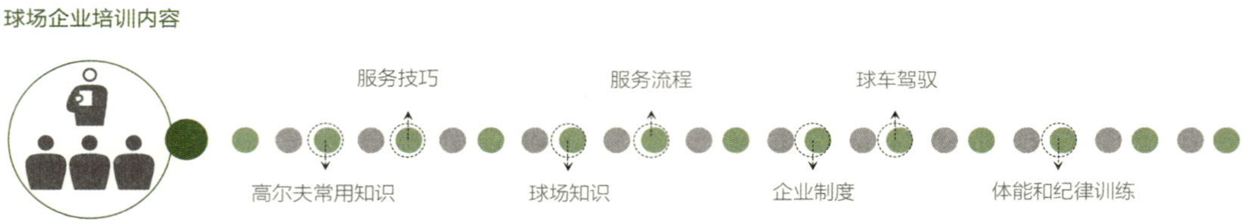

图 4-33　球场企业培训内容

步骤08 确定并执行市场营销方案

结合前述调研结果，各部门共同参与讨论执行方案，并招录合适人员展开。方案中，要重点探讨并解决的市场问题包括：

第一，公开营业采取什么形式？是正式开业，还是试营业？试营业员的工作重点是什么？开业是否有大型活动及方案和预算；

第二，会籍和地产销售策略，渠道或人员搭建，确定首批销售的产品（含地产）及其价格和优惠促销政策，重点在推广和蓄客方案；以及房产和会籍是否需要内部认购及其优惠政策等。许多高尔夫楼盘开发商都有些打高尔夫球和买房的关系单位和亲戚朋友，因此，有的项目先进行优惠的限量内部认购，再以正常的价格政策面市销售。

步骤09 确定年度经营计划和预算

工作计划分两部分，一是指筹备开业期间的工作计划和预算，按时间倒排的方式进行；二是试营业或公开营业后的若干阶段的工作重点、计划和预算。

步骤10 企业VI系统设计和管理软件采用

高尔夫球场开业前筹备还有两项重要的工作，一是俱乐部VI系统的设计使用；二是俱乐部管理软件的采购和安装调试。营业物资、物料的制作和采购应以类似于前述《会所开业事项清单和进度表》的方式，由各部门拿出清单，逐项分解，落实到人。

01 VI系统设计原则：不能只用成本衡量

关于VI系统设计，高尔夫楼盘项目往往为图简便和节约成本，用地产项目广告代理公司来完成球场的VI设计，结果不成体系，影响项目形象。

VI（Visual Identity，视觉识别系统），是CIS系统的一部分，是企业最具传播力和感染力的部分，是企业专业形象展示的有力手段。高尔夫球场或度假村的经营有诸多的特殊性，不了解高尔夫俱乐部运营特点的广告公司，一般做不好专业的高尔夫球场的VI系统设计工作。设计到位、实施科学的视觉识别系统，是传播企业经营理念、建立企业知名度、塑造企业形象的快速便捷之途，必须由专业机构提供服务。目前，国内有多家企业专业从事这方面服务。

高尔夫专业笔记

很多球场的经营管理者大多是经验派，许多总经理的个人修养和文化底蕴也不高，管理理念粗放、简单，往往一开始并不注重企业的文化和制度建设，许多球场营造的氛围与高尔夫文化、俱乐部文化的私密、尊贵、高雅的格调和经营方式有较大的差距。

02 管理软件是俱乐部经营的有效工具

关于球场管理专业软件，有的球场采取的办法是先用手工单做账磨合，到运营成熟后，再采用专业管理软件。其实，专业高尔夫球场管理软件解决的不只是手工财务结算、对账等问题，更是俱乐部经营的有效工具。例如，草坪养护工作，需要知道本地的气候变化规律，需要知道在某种天气、土壤情况下，采取何种应对措施，也希望将这样的资料信息用于将来，检讨得失，形成企业的知识沉淀。

再如，意向客户或会员的消费特点和要求等，比如客户开什么车、打球频次、消费爱好等，都是营销工作中的关键数据，这样的数据应该用于营运接待和市场开拓的全过程。这才是一款专业高尔夫经营管理软件要解决的问题。

采购专业软件要注意的是，现行市面上有多款软件，各有优劣，但有的软件不能免费升级，即如果软件将来升级改版，需要重新购买；也有的软件存在与其他管理软件的兼容性问题。据笔者所知，某球场原本使用的一种较知名的高尔夫球场管理软件，但后期酒店开业和会所开业时，又分别采购了专业的管理系统软件，就存在着三个系统不兼容的问题，让技术人员非常头痛。

步骤11 组织试营业

前期各项工作做到位后，球场试营业就水到渠成，终于丑媳妇要见公婆了。

要注意的是，试营业期间是非常重要的积累客户时期，应提前准备好周密的市场接待方案。球场的正式开杆试打活动或许低调或许高调，但都必须要求营运和市场人员做周到的接待服务。

01 地产客户和高尔夫球场客户分别接待

有的球场，会所与地产售楼接待中心是一体的，但也有少数高端俱乐部将这两个场所的功能分开，分别设立俱乐部会所和业主会所，或者单独设立地产营销接待中心。两类客户都需精心组织接待，避免影响项目品位。

02 销售人员不能急功近利

对于高端的高尔夫俱乐部，客户对房产的宣传信息或展示内容并不拒绝，但不能过于商业化，销售员过于急功近利，追着客人递名片和索要客人电话，将影响俱乐部高雅、闲适的整体氛围。

03 地产广告信息不必喧宾夺主

会所里摆放地产项目的沙盘或者销售信息栏，安排在客人必经的通道即可，不宜喧宾夺主，不一定要放置在大堂中央最醒目的位置。有兴趣的客人自然会主动问及，或者熟悉项目的会员一般会向其嘉宾、朋友提及到球场的房产。从营销的角度，每一位来球场消费的客人都被视作地产潜在客户，但如果推销方式采取夜店“酒水推销员”或者像推广保险业务，太主动、太热情的搭讪和推介，使人容易产生抵触情绪，破坏项目形象。新球场筹备营业阶段，工作千头万绪，需要第一任经营管理团队具有丰富的经验、宽广的人脉资源、清晰的工作思路和良好的沟通能力。尤其是注意与老板的沟通，老板往往将新球场视为自己得意的作品，此时对各种细节的关注度非常高，也往往介入较深。

依照笔者多年观察，新球场的第一任管理团队，往往是短命的，有的总经理还没熬到开业就被炒掉，有的营业一两年就被撤换。原因是多方面的，人事震荡也为球场的后续发展埋下了很多隐患。

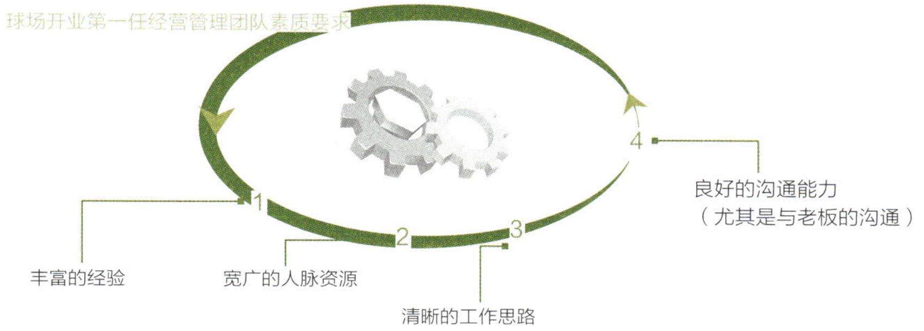

图 4-34　球场开业第一任经营管理团队素质要求

高尔夫专业笔记

新球场筹备营业阶段，最好能聘请专业高尔夫管理咨询公司协助新团队共同完成，既为球场节省费用，也会招募到合适的人才，为将来球场发展搭建较好的班底，建立良好运营体系，培育良好的团队作风和习惯。更能为球场经营选择合适的市场定位，利于会籍营销和房产推广顺利展开。

05

SECTION FIVE

第五节

城市高尔夫练习场及迷你球场经营及建造

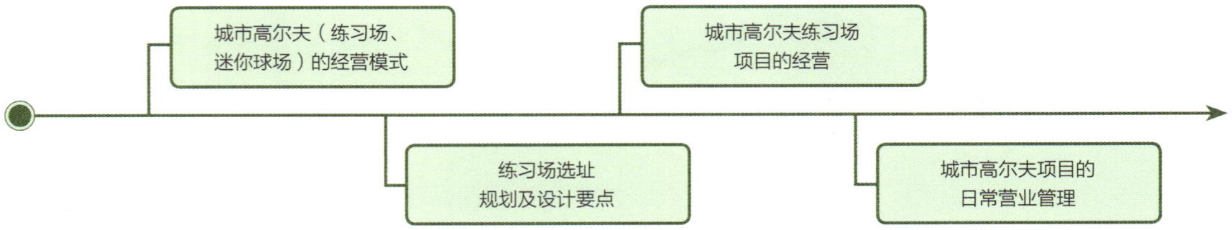

本节阅读导图

图：北京天一高尔夫俱乐部发球台密集的打痕

本节所述的城市高尔夫项目，主要是指地理位置在城区范围内或城市近郊，以练习场、迷你球场（9 洞或少于 9 洞的球场）为主要特征的高尔夫运动场地。

一 城市高尔夫（练习场、迷你球场）的经营模式

在北京、上海、广州、深圳等一线城市，高尔夫市场发达，经营练习场——尤其是地段好的——甚至比内地不发达地区的正规大球场还赚钱，并能产生充足的现金流。

据悉，深圳某高尔夫练习场，仅基建、装修费用就达人民币 1 亿元，与一些正规球场的建设费用相当，当然开业后它们的营业收入也非常可观，数年间就收回所有投资。在内地欠发达地区，高尔夫练习场的经营则不太乐观，许多内地的二、三线城市，练习场的经营举步维艰，挣扎在盈亏的边缘。

01 城市高尔夫（练习场、迷你球场）的分类

根据笔者的经验，城市高尔夫练习场、迷你球场项目一般分为以下 6 种：

城市高尔夫练习场或迷你球场项目分类
- 大型房地产项目的绿化和休闲体育配套
- 单体经营的高尔夫练习场
- 混合多业态经营
- 高端酒店、度假村或旅游区内的配套设施
- 正规大球场设置在城区的练习场或城市俱乐部
- 其他企业私享的练习场或综合小型度假村

图 4-35　城市高尔夫练习场或迷你球场种类

种类 1 大型房地产项目的绿化和休闲体育配套

这类项目因为有大型地产开发项目做支撑，一般建设经费的预算比较充足，硬件设施做的较好（比如练习场会所、办公区及打位区建设、草坪区和围网立杆的施工质量等），而且配套相对齐全，例如小区业主会所、餐饮服务设施，甚至包括其他小区休闲运动设施和商业设施（足疗、按摩、KTV 等）也会与练习场形成一体的配套，利于练习场经营。它一般会有以下两种经营方式：

外包经营

正因为开发商往往只将其作为小区配套，投资目标在于提升社区配套和房产价值，建成后可能并不自己经营，而是外包出去，其经营压力由承包经营者承担，对于项目后期经营盈亏、品牌建设往往考虑不多。

对于承包经营者而言，毕竟自己不是业主方，难有创立品牌的长远打算。如果是租赁承包经营，投资建造者和经营者各有自己的算盘，而且投资商往往并不懂练习场或迷你球场的经营，在项目前期调研和规划、设计环节未聘请专业人员参与，这类项目前期建设也有可能为后期营运带来障碍，会走一段时间的弯路。

自主经营

选择自己经营球场的开发商，往往聘请有经验和能力的职业经理人参与前期规划和后期运营，其市场运作和经营管理与正规大球场区别不大，可以取得较好的市场评价，形成良好的口碑，为项目积聚更多高质量的客源。

种类 2 单体经营的高尔夫练习场

单体经营的高尔夫练习场及迷你球场是城市练习场及迷你练习场的主流形式。

其他主流客户包括：新学员、保持竞技状态的老球友、没时间去正规大球场的球友、将高尔夫视为日常健身运动的球友、热爱高尔夫环境的商务客人等。

种类 3 混合多业态经营

高尔夫教学练习与其他休闲运动项目场馆混合经营，多业态经营。

这类项目的经营中，往往既有高尔夫球，又有比较大众化的网球、羽毛球、篮球，甚至攀岩、壁球等其他运动项目。项目管理层对高尔夫练习场经营的重视与否，要看练习场的生意好坏及对整体项目的经济贡献程度。在一、二线城市，地段稍好的此类项目，生意一般较好。

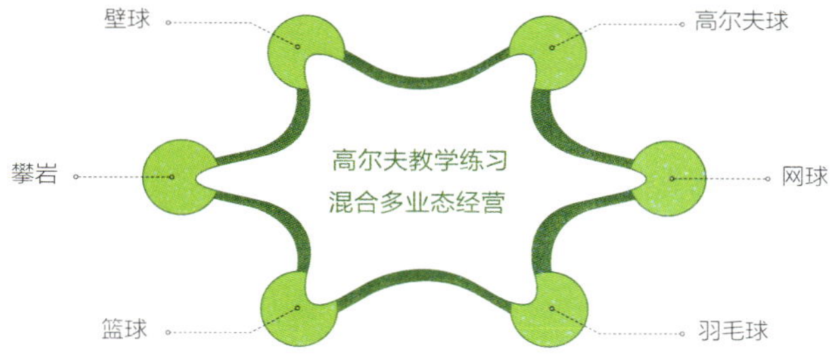

图 4-36　高尔夫教学练习混合多业态经营

种类 4　高端酒店、度假村或旅游区内的配套设施

这类项目中，部分城区内的练习场生意较好，运营、管理比较规范，自成体系。而在偏远地区，这类项目只是提升整体项目形象的一个配套设施，生意不好的练习场往往采取低成本运营的方式。

种类 5　正规大球场设置在城区的练习场或城市俱乐部

这类项目不多见。比较典型的有上海旭宝高尔夫俱乐部设在上海市内的练习场。这类项目的经营管理一般比较正规，执行大球场运作模式，大球场会将练习场当作重要的市场窗口，使其成为客户群体培养的基地，因此设施条件和服务水准可以维持在较好的水平。

种类 6　其他类

除此之外，还有一类是有实力的企业老板和决策者自身就是高尔夫球运动爱好者，企业的许多合作伙伴和 VIP 客户也有打球的爱好，于是开设了企业私享的练习场或综合小型度假村，这类项目一开始宣称不对外开放、经营，属于企业会所或疗养院性质，但往往后期承受不了经营压力，还会赴市场化运作之路。

02 城市高尔夫（练习场、迷你球场）的经营收入

城市高尔夫（练习场、迷你球场）的运营管理模式跟大球场相类似，高尔夫经营收入主要有以下 6 种来源：

图 4-37　城市高尔夫的经营收入构成图

（1）日常打球、练球营业收入

包括练习球费、租杆费、灯光费、存包费、果岭练习费（有的单独收费，有的不收）等。

（2）教学费

这是练习场重要的经营项目和收入之一，部分欠发达地区为了节省项目的人力成本，采取合作外包的形式。上海市的高尔夫市场发达，目前产生了“聚商”高尔夫教学品牌连锁，发展势头良好，甚至收购和参股许多经营不善的练习场。

（3）高尔夫用品专卖店经营

由服务员和教练员推荐高尔夫打球用品，在练习场的专卖店销售中起到较重要的作用。

（4）餐饮（含饮料、茶点）经营

在北京、上海、深圳等一线城市生意较好的练习场，餐饮收入往往占练习场营业收入的1／3甚至更多。当然，如果练习场有餐厅或与酒店、度假村一体经营，经营就相对方便一些。

（5）广告招商

指练习打位包间、练习场各类户外广告及联办活动的招商、销售。

（6）球卡销售

这是大多数练习场经营中最大的营收项目之一，但也有个别生意非常好、人气超级旺的练习场，例如上海的虹桥高尔夫（练习场 + 小 9 洞），假日时打位紧张，预订爆满，练习场地上白茫茫一片高尔夫球是比较常见的现象，一上午就需要捡几次球。这样生意红火的练习场，现在就不太在意假日权益为主的球卡销售额。

迷你练习场球卡类别

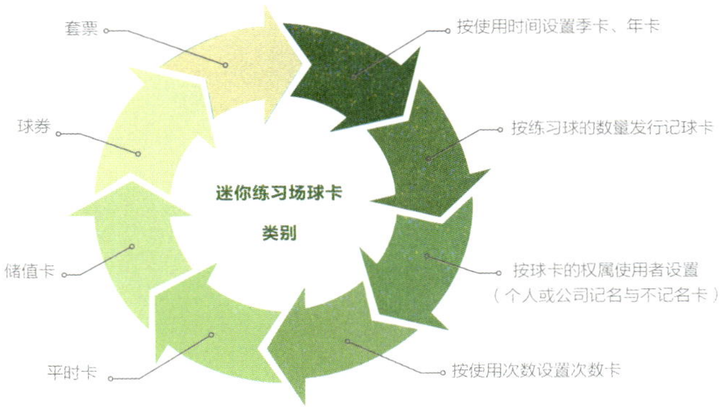

图 4-38　迷你练习场球卡类别

迷你练习场的球卡按权益设置，一般分以下 5 种：

第一，按球卡的使用时间设置季卡、年卡。较长期的两年卡、三年卡，甚至五年卡、十年卡；时间越长的球卡越便宜，球客可能会比较喜欢，而且利于总销售金额的提升，但它也是在透支练习场未来的营业资源，因此许多练习场对五年卡、十年卡的发行比较慎重，限量发行；

第二，按练习球的数量发行计球卡。当然，这类球卡会有使用年限要求；

第三，按球卡的权属使用人者分类，分为个人记名卡、个人不记名卡和公司记名卡、公司不记名卡四类；

第四，按使用的次数，设置一定年限的使用权次数卡；

第五，生意较好的练习场可以发行平日卡，限定平日享用，但也可以给予一定数量的假日权益，以利销售。

此外，还有储值卡、球券、套票等优惠变通品种。

03 城市高尔夫项目的经营模式选择

（1）常规模式

一般而言，城市高尔夫项目的经营没有严格区分会员、嘉宾和访客，但营业价目表的一些项目仍然与正规大球场一样，按这三类客户进行有差别的收费，生意好的练习场当然更愿意大量访客光临，从而提高经营收入。

截至目前，笔者所见国内采取纯会员制经营模式的练习场尚不多见。大多数练习场的土地往往是租赁性质，投资者也不太可能为练习场办理《土地证》，因此，不太可能销售终身会员证。

（2）高端模式

极少数非常高端的城市练习场项目，比如以高尔夫为主题的杭州江滨一号休闲会所，含练习场占地150亩，整体建筑近万平方米。项目经营以高尔夫为主题，结合私人会所概念和运营方式，设施包括23间豪华包厢和2个超豪华包厢，双层100个击位、超长310码球道、1250平方米真草迷你果岭区、真草打击区、沙坑练习区和顶级灯光照明系统以及专卖店等。

江滨一号还提供管家式尊荣服务、球具量身定制及修理服务，也有舒筋理疗服务，配口味独特、环境雅致的咖啡厅及中餐厅，拥有师资力量雄厚的威格斯高尔夫学院（教学中心），能同时满足客人运动健身、商务交流和休闲小憩的不同需求。据说，其一层挥杆打击区设置了空调，在盛夏高温时，来宾进入运动后，移步就能进入凉爽的空调隔间。这个项目的投资和经营结合了私人会所经营性质，球卡和消费自然价格不菲。

（3）高尔夫发达城市模式

一个高尔夫项目提供给客人的硬件设施、休闲生活享受的程度和品质越高，越能实现高溢价的投资回报。当然，这类型的市场定位也更适合在杭州这样高尔夫球发达的地区，当地的消费水平集聚的客户质量、数量能够支撑项目的长期经营。

（4）一、二、三线城市差异模式

在一线城市，地段稍好的练习场，盈利状况较好，不必采取太复杂的经营模式。但在二、三线城市，高尔夫练习场或迷你球场，盈利状况就比较难说，地段好、市场策略得当，往往前景乐观。地段较远、当地球市不发达，就得采取许多市场手段，提升服务水平。一、二线城市的高尔夫练习场、迷你球场项目结合私人会所的经营和营销模式，是个不错的选择，可以集聚高质量的客户，提升单人消费金额，但要求投资较大，餐饮及配套服务的硬件设施和服务标准较高。

04 高尔夫练习场和迷你球场的投资优势

城市高尔夫练习场或迷你球场有一个共同特点，就是投资者往往是比较狂热的高尔夫爱好者，他们经济实力比较雄厚，而且因为经营练习场的投资额较小，往往几个球友聊得兴起，就决定找块地自己开办一家练习场。

练习场尽管规模比较小，但与正规大球场的经营相比，也会面临许多同类的经营管理问题。

相对于正规大球场，高尔夫练习场和迷你球场的特点是投资少、见效快，经营压力和运营成本较小，地段良好的项目收益也较高，但依然需要做好市场调研、分析，不能轻易投资，否则如果地段选择不佳或者当地球客不多，照样有经营风险。

这类练习场在经营定位、服务品牌创立等方面，也得要有制胜高招。高尔夫练习场虽然运作、养护成本并不高，但需要数百万的投资，地段选择、市场运作和管理如果出现问题，也难获利。练习场的经营和高尔夫正规大球场的经营管理没有太多差别，都是服务业。但多了一条高尔夫行业独特的市场规律，需要经营者遵循。

图：北京天一高尔夫俱乐部球道

图：河北华润白洋淀管理学院高尔夫球场 9 洞灯光设置

二 练习场选址规划及设计要点

城市高尔夫练习场或迷你球场，项目选址非常重要。除了涉及与正规大球场相类似的地段交通、当地经济发展、球友数量等共性问题外，在规划设计方面还应注意以下 8 个问题：

问题01 地块走向要适合经营

高尔夫练习场选址地块走向要适合经营。

东西走向地块

如果地块是东西走向，则要考虑如何规避不利。球客打练习场，往往早、晚较多，而在上午和黄昏时段却有朝晒和夕晒，不仅让打球者看不清落点，尤其是盛夏时节还会让客人暴晒，不利经营。

南北走向地块

如果是正南北走向的地块，就要考虑风的问题。在冬天，北风直吹打球人的话会非常寒冷，影响客人打球。相对而言，东南或西北走向的地块更利于经营。

问题 02 增加部分球道的长度

迷你型球场不管是 6 洞或 9 洞，如果用地充裕，尽量不只是三杆洞，需要增加部分球道的长度，适当有些造型起伏和沙坑、水障碍等，提高打球者的趣味性和挑战性，做得更耐打一些，以免会员们打几次就厌倦了，提不起兴致。这样的项目更利于迷你球场会员证的销售。

提高建造标准

如果投资预算充足，可以提高球场建造标准，为日后养护减少麻烦。

标准 9 洞建筑方式

如果用地充裕，可以考虑采用标准的 9 洞建筑方式，既两个三杆洞、两个五杆洞、五个四杆洞，而且每个洞两至三个发球台，这样的迷你球场趣味和挑战性虽然不能与标准 18 洞球场相比，但也富有乐趣，能更大程度满足熟客们的打球兴趣，提升营业额；如果条件允许，选择灯光 9 洞更好，可有效提高经营时间，增加营业收入。

对开发商而言，目前土地的利用价值最大之处在于开发成楼盘，而不是建成球场，要计算投入产出。

问题 03 挥杆练习草坪区的长度问题

一般而言，练习场的草坪长度在 250 ～ 300 码为宜，可让来宾放心练习开球木杆。距离短的练习场，要考虑空中设拦截网，两侧中部的立柱也要考虑加高；如果是两层打击位的话，球场距离不够，二层要限制打木杆，以免球打出练习场，击中市民或车辆等，造成事故。

生意好的练习场，如果草坪区的面积够大，可考虑双向击打，增设打击位。

问题 04 小型会所的配套设计

练习场一般应配套一个小型会所，为节约建筑成本，会所一般与挥杆练习区的打击位一体建设。

练习场会所应提供综合服务设施如下图。

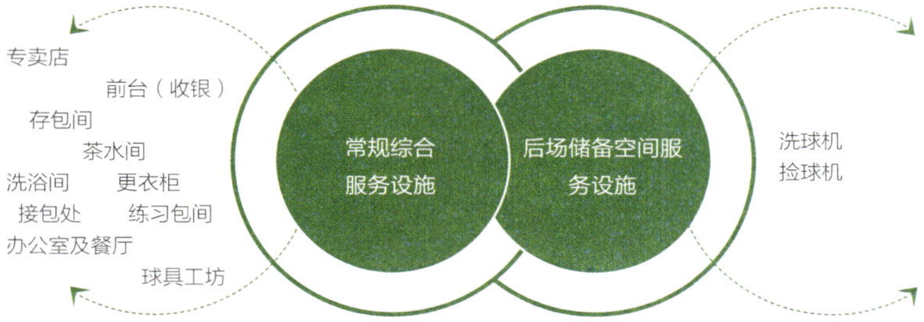

图 4-39　练习场会所的综合服务设施

常规设施包括专卖店、前台（收银）、存包间（是否收费及收费标准另议）、茶水间、洗浴间和更衣柜（便于运动后客人淋浴更衣）、接包处。会所门前的遮阳顶棚需要稍许大一些，可以并排停靠两三辆车，因为雨天打练习的来宾可能仍然较多；设施稍许完备的练习场还应包括练习包间、办公室及餐厅、球具工坊等。

当然，还要有摆放洗球机、捡球机等必要设备的储藏室等后场空间。

办公区要考虑尽量避开客人经营活动的区域，洗球机及储藏室要考虑经营便利性和隐藏在来宾视线范围之外。

有一类城市练习场通过租赁城市内有草坪（足球场）的综合体育场馆做经营。这一类练习场建设成本较低，利用了现有设施，只需要解决围网问题，或增添沙坑、人工果岭练习场，就可以使用了。如果是老城区的体育场，地段往往较好，停车位也较充足，是个不错的选择。

问题05 设置夜间灯光

考虑到来宾大多是业余空闲时间才来练习场，夜晚是重要的经营时段，一般城市俱乐部（练习场或迷你球场）要设灯光。练习场的灯光一般是架设在会所建筑体打击位的上部，灯光向草坪方向投射。几盏灯要聚焦、投射向不同的区域，目的是能做到使整个草坪区没有光线死角。如果打击位在 30 个以内，灯具大约 4 ～ 5 盏就够。有的练习场还在中部立柱上加设一组灯光，达到远处补光、看清落点的效果。

问题06 练习场草坪部分的规划设计

在这个问题上要考虑三点：

首先，要考虑是否设立真草打位区（真草打位区一般另行收费，因为它养护要求比较高，也更具真实感，利于实操练习）；

其次，练习场草坪仍然要考虑喷灌和排水问题；

为节约成本，喷灌设施可以考虑分区人工浇灌，而不采用全自动喷灌系统。为提高草坪养护水平，适当铺沙必不可少。尤其是排水问题一定要解决好，否则在日后经营时，大量积水不利于草坪养护，积水多的部位，球容易陷进泥地里，捡球也是个麻烦。

第三，为让球客们看清击球的落点，一般在草坪区的后部，要稍作抬高。

为提高学员们的训练水平，应在草坪区内设计 3 ～ 5 个目标果岭区，以增加练球者的击球精准度。目标果岭区的草应修剪得低一些，与其他草坪区分开来。有条件的练习场应在草坪区内设计 1 ～ 2 个沙坑，既增加草坪区的景观和高仿真度，也可使学员们掌握击球避开沙坑的挥杆技巧。

问题 07 草种的选择

如果不经营迷你球场而只有练习场，草种的选择范围可以比较宽泛。

（1）不必全种植球道真草

练习场的草坪除了捡球车和员工经常上去，一般来宾不会上去，因此不必选择真正的球道草。

对客人而言，草坪区的主要作用是视觉真实，感觉是把球打到球道上。因此，耐践踏的结缕草、多年生黑麦草，甚至其他绿化景观用草都可以选择，成本不必太高。

（2）考虑好暖季草还是冬季草

根据地域的不同，需要结合考虑是采用暖季草还是冬季草以及是否耐践踏、成坪速度和养护成本等问题。

有些项目，草坪区采用了人工假草与真草相结合的方式，减少了养护成本。有的项目，将附近正规大球场梳草或修剪果岭时剪下来的草茎直接撒种在草坪区，养护成坪。这也是一个节约成本的办法，而且草种一般比较纯。

如果是迷你球场，则要根据投入成本，重点考虑球道草、果岭草是否分开选择，是采用暖季草还是冬季草，是否交播等问题。

问题 08 迷你高尔夫球场的建造和硬件配套预算参考

建造一座较高标准的迷你高尔夫球场和硬件配套（含练习场），以下表为例，开发商可以大约知道需要哪些基本设施，固定资产的采购预算金额，以利掌握投资规模。

高尔夫管理工具箱

四 9洞迷你球场硬件设施清单

名称	内容
9洞标准高尔夫球场	27个标准发球台；9条标准球道；9个标准果岭；完善障碍区；完善9洞园林；9个球洞介绍碑；完善球车道；完善的喷灌和排水设施；1条紧急疏散通道
会所	__ m²大堂；__ m²接包区；__ m²接待台；__ m²男更衣室；__ m²女更衣室；__ m²高尔夫用品专卖店；__ m²男洗手间；__ m²女洗手间；__ m²球童休息室；__ m²存包房；__ m²办公区；__ m²操作间；__ m² VIP接待室；__ m²多功能厅；_ 个共 __ m²餐饮包房；_ 个共 __ m²会议室；__ m²出发区；完善的消防和监控设备
练习场	__ m²标准草坪；__ m²接待台；_ 个共 _ m²普通打位；__ m²真草击球区；_ 个共 __ m² VIP包房；完善的排水和喷灌设施；__ m²操作间
停车场	_ 个共 __ m²园林停车区域；完善的监控设备
推杆练习区	__ m²推杆练习果岭
设备区	__ m²车库；__ m²油库；__ m²维修车间；__ m²配件库；__ m²值班室；
备草区	__ m²果岭备草区；__ m²球道备草区；__ m²苗木区
院墙	总长 _m 的院墙（砖墙或栅栏）：完善的监控设备
大门	__ m²的保安岗亭；进出道闸；完善的监控设备
员工生活区	__ m²值班室；__ m²娱乐室；__ m²仓库；单人宿舍 _ 间；双人宿舍 _ 间；四人宿舍 _ 间；完善的消防设备；__ m²厨房；__ m²用餐区；__ m²洗碗区

上表说明，虽说项目只是一座9洞迷你球场，建造及筹备营业过程与正规大球场并没有太大的区别。从工程施工的角度看，也要包括土方工程、造型工程、排水工程、喷灌工程、练习场景观绿化工程、果岭、沙坑建造工程、坪床及植草工程、会所及围墙、大门、停车场工程、照明工程、围网工程等，涉及到比较专业的规划设计和施工建造。另外还有各类设施设备、草坪机械的采购、安装与调试等。

高尔夫管理工具箱 ㊄ 9洞迷你球场设备清单（固定资产采购类）

类别	名称	使用地点	型号	单价（元）	数量
球场设备	电瓶车	球场	2人座	35000	30台
	电瓶车	球场	6人座	45000	2台
	发球台标志	球场		50	54个
	沙箱	球场		800	12个
	垃圾箱	球场		800	12个
	发球台码数牌	球场		90	54个
	球道码数牌	球场		150	72个
	障碍杆	球场		40	300根
	雷雨警报器	出发区和小凉亭		3000	2套
	扩音设备	出发区		5000	1套
	租杆	出发区		1600	5套
	球包牌	接包区		80	150套
	球童评估卡	出发区		5	200张
	球童评估箱	出发区		200	1个
	赛事板	出发区		600	1个
	告示板	出发区		600	1个
	测距仪	球场		1500	1个
	空气压缩机	出发区		1000	1台
	对讲机	球场		1200	8部
	小计				
练习场设备	打击垫	练习场	1.5m×1.5m×3.5cm	1650	40个
	练习球	练习场	双层	2.5	10000个
	胶TEE	练习场		3.5	200个
	发球盒	练习场		14	100个
	装球盒	练习场		120	50个
	单包架	练习场		150	50个
	打位分割器	练习场		250	50个
	两联捡球机	练习场		6500	1台
	捡球车	练习场		45000	1台
	目标网	练习场		220	2个

续表

类别	名称	使用地点	型号	单价（元）	数量
练习场设备	球杆架	练习场		800	1个
	洗球机	练习场		12000	1台
	距离牌	练习场		300	10个
	租杆	练习场		100	30支
	装球筐	练习场		150	10个
	手推车	练习场		300	1台
	饮水机	练习场		300	1台
	烟灰缸	练习场		50	50个
	茶杯	练习场		20	50个
	小计				
会所设备	消费本	会所		15	200本
	大保险柜	会所		5000	1个
	电脑	会所		4000	5台
	LED显示屏	会所门口		5000	1条
	告示板	会所		600	1个
	液晶电视	会所		5000	2台
	打印一体机	会所		1500	2台
	传真机	会所		1000	1台
	电话机	会所		100	7台
	贵重物品寄存柜	会所		300	10台
	冰毛巾柜	会所		800	2台
	电热水机	会所		300	1台
	考勤机	会所		800	1台
	小计				
办公设备	商务车	办公室		250000	1台
	微型客车	办公室		50000	1台
	大班台	办公室		1600	6套
	沙发	办公室		2000	2套
	会议桌	办公室	15人	1500	1套
	电脑桌	办公室		300	10套
	文件柜	办公室		600	7个
	电话机	办公室		100	10台
	传真机	办公室		1000	1台

续表

类别	名称	使用地点	型号	单价（元）	数量
办公设备	打印机	办公室		1500	1台
	复印机	办公室		7000	1台
	照相机	办公室		2000	1台
	保险柜	办公室		5000	1台
	电脑	办公室		4000	13台
	饮水机	办公室		300	1台
	茶杯	办公室		15	20个
	小计				
员工生活区设施	空调	宿舍	1.5匹	2500	50套
	床	宿舍	1.5米	1200	10张
	双层床	宿舍	1.2米	400	80张
	被芯和床垫	宿舍		300	90套
	衣柜	宿舍		400	50个
	书桌	宿舍		150	50个
	乒乓球台	活动室		700	1个
	台球桌	活动室		1200	1张
	篮球架	生活区		1500	2个
	餐桌	员工饭堂		450	6套
	厨具	员工饭堂			
	小计				
草坪机械	三联剪草机				2台
	覆沙机				1台
	滚压机				1台
	果岭机				3台
	梳草机				1台
	悬浮机				2台
	手推式割草机				1台
	割灌机				3台
	风机				2台
	打药机				1台
	空气压缩机				1台
	直联真空自吸泵				3台
	水泵				3台

续表

类别	名称	使用地点	型号	单价(元)	数量
草坪机械	倒磨机				1台
	油脂注入器				1个
	草坪运输车				1台
	切边机				1台
	电焊机				1台
	切割机				1台
	钳板台				1个
	手掌磨光机				1台
	手推车				7部
	打孔机				1台
	打药车				1台
	工具箱				4个
	小计				

高尔夫管理工具箱

六 高尔夫练习场建筑概算表

高尔夫练习场建造成本预估

以建造一个250米长，100米宽的真草练习场，共设置64个打位，其中VIP包房3间为例。其建筑概算表如下：

项目	说明	造价（元）
立柱	三角网架立柱，高度12～30m，33根	72400
围网	聚乙烯网14600㎡，无顶网，钢丝9000m	250000
桩基础	钢筋砼，33个	330000
打台	钢结构，双层打台，90m长，7m进深，设计打席位64个	880000
灯光（考虑夜间营业）	空中照明灯光：美国GE2000W，10只	110000
	场地照明灯光：上海亚明1000W，16只	80000
会所	按600㎡设计，钢结构，含装修，满足球友登陆、租杆、存包、更衣、冲淋、小憩等功能。并设小商店、水吧、商务中心等	1200000
天然草坪	含喷灌系统安装、草坪种植、养护一年，25000㎡	1625000
打位用品	含打击垫、球杆、球等	158500
合计		4705900

一般的练习场，概算金额在500万～800万元，视配套设施情况而定。

三 城市高尔夫练习场项目的经营

01 练习场项目的立项、报建

如果只是练习场，那它与正规高尔夫球场有本质的区别，不属于限制性项目，可以以全民健身、体育运动学校、休闲俱乐部等名目立项报建。

如果是迷你球场，情况就比较复杂，但也可以以小区绿化设施、体育公园等名义报审，绕过“红灯”，躲过建设期间的干扰，再以练习场名义办理工商执照和税务登记证。

02 高尔夫练习场的建设程序

高尔夫练习场的建设程序大致是：

地理位置选择→可行性论证→市场调研评估→筹措资金→确定设计方案（含会所建筑设计）→委托施工设计→工程发包→球场建造（含会所建造、装修及内外饰）→招聘员工→员工培训→购买设备及安装调试→工程竣工→开始营业。

这个流程涵盖了大部分练习场建设程序。

03 高尔夫练习场的经营与管理

（1）项目人员配置

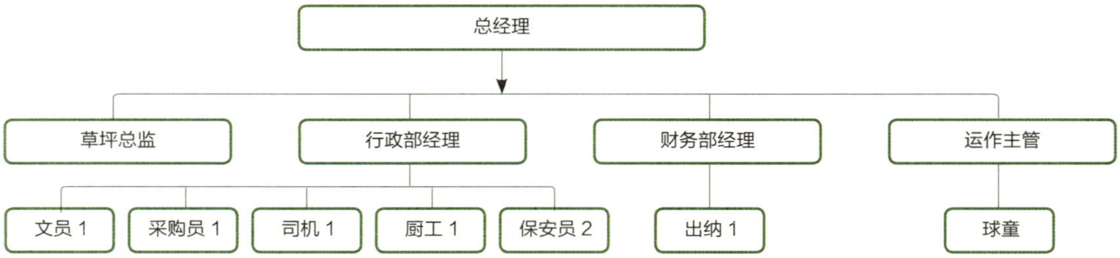

图 4-40　项目人员配置

当然，如果有餐厅（咖啡厅）、专卖店等较多的配套设施和经营项目，人员编制和架构则更复杂。

（2）销售产品

跟大球场一样，高尔夫的市场推广分为日常营运市场推广和会员卡（优惠卡）推广两个不同的业务类型。

其中，会员卡可以年卡、季卡、月卡和计球卡等产品销售为主，同时市场人员肩负着日常提升营业客流的重任，要推广这一运动和生活方式，吸引更多的客户来体验和学习，增加零星打球、体验的经营。

练习场还可配套建设有咖啡店、餐饮、球具、服饰销售等设施，提高综合经济效益。

四 城市高尔夫项目的日常营业管理

01 营业价格参考

练习场的价格（高尔夫经营部分，不含其他餐饮等经营项目）分会员和访客两种，虽然练习场的会员与正规球场的会员不是一个概念（比如说计球卡就不是会籍类产品），但仍然保留这种价格体系，用较高的访客价格促进会员卡或计球卡的销售。

高尔夫管理工具箱 ⑦ 访客打球价格表

收费项目	打位费	记球费	租杆费	灯光费	存包费	练习果岭费	包间费
价格	25元/人	20元/盒	15元/支 150/套	20元/次	10/天 200元/月 800元/年	30元/人次	100元/时

高尔夫管理工具箱 八 会员卡类产品价格参照表

卡种		价格（元）	有效期	球数	持卡人权益	备注
VIP年卡	联动 1+1	9800（金卡）	一年	无限畅打	高尔夫练习场：畅打一年，每月享受3次包房待遇，免灯光费、打位费、存包费、练习果岭费以及本练习场实时推出的其他会员待遇。 某高尔夫俱乐部：一年内节假日12次、平日50次免果岭费待遇。	限本人使用
		8800（银卡）	一年	无限畅打	某高尔夫练习场：畅打一年，每月享受3次包房待遇，免灯光费、打位费、存包费、果岭费以及本练习场实时推出的其他会员待遇。 某高尔夫俱乐部：一年期节假日6次，平日25次免果岭费待遇。	限本人使用
	VIP 两年卡	8800	两年	无限畅打	练球费全免。免费存球包、洗浴。每月免费使用包房3次，每次3小时（需提前预约）。VIP专用练球区，优先参加俱乐部组织的各类活动。	限本人使用
	VIP 一年卡	5800	一年	无限畅打	练球费全免。免费存球包、洗浴。每月免费使用包房3次，每次3小时（需提前预约）。VIP专用练球区。本卡可办理附属卡4000元/张，享有主卡同样权限，每卡仅限一个名额。优先参加俱乐部组织的各类活动。	限本人使用
	公司卡	12000	一年	无限畅打	练球费全免。免费存球包、洗浴。持有本卡可每日免费开两个打位。VIP专用练球区。本卡限量销售。优先参加俱乐部组织的各类活动。	两位不记名人
记球卡	无限期记球卡	8000	不限	50000	免打位费、练习果岭费、灯光费、存包费、洗浴费。每天限开三个打位。	不记名
	记球金卡	5000	三年	30000	免打位费、练习果岭费、灯光费、存包费、洗浴费。每天限开三个打位。	不记名
	记球银卡	4000	一年	20000	免打位费、灯光费、洗浴费。练习果岭费、存包费8折。每天限开三个打位。	不记名
球券		2000	一年	50张	含打位费、灯光费，每张限打100粒球。练习果岭费、存包费8折。	不记名
		3800	两年	100张	含打位费、灯光费，每张限打100粒球。练习果岭费、存包费8折。	不记名
储值优惠卡		8000	不限	——	免打位费、洗浴费。租球费、灯光费、存包费、练习果岭费6.5折。	——
		6000	不限	——	免打位费、洗浴费。租球费、灯光费、存包费、练习果岭费7.5折。	——
		4000	不限	——	免打位费、洗浴费。租球费、灯光费、存包费、练习果岭费8.5折。	——

上表中的“某高尔夫俱乐部”可为自行配套的迷你球场权益，也可为正规大球场合作的优惠权益。至于迷你9洞球场的营业收费，与正规大球场结构相同，但价格政策更灵活，会员卡和日常营业价格也略低于当地的正规大球场。

高尔夫专业笔记

值得注意的是，有些经营业绩不好的练习场通过发行三年卡、五年卡甚至更长时间的卡种，以优惠的价格吸纳一批会员，但这种价格优惠具有双面性。好处在于，这样的卡种可以一次性回收较多的资金，弊病在于这种卡的数量如果较多，就是杀鸡取卵，这批会员一次性购买了长期卡种，后期的卡就不好推广，有限的客源量被提前抢占了，挤压了后期市场空间。

02 高尔夫练习场项目经营管理与市场推广步骤

步骤 1：明确项目定位

城市高尔夫项目的市场推广，首先要求营销人员非常明确这一项目的定位。项目经营者要清楚，投资该项目的目的是什么，是靠项目本身盈利，还是丰富和完善大项目（例如地产楼盘或度假村）的配套，为项目吸引高端客流。

虽然城市高尔夫项目在经营上不能与正规大球场相提并论，但服务品质、企业形象、经营管理水平不能掉以轻心，以免影响口碑。经营管理好的城市高尔夫项目，既可以达到为整体项目输送大量高端客源的目的，也可以尽量多地取得经营收入，为企业树立良好的社会形象；通过良好的市场运作和会员卡的销售，能够实现项目投资成本回报，达到良好的盈利。

步骤 2：招募会员

迷你球场的会员招募与正规大球场一样，都是面对高尔夫爱好者或有消费能力的群体，而且握有自己培育客户群体以及地段较好、交通便利的优势。客户如果经常到这里学球、练习，一般也容易发展成正式会员。

城市高尔夫项目会员招募，一般均是优先发展项目周边地区的客户。随着消费理念的提升，现在许多城市白领也不排斥高尔夫球运动，甚至将其当作休闲健身的方式。在许多一、二线城市，白领到大球场打高尔夫球不太多，但却是练习场的会员，经常打练习，他们具有这样的消费能力。

步骤 3：后期市场推广

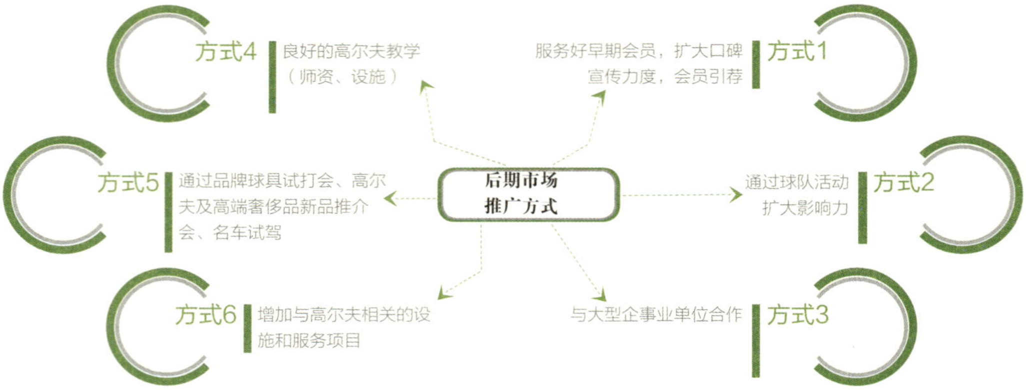

图 4-41　后期市场推广方式

城市高尔夫项目的市场推广大致有以下 6 种方式：

第一，提升服务水平，通过服务好早期的会员，扩大口碑宣传力度，会员引荐介绍是最好的推广方式；

与效益好的优质企业、高端消费场所合作，通过联合举办一些趣味性体验、互惠活动等，推广项目和高尔夫球生活方式。

第二，成立球队，通过球队活动扩大影响力；

第三，与金融（证券、银行）、中国移动等大型企事业单位合作，销售包房，通过包房带来大量的高尔夫爱好者，这是一批稳定和可以优先发展的客源；

第四，良好的高尔夫教学（师资、设施、推广）可为项目起到良好的市场推广作用，在高尔夫球爱好者心目中，好的教学具有强大的市场号召力；

第五，通过品牌球具试打会、高尔夫及高端奢侈品新品推介会、名车试驾等多类型的活动，吸引目标客户；

第六，增加与高尔夫相关的设施和服务项目，例如利用 3D 模拟高尔夫球场、球具维修（球具工坊）等服务项目提升经营收入；也可以采取一些优惠促销手段，比如为会员免费洗车、免费擦鞋、清洁和保养球具、新手办理会员证赠送高尔夫教学课程或两者呼唤的方式将学员锁定在练习场。

城市高尔夫项目与同项目地产楼盘的互动与市场推广，详见本书相关章节。城市高尔夫项目与同项目内酒店、度假村的互动与市场推广，主要在于相互给予优惠，资源共享，提升消费，在此不多赘述。

第五章

Chapter

FIVE

高尔夫地产项目经营特点

01

SECTION ONE

第一节

高尔夫地产与普通住宅地产的区别

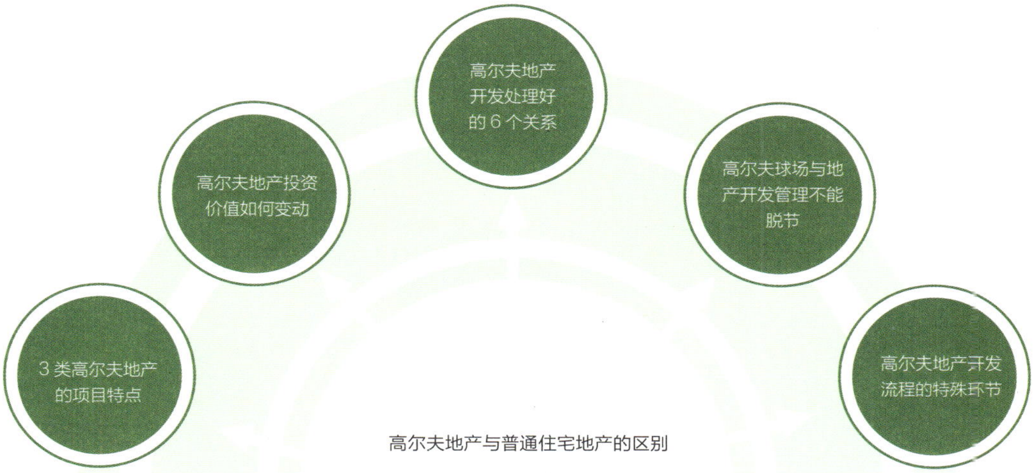

本节阅读导图

图：中信天下第一城高尔夫俱乐部

高尔夫地产是高尔夫运动与房地产开发紧密结合的产物。主要特点是高尔夫球场建设经营与房地产开发高度结合，球场与地产开发客户资源共享，在球场与地产功能配套上形成互补，价值上互相促进、提升。

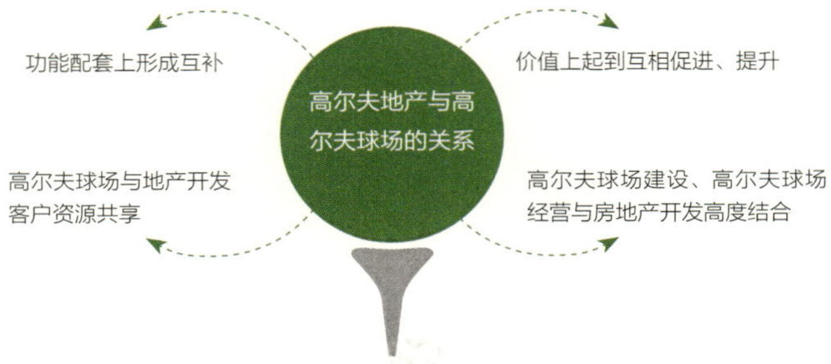
功能配套上形成互补
价值上起到互相促进、提升
高尔夫地产与高尔夫球场的关系
高尔夫球场与地产开发客户资源共享
高尔夫球场建设、高尔夫球场经营与房地产开发高度结合

图 5-1　高尔夫地产与高尔夫球场的关系

高尔夫地产开发既包含高尔夫球场部分，又包含房地产部分。所以，这类项目开发成败不仅取决于高尔夫球场和房地产物业各自的产品做得如何出色，关键因素还在于两者是否能高度配合，形成良性互动发展，项目中的各种跨界资源条件能否互相促进，最后让整体项目开发、经营达到共赢的效果。

在目前的中国，高尔夫运动还属于比较小众、门槛较高的休闲生活方式。高尔夫球场占地面积大，景观要求高，必要的会所等配套设施豪华，而且一般位于市郊、乡村。能享受这种生活方式的消费者有三个特征，一是有经济实力，二是有较多空闲时间，三是有打高尔夫球的爱好，或至少接受这一生活方式。

高尔夫地产项目中的高尔夫物业有以下三个特点：

一、高尔夫物业属于高档物业；

高尔夫物业与高档物业密不可分，两者开发经营的共同性体现在舒适、休闲、健康、优雅的生活方式。

二、高尔夫物业既可作为第一、第二居所，也可作度假或私人企业会所；

交通便利的高尔夫物业可以作为第一居所，不太便利的物业往往作为第二居所，是度假物业、养老物业或私人企业会所。

图 5-2　高尔夫物业的 3 个特点

不同居所定位的高尔夫地产其规划要求也不一样。

高尔夫地产能作为买房者的第一居所，在配套建设方面开发商无须投入太多，项目可以共享区域生活资源和已经成熟的市政大配套，项目配套设施方面的投资规模可以适当压缩。

高尔夫地产作为买房者的第二居所或者第三居所，则应丰富整体项目的配套，除了球场之外，还应当增加其他的配套设施，例如特色休闲、生活购物、医疗急救及度假酒店等设施，用丰富的配套解决客户度假生活方方面面的问题，这类开发采用高尔夫综合旅游地产的开发模式。如果高尔夫项目中地产开发量规模较大，市场定位高端，还应考虑球场和业主双会所等。

链接　第一、第二、第三居所的界定标准

第一居所

所谓第一居所，是指日常居住的物业。

距离业主日常工作、生活圈在一个小时范围内或交通便利的物业，生活方便，区域市政和生活配套比较成熟，例如超市、医院等齐全，客户将会考虑作为第一居所。

第二居所

第二居所，是指“5+2”物业，大多是周末或假期能够比较常去居住的物业，也包括富裕阶层用于寒暑期间避寒、避暑的物业。

如果交通时间在 1 ～ 2 小时范围内，可以考虑为第二居所；避寒避暑物业，交通时间可以更长一些。

结合投资需求和享受生活豪奢程度角度来看，富裕阶层的消费者对第一居所的刚性消费和投资升值关注程度较高，但现在受楼市限购、限贷政策影响较大，因而购房不受政策限制的三、四线热点城市仍然是炒房者的天堂。

第二居所是富裕阶层较多考虑的个人度假享受成功，并兼顾投资作用的物业。

第三居所

第三居所是指不太常住，但偶尔也去享受闲适假期的物业。要求具备基本的生活配套，交通直达性好；如果物业的交通时间在两小时左右或以上，则客户大多考虑作为第三居所。

第三居所对客户的财富要求更高，大多属于高净值客户群体。当然，大部分客户群体也更关注其投资前景和变现能力。

高尔夫专业笔记

从地产产品实用价值而言，高尔夫地产可分为第一居所、第二居所和第三居所三种类型。这三种居住类型将直接决定项目规划、建设品质，需要针对不同的客户群体，分别满足差异化要求。

三、高尔夫物业更具有保值性，宜于投资。

高尔夫物业因在自然景观资源、人文环境和项目审批资源等方面较为稀缺，因而具有较高的保值、增值性，投资性购买也是消费动机之一。

图：神州半岛高尔夫练习场

图：秦皇岛黄金假日高尔夫球场边的度假木屋

一 三类高尔夫地产的项目特点

从不同的角度，可以对高尔夫地产进行不同的分类。

高尔夫地产分类标准

分类标准	类别	
按照物业用地性质	高尔夫住宅地产	高尔夫别墅、高尔夫公寓、高尔夫洋房等
	高尔夫商业地产	高尔夫酒店、高尔夫度假村、酒吧、商铺等商业及休闲、运动、娱乐配套
	高尔夫会所及少量自用建筑	员工宿舍、办公楼、球车库、设备维护中心等
按照项目使用性质	商务及度假经营为目的的高尔夫度假地产	高尔夫酒店、高尔夫度假村等
	以出售产权为目的的高尔夫住宅地产	高尔夫别墅、高尔夫公寓、高尔夫洋房等
按照地产项目与高尔夫球场关联度	高尔夫球场与地产一体开发建设的项目	
	拥有高尔夫景观资源的地产项目	

01 按照物业用地性质划分

按照物业用地性质划分，分为高尔夫住宅地产（高尔夫别墅、高尔夫公寓、高尔夫洋房等）和高尔夫商业地产（高尔夫酒店、高尔夫度假村、酒吧、商铺等商业及休闲、运动、娱乐配套），还有高尔夫会所及少量自用建筑（员工宿舍、办公楼、球车库、设备维护中心等）。其中，商业地产部分既可由开发商持有和运营，也可以出售产权或出租经营使用权。

02 按照项目使用性质划分

按照项目使用性质划分可分为以商务及度假经营为目的的高尔夫度假地产（高尔夫酒店、高尔夫度假村等）和以出售产权为目的的高尔夫住宅地产（高尔夫别墅、高尔夫公寓、高尔夫洋房等）。

03 按照地产项目与高尔夫球场关联度的划分

市场上使用“高尔夫地产”概念的产品，大致可分为两类，一类是高尔夫球场与地产一体开发建设的项目，另一类是拥有高尔夫景观资源的地产项目。

（1）高尔夫球场与地产一体开发建设的项目

一般是指建有至少 9 洞及 9 洞若干倍数的高尔夫球场，并建设有与球场一体规划的高端房地产项目。此类地产项目分为简单的“高尔夫球场 + 地产”模式以及“高尔夫球场 + 旅游休闲 + 度假酒店 + 地产综合开发”等几种不同的组合模式。这类项目也有两个特点。

第一个特点是，地产项目与球场一体规划设计，高尔夫景观资源是最大卖点。

大多数高尔夫地产开发商与球场的开发及经营商是同一家单位或关联企业。这类项目中，地产项目与球场往往是一体化规划设计，综合考虑了地块价值利用问题。这类项目以高尔夫球场为景观资源和最大卖点，靠近球道的地块，高尔夫景观价值最佳，往往分布的是低密度别墅类产品（联排或独栋、类独栋——可打通的双联排或三联排），距离球道稍远的地块分布的是多层建筑，再远的地块是花园洋房即小高层、高层建筑。

第二个特点是，地产业主和高尔夫球场资源共享。

由于大多数项目球场与地产开发商同属一家公司，往往地产项目的业主在球场及其配套设施上有一定的使用权益和优惠，比如地产业主可以进入球场的会所消费，球场打球和练习场打球给予优惠，甚至有的地产业主会获赠球场的会籍。在营销和球场的经营上，地产业主和球场会员、球友相互提供更多的资源和便利，开发商借此共享优质客源。

（2）拥有高尔夫景观资源的地产项目

这一类地产项目又分为三种：

地产项目地块位于高尔夫球场一侧
社区内建有高尔夫练习场
社区绿化景观建设使用了高尔夫元素

图 5-3　高尔夫景观地产项目种类

第一种是地产项目的地块位于高尔夫球场一侧或半包围，部分物业的业主可以倚窗凭栏眺望球场，但球场与地产项目没有关联；

第二种是指社区内建有高尔夫练习场、迷你球场，没有正规高尔夫球场（即 18 洞及以上球场），营销上会放大高尔夫元素，对外宣称是高尔夫地产；

第三种是社区的绿化景观建设使用了高尔夫元素。例如，小区内绿化种植采用了高尔夫球道类似的设计，或使用了高尔夫球道、果岭的草种或类似推杆果岭的建造方式等，人为制造“高尔夫”噱头，为营销宣传创造话题。

第一类房地产项目明显比第二类房地产项目在高尔夫关联性和结合度等方面更高，更利于产生销售溢价，当然，操盘难度也复杂一些。

二 高尔夫地产投资价值如何变动

无论如何，高尔夫地产的本质仍是“地产”，其居住功能（无论是长期居住、短期居住甚至偶尔度假旅游居住）在价值构成因素中仍占首位。因此，能成为第一居所的高尔夫地产无疑最受市场欢迎。

在中国现阶段，房地产具有明显的金融属性，具有保值、增值的投资价值以及安置个人资产的作用。在中国投资渠道不宽畅的情况下，房产投资仍在富裕阶层投资方向上高居首位。而与高尔夫相关的这类高端房产的保值、增值性更高，逐渐成为富裕阶层生活方式的选择和重要投资渠道，甚至是家庭资产配置的重要品种之一。然而，在国家政策越来越严格的干预、调控下，价格较高、地理位置较为偏僻的高尔夫地产金融属性正在减退，高尔夫投资人群也逐渐减少。与中心城区相比，地处远郊的高尔夫地产投资前景似乎不太乐观。其主要原因有两点：

一是目前高尔夫地产大多位于远郊，居住的实用性略差，不属刚性消费需求之列，投资变现能力差，市场支撑刚性不足；

二是虽然大多高尔夫地产项目号称资源稀缺，但事实上这类地产供应量偏大，竞争激烈。购买高尔夫地产的客户群体，除了各类富豪们，还有一部分是不太重视价格和投资收益率的有灰色收入家庭，这部分客户的投资趋势是更重视资产阳光化或者移民，而不是在国内地产界做投资，这也减少了高尔夫投资人群的基数。

高尔夫地产、旅游地产等综合类型项目之所以近年层出不穷，还是因为它的高投资收益。从消费人群上看，中国高尔夫运动爱好者群体以每年至少10%的速度在增长，球市越来越旺，随着大量中产阶层的崛起，成都、沈阳、武汉等二线或新一线城市的球市在不远的未来，迟早会兴旺起来。作为三大高尔夫热地之一的大上海地区，高尔夫球市从2003年后才真正红火起来，距今仅十年光景。现在，上海地区的许多球场假日人满为患，有些球场即便是会员也需要提前一周甚至更长时间订场，预订专线热得“烫手”。相反，地产项目开发利润却在逐年下降，旅游地产、文化地产，乘机可获得更大的开发利润。

所以，开发商投资做高尔夫地产项目时，应要清晰地分析物业价值构成和影响其价值增减的因素，此点后面将有章节专题论述。

三 处理好高尔夫地产开发的六个关系

做高尔夫与地产开发，首先要明确高尔夫与地产开发的关系。二者既不是主从关系，也不是简单将球场作为地产项目配套，甚至只是绿化景观的关系。

精明的开发商应将球场作为一项长期战略布局，将球场当作持有并产生持续营利的长线项目，将地产作为短期快速回笼资金和追求高利润的项目。高尔夫地产开发不是“高尔夫球场＋房地产”的简单拼接开发，两者是紧密的相辅相成而不是割裂存在的关系。处理好两者的关系，唯有让球场与地产和谐发展，良性互动，共享资源，才能更好地发挥项目优势。

图 5-4　高尔夫地产开发过程中要思考的 6 种关系

关系 01 项目整体发展格局 VS 高尔夫与房地产定位

高尔夫球场与房地产开发在项目整体开发策略中的地位孰轻孰重？是以球场为项目开发的核心还是以房地产作为项目开发的核心？对这个问题的解答将影响房地产的开发方向和定位。

笔者认为，球场与地产是一种项目的两个部分，互为支撑。在高尔夫地产项目中，高尔夫球场与地产楼盘的关系，好似人的双脚，哪一条腿跛了，都不是好事。有地产项目在开发和销售阶段，球场必须要为地产销售服务。球场的定位与经营应当在符合自身长期良性经营的前提下，主动为地产贡献价值。

地产开发和经营、销售，应当遵守高尔夫球场的运营和管理规律，符合高尔夫文化和礼仪，避免对球场经营和企业品牌形成负面影响。放弃高尔夫球场的品质建设和树立而只关心地产开发、销售的做法非常短视，也会影响项目整体价值产出。

关系02 高尔夫综合资源 VS 房地产增值

经验表明，我国高尔夫地产单价比同区位普通楼盘至少高出 20% 以上，这种高溢价除了高尔夫球场作为不可多见的景观资源对地产价格产生拉抬作用之外，高尔夫综合资源（如社区资源、配套资源、心理资源、客户资源等）对物业增值的提升作用同样不可小觑。如何真正处理好高尔夫综合资源利用与房地产增值之间的关系将是高尔夫地产开发中的重点。

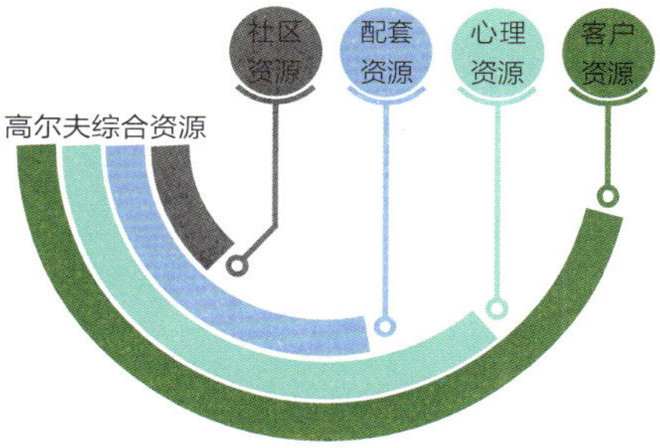

图 5-5　高尔夫综合资源构成

因此，要求地产开发体系的人员知晓和尊重高尔夫文化、礼仪，对球场的运营流程相当熟悉，对高尔夫圈层的客户消费特点有清晰的了解，才能更好发挥高尔夫综合资源的价值。

关系03 高尔夫球场客户资源细分 VS 房地产产品细分

高尔夫地产的一大特点是要求客户群体对高尔夫生活方式至少是认同和向往的。因此细分高尔夫球场客户群体类型及其消费需求特征，有助于确定房地产开发产品定位及细分，降低房地产的开发风险并取得最佳利益。

高尔夫球场带来的客户资源，往往是高尔夫地产重要的意向客户。依据笔者经验，在过往的一些项目中，地产业主中约有 1/3 至一半是高尔夫爱好者，他们热爱和向往高尔夫生活方式；球场的会员和打球客户中，大多数也对球场同步开发的房产比较感兴趣，虽然因为各种原因没有购买，但会介绍球友和亲朋好友购买。华中某高尔夫项目，交通极为不便，通达性差，项目内生活配套不足。打球人群可以习惯往返总共五六个小时打一场球，但是对于使用物业居住人群，却非常注重时间成本和交通安全、生活便利性，这一硬伤至今没能解决，决定了这个球场客流较小，地产销售也不畅。项目开发不符合和尊重客户的消费需求，自然滞销。

关系04 高尔夫球场开发 VS 房地产开发时序

一般来说，球场和房地产开发均是分期、分阶段进行。36 洞球场中，有的是先建一个 18 洞，积累足够的建造及运营管理经验后，再建剩下的 18 洞，地产开发也分成若干期和多个组团逐步开发。

如何确定高尔夫球场与房地产物业在不同开发阶段的先后顺序，把握球场和房地产的开发时机，是关系到两者能否良性互动发展的关键。

这类项目比较常见的开发时序分三个步骤：

第一步，球场与地产一期同步开发建设；

第二步，在球场试营业或公开营业时，地产一期面市销售；

第三步，通过一期项目销售，试探市场反应，并为项目后期开发建设回笼资金。

高尔夫球场及配套的酒店、休闲设施的运营成熟一般需要两至三年，有的甚至更长，这样才能积聚起足够的人气（招募基础会员，扩大客流）以及树立良好的市场形象和口碑效应。在口碑和品牌逐步树立的过程中，地产分期陆续推出，不断借助球场、酒店（度假村）积攒的人气和品牌做营销推广，会获得良好的地产收益。

关系05 高尔夫球场 VS 住宅空间布局

一般来说，开发商总希望能充分利用高尔夫球场的景观资源，而球友则不希望站在球道上放眼四望，看到的都是密密麻麻的房产。住宅过于靠近球道安全性也较低，球场与住宅在资源共享的同时还要注意保持一定的距离。关于这一问题，本书其他章节已有探讨。

关系06 高尔夫球场经营 VS 地产开发盈利

中国有些高尔夫球场的硬件品质已接近世界级水平，但经营管理等方面却不尽人意。相比地产的大投资高回报，高尔夫球场的盈利空间显得有限，投资商在球场上倾注的资源也有限。

中国东、南部沿海地区与西部内陆地区的经济和消费水平相差一二十年，这带来高尔夫球市非常明显的区域不平衡性。这些因素，形成了行业运营管理标准很难统一。比如，在高尔夫运动发达地区，18 洞球场会员证销量可达千名甚至更多，回收球场建设资金无虞，仅日常营运每年就可盈利数百万、千余万元。但在欠发达的内陆地区，许多球场的会员证销售不能保证回收建设资金，而球场营业收入也难以维持自保，需要通过地产销售补贴。

上述种种原因导致一些缺乏远见或实力不足的开发商往往压缩球场品质，球场施工和硬件配套品质欠佳，服务水平让人不敢恭维。许多职业经理人不具备高瞻远瞩的品牌经营意识，投资商和决策人往往在整体项目前期对地产倾注更多的心血和资源，忽视了为项目带来高附加价值的球场经营和品牌塑造。其实，在楼市调控“冷”行情和地产行业利润率越来越低的时候，经营好高尔夫球场品牌对地产项目贡献值更大。

高尔夫地产是一种对体验服务要求极高的项目，客户满意率每提高一个百分点，都再营销，可以获得加倍回报。这一点许多开发商都未能理解和执行。

四 高尔夫球场与地产开发管理不能脱节

高尔夫地产开发成败关键取决于球场和地产能否高度配合，各种资源能否互相促进，达到整体开发共赢的效果。

01 球场在高尔夫地产中的价值

从投入产出的简单价值计算上看，高尔夫地产项目的短期内，地产价值贡献远远大于高尔夫球场的价值贡献。

内地有许多球场挣扎在盈亏边缘，如果计算球场的财务成本和资产折旧，严格说来他们做球场会亏损。然而，球场经过长期经营，又能为地产和区域土地带来增值，经营得好的高尔夫地产项目，球场是项目的心脏，为项目提供足够的客流和品牌知名度。这种贡献被当地政府和开发商所乐于看到。

02 高层管理者要兼顾球场资源和地产资源共享

笔者从业过程中，看到许多项目上的球场与地产各自为营，球场管理层与地产开发公司管理层无法团结一致，照顾彼此，各自的员工也不能相互视为一个共同体，更遑论支持和协作。笔者听闻某个项目的球场管理者跟员工说，球场和会所内禁止房地产销售员出入，禁止房地产销售员与球客搭讪。

这个现象的背后可能是房地产销售员的工作方式确有违背高尔夫会员管理与高尔夫礼仪之处，比如不注意言行举止，过于强势地推销不照顾会所的私密性及客户的尊贵感。但这些问题，经过企业内部专业培训管理完全可以解决。

一个项目的两家公司或同一公司内的两大部门关系不和，造成花费巨资搭建的高尔夫资源平台不能让地产项目共享，就严重违背了开发商打造“高尔夫地产”项目的初衷。

五 高尔夫地产开发流程的特殊环节

普通地产项目大致开发流程是：

一、对意向地块进行前期市场调研、分析；二、确定进入；三、与政府确认项目合作条件（支付前期费用、垫付拆迁费等）；四、成立项目公司（常见于异地开发或旧城改造项目）；五、拿地（“招、拍、挂”或协议转让，支付土地款）；六、总体规划立项及各项行政报批；七、确定市场策略；八、建筑规划设计；九、工程建设；十、宣传推广及预售；十一、完善配套；十二、履约交房；十三、转交物业服务。

高尔夫地产项目的总体流程大致也如此。

但在实际操作过程中，还有几方面又较为特殊，需要操盘者特别注意。

注意点01 高尔夫用地属性问题

中国楼市、股市都是政策市，中央和地方一届政府的政策走向，政府部门领导对项目是支持还是反对，决定了许多项目能否上马，企业能否盈利。这些人为因素无法完全通过客观科学的前期调研论证得出结论。比较大型的地产投入，要解读和前瞻性预判中央政府对行业的态度，也要了解当地政府，尤其是政府大员对项目的态度。投资人在准备拿一块地，进入高尔夫地产市场前，摸清当地政府主政者的态度至关重要。

（1）中国土地使用基本政策

高尔夫球场与商品房开发一样，土地成本是最大的成本之一，也是企业赚取巨大利润的寄主和来源，投资者必须研究如何拿地，以什么成本和方式拿地。

我国的土地政策

我国土地实行社会主义公有制政策，即土地为全民（国家）所有和群众集体所有，土地的所有权（产权）不能私有，经营使用权可以按法律规定出让或出租。地产开发业中常说的商品房“两证”，指的是《中华人民共和国国有土地使用证》和《中华人民共和国房屋所有权证》，“两证”齐全的房屋才是完整权属的商品房。农村村民的房屋也可以办理《房产证》和《土地证》，但土地性质是集体用地，按法律规定不能出售给非农村户口。

城市市区土地政策

一般城市市区的土地均属于国有土地，国有土地必须经过行政划拨、“招、拍、挂”或协议转让等法定程序，才能出让若干法定年限的使用权，并办理土地使用权证。

农村和城市郊区的土地

农村和城市郊区的土地，除法律规定属于国有或已办理国家征用手续以外，大多属于农民集体所有。按国家的土地政策，集体土地不允许随意买卖，但可以按法定程序租赁和转让，但办理不了《国有土地使用权证》。按法律规定，集体土地先要被政府征用才能变性为国有土地，只有国有土地才能出让，办理《国有土地使用权证》。

国有土地的使用类别和年限

出让国有土地的可用于五种类型：商业用地、综合用地、住宅用地、工业用地和其他用地。

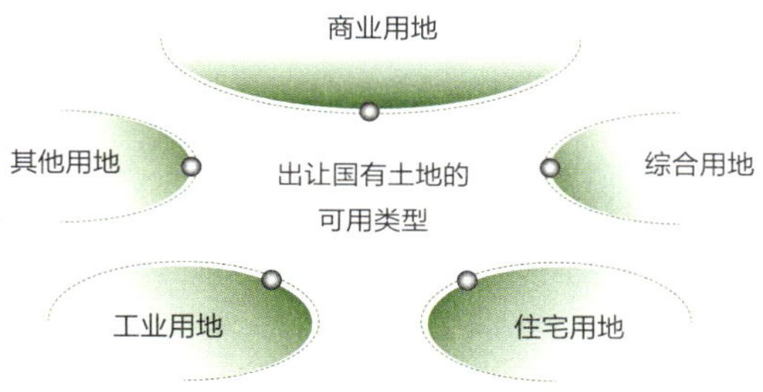

图 5-6　5 种出让的国有土地类型

根据《中华人民共和国城镇国有土地使用权出让和转让暂行条例》，各类用地出让的最高使用年限依次为：居住用地 70 年；工业用地 50 年；教育、科技、文化、卫生、体育用地 50 年；商业、旅游、娱乐用地 40 年；综合或其他用地 50 年。

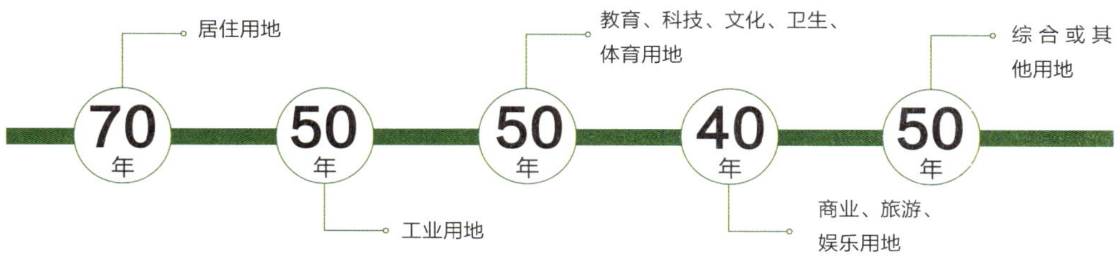

图 5-7　各类用地出让的最高使用年限

商品房住宅项目用地的可用领域

根据政策，可供开发商品房住宅项目的用地分为商业用地（商住混合楼、产权式酒店公寓或产权式酒店名义报建的别墅楼以及写字楼、商铺等）和住宅用地两类。

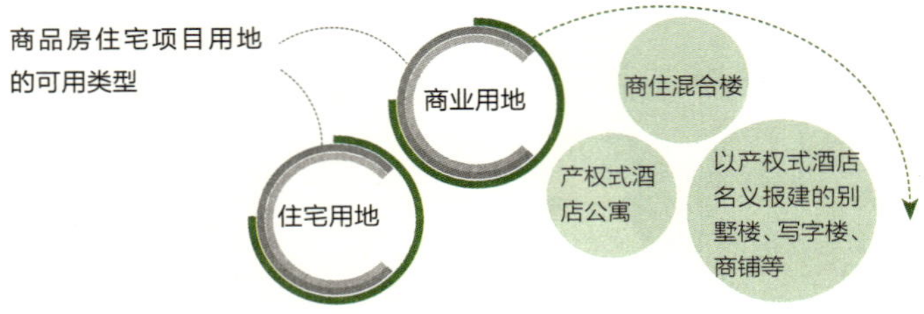

图 5-8　商品房住宅项目的用地类型

（2）高尔夫项目用地及拿地策略

除前期已获审批或已正常经营的高尔夫项目，就目前来看，新的高尔夫球场和别墅用地均属于国家禁止项目，通过正常流程无法拿到土地，或者即使用地充裕，也难以通过立项、审批一关。可事实上，有些地方政府仍可以开绿灯。

通过收购项目

投资商如果要进入高尔夫地产市场，一种途径是收购既有的高尔夫项目，通过改造、包装和新建，重新定位后再面市，前提是被收购项目还有待开发的土地资源和会籍等潜在价值；另一种途径，当然是去拿全新地块。

利用偏远地区政府把高尔夫项目当作招商重点工程的政策

一些偏远的或准备极力发展旅游产业的地区，当地政府将高尔夫项目作为提升旅游配套和商业形象的招商引资重点项目，列入政府重点工程。对于挂牌出让的土地，往往会采取“政府开支”的方式，将开发商缴纳的土地款按一定比例返还给企业，有的地区返还比例高达 50% ～ 80%，早期有些项目甚至全额返还。政府以此政策支持项目发展，以低廉的地价吸引投资，也将返还出让金视作政府丰富当地体育文化设施和旅游配套的必要投资。但土地款返还是一把双刃剑，带来了地价便宜的优势，也说明当地经济落后，项目后期市场营销压力较大。

（3）高尔夫项目用地及办理原则

忌用住宅用地做球场或配套设施

高尔夫地产项目用地一般较大，一座 18 洞标准球场一般占地 1000 ～ 1200 亩，总体项目动辄数千亩，更大的项目用地控制用地范围可能会以平方公里为单位计算。这个巨大的地块中，并不都是住宅用地，但用宝贵的住宅用地指标做球场或配套设施对投资商来说很不划算，做高尔夫球场、现代生态农庄等配套项目正好可以提高地价，也能消耗大量地块。

高尔夫地产用地可申办多种用地属性

高尔夫地产项目的用地性质，住宅产品大部分是住宅用地，但如果酒店、度假村的体量较大，还可以办理商业用地，因为产权式酒店公寓或酒店报建的商业性质独栋别墅项目，并不在限购范围内。以商业项目立项，可以避免住宿项目内独栋别墅难以审批的麻烦。但是商业用地的土地使用年限仅为40年，营销上要规避不力。

《土地使用证》获取仍是高尔夫球场的尴尬

高尔夫球是一种体育运动，球场用地如果要获得《土地证》更利于会籍销售，并且是50年使用权的体育用地利于销售，但中国高尔夫属于禁止项目，有的地方只好将高尔夫用地办理成商业、旅游用地或其他类型的用地。也有的开发商征用整块土地后，不办球场用地的《土地证》，而是用已取得《土地证》的物业组团和围墙将球场围合起来，将球场与周边土地隔离，那么，这样的球场土地性质就是真正作为居民社区内的公共绿化配套了。

其实，国内有许多球场用地并未取得《土地证》，不过是部分用地取得了《土地证》，原因是为了降低项目投资金额，或避免办理《土地证》的一系列麻烦。这样的土地不必缴纳土地出让金，而是采取租赁的办法，在征用时支付当地政府和村民一些费用就可以。但根据我国的合同法，租赁土地的合同期限最多不超过20年，因此未取得土地证的球场用地，在将来会面临当地政府或村民集体组织（乡镇政府或村委会）涨价、违约的隐忧。许多球场在施工和经营过程中，出现村民违堵大门的状况，大多是土地问题带来的麻烦。

（4）高尔夫项目的地块筛选

中国高尔夫产业政策和新闻界多次曝光违规建设高尔夫球场问题，主要在于政府高层和公众新闻界对这个行业缺乏了解和态度漠视。

高尔夫项目无须占用耕地资源

事实上，高尔夫球场并不需要多少耕地——平坦的球场缺乏趣味，同时需要大片树林作为球道间的安全区隔和自然景观。因此，建造球场过程中，有底线的开发商并不会大片推田、毁林、炸山。但不排除个别开发商和球场设计者缺乏公德和环境保护意识，为了满足设计效果和方便施工产生大量毁林炸山的可耻行为。近年，业界多次传闻一些球场被予以重罚数百万、千万元，原因主要出在项目占用了耕地并影响当地生活水源等问题。

高尔夫专业笔记

高尔夫用地政策限制迫使开发商要从源头上想办法，要避免球场用地范围内出现耕地——至少在球场与当地政府签订的有关土地的原始法律文件中找不出破绽，即便征用前有小部分是农业耕地，可以按较高的标准赔偿，但在登记时也尽量改变土地性质。

链接

2011年6月，由国家发改委、监察部、国土资源部、住建部、环保部等十一部委联合下发《关于开展全国高尔夫球场综合清理整治工作的通知》，《通知》中明文规定：“所有球场一律不得占用耕地、天然林和国家级公益林地，占用的耕地和林地必须全部退出，尽快进行复耕和恢复森林植被。”“占用耕地面积超过球场总面积50%的球场、在自然保护区或饮用水水源地保护区内建设的球场、非法围垦河湖影响防洪安全的球场、非法占用公共资源建设的球场，相关部门和地方政府要重点督办。”因此，在整体项目初步规划设计阶段，我们就要警惕，注意球场用地不要去踩“耕地和天然林地、公益林地不得占球场总面积50%”的雷区。

一马平川的土地并不适合做高尔夫球场

事实上，一马平川的土地往往不适合做高尔夫球场。平坦的土地需要挖东墙补西墙，调节土方，甚至外购土方，才能满足球场造型的需要。许多球场的发球台和果岭要人为抬高，做成炮台形，以便开球时视野清晰，并且让远处果岭目标明确。如果开发商征用土地中有部分是耕地，建议要注意不要将耕地用来做球场，在前期规划设计时就予以避免。这也是规避法律风险的需要。

可利用滩涂、荒草地、盐碱地和沼泽地等边缘性土地建高尔夫球场

中国农业大学绿色环境中心主任、高尔夫专家胡林先生及弟子严良政博士等多位学者，曾联合撰写学术研究文章《我国利用边缘性土地建设高尔夫球场的可能性》（以下简称《可能性》）。文中写道：“在我国各省市均有广泛分布的边缘性土地，由于其具有不宜耕作为农田，却可生长高抗性作物的特点，具备建设高尔夫球场的巨大潜力。利用其中的滩涂、荒草地、盐碱地和沼泽地的5%，全国即可建设近6万家球场。这样既可很好地解决高尔夫球场的用地问题，又可做到社会、经济和环境三个效益兼顾。同时，一些大城市规划的绿化用地、绿化隔离地和垃圾填埋场都可以作为高尔夫球场用地的潜在来源。”

高尔夫球场为了达到高尔夫运动要求的草坪质量标准和高效率、低成本养护管理的目的，在球场建造过程中，需要花费资金改良原有土壤，所以，高尔夫球场的建设对原有土地地力要求并不高，边缘性土地均是适宜种草的土地，客观上可以建造球场。高尔夫球场建设需要占用大量土地，但并非是耕地和林地，这是外界对高尔夫行业最大的误解。

高尔夫专业笔记

边缘性土地，是指不宜耕作为农田，却可以生长和种植某些适应性强的植物的土地，包含坡度太大、土地质量较差的未利用荒弃土地。

全国边缘性土地可建高尔夫球场列表

行政辖区	总面积（千公顷）	1%的利用面积（千公顷）	可建球场数（个）	5%的利用面积（千公顷）	可建球场数（个）
全国总计	70758.5	707.585	11793	3537.925	58965
华北区小计	8773.4	87.734	1462	438.67	7311
北京	143.6	1.436	24	7.18	120
天津	93.9	0.939	16	4.695	78
河北	2972.1	29.721	495	148.605	2477
山西	2894.4	28.944	482	144.72	2412
内蒙古	2669.4	26.694	445	133.47	2225
东北区小计	7778.6	77.786	1296	388.93	6482
辽宁	1686.5	16.865	281	84.325	1405
吉林	1152.2	11.522	192	57.61	960
黑龙江	4939.9	49.399	823	246.995	4117
华东区小计	4584.1	45.841	764	229.205	3820
上海	77.4	0.774	13	3.87	65
江苏	707.8	7.078	118	35.39	590
浙江	625.2	6.252	104	31.26	521
安徽	373.2	3.732	62	18.66	311
福建	786.3	7.863	131	39.315	655
江西	872.3	8.723	145	43.615	727
山东	1141.9	11.419	190	57.095	952
中南区小计	7334.3	73.343	1222	366.715	6112
河南	1222.9	12.229	204	61.145	1019
湖北	1602.5	16.025	267	80.125	1335
湖南	789.3	7.893	132	39.465	658
广东	867.9	8.679	145	43.395	723
广西	2454.2	24.542	409	122.71	2045
海南	397.5	3.975	66	19.875	331
西南区小计	18345.9	183.459	3058	917.295	15288
重庆	367.8	3.678	61	18.39	307
四川	915.5	9.155	153	45.775	763
贵州	567.1	5.671	95	28.355	473
云南	4587.6	45.876	765	229.38	3823
西藏	11907.9	119.079	1985	595.395	9923
西北区小计	23942.2	239.422	3990	1197.11	19952
陕西	853.5	8.535	142	42.675	711
甘肃	2375.0	23.75	396	118.75	1979
青海	5710.5	57.105	952	285.525	4759
宁夏	179.1	1.791	30	8.955	149
新疆	14824.1	148.241	2471	741.205	12353

注：本表源自《我国利用边缘性土地建设高尔夫球场的可能性》一文

（5）建造高尔夫球场污染资源浪费的情况需要避免

除了土地问题，高尔夫还被指责为浪费水资源、污染环境等许多问题。但是，这些都是可解决的问题。美国、日本、中国台湾等发达国家和地区的行业发展和科学研究早已证明，这些问题都是伪命题。比如，在美国有许多建设在沙漠边缘的土地，并未大量用水而造成水资源浪费，反而利于当地生态修复。但中国发展高尔夫仍被视为影响力有限的弱势行业，强加给它的指责都仅限口头，以讹传讹，并没有出具专业科研机构系统研究数据支持。

注意点02 立项审批及正常营业问题

作为一个被中央限制的行业，直接提交建造高尔夫球场的申请要获得政府公开合法审批，可能性不大。建造高尔夫项目需要开发团队特别熟悉中国高尔夫建设的法律法规，懂得科学合理的规避技术。如果球场与地产开发是同一家公司，还需要办理地产开发资质。

（1）以其他名义做高尔夫立项

高尔夫项目自身具有的环境特点，总能让开发商借助形式变通获得地方政府默许。笔者听闻过的高尔夫立项名义有：体育公园、休闲乐园、绿化动植物保护、生态养护、体育培训学校、休闲度假村、五星级酒店（作为酒店休闲配套）等。

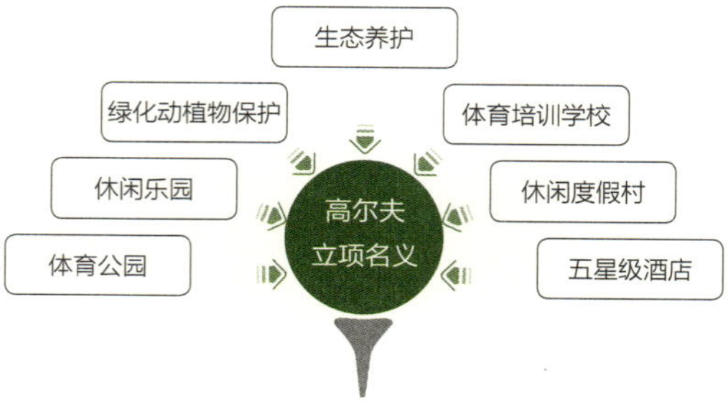

图5-9 高尔夫其他立项名义

高尔夫专业笔记

考虑到高尔夫会籍营销的需要，不直接利用高尔夫名义立项的项目，注册高尔夫球场经营管理公司时名称中最好出现“高尔夫度假村”、“休闲运动俱乐部”、“高尔夫会所”等字眼。

（2）请专业团队与政府做信息沟通，合理规避风险

有一种情况是，往往一片用地适合做高尔夫地产或旅游综合地产，开发商经过调研，也确定计划进入这一市场领域，但当地政府银行因为政策风险不批准立项、审批。这时比较复杂也比较艰苦的工作就是与政府做沟通，获得审批。

如何说服官员，如何将当地城市经济发展、政府业绩与项目发展绑定在一起讲故事，是一件非常头痛的事。除了常见的政府公关策略，开发商还会聘请专业公司来解决这一问题。

专业公司的沟通手法是可以借鉴的。例如，收集当地省、市高级领导的讲话，在他们公开发表的观点中找到发展高尔夫及旅游地产作用一致的理论支撑，再对球场和整体项目做逼真、生动的效果演示，普及高尔夫文化，宣讲高尔夫项目对当地经济、文化、体育等多方面带来的现实利益，阐述高尔夫项目前景以及对拉动当地经济的作用。如果因为不合理施工被曝光或受查处，按业内通行的惯例，各级行政主管部门不会承担责任，板子打的还是开发商的屁股。这里面要做的功课非常多，解读审批机关特别是政府的战略规划和意图，掌握他们的需求信息对于顺利立项审批是很重要的。业内有很多这类专家，他们能在项目立项、审批，甚至节约未来税负等方面做出良好策划。

（3）试营业球场可以借助大型活动华丽转身

国内有不少高尔夫项目，球场已建成，但一直处于低调的地下试营业状态。对这样的球场，也有办法让球场获得华丽转身，使球场公开正常的营业。

例如举办政府支持的大型高尔夫球赛事，或者通过中央、省市的体育部门、旅游部门挂上“×× 训练基地”“×× 星级度假区”“×× 星级酒店”等合法牌子，或者让球场与酒店、度假村一体经营，开业时举办盛大的庆典活动，都是“曲线救国”的办法。

注意点 03 如何获得高尔夫项目环评报告

“环评报告”的全称为“×× 项目环境影响评价报告”，需要由企业按照环保局的要求和指导编写和反复修改至最终通过。它应由企业根据项目规划和当地实际生态环境现况，提供项目建设和经营对当地环境相关有利或不利的翔实数据（包括零星行业数据）、文字资料和前景分析，报当地环保局审批。

作为高尔夫投资者，一定要对“中国环境保护法”有清晰的认知。环境保护是我国的基本政策和企业经营

必须遵守的法律要求，更是公众舆论和新闻媒体非常关注的热门话题。“环评”不过关，或者根本没通过“环评”，是企业被处罚或取缔的执法依据之一。

高尔夫球场获得“环评报告”的审批通过是一个比较耗费精力的技术活儿，有的开发商会委托专业高尔夫咨询公司和当地环保局关联的中介机构协助完成。当然，其中和政府机关博弈的公关能力必不可少。

（1）高尔夫项目立项必须通过“环评报告”

高尔夫球场是国家政策从“限制”升级为“禁止”的项目，但通过前述的方法也有可能绕过立项审批关。但无论如何，对于球场、地产和配套的酒店等施工项目，“环评报告”是不可省略的一环。按政府要求，建设施工项目必须要经过三步：

第一步，提交《项目选址建议书》、《项目可行性调研分析报告》等文件的同时，还要提交经环保局批复同意的“环评报告”，报当地的旅游局、城建委及发改委，甚至更高级别的行政机构审批，才能批准该项目的建设；

图 5-10　建设施工项目必须要提交政府的文件

第二步，办妥土地证（或租赁）及一系列行政审批手续（用地规划许可证、建设工程规划许可证、建设工程施工许可证等）；

图：天津滨海湖高尔夫俱乐部会所

图：上海雅居乐滨海高尔夫会所

第三步，正式开工兴建。

可以看出，“环评报告”是一个前置性的行政审批程序，未通过“环评”就施工兴建，企业将面临重罚，不但影响企业经营，更影响到后期相关经营证照手续和产权文件的办理。

也有“环评报告”没通过会先施工，采取后期补办的形式的企业，但风险较大。具体做法是，许多项目在前期是先虚报名目、合理立项，根据申报的项目类别要求去填写相应的资料，先取得一份简单的“环评报告”。项目初步建成，尤其是球场公开营业已成既定事实后，再补办“环评”手续，就能面对上级检查，规避行政处罚。

（2）积极消除媒体行业对高尔夫根深蒂固的误解

高尔夫项目因为占地面积大，经营过程中需要储存和使用农药、化肥，对水资源的消耗较大，按国家法定途径通过“环评报告”比较困难。加上中国整体公众舆论对高尔夫行业误解很深，部分掌握信息不全面的新闻媒体的新闻导向认为高尔夫球场本身就是负面的。常见的说法是球场对生态环境的破坏作用极大，高尔夫球场本身就意味着不合法的侵占土地、污染环境、浪费水资源这三宗罪。

事实上，高尔夫球场对环境的负面影响相比传统农业要轻，单位土地上施用和留存的农药、化肥比农业耕作要少得多，对一些生态环境遭到破坏的荒地有一定的人为修复作用，比如防风固沙，垃圾填埋场再利用或荒山废矿地修复等。高尔夫球场的一些利于环保的这些特性，高尔夫企业要大力宣传。

注意点04 会所建筑风格问题

现在高尔夫新项目大多数的会所与球场一体建成后才营业，但如果项目规模不大，且社区内的建筑拟采取统一或相类似的建筑风格，则会所建筑风格应与后期地产保持一致性。这一点开发商需要提前做出策划。当然，如果开发商有时间提前进行市场摸底，对地产产品的建筑风格做一次专题调研则更好，以使会所的建筑风格与后期房产融合统一。

注意点05 专业人才或专业咨询机构前置

高尔夫地产毕竟是小众市场，业界懂高尔夫运营的人往往对地产开发生疏，而精通地产的人才往往对高尔夫行业一知半解，甚至懂建造和草坪养护的人未必了解营运，精通营运的人大多算不上市场专家，真正的跨界精英少之又少。

定位真正高端、要做精品项目并希望有良好市场表现的投资商，应聘请专业机构或相关人才提前参与项目，为整体项目把关。如此，既能减少项目风险，又能进行准确的市场分析和定位，防止思路不清和重复建设等情况造成的资金浪费，况且咨询费或几个专业经理人的人力费用相对于整体项目投资而言，是微乎其微的。

广东某大型高尔夫项目，在项目立项后即聘请一位资深专家担任球场的前期建造顾问并兼任营业筹备期总经理。据了解，因为职业经理人的提前介入，这个项目仅球场设计、建造、设备采购等环节，就节约数百万元的资金，并确保项目按时保质完成，十分合算。

除上述的 5 个问题外，高尔夫地产与普通地产在开发流程总体再无其他区别。

高尔夫专业笔记

筛选高尔夫顾问公司时，一定要认真识别他们专业的真伪。一些一线城市的地产咨询经纪公司虽然有过服务高尔夫地产的经验，但他们往往对高尔夫行业一知半解，见识和操作过的项目不多，专业智慧不足，深入程度也不够，他们提出的决策建议往往还需要开发商做二次加工和甄别过滤。

02

SECTION TWO

第二节

高尔夫地产项目规划设计特点

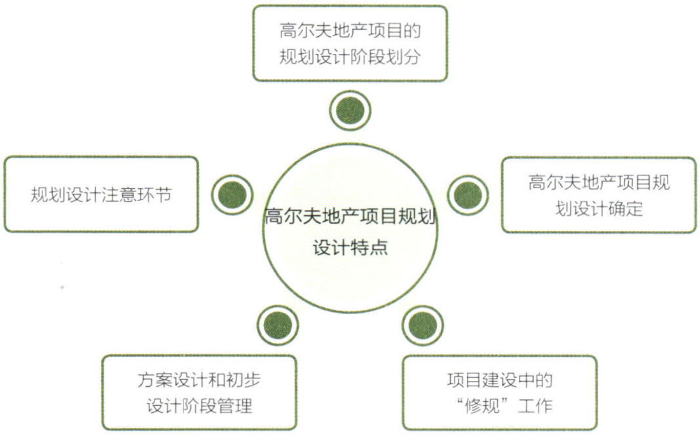

本节阅读导图

图：神州半岛高尔夫练习场

一 高尔夫地产项目的规划设计阶段划分

高尔夫地产项目的规划设计包含 5 个阶段：

一、总体项目概念性规划设计（简称“概规”或“总规”）；二、修建性详细规划设计（简称“修规”）；三、分项目方案设计；四、分项目初步规划设计；五、施工图设计。如果在施工中发生较大的改变，则需要做设计变更。

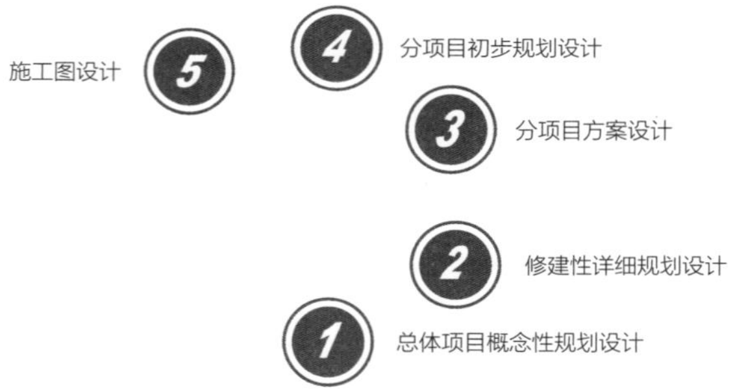

图 5-11　高尔夫地产项目规划设计的 5 个阶段

在实际过程中，这 5 个阶段往往分为三大步骤，即一、“概规”——方案设计（含“修规”、方案设计，也有的项目在此阶段做到“扩初”的深度）；二、分项目规划设计至“扩初”，“扩初”是对“初步设计”的细化扩充；三、施工图及变更。

以上这三个步骤分别有不同的设计要求和实施单位。

01 每个阶段的完成单位

每个规划设计的责任单位

规划设计阶段	完成单位
总体项目概念性规划设计	由经验丰富的大型地产专业设计院为主导，球场设计公司配合一起完成
修建性详细规划设计	
分项目方案设计	由开发商的市场部和规划设计部门或聘请的专业综合咨询顾问公司提交项目实施建议方案
分项目初步规划设计	由专业建筑设计单位根据开发商确定的项目发展纲要和地产规划方案建议细化完成，包括球场及会所的规划设计、建筑设计
施工图设计	大型项目一般聘请的本地建筑设计院完成

如果项目是建筑面积达数百万平方米的较大型项目，一般“概规”和“修规”应由经验丰富的大型地产专业设计院为主导配合球场设计公司一起完成；“方案设计”由开发商市场部和规划设计部或聘请专业综合咨询顾问公司提交项目实施方案，其中包含有地产规划设计的建议方案；“初步设计”及“扩初”由专业建筑设计单位根据开发商确定的项目发展纲要和地产规划方案建议细化完成。

分项目的设计单位可以与前述“概规”设计单位为一家，也可以另外聘请本地、异地甚至国外建筑设计公司完成；施工图则是将“初步设计”及“扩初设计”绘制成可照图施工的阶段，创新性思维含量较少，一般大型项目聘请的是本地建筑设计院，以便施工阶段方便沟通、配合，有设计变更时能立即出图，需要设计院及时了解施工状况和进度，指导现场施工。

02 5 个阶段中的设计工作内容

在这 5 个阶段里还穿插各专项、专业的设计工作，大的工作包括高尔夫球场及配套设施设计、会所设计、酒店度假村及附属设施设计、商业和休闲娱乐中心设计、景观设计等，小的工作包括厨房设计、会议室设计、KTV 视听室等单项设计。

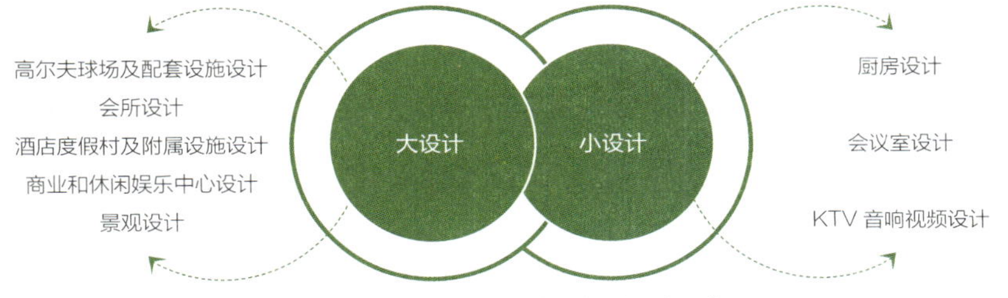

图 5-12 5 个阶段中的其他设计工作

二 高尔夫地产项目规划设计确定

高尔夫地产项目 5 个阶段的规划设计分别具有不同专业特点和设计深度，为利于日后销售和管理，这个过程要求很多部门都要参与其中。

01 规划设计部门协同

首先，市场部应全程参与项目规划设计。

（1）由未来经营主体下达“设计任务书”

尤其在地产和球场、酒店度假村三大产品的设计阶段，向专业设计单位下达的“设计任务书”应由市场部或未来经营主体（例如酒店管理公司、高尔夫俱乐部公司），或外聘专业咨询顾问机构负责起草，由项目公司的规划设计部、工程部、预算部、行政部、采购部等相关部门共同参与。目的在于更详细地了解设计意图和效果要求，把握今后的工作重点和尺度。

（2）前期调研和定位是指导规划设计工作的框架原则

项目前期讨论确认的《项目可行性研究报告》、《专项市场调研分析》、《项目中长期发展策略纲要》等文件中，已讨论明确的若干原则和建议方案，如果不必要做大的修改和调整，就成为指导规划设计工作的框架原则。

（3）市场部及相应各部门均应对设计成果提出专业意见

设计过程中的每次成果汇报、沟通会，市场部及相应各部门均应提出专业意见，市场和运营部门要根据经营需要和市场推广及销售的需要，与设计部、工程部、预算部及设计单位进行充分探讨。目的在于使开发出的产品创造价值，符合客户的消费需求，利于经营单位使用。

02 总体概念性规划设计图完成流程

项目规划设计的第一个阶段是确定《总体概念性规划设计图》（以下简称《总规图》）。这份文件一经审批，将是决定项目经济价值的纲领性文件。

《总体概念性规划设计图》是在市场、财务等专业人员或外聘咨询顾问公司论证了项目可行性并取得公司决策层认可批准后，由地产规划设计院与高尔夫球场、度假村等专业设计公司相配合完成，其主要目的在于获得政府对整体项目的立项和审批。

经政府审定的《总体概念性规划设计图》将确定项目的占地面积、各区块的用地性质、球场（含配套设施）以及各地产组团的分布及区位，此外还包括项目内各组团的容积率、建筑高度、密度、建筑总面积、产品类型等九项总体经济指标。在政策没有出现更大变化时，《总规图》将是政府许可的文件。

图 5-13　总体项目概念性规划设计图确定的内容

三 项目建设中的“修规”工作

对于开发周期较长的项目，往往由于启动整体项目时急于拿地，市场摸底仓促及市场定位不清、发展前景不明，后期分期分批开发建设过程中就要对项目的总体规划再做调整——这就是“修规”工作。

分期开发的项目，会随着市场发展、客户需求的变化有必要修改原有规划，例如对老球场进行改造，重新规划地产项目部分等。

01 每一个单独报建项目修改须政府同意

总体项目内，每一个单独报建、开发的项目，其规划设计必须经过政府审批同意。而且，总体项目最初审定的容积率等经济指标一般不允许突破，否则后期土地部门在总体项目开发销售完成时会算总账，加收土地出让金。片区内商业配套、教育、医疗设施及交通路网布置等，是政府一段时期的强制性规划，涉及当地的长远发展，单个地产项目规划要符合当地政府的区域规划。例如，本项目内政府规划有一所小学、幼儿园等，这类规划很难改变，做整体规划时必须要把政府强制规划包含进来。

02 分项目设计方案可以适当调整

从市场角度看，“总规”、“修规”是确定项目开发的大原则、大框架，决策时比较慎重，一旦确定后将指导一段时间的工作，对项目总体规划作反复检讨和修改的时候并不太多。但分项目的方案设计、初步设计因为直接与产品相关，它直接关系到产品能否适销对路，需要反复论证、磋商、修改，市场部或集团规划设计部和经营使用单位参与的程度更深。

四 方案设计和初步设计阶段管理

高尔夫球场的设计是相对单独的环节，本书前面章节已论及。地产项目的方案设计，分成初步设计和扩充性初步设计即（扩初）两个环节。初步设计是地产项目呈现最终建筑产品成果的前身，相当于一幅图的草图，一般在没有最终定稿画出建筑施工图前，这个阶段的设计都统称为初步设计。

01 方案设计和初步设计阶段

方案设计和初步设计阶段，注意的步骤是：1. 根据市场找到主题；2. 依据主题创新思维，多维度扩展思路；3. 根据产品定位及用途，确定大致设计方向；4. 广泛收集借鉴参考资料，整理、考察、分析；5. 提出多种思路，摆出多个效果，小范围竞稿、选稿；6. 依据用途、消费者需要，选出最合适的几个方向设计思路及效果图供开发商领导审议决策；7. 根据甲方领导确定的方向细化延展，进一步渲染效果，以供决策；8. 根据双方确定的方向，进一步深化设计，提交系列设计成果。

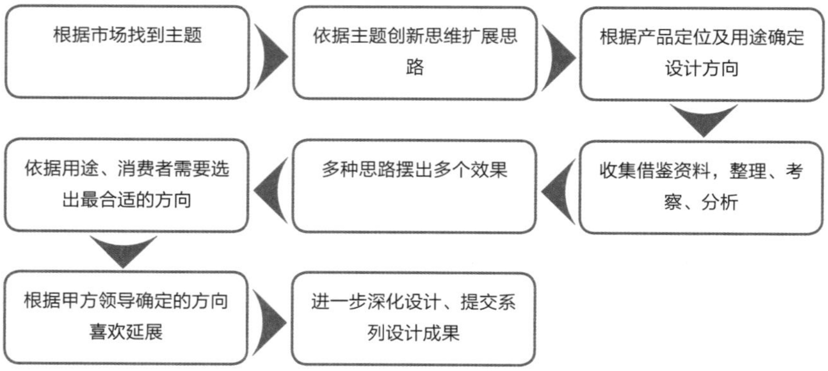

图 5-14　方案设计和初步设计阶段的步骤

高尔夫专业笔记

开发商决策者的见识、审美情趣将决定产品的形态和走向，项目成龙抑或成虫，关键在于开发商领导层的意志、综合实力及认知水平。

02 施工图阶段

通常来说，初步设计完成后，就是"扩初"，接下来就是绘制施工图。项目设计到了绘制施工图阶段就几乎全部成型，此时，项目各项经济指标已完全落实，已明确每一栋建筑的形态、体量、坐落位置、层高、朝向、总建筑面积及分户建筑面积、分户户型、门窗造型、阳台等细节，已基本明确了施工工艺、技术、交房标准，包括了建筑内外的公共区域（含大堂、楼梯电梯、廊道等），以及与景观相关的建筑小品、花园绿化等，居住生活必不可少的水、电、燃气、有线电视、电话等管网，供水、供电、排污、交通路网等市政配套，还有社区物业服务、社区商业配套服务（含会所、商铺）等一系列设施已全部考虑，并确定解决方案。

五 规划设计注意环节

01 营造项目高尔夫文化特色

高尔夫是一项户外运动，高尔夫文化之一是崇尚自然。因此，好的球场内人工痕迹并不浓，如果球场有条件，也应尽量降低太过于人工化的大型物体（包括建筑），以便为球手和业主们营造一种乡村度假氛围，如同在世外桃源的环境下自在享受高尔夫球乐趣和生活品质的感受。社区内建筑物不宜过高，尤其是出现在球手和会所景观区范围内的建筑物。当然，城市型高尔夫地产球场周边出现密集的高层建筑是很自然的事，这类项目开发商也需要通过高层建筑实现更大的经济指标。

根据这个原则，高尔夫项目的总体规划有两点设计技巧：

第一，以球道、会所为中心，从近至远依次分布低层、多层和高层建筑，分成多个组团，既做足容积率，不浪费经济指标，又兼顾整体高尔夫社区的价值；

第二，社区内的高端别墅，可以考虑与球场运营结合，部分有条件的别墅在后院有汀步通道直通球场发球台，以使业主和来宾不出门就可通过特别服务渠道直接享受高尔夫球生活，增加了私密性和尊贵感。

按政策，纯独栋别墅现在很难获批，业内比较灵活的办法是做成“类独栋”产品——即设计成双联排、三联排产品，但建筑内部可以打通合并。在设计上，建筑外观融合为一个整体，既可以分开销售，也可以由一个家庭一起购买。这种做法在不限购、不限贷的三、四线城市比较流行。

高尔夫专业笔记

对于别墅类的建筑产品，比较流行赠送私家花园的做法，有的项目甚至随房赠送近数百平米甚至一两亩的花园或前庭后院用地，以使业主获得更大的奢享空间。这些房产建筑之外的占地，有的办了《土地证》，有的没有办理，没有办证的土地严格说来是小区公共绿化用地，并不是真正的“私家”概念。

对于私家花园，有的业主有时间精力和情趣将私家花园打理的非常漂亮，有的业主却疏于打理，稀稀拉拉的花园影响整体项目感观。而且，随着“物业税”、“房产税”的开征，这些办了证的土地将为业主带来较大的后期经济负担。国外的一种做法是，将这些私人花园并入社区整体绿化景观设计和维护保养之中，由专人统一打理，采取统一的养护标准，例如私家草坪可以有一致的修剪高度和较好的草种、树种等。对于高尔夫项目中的私家花园，我们的建议方案，一是将其纳入交房标准，提供菜单式花园景观设计、建造服务，由开发商统一建设、种植，采取业主自愿参加的统一养护管理方式，这也是一种增值服务；二是缩小办证的私家花园面积，将私家花园与公共绿化景观一体考虑，对独栋别墅等总价高的产品也可以用矮墙、铁艺等方式分割隔离出较大的地面让业主半私享，但不办证，以节约业主后期费用。房前屋后适当保留一些业主自己创意布置的面积，同业主根据自己的情趣和喜好来布置，开发商提供菜单式选择亦可。

02 高尔夫地产项目有特殊的设计要求

高端住宅都强调空间私密性以及业主之间、住宅长居者和宾客之间互相不打扰的规划设计。这类项目在不同的建筑细部上有不同的特殊要求。

（1）临近球道的别墅设计

邻近球道的别墅，私家花园与别墅间应有隔墙和较多密集的灌木，以免居家的客户及家庭来宾，避免家庭来宾猫、狗等家庭宠物进入球场范围。

图：上海览海国际高尔夫俱乐部球道边的高草与别墅区

当然，为了球场景观和打球安全需要，除了地产要与球场留出一定距离（尤其是发球台和四杆洞、五杆洞的第二杆的可能落球点。业余新手的击球往往会偏离目标很远，有可能击中房屋或业主）外，还应种植比较高大或四季常绿的植物，以遮挡球路和增加业主居家秘密感，一般球场设计师对此会提出中肯的建议。

（2）不同地势地区的设计

在地势平坦的地区，往往物业组团会以水景（其实也是球场景观和灌溉蓄水、排水必要的人工湖），或者浓密的植物、花园小品等将地产与球场作区隔。如果是山地球场，小区围墙或挡土墙，建议种植山虎或其他攀爬藤蔓干墙面，以免赤裸裸的水泥墙面影响景观。小区尤其是面对球场的地方，也应多种植一些树林，既增加社区景观绿化，也遮掩房屋，利于整体球场景观。上海“佘山国际”许多建筑外墙，包括会所，都种有爬藤植物，营造了一种特别的氛围，这一设计为人称道。

（3）社区景观小品融入高尔夫元素

社区内的景观小品、建筑小品及布告栏等场所，也可穿插高尔夫元素。例如，赛事活动信息发布，球手击球的雕塑、高尔夫教学或礼仪方面的内容，包括适宜儿童的小型推杆练习器，或将小型推杆练习场（真草或高仿假草）作为景观元素等。

球场中的小区，一般交通动线与球员交通路线分开，小区道路甚至出入口尽量不出现在消费来宾和球员的视线范围内。

03

SECTION THREE

第三节

高尔夫地产开发盈利模式测算

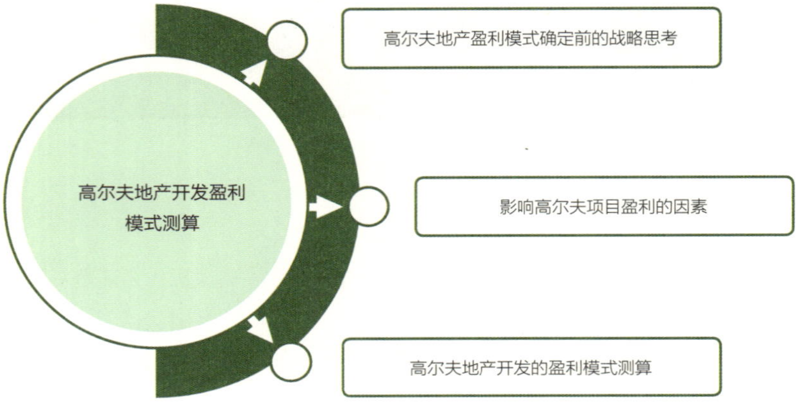

本节阅读导图

图：湖南梓山湖高尔夫球场

一 高尔夫地产盈利模式确定前的战略思考

高尔夫项目是一项金额较大的投资，在投资之前，需要做的工作步骤是：

第一，先进行周密的市场调研；第二，根据调研想清楚项目的盈利模式；第三，做出清晰的市场定位。

项目如何产生持续的盈利，如何实现投资收益最大化等问题，在项目开始时就要考虑，有了一定把握再实施。

01 通盘考虑高尔夫地产的盈利模式

图 5-15　高尔夫项目开发的三种模式

高尔夫地产项目开发有三种模式，高尔夫企业的经营能否成功，盈利模式的思索与选择是至关重要的环节。由盈利模式决定了经营方向之后，再制定发展战略，再用每一个步骤去落实这个战略，具体经营则是战术和执行力的问题。前提是，如果失去了正确战略方向的指引，战术和执行步骤就变得毫无用处。

02 不能主观地认为高尔夫地产项目一定赚钱

地域、交通、经济环境等条件对高尔夫地产项目的影响非常大，高尔夫地产项目不能一概而论一定赚钱，更何况是在现行楼市政策打压、流通紧缩资金链广泛紧张的"冷"环境下。

03 可行性分析报告决定项目开发模式

一个项目在开始建造之前需要一份翔实的可行性分析报告，以及投资盈利测算，这份报告决定了该项目的开发模式。投资测算大多是开发商委托专业地产咨询公司来做，且非财务专业人员起草。这里需要注意两个问题。

问题 1：注意专业咨询公司项目测算的专业性和倾向性

传统地产开发企业的财务人员、市场策划人员往往对高尔夫、酒店、度假村等经营项目的市场比较陌生，因此，对这类项目的资金要求、安排、未来的营收明细等没有太多概念，需要第三方专业咨询公司提供服务，进行专题调研并结合他们的经验，提供详细数据论证项目可行性。

对咨询公司提交的报告，开发商要非常注意其倾向性和专业性问题，任凭他们的经验判断，给出的数据水分太大，影响开发商对项目的正确评估。

问题 2：咨询公司惯于揣摩甲方老板意图而偏离客观市场

咨询公司的“老油条们”的惯性思维模式是先解读老板，再解读市场，看甲方老板的脸色吃饭。甚至有些咨询公司认为，甲方老板的个人喜好决定了市场走向，因此他们不太容易站在中立和客观的立场去分析市场、解析项目，提出的建议和意见都不够中肯，未必符合市场需要。

比如，如果一个地块，开发商已表露出希望做成什么类型的项目，希望怎么发展，鉴于甲方老板是为项目投资和咨询服务付费的人，这导致咨询公司愿意迎合老板的想法，将整个顾问策划变成乙方按甲方老板的意图做命题作文，迎合甲方决策人。这样的项目可行性分析报告以及投资盈利测算，可能与真正的市场背道而驰。

二 影响高尔夫项目盈利的因素

地产项目开发分一级市场和二级市场两大类。一般地产开发企业大多从事的是二级市场，即开发商通过完成开发建设出售一手商品房的过程。

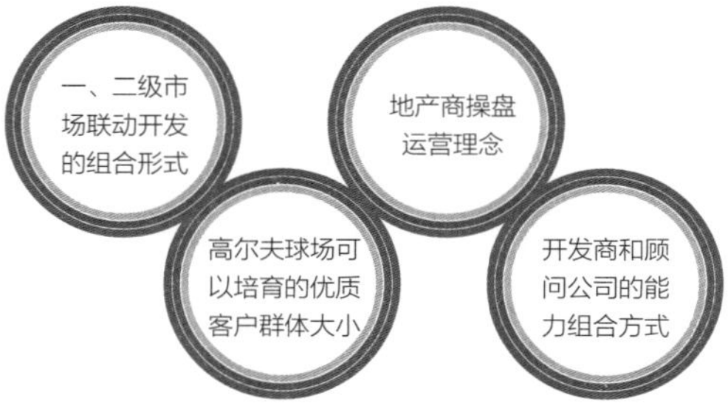

图 5-16 影响高尔夫项目盈利的因素

因素01 一、二级市场联动开发的组合形式

一级市场又称土地一级市场，是指囤积大片的土地资源，将土地使用权出让的市场运作方式。它的主体是政府指定的部门，他们将城镇国有土地或将农村集体土地征用为国有土地后出让给使用者。但也有些开发商通过大型项目运作，与政府有关部门或者机构成立联合经营公司，囤积土地，以赚取土地差价。

能出让的土地可以是“生地”（即没有经过修整未具备施工条件的土地），也可以是经过初步开发达到“三通一平”或“七通一平”的熟地。现在，房地产一级市场大多被国家政府部门垄断，一些偏远地区的远郊开发新区，政策较灵活，政府因为缺乏建设资金，有可能邀请开发企业与当地政府机构合作，通过政府企业与一般开发商成立合资公司的形式运作一级市场，这类联合方式对开发商资金实力要求较高。也有企业喜欢直接拿下巨量土地，再将土地使用权部分转让。

在本书其他章节中，提及某些项目是既需自己开发建设和出售商品房，也需招商引资出售地块，或者进行项目合作，进行事实上的一级市场运作的案例。因此，高尔夫地产项目既可以包括土地的一级市场动作，也包括二级市场运作。本书的主要内容均是谈二级市场，因为即使从事一级市场，也需要通过高尔夫球场、酒店及其他丰富的配套设施来炒热地块，提高土地价值，才能达到一级市场和二级市场同时盈利的目的。

因素02 地产商操盘运营理念

国外做一个高尔夫地产需要很长时间，分析国内外多个高尔夫地产项目的成功原因，发现这类项目往往需数年经营才接近成熟，达到收益高峰。高尔夫地产热卖往往是在球场及酒店等配套设施开业两三年之后，需要球场和整体项目树立出良好的市场形象，形成足够的知名度、美誉度和满意度，才能大获丰收。

而内地绝大多数开发商普遍追求项目“短、平、快”的运作开发方式。原因是，国外土地大多是终身私有化，开发商取得廉价的大片土地后，可以慢慢经营，逐步丰富，花很长的时间打造精品项目。外国的高尔夫、医疗设施等配套项目，还能获得政府很大的支持力度。中国的地产开发商，已经赚了近二十年的“快钱”，想不浮躁都不行，来自股东和投资者的业绩压力，让操盘项目的职业经理人更愿意玩概念和瞎忽悠，难以潜心去建立项目的良好品牌和并追求其长期价值。

因素03 高尔夫球场可以培育的优质客户群体

一个客观事实是，经济水平不高、地段不佳的内地高尔夫项目，仅凭高尔夫球场很难培养出更多、更有质量的客户群体。除了高尔夫球场，还需要有其他类型项目或配套做引擎来驱动才能让项目实现预期盈利。

内地许多高尔夫地产项目，开发商在动工之前并没有清晰的发展规划和战略准备，为了迎合市场需要，一步步追加投资，慢慢增加配套，逐步演变为旅游综合地产的形式。综合旅游地产开发与简单的高尔夫地产项目开发有天渊之别，对资金、人才和其他资源的综合需求更高。

旅游地产项目素有“三菜一汤”之说，指“五星级酒店+高尔夫+度假住宅+温泉”，这是比较通行的开发模式，但这类模式涉及的问题更复杂。要兼顾衣、食、住、行、游、玩、医疗保健、洗浴、购物，甚至全家老少、精英与随从人员的不同休闲、消遣、娱乐等需求。综合旅游地产项目的通行做法是大手笔投资建设，一举确立良好的市场形象，建立独树一帜的品牌，形成差异化竞争优势。这样的做法让一般的高尔夫项目开发商难以达到。

因素04 开发商和顾问公司的能力组合方式

术业有专攻，一般的住宅开发商比专业高尔夫地产咨询机构在案例见识、信息掌握、操盘经验方面差很多。对没操作过高尔夫地产项目的普通开发商管理层来说，难以立即补完这堂课。在做高尔夫地产项目投资前，聘请专业咨询机构提供服务非常有必要。

当然，开发商管理层及市场策划人员也不能完全依赖顾问公司的专业输出，必须要多看，多参观、考察成功项目，多与业内资深人士交流，做到兼听则明。这样才能对乙方给出的方案和建议做出清晰的判断，提出对位的要求。

三 高尔夫地产开发的盈利模式测算

某开发商在城区传统住宅项目上盈利颇丰，在当地小有知名度，2005 年决定进入休闲体育地产领域，构建新盈利模式。受某地政府招商引资的蛊惑，决定在一块偏远的土地上打造高尔夫地产项目。

该项目球场和地产建设几经周折面市，恰逢 2008 年金融危机，市场剧烈震荡。从启动项目至今 8 年，他们不到两百套的一期地产因定位失误仍未销售完，又不得不上马二期地产以满足客户要求，企图带企业走出市场困境。球场、酒店和各项配套累计投资两三亿元，但地产、会籍产出有限，球场经营只是维持自保，整个项目的盘子却越来越大，远远超过老板当初的预期。聊以自慰的是，球场带动了周边土价增长，即使项目转手也获利颇丰，可惜赚土地升值并非老板投资的初衷。

现在一个新难题摆在老板面前：球场外围的土地已升值，政府计划公开挂牌招商，要不要在球场周边再拿地，以免珍贵的高尔夫土地资源被其他开发商分享？但要拿新地，地价不菲，又是一笔巨额投资，这个项目前期并未获利， 此时再要追加投资完善配套，骑虎难下，局面十分尴尬。

设想，以这个项目的投资去做开发商擅长的城区传统住宅项目，早就周转了几次，赚回来不止一座球场。这种尴尬的原因有许多，其中一条是在项目前期功课未做足，未做充分的市场论证，没经过咨询机构做系统的分析评估，项目启动建设后又面临高尔夫职业经理人缺失等问题。

众多失败案例告诉我们，即使是有实力的开发商，也不能仅凭过往的经验和直觉贸然投资，更不能轻信非专业人士的意见进入一个完全陌生的市场。

本节将以某个待启动的高尔夫大型综合项目的资金流量测算，讲解高尔夫旅游地产项目的资金分配和盈利方式。

以下节选自某专业咨询公司为华中某大型高尔夫综合旅游地产项目做的《前期策划报告书》，供读者参考。

项目背景简介：

本项目是华中某市招商引资的重点项目，拟建36洞球场及会议中心、五星级酒店等配套，总投资号称80亿元，是水乡主题的综合旅游地产，开发商是来自华东的某中型民营地产公司，项目是他们首次异地开发的大型高尔夫旅游地产项目。

高尔夫管理工具箱 九 高尔夫地产前期经济策划示范模板

01 项目原计划的经济技术指标分析

项目档案

总占地面积	994000 米^2
总建筑面积	780500 米^2
容积率	0.79
其中别墅住宅	710500 米^2
商住混合住宅	42000 米^2
公建	28000 米^2

从技术指标上分析：本项目是一个高尔夫大盘项目，总建筑面积近80万平方米，初步规划以别墅产品为主。由于项目容积率为0.79，这样的容积率跟项目希望的高端别墅产品定位有一定的矛盾关系。

土地建筑面积规划

类别	异域风情区	传统生态水乡（高尔夫）	运动休闲区（高尔夫）	养生康体区	中心湖论坛中心区	合计
总用地面积（万㎡）	120.92	182.596	244.17	77.626	94.41	719.722
建设用地面积（万㎡）	44.52	44.8	68.36	30.07	12.61	200.36
总建筑面积（万㎡）	61	37.1	55.4	34.5	12	200
居住建筑面积（万㎡）	43	34.3	51.84	30	——	159.14
商业建筑面积（万㎡）	18	2.8	3.56	4.5	12	40.86
水面面积（万㎡）	39.17	53.56	82.88	33.62	60.94	270.17
绿化面积（万㎡）	37.23	84.24	92.93	13.94	20.86	249.2
综合容积率	0.5	0.2	0.23	0.44	0.13	0.28
建设用地占总用地（%）	36.82	24.54	28	38.73	13.36	27.84
水面占总用地（%）	32.39	29.33	33.94	43.31	64.55	37.54
绿化占总用地（%）	30.79	46.13	38.06	17.96	22.09	34.62

高尔夫地产项目建设用地指标

类别	A块（传统生态水乡）		B块（运动休闲区）			
	高尔夫项目		别墅住宅	高尔夫项目		
	别墅住宅	商住混合区		别墅住宅	商住混合区	合计
建筑面积（万㎡）	30.1	7	40.95	71.05	7	78.05
净占地面积（万㎡）	40.13	4.67	54.6	94.73	4.67	99.4
开发容积率	0.75	1.5	0.75	——	1.5	0.79
别墅住宅（万㎡）	30.1	——	40.95	71.05	——	71.05
多层住宅（万㎡）	——	4.2	——	——	4.2	4.2
公建面积（万㎡）	——	2.8	——	——	2.8	2.8
备注	全部地块在高尔夫项目范围内		大部分地块在高尔夫项目范围内			

权威性的指标参考

产品类型	容积率	成本
别墅	0.1 ~ 0.3	土建成本不高，但道路、景观、配套成本较高
TownHouse	0.4 ~ 0.8	土建成本不高，但道路、景观、配套成本较高
花园洋房	0.9 ~ 1.3	土建成本较普通多层高
普通多层	1.2 ~ 1.5	一般
小高层（6 ~ 9 层）	1.5 ~ 1.8	要设电梯，但消防同普通多层
小高层（9 ~ 11 层）	1.8 ~ 2.0	需设一部电梯、一部楼梯
小高层（12 ~ 18 层）	2.5 ~ 3.0	需设两部以上的电梯、一部楼梯
高层（80 米以上，18 层以上）	2.8 ~ 3.5	需设两部以上的电梯、两部楼梯（或剪刀梯）

由此可以看出，容积率成为价值最大化的最大变量，如果以“独立别墅 +TOWNHOUSE”的产品形式来看，近 0.8 的容积率会使得项目的排布十分拥挤（注：因为缺乏高端别墅开发经验，开发商原来倾向于较大的容积率），纯别墅项目的定位比较勉强。因此，建议能够增加一些花园洋房多层、小高层及高层建筑形态。

经济指标的分析结论是：

1. 如果做纯别墅使得项目更加纯粹，需要将容积率降到 0.5 左右，牺牲一定的建筑面积，但能够提升项目的单价。

2. 如果按照目前的容积率建设该项目，需要增加花园洋房的建筑形态，才能够使项目有一定的伸展空间和花园空间来保证项目的品质。

3. 该项目地段较好，距市区较方便。从投入产出来看，高容积率能被市场接受；但在规划设计上，应满足高尔夫地产的低容积率产品形态与后期花园洋房产品的结合；以高端产品拉高单价，形成市场形象，以高容积率产品实现更大的经济指标，实现投资收益最大化。在市场宣传时回避“纯别墅项目”即可。

说明：本节选略去以下三个文件：项目 SWOT 分析、项目进展情况及需要解决的问题、市场竞争策略分析。

02 项目定位建议

（含总体规划建议、市场定位与经济指标分析，客户群体定位，酒店等配套服务设施建议及其功能定位、市场定位，高尔夫球场经营定位及市场策略，地产产品建议及其分阶段市场定位、地产价格走向建议、地产开发秩序、周期及关键节点等）

03 本项目经济技术指标调整建议

本项目经济技术指标

分区	地块	占地面积（㎡）	单体面积	一栋面积（㎡）	层数	容积率	栋数	建筑面积（㎡）
球场内部建设用地（球场中心区）共计三个地块共计531729米²约797.6亩	A地块	113719	独栋别墅480～550米²	500	4层	0.5	20	10000
			双拼别墅300～400米²	350	3层～4层		38	13300
			联排别墅200～300米²	250	3层～4层		82	20500
			叠拼别墅200～250米²	440	一户2层一栋4～5层		30	13200
			花园洋房180～230米²	700	一户2层一栋6～7层		——	——
	小计	113719				0.5	170	57000
	B地块	161714	独栋别墅480～550米²	500	4层	0.5	30	15000
			双拼别墅300～400米²	350	3层～4层		60	21000
			联排别墅200～300米²	250	3层～4层		126	31500
			叠拼别墅200～250米²	440	一户2层一栋4～5层		30	13200
			花园洋房180～230米²	700	一户2层一栋6～7层		——	——
	小计	161714				0.5	246	80700
	C地块	256296	独栋别墅480～550米²	500	4层	0.5	80	40000
			双拼别墅300～400米²	350	3层～4层		100	35000
			联排别墅200～300米²	250	3层～4层		150	37500
			叠拼别墅200～250米²	440	一户2层一栋4～5层		36	15840
			花园洋房180～230米²	700	一户2层一栋6～7层		——	——
	小计	256296				0.5	366	128340

续表

分区	地块	占地面积（㎡）	单体面积	一栋面积（㎡）	层数	容积率	栋数	建筑面积（㎡）
球场内部建设用地（环湖区域）共计433643米^{2}约650亩	环湖地块	433643	独栋别墅480～550米^2	500	4层	1.06	80	40000
			双拼别墅300～400米^2	350	3层～4层		100	35000
			联排别墅200～300米^2	250	3层～4层		200	50000
			叠拼别墅200～250米^2	440	一户2层一栋4～5层		280	123200
			花园洋房180～230米^2	700	一户2层一栋6～7层		300	210000
	小计	433643				1.06	960	458200
合计		965372				0.75		

注：别墅总建筑面积：965372米^2

注：本节选此处略去两个文件：地产建筑形态建议及参考；项目运作模式建议（全权独立开发运作、项目合资合作联合开发、部分项目招商协作开发利弊分析及资源引荐）。

04 整体项目投资估算及财务效益

1. 球场投资估算

18洞高尔夫球场建设费用初步概算

序号	项目	价格（万元）
1	高尔夫会所土建与装饰（5000米^2）	2500
2	道路工程	220
3	球场维护管理中心土建与装饰工程	200
4	球场行政办公中心土建与装饰工程	100
5	员工生活区土建与装饰工程	100
6	高尔夫球场土石方工程	280
7	造型工程	450
8	排水工程	350
9	喷灌工程	500
10	坪床与植草工程	550
11	园林景观工程	500
12	球车道路桥梁工程	250

续表

序号	项目	价格（万元）
13	塑造水系工程	100
14	专卖店与凉亭工程	50
15	配发电工程	150
16	喷灌水源补给工程	80
17	球场维护机械设备	450
18	设计与设计监造费	200
19	高尔夫练习场	380
20	标识系统	50
总计		7460

说明：
因本项目总体规划和初步设计未实质展开，在设计定稿后，依照相关数据，才能做出预算。因此，本概算表仅依业内建造一个 18 洞球场的大致费用进行预估计算。

2. 房地产投资成本估算

房地产投资成本估算表

项目	面积（m²）	单价	总金额	备注
土地出让金（元）	994000			
三通一平（元）	994000			
勘探费用（元）	1158150000	2%	23163000	按建安费
市政配套费（元）	780500	70	54635000	按平方米取
报建和建筑设计费（元）	780500	90	70245000	按平方米取
别墅建安费（元）	710500	1500	1065750000	按平方米取
商住楼建安费（元）	42000	1200	50400000	按平方米取
会所等公建建安费（元）	28000	1500	42000000	按平方米取
水电安装弱电消防（元）	780500	200	156100000	按平方米取
园林绿化（元）	195125	400	78050000	按平方米取
销售及推广费用（元）	20293000000	1%	101465000	销售额
行政管理费（元）	780500	6	4683000	按平方米取
开发成本（元）			1646491000	

说明：
由于土地成本和“三通一平”的成本不详，此预算只是根据初步的建筑成本来计算开发成本。在不计算土地成本的基础上，本项目全部开发房地产需要约 16.5 亿元的开发成本。

根据前面的产品定价也能初步估算项目的销售额：

780500 米^2×26000 元 / 米^2=200 亿元

由此可见，地产销售才是本项目最大的利润来源。

3. 投资资金回收

依照当地 2010 年一季度别墅和高端楼盘的销售情况，可以预估两年后本项目推盘时的大致销售情况。但依地产专家、经济专家的主流意见，预估两年后，本项目推盘销售时，楼市情况不会有太大的变化，但可能会有成交量、价的波动。

本项目 2012-2015 年销售测算表

年度 / 品种	2012 年度		2013 年度		2014 年度		2015 年度		小计
	面积（m²）	总值亿元	面积（m²）	总值亿元	面积（m²）	总值亿元	面积（m²）	总值亿元	亿元
地产	54000	14.04	59400	17	65340	20.6	71874	24.87	76.51
会籍	200	0.6	220	0.8	250	1.1	150	1.2	3.7
总计	80.21 亿元								

说明：
本项目地产建筑总面积 78 万㎡，预计前 4 年销售 25 万㎡，后期销售面积 53 万㎡，以均价 26000 元/㎡计算，还可实现销售收入约 137.8亿元。总计本项目高尔夫会籍及地产销售收入超过 218 亿元。本项目开发建设周期较长，2015 年之后的市场发展难以预估，总体应向良性发展，但做销售测算无太大意义，不具指导性，故未作测算。

说明：
1. 本表地产以平均每套 350 ㎡，2012 年均价 26000 元 / ㎡计算，之后，销售均价每年递涨 10%。
2. 依照当地 2010 年一季度别墅、高端楼盘的销售情况，预估 2012 年本项目销售为月均 15 套。之后，随着项目成熟，每年递增 10%。
3. 会籍以个人（家庭终身）起价 25 万元计算，之后递涨年均至少 15%，数量可根据运营控制节奏。
4. 本表年度为财务年度。
5. 本表仅测算高尔夫会籍及高尔夫地产销售收入，未算本项目其他地产和营销收入。

4. 项目开发周期估算

（1）影响项目运作的基本因素分析

地块状况因素

由于本项目现状为农田、鱼塘和小丘陵地块，需要根据实际的地块状况分析项目规划过程中需要的建筑形态和模式。

本项目现阶段处于前期概念规划设计阶段。项目需要综合考虑发展及后期长期持续经营过程中的资金链条问题。

本项目是一个以高尔夫开发为主综合了房地产、商业、旅游、会议功能为一体的综合体开发。考虑运作模式时，需要分析投资回报周期和每一个板块的具体特点。

资金投放量及资金回收要求

由于项目属于一个大规模的综合体开发，必定需要在开发过程中考虑分区开发和如何控制开发节奏，可以有两个方面的考虑。

第一，在开发商资金充裕的情况下。可以重点一次性开发最具有示范效应的高尔夫球场。通过对球场的开发，一方面能够改善周边环境，另一方面能够逐渐提升项目周边的地块价值。土地资源的稀缺性，必然导致未来具有高尔夫景观和环境的高端房地产物业会受到特别的青睐；

第二，如果需要快速将资金滚动起来，保证项目持续发展的滚动开发，则需要改变开发思路。从开发周期稍短、最容易获得收益的高端高尔夫别墅作为项目启动，通过别墅类物业的销售，达到快速回收资金，带动高尔夫项目开发的目的。

（2）投资组合方式

在房地产开发中，大量的资金积压影响企业周转，将使开发商很难单凭自身经济实力进行项目开发。本项目总投资（含贷款建设期利息）约为 171909 万元，整个建设经营期在资金充足的情况下为 3 ～ 5 年，是一个建设周期长、资金投入量大的建设项目。所以，投资一般采用多种组合运用，一方面可减低融资的压力，有助资金的流通；另一方面可相对降低开发商的风险。

本项目开发投资的资金来源有三个渠道：一是自有资金，二是向银行贷款，三是预售收入用于投资部分。资金动作方式如下：自有资金全部用于投资；销售收入扣除与销售有关税费后用于投资，初步估算按销售收入 15.5% 计算；此外还缺少的资金，则向银行借贷。

图 5-17　本项目投资资金来源及使用

本项目开发总投资共计 171909 万元，自有资金按照房地产开发的基本规律必须达到总投入资金的 20%，由于项目大所以必须采取分期开发的策略，如果将项目初步分为 4 期开发，则每期的开发成本大约是 42977.25 万元。

高尔夫开发属于一次建成，所以需要加入一个高尔夫标准球场的开发成本 7260 万元，所以，开发商一期开发的自有资金需要能够达到约 15000 万元，另需贷款额或融资额合计 35000 万元。

（3）资金运作方式

在项目前期，将汇集到的自有资金用于支付土地使用权出让金和前期工程费；在获取土地使用权后，可将其向银行或金融机构抵押以获取银行抵押贷款，用于地上建筑物建设；当住宅楼建设完成了主体工程后就可进行销售，销售收入再加上用其他方式筹措到的资金，整个项目投资就能完成。

自有资金

整个项目的自有资金为 15000 万元，分 3 年投入。详见表：

自有资金年度投入表　　单位：万元

第一年	第二年	第三年
98733	5010	116

银行贷款

银行长期贷款共有二笔，共计 35000 万元；从第一年起到第二年止每年借一笔。

银行贷款年度投入表　　单位：万元

第一年	第二年
20000	15000

（4）资金进度安排

项目拟用五年分四期进行开发。根据项目可外协配套的设计、施工等资源能力，我们初步设定各主要分段（以下时间交叉进行。总体时间控制在五年）工程进度周期如下：

项目分段工程进度周期

工程进度	施工项目	开发周期
项目的设计及开工准备	初步及施工图设计、三通一平、报建、招标等	3 个月
高尔夫一号球场 18 洞标准高尔夫球场建造	基础、主体、外装及设备	18 个月
一期住宅高尔夫别墅类的主体建筑	基础、主体、外装及设备	8 个月
高尔夫一号球场环境配套及一期高尔夫别墅配套	道路、管网、环艺、验收等	15 个月
高尔夫一号球场 18 洞标准高尔夫球场建造	基础、主体、外装及设备	18 个月
二期住宅别墅类及花园洋房的主体建筑	基础、主体、外装及设备	12 个月
高尔夫二号球场环境配套及二期住宅配套	道路、管网、环艺、验收等	15 个月
三期住宅别墅类及花园洋房的主体建筑	基础、主体、外装及设备	12 个月
四期住宅开发（花园洋房）	基础、主体、外装及设备	18 个月

注：此处略去项目合作招商策略及资源引入。

04

SECTION FOUR

第四节

高尔夫地产市场的营销常识

高尔夫人群消费特征

高尔夫项目常规营销架构及流程设计

高尔夫地产项目营销策略建立

本节阅读导图

图：成都麓山国际高尔夫俱乐部别墅样板间

高尔夫地产是高端地产和旅游综合地产中的一类，关于这种地产营销，本书仅就营销中与高尔夫专业相关部分及高尔夫目标客户群特点作阐述。

一 高尔夫人群消费特征

高端地产项目的消费人群追求高端休闲生活，如果一个自称为高端的项目，仅比普通项目多了一座球场配套，而其他方面没对客户产生更高的综合价值感，就不会有市场号召力。业主以高价购买了高尔夫房产却得不到高质量的服务及良好的生活体验，说明项目打造得有缺憾，很难获得良好的市场口碑。这要求投资决策人，首先不能将高尔夫球场当作简单的景观或仅当绿化配套，而要把球场和会所的品质经营好，硬件设施和服务品质达到上佳，如此才能口碑相传，让业主和会员带来更多的亲朋好友，形成聚光效应。

因此，投资人和项目经营者必须明白高端地产项目的产品特点。

01 高端地产项目的 2 个营销特征

（1）高端地产是典型的体验营销

高尔夫地产是高端地产的一种，也是典型的体验营销，产品一定要具有瞬间打动客户的能力。非常强调细节，要建立起独特的文化氛围，通过点点滴滴树立高尔夫项目价值。比如球场边的样板房，它是体验营销的重要手段，样板房可推窗见景，一眼看到绿草如茵的球道；注意室内生活配套和设施，比如床具、家电、摆件、绿植及至高新科技产品精心运用，为城市新贵奠定生活价值，通过样板间让客户充分体验并产生良好感受，滋生成为业主的冲动。

（2）高尔夫地产目标客户更注重项目感染力

高尔夫项目要通过诸多细节留给客户5种感觉，即仪式感、尊崇感、奢华感、美好感、私密感。注重细节和品位，这样的看房过程留下的美好感受，能充分感染客户。

图5-18　高尔夫项目要留给客户5种感觉

02 高尔夫地产目标客户的4个特性

高尔夫地产目标市场是能够消费得起高尔夫或接受高尔夫生活的两类人（不论是否爱好打高尔夫球）：千万级或亿万级富豪；中产阶级中的精英。

（1）高尔夫地产和中国富豪及中产阶级互为目标人群

《胡润财富报告》对富豪这一群体的有过如下统计。

中国亿万级富豪阶层

中国的亿万富豪主要分为中大型企业主或股东、炒房者和职业股民三种类型；其中炒房者大约占了15%，房产投资大约占了他们投资资产的80%。

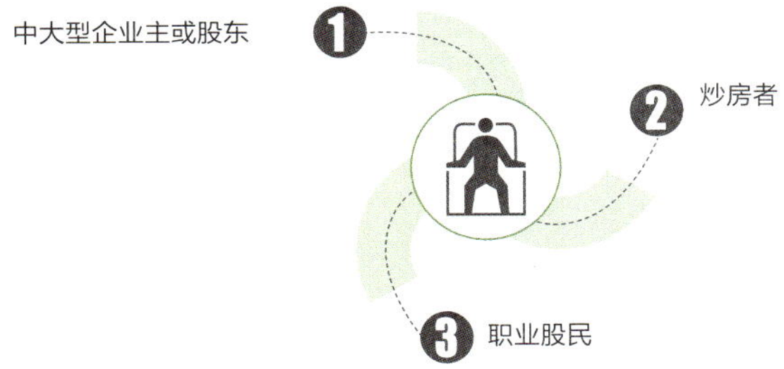

图5-19　中国亿万富翁的构成

中国千万级富豪阶层

中国千万富豪分为四大类：55% 为企业主，20% 为炒房者、15% 为职业股民和 10% 为超级金领。

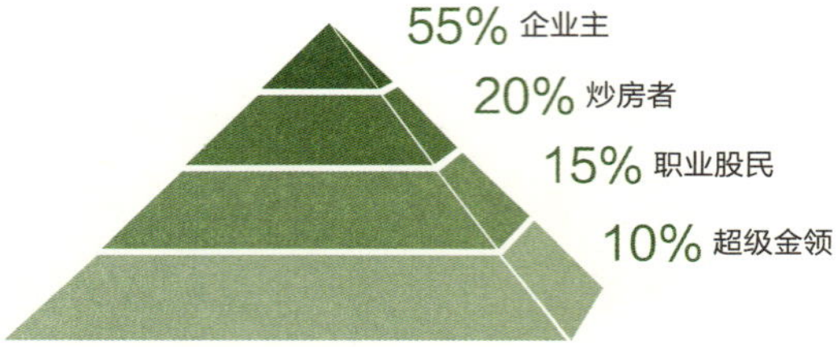

图 5-20 中国千万富豪的构成

根据《胡润财富报告》，房产投资是这类人群致富的重要途径，因此，高尔夫地产与千万、亿万富豪群体互为“目标市场”。

中产阶级阶层

在中国，中产阶级主要是指三资企业或中大型企业的高级管理层以及金融、贸易、传媒、演艺界明星、高科技行业、咨询服务业等行业的高级专业人员。另外，政府权力机关、事业单位、社会团体中的中高级领导成为“中产”甚至“隐性富豪”的机会最大，他们占有稀有社会资源，拥有优越的地位。

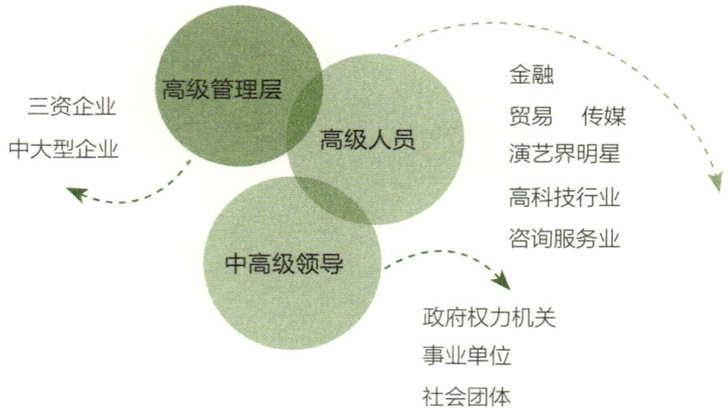

图 5-21 中产阶级来自的行业

（2）一般中产阶级和富豪阶级对高尔夫需求点不同

一般中产阶层

公务员、企业中高层管理人员、专业人士等中产阶层一般工作较忙，习惯生活和居住在城市中心繁华地段，对时间成本、交通成本、生活成本更在意，而高尔夫地产的地段大多是郊区或远郊，因此，高尔夫房产有可能成为他们的第二居所，或者是家庭旅游度假兼顾投资类型的物业。

一般中产阶层所希望的地产物业应结合现代都市生活的时尚、便利，以及郊区生活的恬静舒适。生活、休闲和享受成功等数方面需求均要结合进去。中产阶层对面积需求不会贪大，主要在意的是环境、社区感受，洋房或联排大多是他们的首选。

富豪阶层

真正的富豪如果考虑把高尔夫房产作为第一居所、第二居所，就会喜好更大空间，更多的社交功能，更宽敞、自在、私密的居住方式，可以独占更多资源，以彰显他们的身份地位。并且，要与其他群体形成区隔，带私家花园、泳池等配套的独栋别墅往往是他们的首选。

（3）不同地区的富豪消费习惯各有差异

中国区域发展严重不平衡，各地富裕阶层消费习惯和观念也有很大差异。地域文化差异决定了高尔夫营销方式的不同。营销推广人员必须关注不同地区客户群所各自有的普遍的性格和生活习惯特点。

图：成都麓山国际高尔夫俱乐部别墅样板间

图：广州九龙湖高尔夫俱乐部红酒雪茄吧

比如，北方人粗犷、大气、豪爽，说话高声大嗓，交朋结友义气为先，酒量一般较大，喜欢大口喝酒，希望众人拥戴，思绪方式提纲挈领，由大及小，比较强势，商务合作往往先说原则、定调子，先确定是否要合作再谈细节，但细节不谈妥也照样可能不合作。

南方人精致、婉约，心思灵巧、细致谨密，更乐享清幽、雅致的生活，喜好品茶雅聚，关注细节和他人感受，思考问题的习惯是由小及大，从细节到宏观，追求排场中的格调，商务合作往往先谈好合作条件和关键细节再签订合同，崇尚按合同办事。

以上这些地域间的不同反映在高尔夫地产上，就是建筑设计、功能布局、硬件设施及服务接待等许多方面的差异，每一处细节都要符合当地的文化习惯和审美情趣。

沿海等经济发达地区

在经济发达的沿海地区，打高尔夫球及旅游是富豪们排在前两位的爱好，铁杆球友甚至一有空闲就会呼朋唤友或携带妻儿打一场球，高尔夫球场约见是他们日常的行为。

广东是中国高尔夫运动开风气之先的省份，高尔夫运动最为普及，白领阶层打高尔夫球已很常见。北京、上海及江苏、浙江、福建、山东、辽宁等发达地区，2003 年 SARS 事件后，高尔夫及其他户外运动普及程度骤然提升，“请人吃饭不如请人流汗”的理念快速流行开来。

内地等旅游目的地

海南、云南、广西等地区，高尔夫被视作当地发展等支柱性旅游经济的必要设施。但在华中、西南、西北等内陆地区，富裕阶层吃饭、K 歌、洗浴按摩及打麻将、斗地主仍然是主流的业余消遣和私人聚会方式，高尔夫、网球、游泳等休闲体育消费欠发达，高尔夫生活方式还有待培养。

高尔夫专业笔记

生活方式转变不能一蹴而就，不同地区的富豪喜闻乐见的休闲运动和消费差异需要尊重和引导，市场定位和营销推广要有针对性，要有变化。如购房面积，内地因为地价、房价较低，富豪们喜好大面积户型以彰显身份。再如，内陆地区的会所和房产服务配套设施要考虑棋牌室、视听室等功能。

高尔夫地产产品，包括品质、包装、服务、技术含量、营销与品牌、市场形象创建以及针对高端目标客户提供可以感动他们的服务，构成产品完成的价值链。有高尔夫球场配套的地产不一定就受市场热捧。相反，如果球场品质太差却成了许多项目滞销的原因之一。许多投资人、销售人员因此倍受煎熬，这是做这类项目必须吸取的教训。

（4）球场会员转化为高尔夫地产业主的比例很高

通过高尔夫项目的目标市场分析，可以根据球友的类别细化项目市场定位。

本地球友

根据行业经验，本地球友大多选择别墅类产品。他们以常住或第二居所为主，购房关注的是环境、私密、配套、品质感、舒适、安全、满足私人聚会（企业高层小型会议及款待重要合作伙伴、高级官员）、升值前景等因素，对居住面积要求较大。

外地球友

外地球友则大多选择洋房，以度假为主，对面积的要求不高，在现行楼市政策下，大面积（即建筑面积

600 平方米及以上）的抗性较大。

球场会员

一般而言，球场的忠实客户尤其是会员，对球场同步开发的地产认可程度较高，约占会员总数的 20% ～ 40%，从会员到业主的转化率高，是高尔夫地产项目重要的目标群体。

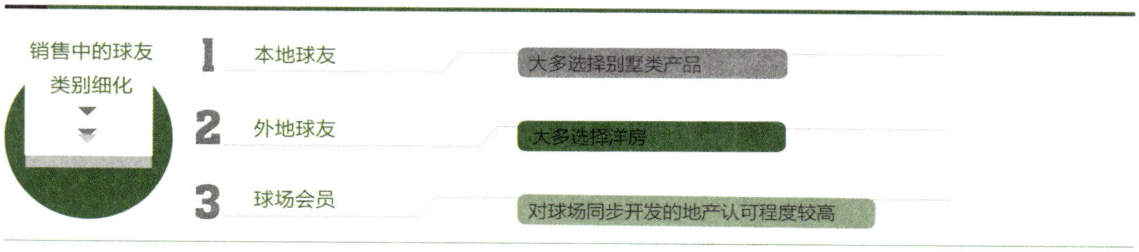

图 5-22　销售中的球友类别细化

03 高端项目目标客户更适合做圈层营销

所谓圈层，是指某一类具有相似的家庭血统、教育背景和经济条件、生活形式、艺术品位的人，在互相多次共同活动中，形成共同的爱好、趣味和观念，从而结交形成的一个稳定的圈子。

圈层营销是一个系统的营销战术或者特定的营销策略。中西方都有按圈层生活的传统。在中国的文化传统中，写于五千年前的《易经》就有“物以类聚，人以群分”的话语，而西方从古罗马开始，西方贵族社会就一直盛行私人俱乐部文化。

（1）高尔夫圈层的构成

高尔夫圈层是以高尔夫球运动为主要爱好，编织起的社会名流、城市新贵、商业巨子、娱乐明星等人形成的小圈子。

图 5-23　高尔夫圈层的构成

这类人群在聚会时，除了打高尔夫球或参赛、观赛之外，还有商业合作洽谈、推介；红酒、雪茄、古董、艺术品品鉴及拍卖；时尚新品发布会、公益募捐、慈善晚会或私人派对以及名车试驾、风水讲堂、政商金融业高峰论坛等众多的活动内容。这些活动，既是这个圈层共同的喜好，也是相互交流、合作、帮扶的平台，从而聚焦起巨大的资源能量。

（2）圈层营销重在抓住圈层人特点

圈层营销就是针对特定圈层人群的特性进行全方位剖析，采取符合其消费行为和习惯的方式促进交易的营销。

图 5-24　适合做圈层营销的消费人群必须有 4 个相同点

圈层营销模式的核心就是需要让有相同消费意识、相同经济条件、相同文化审美和相同生活习惯的人走到一起，通过特定圈层活动维系相互关系，宣传品牌和产品，扩大交际面，谋求更多合作发展的机会。

图 5-25　做圈层营销的推广路径

一个典型的案例是，江诗丹顿重返中国市场时，把发布会地点选择在故宫，邀请社会名流和富豪参与，表明这一奢侈品牌早在清朝时就受到满清皇室的青睐。这一做法目的很明确，一是品牌信息向名流和富豪这一目标群体扩散，二是借助他们的口碑宣传一致的品牌形象，促进特定群体的购买。

（3）高尔夫圈层营销的文化基础是高尔夫文化

高尔夫是西方舶来品，高尔夫球场经营企业的名称都有“×× 高尔夫俱乐部”字眼，追根溯源，它是西方私人俱乐部为主的组织形式。在我国近三十年现代高尔夫发展史中，真正私人会员制高尔夫俱乐部并不多，但对俱乐部文化和会员权益的尊重，已经在这一行业达成共识。

“佘山国际”、“华彬庄园”等是严格遵行私人俱乐部制度、讲究俱乐部文化传统的高尔夫企业，被许多从业者视为顶级、高端俱乐部的代表。

当然，从各地的文化、市场阶段、消费差异和商业经营的角度看，不一定私人会员制俱乐部就是最好的选择。美国的圆石滩林克斯球场、高尔夫运动发源地——英格兰圣安德鲁斯老球场等举世闻名的球场以及号称“中国第一”的春城湖畔高尔夫度假村等，均是旅游型公众球场，他们既获得良好的经济效益，也在业界声名远播。这一类俱乐部，放大了高尔夫企业经营中运动和旅游度假的属性，但他们对客户的尊重程度并不弱于其他私人会员制俱乐部，企业运营中对高尔夫文化及其传统的宣扬和遵守更加注重，甚至成为企业品牌和文化的一部分。

（4）高尔夫圈层营销要注意三个原则

高尔夫圈层营销已经完成了从坐销（坐等上门）到行销（主动拜访）、直销（维系良好客户关系，扩大圈子直接推荐）的转变。现在的高尔夫圈层营销应当注重三个原则：

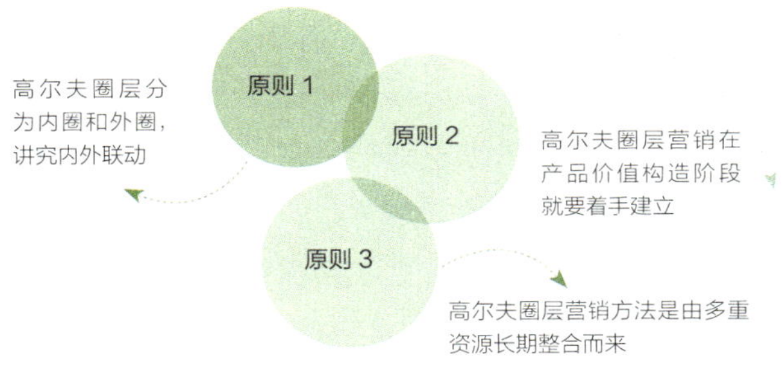
原则 1
原则 2
原则 3
高尔夫圈层分为内圈和外圈，讲究内外联动
高尔夫圈层营销在产品价值构造阶段就要着手建立
高尔夫圈层营销方法是由多重资源长期整合而来

图 5-26　高尔夫圈层营销要注意三个原则

高尔夫圈层分为内圈和外圈，讲究内外联动

球场和地产的忠实客户、会员是圈层营销中的“内圈层”；他们的亲朋好友，有共同经济地位、生活品位的人是“外圈层”。高尔夫项目价值构造是围绕内圈层来进行，并通过他们的口碑传播扩大到外圈层。

在一个项目产品足够出色的前提下，产品的高溢价一是靠前期的战略定位，二是要靠市场形象抬升。外圈层尽管不是明显的目标客户，但他们对项目的了解及口耳相传，会提高内圈层目标客户的心理认同，认可项目价值，从而提升购买欲望。让地产业主或意向客户购买球场会籍，或让常来打球的球友、会员购买房子，让他们再介绍球友或不打球的朋友一起来球场打球或置业，是进行内外圈层影响应当实现的目标。

奢侈品营销用“众人仰慕，自己拥有”的手法，圈层营销提升项目的知名度、美誉度和服务满意度，是圈层营销必须的途经。有的高尔夫项目经常有政府官员、商界领导过来参观、开会，这些官员、商界精英即为外圈层，给予他们良好的接待和服务，使他们留下美好的体验，对项目的口碑传播至关重要。

圈层营销在产品价值构造阶段就要着手建立

圈层营销不只是项目到营销推广期才开始做宣传，而要在产品价值构建阶段就开始考虑。在这个层面要注意两点：

第一，打造合乎目标客户心意的产品。

高尔夫圈层内人士见多识广，眼光独到且挑剔，他们有很多次看房、购房经验，也打过很多高尔夫球场，他们本身就是地产开发商或者在地产业内有相当多的哥们、朋友。地产业诞生了中国数量最大的富豪群体，他们拥有大量资金和人脉资源，其他产业的名流、富豪不得不受到这一行业影响。因此，在项目前期规划设计阶段，应当关注高尔夫圈层或者说高端人士的需求，为他们提供最合乎他们心意的产品，打造一些独特的感动，比如前文提及的香港半岛酒店对高新科技的运用等。

第二，不要让前期产品价值构造失误。

对于高尔夫地产项目来说，产品设计是战略性问题，它包括球场、地产、会所、服务品质。战略问题的解答是制胜的关键，而不是在后期如何宣传和推广。如果前期产品价值构造失误，后期的营销推广阶段即使聚集起一波波高质量的客流，也难以靠“忽悠”大量成交。

高尔夫地产项目前期策划阶段，尤其是对高尔夫圈层消费特点的研究、分析，为项目打造独特的卖点和文化，树立差异性品牌是至关重要的工作。做产品由开发商随便拍板，主观确定产品，再让策划人员包装，销售员随口乱说，结果一定是几头不讨好。

高尔夫专业笔记

如何打造合乎目标消费群心意的产品？在产品设计时就要反映出：通过本项目能否培育起一个群体，区域中已形成的高端圈子能否接受本项目，他们有哪些喜好和特性，他们有哪些占主流或小众的价值取向、生活观念和标榜性的品位符号，本项目如何体现？

高尔夫圈层营销方法是由多重资源长期整合而来

高尔夫圈层营销是一个资源长期整合的过程，并非简单组织个单一聚会或活动就能一击而中。

传统住宅项目打打广告，做一个活动聚焦起客户，释放出一些优惠信息刺激成交，往往很有效。这样的活动方式复制到高尔夫营销中，却屡屡失效。

对于高尔夫而言，组织了过于简单化的活动，组织失败之后再次组织的活动就会难以做下去，原因何在呢？原因在于执行者过分强调销售导向。

在高尔夫地产这类高端项目所确定的圈层里，人人都见过大场面精于算计，他们是各行各业的成功者，精明、理性、经历丰富、见解过人是他们性格特点的共性，这类人士不容易被轻易打动。功利性太强的推广活动，注重锁定目标客户购买意向，就为促进销售举办活动，会让高尔夫圈层客户一眼看穿，产生抗拒和排斥心理，不是他们买不起，而是他们看不上，这种负面心理一旦产生很难消除。

这样问题的出现也充分说明了高端地产项目营销从业者缺乏对圈层的深入研究和把握，缺乏高尔夫营销工作经验，想法仅仅建立在“想当然”的一厢情愿上。

（5）4 个致使高尔夫圈层营销失误的原因

只有更趋向于跨界资源整合、有丰富的前后期手段、肯做长期的坚持，才能促使客户认可项目，形成圈层传播，积累更多高质量的客户。

更趋向于跨界
资源整合
丰富的前后期
手段
长期的坚持

图 5-27　高尔夫圈层营销如何获得客户认可

高尔夫地产的圈层营销也有一些错误策略导致投资人活动失误。

误区 3
忽略了跨界合作，或者跨界不得法
误区 5
办活动前没有搞清参加者的爱好和习惯，
细节对位
误区 1
球场没经营好，球友口碑差
误区 4
活动没有持续性，深入程度不够
误区 2
花重金假设的配套沦为摆设

图 5-28　高尔夫地产圈层营销的 5 个误区

球场没经营好，球友口碑差

作为一种高端地产的高尔夫地产是典型的体验营销项目，球场设施不好，服务欠佳，有经验的球友对球场硬件和服务评价如果很糟糕，会影响周边的亲朋好友，这些评价会很快在圈子中传播开来，影响项目口碑和市场形象。

花重金打造的配套沦为摆设

球场、会所及其他配套设施花费重金建造，却未发挥价值，沦为摆设，没有提供个性化服务，没带来赞誉。譬如，球场长期生意较差，进入恶性循环，场地养护和服务能力越来越差，自然让球友给出恶性评价。又如，面向地产业主建设的健身房、红酒窖、雪茄屋赢利不佳，俱乐部经营者囿于自身素质和经验，对这些配套设施及经营服务水平不太了解，忽视了这些配套的管理和服务品质，被偶尔光顾于这类设施的爱好者批评为“不专业”，形成此类配套资源的浪费。许多高端地产项目对雪茄屋、红酒吧的经营不得法，导致后期经营管理执行不到位，不能发挥配套设施的价值是此类项目的通病。

忽略了跨界合作或跨界合作执行不得法

跨界营销既为地产和球场带来高质量客户，也为战略合作单位实现双赢。

高尔夫专业笔记

高尔夫跨界营销中的战略合作单位包括名车车行、车友会、银行、商会、名酒、顶级品牌雪茄、演艺体育明星及经纪机构、博物馆、艺术协会、网球协会、游泳协会、艺术收藏品鉴定拍卖机构、法律及医疗保健名家和高端保健机构、金融及经济学界、展会机构、高端培训教育机构、出国留学机构、本地有影响的行业协会等。

进行跨界合作时，要注意互惠互利，而不单纯希望对方将活动挪到自己的球场。例如某球场与当地宝马的代理商合作，进行多种范围的合作，包括球场会员购车有优惠，宝马车主到球场打球也提供消费优惠，赛事定期在球场举办，宝马的赛事球场方提供晚宴赞助并要求若干名会员参赛，宝马试驾将球场列为必选路线，球场向试驾人员提供免费打练习等。这种深度合作为地产项目带来许多高质量的客户群体，成交的多套房产中，有十多位是宝马代理商带来的客户。

活动没有持续性，深入程度不够

普通地产“短、平、快”的营销方式，放在高尔夫地产中容易走样。很多高尔夫球场举办的活动是以销售为唯一导向，对来宾步步紧逼，招致客户反感。殊不知，富人之所以富，是因为他们已经成为某个领域内的成功者，这类人的自我意识比较强烈，如果不顾及他们的心理需要和感受，邀请他们来参加营销活动，硬性推销，扭不出甜瓜。

另外，举办活动时还要注意：非高尔夫爱好者对高尔夫运动的规则、礼仪不了解，活动组织者需要借机宣传高尔夫运动及生活方式，而不是让他们影响到球场正常运营，喧闹不堪，造成既有会员的反感。比如，举办非会员客户活动时，要让他们的活动区域与球场正常经营区域区隔，单独引导或错开时间，观赛区及会所内应提示文明、安静等。借助练习场平台搞活动时，应印制和赠送高尔夫手册（高尔夫文化礼仪，并附带房产、球场和练习场产品信息），体验活动应首先设置简短的高尔夫文化基本课程，再体验挥杆，对有意向的客户赠送若干练习场免费练习券，邀请其再次光临等。

我们一定要知道，利用球场和练习场推广高尔夫运动和生活方式，也就是在为球场和地产培育高质量的客户群体。

高尔夫专业笔记

根据会籍营销的经验，如果一个会员不能带来 12 名对球场有良好印象的嘉宾，证明球场的产品和服务没有做好。

办活动前没有搞清参加者的爱好和习惯，细节不对位

比如，某项目举办雪茄品鉴活动，邀请了当地的一个业余球队，但球队成员好多人不吸烟，举办方却没有安排下场打球和其他让他们感兴趣的环节，造成来了几十人，却只是不到十人在真正参加活动，许多人中途离场而去。这样的活动，没有筛选客户，也没有考虑到来宾的感受，安排失误致使客人既感觉到被忽悠，又感觉在浪费他们的时间，营销的效果适得其反。

二 高尔夫项目常规营销架构及流程设计

高尔夫地产项目营销可以运用的资源除常规高端地产项目资源外，还有高尔夫球场、高尔夫会所（大型项目建有单独的业主会所或营销接待中心）、高尔夫练习场（教学中心或专业高尔夫学院）及餐厅、会议等附属设施。更大型的项目还有酒店、度假村及附含的网球场、SPA、洗浴中心等休闲、娱乐、康体运动等资源。

图 5-29 高尔夫地产项目营销可以运用的资源

01 2类高尔夫地产营销体系类型

以简单的“高尔夫球场 + 地产”型项目为例，这类项目在设计营销体系时，要分成两类：

类型1：地产与会籍、球场运营市场混合营销

即同一个班子既做地产营销又做球场营销。

好处是该体系设计利在于节约人力成本，人才素质较高，能够充分调动资源。

弊端是事务性工作较多，部门的任务量较大，部门负责人的精力难以分配，容易顾此失彼，尤其是在地产项目强销期。

类型2：地产营销体系与球场营销体系分开

这是大型高尔夫地产项目比较普遍的做法。这种各成体系的情况下，需要地产公司与球场管理层充分沟通，两个营销体系要相互熟悉工作流程和需要，相互配合，两边销售员相互介绍客户各自都能拿到一定的奖金、提成，这些措施能充分发挥项目的资源优势。

如果说，高尔夫球场经营管理与地产开发业务分属两家不同的法人单位运营，则要求开发商上级集团要有比较强势的协调能力，有的集团会在上级集团总部设立一个高尔夫地产营销中心或类似的协调部门，以充分调动资源，确定整体高尔夫地产项目的营销年度方案、牵头筹划大型活动、考核计划执行情况等，解决项目营销过程中的问题。

02 高尔夫地产项目的市场工作可按职能分为三块

从职能分工来看，一般地产项目市场工作分为策划、销售和客户服务三大块：

（1）市场策划部

这个部门的工作包括公共关系、广宣和促销活动推广策划、文案起草、美工设计、方案执行等职能；

（2）销售部

这个部门的工作主要是一线销售员及其日常工作开展及管理，有的项目将上述部分工作外包给专业的地产销售代理公司和广告代理公司；

（3）客户服务部

该部门主要工作是收集和管理业主或准业主的购房文件，对接房产局、土地局等政府职能部门，办理购房

合同备案、按揭及房屋“两证”、业主交房验收等相关手续以及对接物业公司、销售部等。

03 将高尔夫球场与地产营销体系打通

对于盘量不太大的项目，如果将高尔夫球场与地产的营销体系打通，利大于弊，既节约成本，更能资源共享、高效运作。市场部门的架构设置，根据职能分工人尽其才，兼顾绩效考核的原则即可。

（1）高尔夫球场的市场工作职能设计

高尔夫球场市场工作与地产项目大同小异，也分为市场策划（除地产同类工作外，另包括赛事活动组织、中介旅游市场策划）、销售部和客户服务部。客户服务部在有的球场称为会员事务部，会员事务主要工作包括会员档案资料管理、会员权益维护及关系维系、会员专项赛事活动组织、会籍转让、公司会籍的提名人更换等。

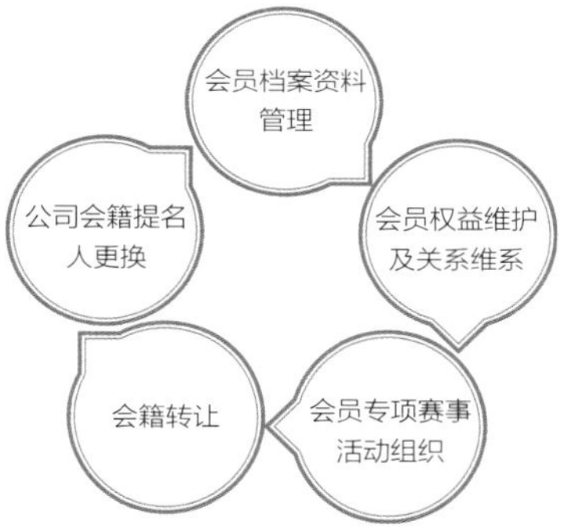

图 5-30　球场会员事务部主要工作

上述各项工作职能均需要配备相应的人员，为压缩人力成本，有的公司实施一专多能、一人多岗的岗位设置。

（2）高尔夫地产销售流程中的高尔夫管理环节

高尔夫地产销售流程中，除了常规流程外，还会增加高尔夫管理环节，例如球场、会所参观、高尔夫练习场挥杆体验等。要求地产营销人员与球场管理有良好的对接机制，衔接到位。

球场参观环节

球场的参观环节应由球场根据营业情况来调度安排，由球场出发站安排球童开车，地产销售员引导随行。有的球场会有固定的参观线路，球童和地产销售员都经过培训，知道如何介绍球场，强调什么样的特色，相对而言，如果球童经过专项培训的话，球童介绍球场会比地产销售员更专业。

地产项目销售员的高尔夫礼仪培训

地产销售员要对球场运营规律及礼仪、文化等方面进行严格的培训，尤其是涉及会籍权益的相关知识更要强化，避免说辞不统一，释放错误的信息等。同理，球场营销人员甚至包括球童，也要对地产项目情况比较了解，尤其是前台、市场人员、销售员，他们在接待客户过程中，难免会有客户问到一些地产方面的问题，一问三不知或者答非所问、回答错误，都是对客户资源的浪费，也会给客户留下企业缺乏培训，市场意识非常差的坏印象。

（3）地产项目将房产沙盘放在高尔夫会所里的注意事项

有的地产项目将房产沙盘放在高尔夫会所里，让球场来宾知晓地产项目，不浪费高端客流，这种做法无可厚非，但要注意几点问题：

第一，沙盘不宜过大，不能抢占来宾视线。毕竟高尔夫会所非常讲究私密、高端、闲适，将沙盘放置在来宾必经之处，有兴趣的客人自然会关注和询问。但过于夺目，太商业化的做法出现在这样的场所有点喧宾夺主，将高尔夫会所大堂弄得像地产营销接待中心并不适宜；

第二，沙盘或地产项目宣传区最好要配备一名地产销售员值班，以便有客户问起房产问题，能随时有人能在现场解答。虽然高尔夫球场的销售员或其他人员也要培训同项目内的地产知识，但毕竟术业有专攻，不能相互取代。会籍销售员在接待客户过程中，会自然而然的倾向于推介会籍而非高价值的房产，而对于高尔夫地产项目而言，房产应当是第一销售目标。

三 高尔夫地产项目营销策略建立

前文述及高尔夫地产客户的消费特点，决定了制定高尔夫地产项目的营销方案除了走常规的高端地产推广途径外，也要注重运用和引入一些经营资源。

高尔夫地产贩卖的主要价值就是一种稀有的生活方式，高尔夫资源运用不充分，是项目开发和营销人最大的失败。前面已分析过高尔夫圈层中人经常出现的场所、他们的兴趣与关注点就是项目推广方式和目标，高尔夫地产营销围绕着这些方面展开，并做深做透，如果定位没问题，就能取得不俗的业绩。

01 按高尔夫地产营销阶段规划工作

阶段 1：项目前期策划阶段

这个阶段工作包括市场调研分析、产品定位建议、客户群体研究、产品规划设计、球场及配套经营单位经营定位、项目卖点分析及建立、提炼等。这类前期工作做得好，将为后期推广和销售节约大量成本和精力，只是这类战略性问题常常被缺乏远见的开发商忽略，引进的人才经验和见识也有限，致使该阶段工作未能发挥作用。

阶段 2：项目推广、销售启动后的营销期工作

包括蓄客方案、价格方案、开盘方案及后续销售方案、广告宣传及推广方案（含预算）、大型活动的策划组织等。

有的项目对营销工作重视“销”而忽略“营”，这表明管理层缺乏营销常识。“营”主要解决客户为“什么买”的问题，这也是一个项目市场策划及推广要关注的最大问题，是站在客户角度思考产品、价格、购买方式、促销活动等基本元素；“销”则是销售员解决“如何卖”的问题。如果项目没有很好的回答“为什么买”的问题，也就难以解答“如何卖”的问题。

02 注重整合营销

体验营销、事件营销、会议营销、赛事（职业、业余和商业三种类型）营销、高尔夫教学体验活动以及高端客户聚集的机构（金融投资、私人银行、豪车车友会、奢侈品代理经销商等）的相互资源合作，都是展开合作推广的渠道和重要方式。

这里经常容易走进一个误区，比如球场资源与外界合作时，球场管理者站在经营角度总希望有创收，能有收费，但事实上只要不影响球场的经营定位和价格体系，适当时候拿出些球场资源，尤其是练习场和会所经营资源，相当于地产项目的广告费支出（球场与地产公司内部账面结算即可）。对于地产项目而言，多做一些聚集高端客户的活动比做硬广告更有效果。当然，这类活动要不影响球场运营，要注重穿插高尔夫生活方式的引导和宣讲。

图：美国沙漠万柳高尔夫球场

链接 为什么要加盟 e 周汇?

2013 年秋，“e 周汇联合会籍”在华东区域率先上市，一路畅销。“e 周汇”加盟球会现已达到 20 家，其中华东区域有 5 家，既有城市商务型，也有旅游度假型，不乏品质优良、形象和口碑俱佳的球场，多次入评地标球场的湖北梁子湖、浙江海宁尖山等球会。

“e 周汇”基本权益

加盟球会对每名会员每年给出一周（7 天，两个假日 5 个平日）的会员优惠，主场给予会员价，加盟球场则是会员价 +100 元，消费前需预约确认。

“e 周汇”核心价值

价值 1　抓住球友喜欢打不同类型的球场以及地域、气候差异、互补的消费需要，让会员享受众多加盟球场的服务，让加盟球场共享这一批客户资源。

价值 2　“e 周汇”为球场输送客源，让球友有机会了解和体验某个球场的品质和服务，这个过程中，球场才有机会推销房产或会籍产品。

价值 3　“e 周汇”成为会员接受球会终身会籍卡前的重要体验期。

理性球友们为什么难以选择终身会员制?

对许多会籍价值建立尚不足的球场而言，球会塑造的会员价值与价格尚未匹配，球友对正式终身会籍（俗称“大卡”）定价价位表示很大的怀疑，这是理性球友们难以选择“大卡”的原因所在。

一个客流不佳的球会的困境在哪?

会籍与营业是高尔夫综合项目中价值仅次于地产销售收入价值的项目。

一个客流不佳的球会，除非坚持纯会员制（例如上海颖奕安亭），从高价会籍处获得回报，除此之外，难以获得更大的投资回报。而消费者又普遍乐于跟风心理。客流旺的球场，会籍价格也被推高；球场人气不旺，球友就会担心球场能否持续经营。

“e 周汇”的关键价值在于：让引领很多球友来到球场，享受和体验球场服务，为客流尚待提高的球场带来客流，为经营已经步入正轨的球场带来高质量会员。

加盟“e 周汇”的好处在于：

好处 1　“e 周汇联合会籍”是加盟球会正常发行会籍产品之外的新增会籍品种

按加盟协议约定，理论可以销售 1000 张，目前售价 2.8 万元计算，可额外增加销售收入至少 2800 万元。

加盟球会对“e 周汇”的销售方式

有的加盟球会（例如上海华凯乡村）选择单独销售“e 周汇”；

有的球会将它打包进正常的会籍产品中以“e 周汇”促进正常会籍销售，例如湖州温泉，效果良好。

好处 2　“e 周汇”会员每年需缴纳年费

会员每年将为球会带来数十万元管理费，这也是一笔额外的长期而稳定的收入。

好处 3　“e 周汇”联盟将为加盟球会带来大量客流

“e 周汇”的主要客群有三类：

一是需要提高球技、见识不同风格球场的新球友；二是旅游和商务出差较多的球友；三是举办赛事较多的球队。

“e 周汇”组合了城市型、商务型、旅游度假型等多种类型的球场，将为加盟球场带来大量客流。

好处 4　“e 周汇”除带来新增打球客流外，还带来住宿、餐饮、洗浴娱乐等消费

“e 周汇”蕴藏巨大的商机，能有效提高球场、酒店的营业收入。为有地产推广的高尔夫项目带来高质量意向客户。

好处 5　“e 周汇”是球场经营稳定的补充

“e 周汇”基本权益是加盟球会对每名会员每年给出一周（7 天，两个假日 5 个平日）的会员优惠，主场给予会员价，加盟球场则是会员价 +100 元，消费前需预约确认。

对加盟球场而言，平日大部分时间都是客流不足，每名会员仅占 7 天营业资源，不影响正常营业秩序和价格体系，不干扰球会既定的经营定位。

对于会员而言，聚少成多，如果加盟球会达到 50 家，每家 7 天累计就是 350 天，能充分满足他们打新场尝鲜、组队参赛、旅游度假、商务出差等各类需要，享受“e 周汇”带来的实惠。

好处 6　“e 周汇”可与球场的练习场权益捆绑

对于高尔夫欠发达地区来说，“e 周汇”可与球场的练习场权益捆绑，起到培育客户的作用。它激发有消费能力却尚未喜爱打球的人走进球场，体会高球乐趣，以一个低价会籍将客户锁定在球场。待客户兴趣培养到一定程度后，球会让会员升级，将之发展成正式终身会员。

观望和疑虑“e 周汇”的球会是怎么想的?

对加盟“e 周汇”还在观望和疑虑中的球会，他们顾虑的大约是：

疑虑 1　“e 周汇”售价较低，低价影响正式会籍形象

“e 周汇”创始一期售价仅 2.8 万元，收入总额较低。且与球会正式终身会籍产品十几万、数十万相比，担心低价影响正式会籍形象。

“e 周汇”的解释：

我们认为“e 周汇联合会籍”与某个球场的正式终身会籍是两种不同类型的产品，相互不仅不矛盾，反而利于正式终身会籍的推广。球场给出的仅只 7 天待遇，与正式会籍不受约定的权益相比，微乎其微。

形象问题，其实是球会长期经营定位的一部分。客观地说，国内大部分球会难以选择和维持真正高端的纯私人俱乐部，即便是上海、深圳等一线城市，也并非每家球场都能选择如同佘山国际、东莞海逸或上海美兰湖一样的高端定位。譬如有的球场有酒店，客房数百间，经营成本巨大，但仅靠球场带来的客源难以为继，此时“e 周汇”就能发挥巨大的作用。

“e 周汇”联盟不妨碍球会的短期或中长期的经营定位，而在球场产权或经营权出现重大变化时，它不会影响球场的价值。相反，却因为球场的客流和营业收入比不加盟时好，会提高球场价值，利于股权融资。

疑虑 2 “e 周汇”一加盟就是“终身”，让业主有所忌惮

“e 周汇”的解释：

这是误解，“e 周汇”设计了比较方便的退出机制，于其他类似联盟体，“e 周汇”更保护了业主的长期利益。加盟球会要对自己的会员负责，愿意给予自己的会员补偿即可。对会员来说，所谓“终身”，其实是有选择的。

最后，为什么选择“e 周汇”？

现阶段有多种联盟体，球会也会自己签联盟球场，这样做的好处是：

好处 1　获得球员球友信任

现阶段其他联盟体各有特点，有的联盟体权益设置时，会员打球天数封顶，加盟费较高，影响联盟体价值；有的联盟体采取会员打球费用补贴的方式吸纳会员，但这种方式难以让精明的球友产生信任。

好处 2　所定“候鸟”会员，球场、运营方及会员三方共赢

球场自己签订联盟一般是签一年短期，到期续约。麻烦的是，每个球场的市场价值不一样，一些在市场上很有号召力的球会对筛选球会有很高的门槛，对于一些经营还没有太明显起色的球场，签约条件大多不对等。

“e 周汇”的优势在于：免加盟费，长期、稳定，让客户有保障。并以加盟球场自己销售的会籍锁定“候鸟客户”，长久提高客流，培育自己的市场，本质上并非买短期营业额，这个联盟体是可持续发展，球场、运营方及会员三方共赢。

每家球会仅 7 天，但会员却享受众多球会的 7 天，会员权益随加盟球场增多而放大，却不损害球场的利益，可见这个产品设计的非常精妙。

好处 3　使用过程便利，沟通成本低

“e 周汇”在使用过程中也非常便利，会员通过指纹认证、电话或手机 APP 订场、网络平台自动结算等，高科技手段减少了球会的人力、物力和沟通管理成本。

在经营压力越来越大的市场环境下，加盟“e 周汇”的球场将越来越多。

03 做好营业场所内部销售

高尔夫地产项目还应注重“内部销售”，即充分利用球场、酒店或度假村资源，做大量相互推介活动，比如让打球者进餐、住宿等，起到事半功倍的营销效果。“内部销售”是酒店业内的市场概念，良好的内部销售可以达到以下目的：

第一，节省营销推广费用；

第二，在服务过程中赢得客户口碑宣传、招揽更多同类型客户；

第三，从吸引来的同类型客户群体中产生更多销售收入，除了房产，还有球场和酒店经营收入；

第四，大型的、丰富多彩的内部销售可以提高营业客流，比如下场打球、酒店客房、餐饮、会议等；

第五，通过内部联合举办活动，增加员工沟通协调能力，升级服务，促进不同体系的员工相互熟悉和了解，掌握不同营业类型部门的运营规律，为今后举办更丰富的活动提供创意。

在高尔夫球场、会所、酒店等营业部门，充分利用俱乐部网站、球场广告牌（含一杆进洞榜）、酒店服务指南、餐厅咖啡厅的桌卡、菜单、宣传单、视频资料（会所电视广告）、礼品奖品等方式，作为地产或其他经营项目的宣传推广的辅助工具，展示丰富的项目形象和联动活动，宣讲项目动态或促销信息。

04 举办赛事提高影响力和知名度

高尔夫赛事是吸引目标客户、回馈业主和会员，并取得项目知名度的一个快捷方式。高尔夫赛事一般分为五种类型：

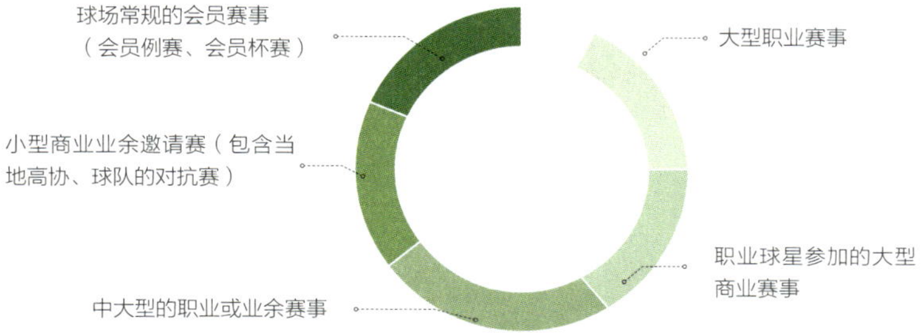

图 5-31　高尔夫赛事的五种类型

（1）球场常规的会员赛事（会员例赛、会员杯赛）

会员例赛一般只限会员参加，参赛会员取得年度积分，获得年度奖励；会员杯赛的参赛者则会员、会员嘉宾和会籍、地产意向客户三种客户都可参加，没有严格的身份限制，也可以办成会员体验赛、亲子赛、慈善赛等多种形式，球场和地产都可以借助这个平台做业务推广。

（2）小型商业业余邀请赛（包含高协、球队的对抗赛）

球场自己举办或承办其他品牌机构举办的商业业余比赛，比如宝马杯某站比赛等。这样的赛事对球场而言一般都是盈利项目，也利于地产营销推广，但定位高端的球场一般不承接这类价格低的比赛。

（3）中大型的职业或业余赛事

这类比赛既包含预算费用达几百万元的国内职业比赛，也包括预算数千万元的国际级职业比赛，还包括“中高协”或“朝向集团”等机构举办的业余巡回赛、“汇丰”或“中信”冠名的青少年挑战赛等。一般这类比赛中开发商的开支较大，需要经过慎重策划和准备，要有清晰的赛事目的，而国际型职业赛事，更是耗资巨大。北京演艺人协会的“全明星队”例赛及年度总决赛，“中国企业家队”的比赛，都可以列为这一类。

（4）职业球星参加的大型商业赛事

这是比较讨巧的比赛，费用相对节省，但吸引眼球和取得知名度的效果也较好。经典案例有郑州“金沙湖高尔夫观邸”项目举办的老虎伍兹与麦可罗伊两人参加的“天王对抗赛”等，这类赛事活动需要专业公司策划并提供服务，调动资源比较多。国内明星球员，比如张连伟、梁文冲、吴阿顺以及女子球手，在有档期时都受邀参加商业活动，相对国际大牌球星费用低廉许多，业内有专业的经纪公司或中介机构提供相应服务。“中高协”举办的一些“国”字号职业赛事，往往需要提前至少半年申请（一般是提前一年申请，但国内一些列入排期的赛事有时找不到赞助方，因此也有提前半年申请成功的）。提前申请的原因是便于赛事官方机构能提前考察球场设施，商洽合作条件，公布列入赛事排期，利于宣传推广。

（5）大型职业赛事

这类赛事投入大，效果好，持续数届能提升企业品牌和促进产品销售。这类赛事分为国内职业赛事、“同一亚洲”赛事、国际赛事三个级别，举办费用差别较大，对球场及开发赛实力和资源考验也不一样。

高尔夫专业笔记

举办国内的职业比赛，一般由球场或冠名赞助商支付当场比赛的奖金，另有赛事组织及其他费用。因此赛事预算一般按当场比赛奖金总额的 1.5 至 2 倍计算，几十万元到两三百万元不等；国际赛事则是动则数百千万元甚至过亿元。举办什么类型的比赛，也要考虑当场赛事的外部招商合作情况。

高尔夫地产营销涉及的内容非常庞杂，包括培训、预算、团队管理、销售技巧等。

第六章

Chapter

SIX

高尔夫项目运营管理常识

01

SECTION ONE

第一节

高尔夫企业的文化与品牌建设

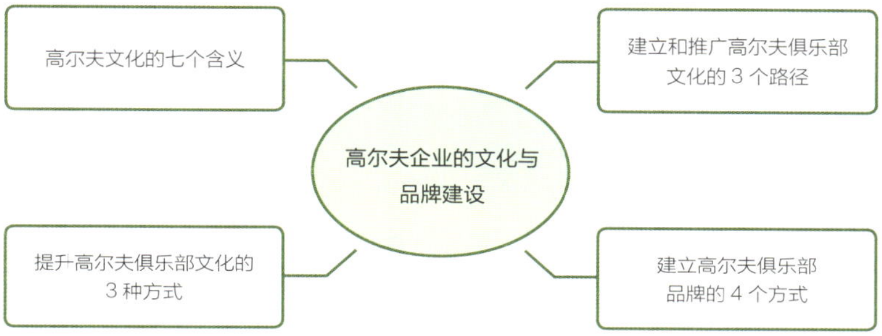

本节阅读导图

图：美国印第安纳韦尔斯高尔夫俱乐部

高尔夫球场消费价格和文化品牌，由硬件水平、服务品质以及企业经营管理水平、营销能力等多方面内容形成。在这个过程中，企业的隐性文化塑造往往起着决定性作用。高尔夫俱乐部的文化、品位，甚至管理者、投资者的文化素质、经营理念，也直接决定了球场服务的品质、球场品牌以及球场为客户创造价值的高低。

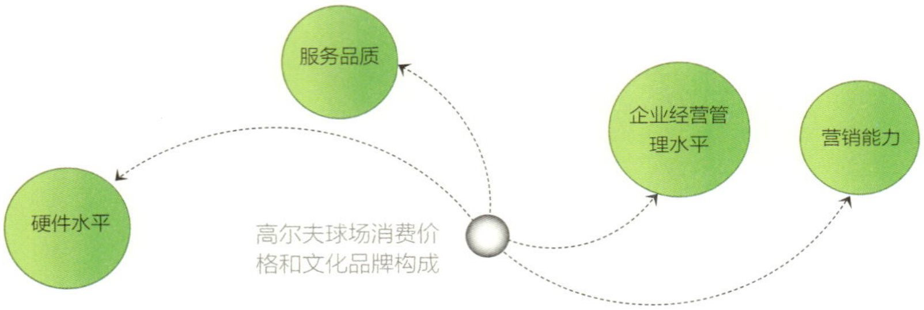

图 6-1　高尔夫球场消费价格和文化品牌构成的决定因素

在高尔夫球场经营中，相互比拼价格的球场比比皆是，但低价并不是争取客户的最好途径。低价吸引到的顾客如果觉得服务不好仍然投诉不断。

一些俱乐部尽管定位很高端，会籍价格比低端球场高出数倍，日常打球及其他消费也较低价球场高出许多，却仍换来客人的交口称赞，就是说，价格高并未影响收益。这样的球场，球员打球往往要提前一个星期预订，会籍（含二手）也非常抢手。充分体现了高尔夫企业不同品牌价值带来的市场价值差异，这种差异是球场之间文化建设差异的外在体现。

企业文化建设是服务价值和树立品牌的重要方式。企业必须意识到，在经营过程中，要深刻了解高尔夫文化的特点，遵循高尔夫球场经营的客观规律才能为客户创造价值，藉此收获自身品牌和价值。高尔夫品牌建立之前，我们要先了解高尔夫文化的特性，需要培养员工甚至是客户理解和尊重高尔夫传统文化的基本修养。

一 高尔夫文化的七个含义

高尔夫运动规则中渗透着自律、尊重与超越。世界上很少有一种运动像高尔夫球一样，在其世界通行的运动规则中，对职业和业余运动爱好者的运动礼仪和文化方面做了如此详细的规定。

全球遵行的《高尔夫规则》的第一节中就是："礼仪——球场上之举止。"开宗明义的"礼仪"引言部分说道："如该礼节都被遵守，所有球员将从这项运动得到最大之乐趣。在球场上随时表现对他人之体谅为其最高原则。"

这个意思是指：从事这项运动者，均应遵守高尔夫礼仪，"对他人体谅"是这一礼仪的最高原则。"体谅"一词，字典释义是设身处地为他人考虑，感同身受，给予谅解和同情。在大多数中国人看来，这是一个关乎个人道德、修养和心胸的词语。

在风行全球的高尔夫运动里，"体谅"成为最高原则，"礼仪"是运动规则，可见这项运动有利于提高一个人的修养水平，是一项真正绅士的运动。

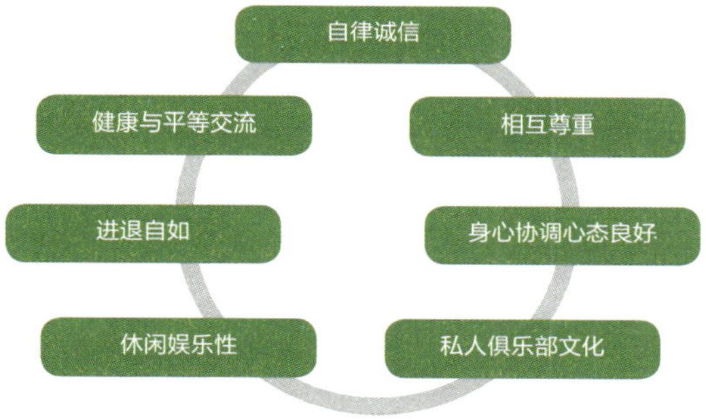

图 6-2 高尔夫文化包含的 7 个含义

01 自律诚信

《高尔夫规则》规定："本运动之精神：高尔夫比赛大部分是在没有裁判或仲裁者的监督下进行。这项运动有赖个人的诚实来表现对其他球员之体谅及对规则之遵守。" 因此，高尔夫运动的基本精神是杜绝作弊，追求公平、和谐和信任。在球场，人们挑战的是自己，而不是别人，对别人诚实，也是对自己诚实。

02 相互尊重

《高尔夫规则》规定："不论竞争有多激烈，所有球员之举止应该要有纪律，并随时表现礼貌和运动道德。"对同伴（包括球童）的信任与尊重是"礼貌"的基点，这可以使得运动的参与者获得更大的成功和愉悦；尊重每个竞争者，在超越自我中超越他人，这种运动精神也可延伸到经商和为人之道。

03 身心协调，心态良好

打球的时候，球手应当保持肢体的平稳和协调，以及良好的心态，这样才能把球打好，这也是人生哲理的体现。高尔夫球运动体现的就是这样一种生活态度和生活状态。

04 高尔夫的私人俱乐部的圈子性质

从高尔夫球运动的发展史来看，高尔夫从诞生时期的平民运动升级为宫廷贵族运动后，就与西方固有的私人俱乐部文化融为一体，成为私人俱乐部经营模式中的一个重要分支。直至 20 世纪中叶，随着中产阶层崛起，西方经济发达国家的高尔夫运动越来越普及，以美国为首的公众球场大量发展。在西方，高尔夫球场的经营与管理天生具有私人俱乐部的基因，这一点与国内截然不同。国内的私人俱乐部类型球场在"十佳高尔夫俱乐部"等评选中占有较大比例，体现出高尔夫行业对私人俱乐部文化传统的尊重。

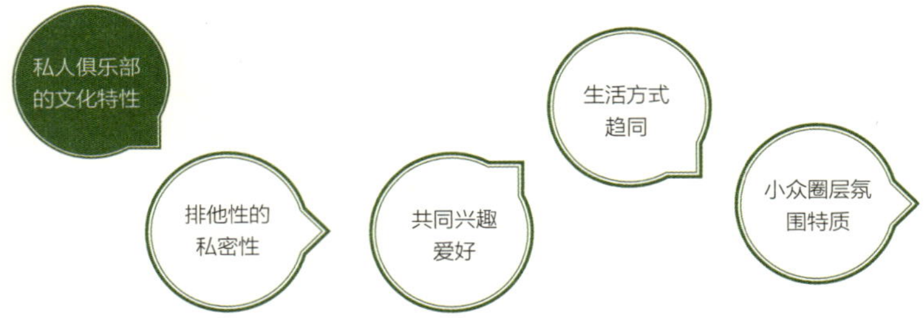

图 6-3　私人俱乐部的文化特性

私人俱乐部的文化传统包括排他性的私密性、共同兴趣爱好、生活方式趋同、小众圈层氛围特质等特性。私人俱乐部会员招募的通常方式是会员邀请制，新会员由老会员介绍或者有比较严格的筛选标准，甚至要通过会员委员会的审核和同意。有的俱乐部会建立"会员理事会"等会员机构，赋予"会员理事会"与俱乐部业主平等协商、沟通的权力，让会员们更多地参与企业经营管理。然而，这种机构设置对大多数俱乐部是一把双刃剑，为免于经营掣肘，绝大多数俱乐部投资者不敢轻易成立类似机构。

05 休闲娱乐性

高尔夫虽然是一项竞技运动，但对普通高尔夫爱好者而言，它更多的具有休闲娱乐性，是家庭度假和日常休闲娱乐的一种生活方式。由于高尔夫运动休闲性和场所特殊性，在国际上，它成为当地政府接待来访者，商务人士进行交流沟通甚至谈判的场所。对于会员来讲，球场是增进朋友间友谊或者进行家庭休闲娱乐的最佳场所。

06 进退自如的智慧

打高尔夫球需要较多的智慧和策略。每位球手对每一支球杆都有自己习惯的使用方式和击打距离。打高尔夫球，杆数越少越好的成绩计算方式，要求每一杆都需要打出最佳的落球点，这意味着击球有进有退，不一定打得远就是好。

07 健康与平等交流

高尔夫球是一项小至四五岁的儿童，老至八九十岁耄耋之年都适合进行的运动——只要你还能走得动路、挥得起杆。它还是一项利于身心的、运动强度不大的有氧和负氧离子丰富的运动。

打一场球历时四个多小时，优美的球场、安静的氛围、放松的身心，在这样的环境中，同组球员自然会有许多交流，也通过打球增进相互了解和信任。在场下，无论身份如何高贵，打的是同样的球场，用同样的高尔夫规则，大家是球友，甚至身份高的人球技未必比身份低的人的球技好。因此，高尔夫运动是重在平等沟通交流的运动，也是重要的商务交际平台。

球场上可以考察一个人的品性，例如是否乱发脾气——自我控制力如何；是否礼让——合作精神；是否遵守打球规则或作弊——诚信度如何；是否具有绅士风度——个人修养如何等。

二 建立和推广高尔夫文化的三个路径

图6-4 建立和推广高尔夫文化的路径

01 充分学习和理解高尔夫文化

要求高尔夫项目投资商、经营者和服务人员，充分学习、理解和尊重高尔夫文化内涵，并将这种文化氛围植入和固化到企业经营之中去，成为企业文化的一部分，充分体现专业价值。

02 组织内部保持不断的宣讲和讨论

组织高尔夫项目相关人员学习、讨论，高尔夫从业者有义务宣讲高尔夫的文化和传统。这种宣讲还要扩大到不与球员直接接触的其他人员，譬如，房地产的建设单位、施工人员、物业安保人员等。避免在球手打球或者比赛时，出现施工噪音、灰尘；避免在有客人打球时，无关人员出现在球场范围内；避免施工或运输车辆进入球场营业区域等。

03 制订明确的制度和规则

做过基本普及和宣讲后，企业还要再通过制度文件、通知等形式，知会相关人员，进一步做出详细、明确的要求。建立球场尤其是巡场和球童的及时反应机制，出现违规情况即时汇报，第一时间处理和处罚，以事例进行现场教育。

曾刊载于深圳《高尔夫周刊》的一个案例里讲道：

某球场为销售同步开发的房产，将售楼中心及沙盘模型设置在高尔夫会所里。为吸引客流，这会所经常举办一些看房团推介活动，比如在周六请两位艺人在会所拉小提琴，安排拖家带口的看房客户打练习场，提供免费的水果、小吃等。此时会所里喧闹不堪，果皮纸屑、楼盘传单四处都是，失去了高尔夫会所应有的雅致、低调、舒适的氛围。会员们多次投诉却申辩无门，部分会员和球友质疑开发商不懂高尔夫，更不认可高尔夫房产，一时矛盾四起。

对于球场和地产开发商来说，球场就是配套，建球场的目的就是为了卖房子。这道理看似无可厚非，但这种推广方式却是不尊重高尔夫文化，不尊重会员舒适的享受球场和会所服务的权益。这样的经营方式也无法让高尔夫球场为房产为带来增值的效果。

对此，几名资深高尔夫俱乐部管理者评价如下：

高尔夫俱乐部所倡导的圈层社交文化，高尔夫球运动所彰显的自我挑战，高尔夫规则所约束的礼仪规范，都证明了参与高尔夫运动的人群对自身具有较高要求。如潮的看房人边缘化了高尔夫俱乐部会员这群核心资源，喧闹的会所大堂与高尔夫蕴藏的文化格格不入，当销售变成赤裸裸的时候，高尔夫地产的差异化也消失殆尽。

——常州金沙湾高尔夫乡村俱乐部总经理　李德韬

高尔夫球场和地产应该是相辅相成的关系，如两脚走路，相互带动，共同前进，如不能一致，将会对低的一方造成影响而损失开发商的利益。

——郑州金沙湖高尔夫俱乐部总经理　吕卫钊

案例中的开发商只考虑了“营销”中的“销”，完全忽略了“营”，即营造高尔夫氛围，研究潜在购买者数据库以及创建品牌。

案例项目是将高尔夫和地产的简单叠加，球场仅作为地产的绿化或运动配套。开发商并没有在规划、风格、功能，特别是定位方面做好协调，俱乐部和地产销售运营都是各自为政。他们为了地产的销售利益牺牲俱乐部利益，没有将二者很好地有机结合。将大批人流引入俱乐部会所是典型的不尊重高尔夫文化的做法，此举不仅对增加销售业绩无益，甚至会失去会员对俱乐部的信任。

这个层次的高尔夫与地产的简单配套结合模式极不可取，不仅不能达到预期的地产销售效果，还会玷污俱乐部自身的品牌。

——苏州金鸡湖国际高尔夫俱乐部总经理　顾明

上述案例中的决策失误，偏离高尔夫文化主旨的做法我们当引以为戒。

三 提升高尔夫俱乐部文化品位的三种常规方式

图 6-5　提升高尔夫俱乐部文化品位的 3 种常规方式

01 建立球场自身的文化历史感

一、如果球场设计师是大师级人物，可将其雕像、签名字迹的雕刻艺术品放置在会所门口或走廊通道上；

二、用画册、雕像、照片或名人、高级领导的签名题字、名流或球星的手印以及重大比赛的果岭旗、球星签名球衣、球帽等物件布置会所，宣扬球场的重要活动、历史事件和独特经营理念；

三、设立球场博览室或陈列室，展示球场获得的荣誉证书、奖牌、奖标等荣誉，记载球场的历史；

四、会所区域内布置高尔夫古典油画、古董球杆、高尔夫巨星签名的照片、名流题字等有价值的收藏品，加强高尔夫氛围营造和文化的传承；

五、整理出球场的创办者以及建设、经营、重大赛事活动期间的一些传奇故事，宣传俱乐部丰富的历史。

02 增加场所的尊贵感

一、设立会员专区、VIP 接待室，提升会员尊贵感；

二、设立尊贵会员的照片（画像）墙或亲笔签字的铭牌，提升会员的荣誉感，营造顾客对俱乐部的历史、文化的认同和尊重；

三、在会所门口设立提示牌，提示此处为“高档私人场所，请勿喧哗，注重个人形象”。这样能给会所营造安静、高雅、端庄而不失闲适的氛围。

03 增强场所的高尔夫文化气质

一、在会所连廊、球场交通通道、高尔夫社区内树立高尔夫元素的标识物、展板和高尔夫运动雕像等，在建筑小品和绿化景观等方面以丰富的视觉宣传高尔夫文化；

二、开办高尔夫体验和讲座课程，宣扬高尔夫礼仪、规则；

三、举办高尔夫用品或小型高尔夫历史展览，以油画、图片或视频形式，宣扬高尔夫运动精神；

图：深圳聚豪会高尔夫会所油画

图：深圳聚豪会高尔夫俱乐部历史图片及荣誉奖牌

四、比赛期间设立球员成绩榜，短洞设立一杆进洞榜；

五、在出发区域以《球员须知》、《高尔夫规划礼仪漫画》等形式，强调高尔夫文化和规则。

企业文化的外在表现是否达到了提升高尔夫场所文化的目的，关键在于投资者是否坚守一些细节，能否把球场经营建设做到位。经营者是否关心球员的消费感受，是否引导大家了解和尊重高尔夫文化和传统，是否重视先“营”后“销”，是否通过圈层、氛围、文化感的营造，塑造“大众仰慕，小众拥有”、“私密、尊贵、周到”的服务品牌，服务的口碑和品牌效应是否获得了市场认同。

高尔夫专业笔记

高尔夫以及房地产企业经营都属于现代服务业，是可持续盈利和发展的产业，但大多数投资者和从业者却把“忽悠”作为习惯，不肯通过做好服务去创造好品牌。万科物业、万达商业，都通过“服务”为企业和地产项目加分，最后获得品牌溢价，高尔夫地产项目也可借鉴。

四 建立高尔夫俱乐部品牌的四个方式

高尔夫俱乐部的品牌反映着球场文化与球友们心中期望的契合度。比如，服务水准以及相应的价格、消费的品位和享受生活的层次、打球及环境舒畅程度等具体体验。

图6-6　高尔夫品牌的含义

高尔夫俱乐部的品牌价值在于，能区隔客户群体、保持品牌俱乐部硬挺的会籍和房产价格，部分俱乐部坚持做会员资格审查等。不同的高尔夫俱乐部用自己的品牌设置了客户群体的区分门槛。例如春城湖畔、华彬庄园、佘山国际或天马乡村俱乐部，这些品牌俱乐部各有特色能被球友反复提及，且以去打球或成为它的会员而感到荣耀，而许多其他的球场，则难言品牌价值。

建立高尔夫俱乐部品牌最常用的经营方式有以下四种：

图 6-7　建立高尔夫俱乐部品牌最常用的 4 种经营方式

01 尊重会员权益、注重服务细节

充分尊重会员的权益，注重服务细节，让会员及嘉宾在每次消费过程中获得超过期望的享受，并体会到球场工作人员的用心程度。有的球场在制定经营政策尤其是会员政策时，为保护球场开发商利益，选择忽视会员权益，将会员当作可以忽悠、蒙骗的对象，上行下效，这样球场必然不会有好的品牌。

02 完善的硬件和丰富的活动

完善硬件，细节精致，多举办丰富多彩的活动。

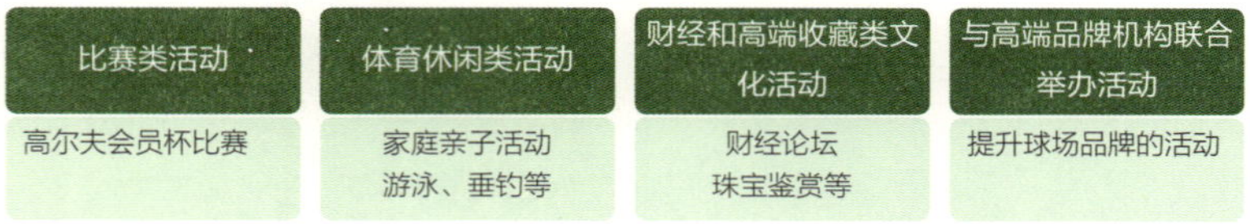

比赛类活动
高尔夫会员杯比赛
体育休闲类活动
家庭亲子活动
游泳、垂钓等
财经和高端收藏类文化活动
财经论坛
珠宝鉴赏等
与高端品牌机构联合举办活动
提升球场品牌的活动

图 6-8　高尔夫球场可以举办的活动类别

一、比赛类活动。

可以举办例行的高尔夫会员杯比赛。

二、体育休闲类活动。

还可以举办家庭亲子活动，甚至游泳、垂钓等其他休闲体育活动。

三、财经和高端收藏类文化活动。

球场还可以举办诸如财经论坛、珠宝鉴赏等财经、收藏类文化类活动，使得俱乐部成为影响会员家庭生活和提升会员商务合作的一个平台。

四、与当地高端品牌机构联合举办活动。

高尔夫球场与当地其他高端品牌机构可以联合举办多种活动，客源共享，良性互动。这些活动或许是不盈利的，但可以充分发挥圈层营销的作用。有的球场，会所内的指标牌是临时性的 KT 板，球场内的标识也是一派残破、简陋的形象，从形象上高档不起来，球场的品牌则无从谈起。

03 内部专业细致的服务培训

加强面客人员的培训，他们与客户打交道的时间最长，他们的谈吐、气质、服饰打扮和应对技巧，决定了客户对企业的第一印象，这是树立品牌的最佳时机。试想，一个球场管理方式简单、粗放，服务人员举止粗鲁，谈吐庸俗，甚至身上还有体味、工作服上有汗渍，怎么可能营造高尔夫俱乐部应有的高雅、华贵、舒适、私密感等品牌内涵？俱乐部品牌又何以建立？

出现这类问题，原因是多方面的，一是球场的经费投入不足，服务的标准不高；二是员工的待遇普遍偏低，人员招聘时不能有更大的选择面；三是球场投资商及经营管理层的素质和品位不够，忽视了细节和体贴入微的要求；四是球场执行层的细节执行不力，要求不到位，标准过低，过程控制不佳。

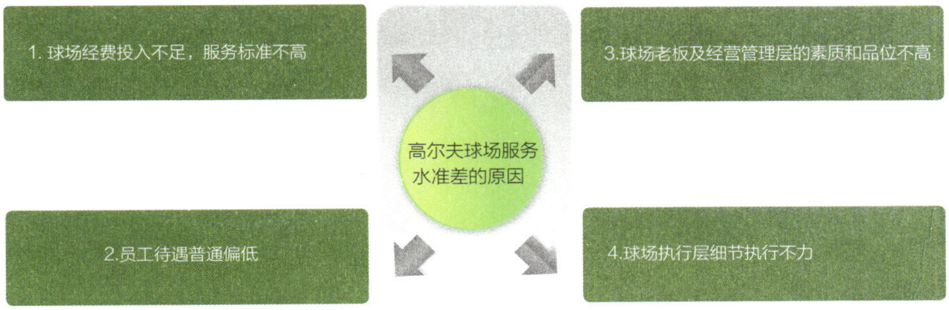

图 6-9　高尔夫球场服务水准差的原因

04 举办大型赛事

大型赛事活动尤其是职业赛事，是树立球场品牌最快捷的方式，它能吸引媒体报导，扩大知名度，也让会员倍感荣誉，提升球场的品牌价值。还能通过办赛，检验和提升球场品质，锻炼和提高服务水平。

02

SECTION TWO

第二节

高尔夫球场的人才管理

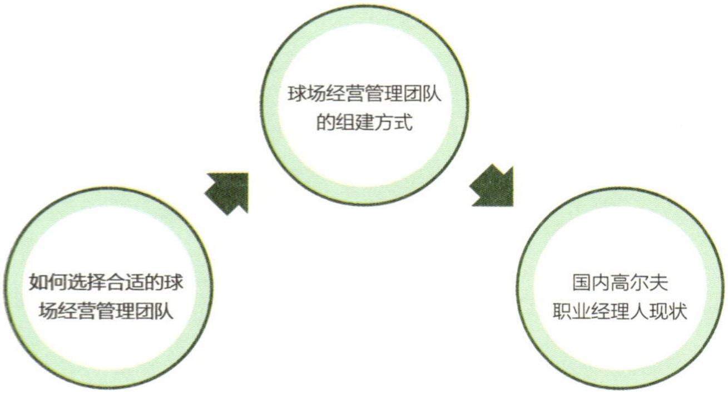

本节阅读导图

图：浙江安吉龙王溪高尔夫俱乐部

高尔夫球场的管理按管理对象可分为硬件管理和软件管理两个部分。

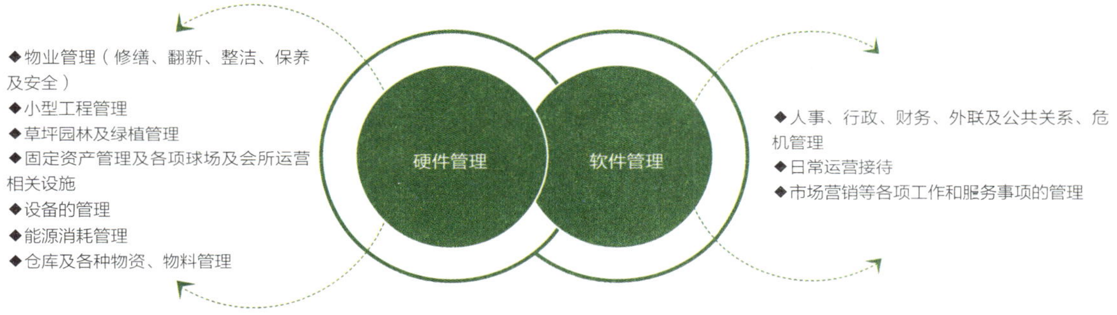

图 6-10　高尔夫球场管理对象分类

一　如何选择合适的球场经营管理团队

高尔夫俱乐部的经营是现代服务业中比较冷僻、小众的门类，却要求管理者掌握非常全面的专业知识，拥有高超的经营艺术。

一座高尔夫球场的经营，要求管理者具备体育运动、休闲娱乐、餐饮服务、酒店管理、工程建设、市场营销、草坪园林、环境景观、赛事活动等多个专业知识，并融会贯通，灵活使用。

高尔夫专业笔记

"火车跑得快，全靠车头带。"为球场选择合适的管理团队是投资者的关键工作。在做出高尔夫球场投资决策时，就应当筹谋经营管理的问题，球场与地产的市场定位、经营方式以及整体项目规划、建造等全过程，资深职业经理人不可缺失。

01 球场经营管理团队的任职要求

（1）经营管理者的任职要求

高尔夫球场从业者尤其是经管管理者，应掌握的知识包括两类：一是高尔夫专业知识，二是通用管理知识。对这两类知识能融会贯通，有高超的沟通、理解及执行能力，有带领过出色团队，具有丰富的管理经验和智慧的人才可以胜任这一职位。

高尔夫项目经营管理者所需掌握的知识

类别	高尔夫专业知识	通用管理知识
专业球场类要求的管理者	高尔夫经营（包括运营接待、草坪场务、市场营销三大基础部门，运营涉及预订、前台、会所、出发、巡场、餐饮、高尔夫专卖、保洁、安保、合作厂商管理、会员及客户关系维护、VIP 客户接待等）	市场营销常识、行政、人事、财务管理（预决算、税务等）、采购、公共关系、政府机构及合作单位外联等方面的管理知识
高尔夫度假村要求的管理者	酒店食宿、会议、旅游中介合作、酒吧、KTV、康体健身和足疗按摩等	
球场为地产项目配套要求的管理者	项目规划、物业管理、地产营销、工程施工、现场管理等方面知识	

单体高尔夫球场的管理者

一个高尔夫管理者所具有的高尔夫专业知识包括两类：

一类是高尔夫运动（打球）方面的知识水平；

另一类是高尔夫经营（包括运营接待、草坪场务、市场营销三大基础部门）方面的知识，其中运营涉及预订、前台、会所、出发、巡场、餐饮、高尔夫专卖、保洁、安保、合作厂商管理、会员及客户关系维护、VIP 客户接待等多个方面。

高尔夫度假村要求的管理者

如果是高尔夫度假村，涉及的服务管理除了高尔夫经营外，还有酒店食宿、会议、旅游中介合作、酒吧、KTV、康体健身和足疗按摩等。主要体现管理工作中休闲娱乐业务板块和多部门、多经营业态的交叉状态。

球场为地产项目配套要求的管理者

现今大多数的球场配套有地产开发，高尔夫是地产的增值器，球场经营者的知识能力还包括能知晓项目规划、物业管理、地产营销、工程施工、现场管理等方面的知识。

通用管理知识包括市场营销常识、行政、人事、财务管理（预决算、税务等）、采购、公共关系、政府机构及合作单位外联等方面的管理知识。

可以看出，高尔夫项目对投资者和职业经理人的综合素质要求非常高。

（2）职业经理人任职要求

一名称职的高尔夫球场经理人，必须具有以下特点：

一、职业经验。

需要具备多年的职业管理经验，经历过不同类型的球场或同一球场的不同发展阶段，在高尔夫项目的多个部门有过任职履历。

二、沟通协作执行等能力。

必须具有良好的沟通（包括语言和书面）以及与客户、行政机构维护关系的能力，具有清晰的工作思路，能处理好管理工作中的决策（方向正确）和执行（细节到位）的关系。

三、平衡收益的能力。

能平衡和协调好经济效益与社会效益、品牌建设与短期收益、老板意志与员工利益、球场利益与会员权益等多种矛盾关系。他还应当具有身体力行的带动能力，良好的人格魅力，保持和调动员工激情的能力，坚持原则的职业操守。

在选择职业经理人，尤其是球场总经理，投资商应该秉承的筛选原则是根据球场发展阶段和经营定位，聘用合适的人。职业经理人的特长和从业经历各有不同，既有所长，必有所短。也还要对各类应聘者做个分类梳理。

图6-11 职业经理人的擅长类型

善于运营类

从运营部门成长起来，通晓运营接待。

善于推广类

从市场部门成长起来，非常擅长市场营销，推销能力非常强。

有草坪常务管理经验者

从草坪场务管理成长起来，草坪管理是他的强项。

有赛事举办经验者

操办过大型赛事组织，有丰富的办赛经验。

有球场建造经验者

经历过球场建造、开业筹备等前期工作。

有私人俱乐部管理经验者

在纯私人俱乐部工作过，知道如何服务于高端客户，能够建立较高的服务标准。

有度假型球场管理经验者

出身于度假型球场，握有丰富的市场渠道资源和多业态经营管理经验。

因此，在聘用管理团队时，既要考虑用其所长，也要考虑团队搭配，克服短板，均衡协调。

（3）新球场开业的管理人任职要求

球场在不同的发展阶段，用人标准略有不同。如果一个新球场准备开业，它所需要招聘的人才，与已运营了多年的老球场相比，标准有很大不同，更强调管理者有较强的决断执行能力和总体把握能力。

新球场建造和筹备开业的主要目标是需要一个精彩的亮相，主要管理工作是工程验收与整改，大量的物资采购，调试运营，人员招聘和培训等。

筹备开业往往时间紧、事项繁杂，新人、新设备、新产品都需要熟悉和磨合，工作事项包括设备安装调试、管理制度和运营流程建立、财务制度及固定资产、库存管理、营销架构搭建与开业活动策划、执行，会籍和房产的产品推广销售、市场渠道的建立与开拓、试运营期间的参观考察和试打客户接待及有组织的运营演练等。

此时球场面临的问题是内部关系杂乱，流程没有理顺，外部干扰很多，尚未与政府主管部门建立起熟络、信任的关系。因此，新球场的经营管理团队更需要思路清晰、经验丰富、执行力强的开拓者。

新球场的第一批经营管理者，将为球场后续的发展定下基调，是赢得市场口碑的关键。

（4）后勤支持类部门管理者任职要求

一个球场的行政人事、财务、采购及仓库管理等后勤支持部门，绝对不能轻视。

许多经营不佳的球场，外表看似是营运、市场或草坪等一线部门有问题，但抽丝剥茧地分析，却发现往往是后勤部门掣肘，甚至是投资商经营理念和管理水平出问题。企业内部管理方式、制度建设和经营理念等方面背离市场的要求，对一线部门造成的影响让执行层员工难以克服，如同一张无形的网限制了执行层员工的思维和想象力，也给跳舞的一线运营和市场人员戴上了镣铐。

02 企业对管理者要做到放权和监管协调一致

对于球场的投资者——俗称老板，比较常见的管理难题是有两个：

一个是老板不敢放权和授权。

这点主要体现在老板对球场管理人员的指导和细节管得过多、过细，干扰了经营管理团队的正常工作，“外行”指挥“内行”，职业经理人难以了解老板的标准和尺度，需要花大量的时间和精力去迎合和揣摩老板的想法，倍感无所适从。

二是老板对球场疏于管理，过问较少。

有的项目，老板们偶尔来球场一次，却未建立良好的问题反映和监管机制，造成职业经理人胆大妄为，自成王国。或者管理层拉帮结派，内部矛盾重重，管理混乱，尤其是人事和财务两方面问题频出。

既要相信职业经理人，给予一定的授权，内部管理做到充分放权，又要有监管机制，例如球场财务（含采购部门）由集团上级直管，定期核查和考评，重大的人事任免由集团总部管控、考评等。集团规范地管好球场的人事、财务（大宗物资采购），注重制度管理和流程管控，球场就能够管理清楚。

03 适当引进国外资深职业经理人

随着中国内地高尔夫产业的高速增长，近年西方高尔夫专业管理公司或专业人员到中国淘金，国内引进了美国 CMAA 等发达国家的高尔夫专业课程提升管理。这样做的好处是，他们带来了丰富的高尔夫文化传统、新奇的球场经营管理方式，成熟的球场设计、建造和经营管理模式。

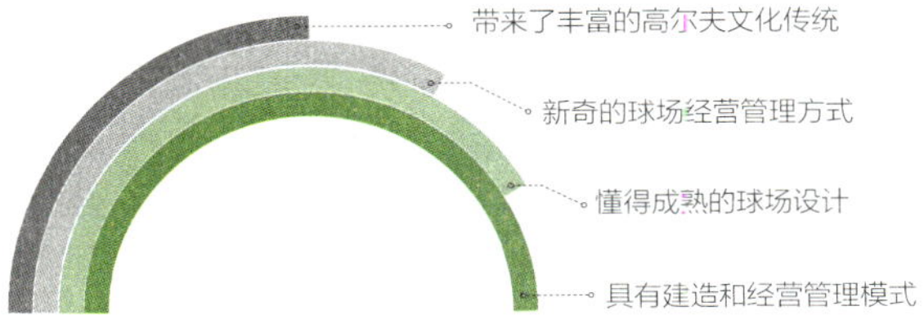

图 6-12　引进发达国家的高尔夫专业机构管理的好处

一些来自港台地区或新生代的海归派，或者通过多年刻苦钻研、自学成才的从业者，以及对高尔夫行业知识融会贯通的资深职业经理人，他们开办了专业的咨询管理和球场服务机构。许多业内老前辈还发挥所长，投身于高尔夫教育和专业媒体、赛事机构，从事高尔夫教学、产业经营或宣传推广，这是促进中国高尔夫产业良性发展的幸事。他们树立了中国高尔夫产业的标杆，他们经营管理过品牌俱乐部，操办过大型职业赛事活动，经验丰富，人脉渠道多，见多识广，引领着行业的发展。

二 球场经营管理团队的组建方式

球场的经营管理团队，根据球场经营模式进行市场定位，大体有三类。

图 6-13　球场经营管理团队的组建方式

一是建立自己的团队，各级管理人员均是球场的员工；

二是与“外脑”合作，聘请外部专业机构担任球场经营顾问，以专业顾问团队丰富的经验、全面的知识补充自己团队的不足；

三是委托外部专业顾问机构进行全面管理，外部机构派员担任球场关键岗位高管，带领属于球场的中高层和执行层员工。

这三种类型各有利弊，分析如下：

三种团队建立模式的利弊分析

团队建立模式	组织方式	利	弊
模式 1: 球场自组团队	球场自组团队，关键岗位聘请职业经理人	易于管理和控制	团队磨合期增长，时间成本大
模式 2: 顾问公司协作管理	由聘请的顾问公司派遣关键岗位负责人，走访式顾问或双方人员混编	方式灵活，经验丰富，管理全面	沟通及决策缓慢
模式 3: 聘请顾问公司全面管理	全面授权管理		费用成本高，受管理团队水平影响大

模式01 自组团队

模式特点：球场自组团队，关键岗位聘请职业经理人。

这种模式要求俱乐部投资人及决策者慧眼识珠，寻找到能力超群、善于沟通、与业主经营理念一致或能引导业主经营理念的专业管理人才担任“龙头”——总经理，并且团队成员的能力、性格搭配得当。同时要求俱乐部总经理具有丰富的俱乐部经营管理经验和清晰工作思路，既要抬头指引方向，又要低头落实执行。

（1）利：易于管理和控制

一、业主强势掌控目标，经营管理思路能够较快的贯彻落实；

二、权利集中，纲举目张，执行力强；

三、利于培养自己的人才梯队。

（2）弊：团队磨合期增长，时间成本大

一、物色合适的人才、组建有力且配合默契的团队需要较长时间，如果成员各有专长却缺乏磨合，前期沟通成本较大；

二、在俱乐部筹备开业及经营前期千头万绪的工作中，容易顾此失彼；

三、新组建的团队缺乏“外脑”参谋和培训指导，容易顾此失彼，如若决策失误，开局不利，市场形象一旦破坏，难以挽回；

四、在磨合期，各部门分工不明，责、权、利不清，容易出现扯皮、失和现象，不利于组织架构成熟、稳定；

五、投资者如若经验不足，目标不明和人才考核体系不科学，容易被忽悠，与俱乐部总经理出现信任危机，影响市场开发和日常运作。

国内新开业的球场大多采取这一方式组建初始团队，定位高端的俱乐部甚至聘请外籍人士出任总经理及高管团队。根据我们多年的行业经验，这些新球场第一批团队往往是牺牲者，在开业后一两年内往往会面临大换血。开局不利，将直接影响俱乐部的品牌形象和市场推广，并且这种局面一时难以扭转。

这种模式对已经营数年且有了较丰富的经验积累、企业文化及各项软性管理基本定型、管理团队“板凳较深”的俱乐部来说，效果更佳。

模式02 顾问公司协作管理

模式特点：由聘请的顾问公司派遣关键岗位负责人，走访式顾问或双方人员混编。

选择这种模式的有两类俱乐部，一是定位高端的俱乐部处于开业初期的前几年内；二是球场经营若干年，但经营管理出现诸多问题，内部管理混乱的俱乐部，亟需扭转市场形象。

例如上海“佘山国际”的前期以及上海新开业的“览海国际”引进美国IMG公司作顾问管理，广州“风神”、“湖州温泉”等俱乐部聘请的外部顾问管理等。

顾问公司所派遣的均是经验丰富的专家型人才，并由顾问公司把控整体。因此，服务于项目的是一个团队，而非个人，他们决策慎重，视野宽阔。这种模式成功解决了业主现有人员经验不足、培训不力、服务标准良莠不齐的问题。

（1）利：方式灵活，经验丰富，管理全面

一、顾问公司派遣资深从业人员担任总经理或常务副总经理，运作、草坪、市场等关键岗位负责人由顾问公司派遣相关专家辅导或担任职务，经验丰富，利于短期提升经营管理水平；

二、合作方式及工作范围较灵活，可专项顾问，缺哪补哪，操作简单；

三、俱乐部中层、基层工均为业主方人员，宜于球场的管理团队迅速成长；

四、相对于做球场的全面管理，这种方式的费用相对低廉。

（2）弊：沟通及决策都缓慢

一、顾问人员需要业主单位的清晰授权及充分信任，明确工作范围和工作方式，否则双方人员易生隔阂；

二、走访式顾问深入程度不够，不能及时解决问题；双方人员混编解决了沟通及时性和深入程度的问题，但存在双方工作理念、行为方式一时难以融洽，球场原有人员害怕丧失部门主导权、不听从顾问建议等问题；

三、合作不紧密，顾问人员的归属感不强，决策力不够，在推进工作中遇到球场原有人员的阻碍，或工作效果、业绩不佳时，往往产生无力感，影响整体士气；

四、顾问人员往往成为业主方人员工作不力时的替罪羊，是业主方员工工作过错的推诿对象，导致顾问人员的工作积极性受打击；

五、顾问公司的管理费压力，一般顾问公司除收取固定的管理费外，在营业收入、营销收入上还有提成，加大了球场的运营成本。

模式03 聘请顾问公司全面管理

模式特点：管理者充分授权，责、权、利明晰，尊重契约精神和职业操守。

这种模式是顾问公司经球场投资者充分授权，对俱乐部的人、财、物等多种资源拥有管理权、调配权，利于顾问公司充分发挥作用，无掣肘之感。业主方负责财务预算管理及提供外联（政府关系协调）帮助等，给俱乐部发展和顾问公司全面参与管理提供宽松的空间，双方合作的基础是责、权、利明晰，尊重契约精神和职业操守。

（1）利：协同管理，分工合作，发挥最大管理效能

一、顾问公司得到充分信任和授权，能全面发挥精兵强将的作用，双方利益捆绑一体，能尽力确保管理水平一流；

二、俱乐部各主要业务口负责人由顾问公司派遣或挑选任命，关键岗位由顾问公司派遣人员，其他中高层及基层员工均为球场招聘人员，团队稳定，利于团队建设及人才梯队培养。

（2）弊：费用成本高，受管理团队水平影响大

一、在业主方预算紧张或给予顾问公司费用有限等情况下，如若顾问公司所派遣的管理团队整体水平不高，专业能力不足，将制约俱乐部的发展，也导致合作效果不佳；

二、俱乐部从筹备开业到正常营业的各个阶段，经营管理的目标和阶段性策略的侧重点不一样，需要双方通过预算管理、定期沟通会等形式，统一思路，避免出现路线不一问题，也要求顾问公司的各类专业人员配备齐全，有足够的经验和能力提供服务；

三、费用相对较高，需要业主根据俱乐部的长期定位及经营前景做取舍。

目前，国内聘请专业顾问管理公司进行全面管理的俱乐部，既有苏州“金鸡湖”、“湖州温泉”等成功的案例，也有出现了一些不太成功，甚至产生纠纷和摩擦的案例。

针对这种模式需要提醒的是，国内许多俱乐部比较迷信国外专业管理公司，例如某国际管理公司曾为多家球场提供顾问或全面管理。但国外专业管理公司在国内市场，存有一定国情和经营理念差异、本土化障碍、双方沟通不畅、人才储备不足、经营目标不一致等问题。

一些国内的顾问管理公司往往是在承接了球场管理项目后，再临时招募人员，业内俗称“人贩子”，并对临时招募来的管理人员培训不足，造成外派的专业人员服务标准不统一，缺乏绩效把控等问题。更关键的是，这类顾问管理公司缺乏独有的资源和高水平管理模式，对派驻项目职业经理人缺乏培训和提高，过多依靠其个人能力，未能体现专业顾问管理公司的价值。

目前，在球场与外部顾问公司、中介公司的合作中，还出现了整体承包经营、分项目承包、代理（例如草坪专项承包、市场承包、销售代理）等多种合作模式。

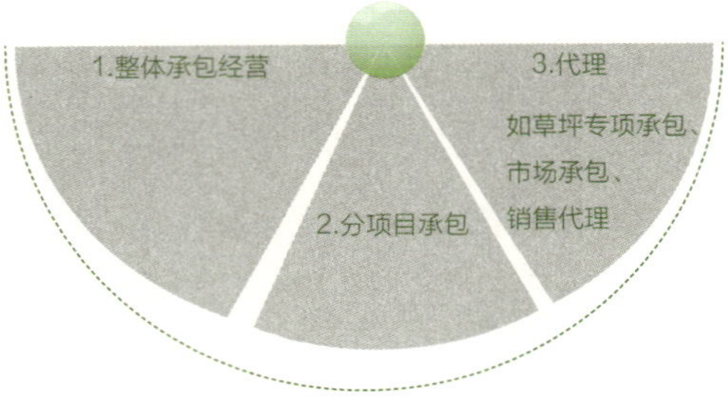

图 6-14　球场与外部顾问公司的其他合作模式

三 国内高尔夫职业经理人现状

01 高尔夫职业经理人发展史

（1）内地第一批职业经理多来自港台及东南亚华人

三十年前，中国内地没有高尔夫球场，也就没有高尔夫职业经理人。内地第一批职业经理人大多来自于日本、马来西亚、新加坡、中国香港、中国台湾、等东南亚国家和地区，内地球场管理人员极少见到真正的“鬼佬”。其中，有一些并非高尔夫专业出身，而是从事酒店或其他服务业，比如中国第一家球场——中山温泉高尔夫的首任总经理戴耀宗先生就是酒店业出身。

这一批职业经理人中，港台同胞、新加坡华裔等的比例最高，他们与内地文化同宗，语言相通，沟通交流方便。他们现在已是中国高尔夫界元老级人物，带来了先进的高尔夫经营理念，也很尊重高尔夫的文化传统。

至今，“春城湖畔”、“佘山国际”、“上海天马”等许多一流球场总经理聘请的人仍是来自港台同胞或新、马、泰的华裔职业经理人。

（2）国内沿海地区和一线城市诞生了最早一批职业经理人

内地最早的一批球场集中在广东、北京、上海、福建、海南等地，其中开风气之先的广东最多。

内地第二代高尔夫职业经理人中，广东人或在广东球场工作过的人较多。这一批人，现已是中国高尔夫职业经理人的骨干力量。

早期高尔夫从业者文化程度普遍不高，凭着自己的聪明才智和师傅的“传帮带”摸索出一套经验。他们中，做草坪管理的，原来有可能是庄稼汉；做教练教客人打球的，可能是体育特长生或者练习场服务员；做营运管理的，可能出身于球童、巡场员；做销售总监的，往往是一线销售员，因为嘴皮子厉害、善于推广沟通，文化程度多是中专、技校。那时大专生不多，进入到小众的高尔夫行业的更少。这一批早期从业者依靠个人才智和丰富的操作经验以及职业历练，成长为各个高尔夫球场的领军人物。他们文化底蕴不高，学习能力不足。工作风格往往是实战派、经验派，强于手段，弱于理念，管理方式比较简单粗暴，对许多管理技巧和经营方式知其然却不知其所以然。有的理论水平有限，缺乏创新，不能接受和推行人性化、个性化的现代企业经营管理方式。更有的职业经理人思绪方式喜欢投老板所好，不能兼顾企业和员工的长期收益，漠视、忽略企业品牌和文化建设这项重要的基础工程。这批“老江湖”在碰到现代大量的高知识城市新贵组成的高尔夫消费者时，应对乏术，难以带领企业走得更远。

图：深圳聚豪会高尔夫出发站

图：深圳聚豪会高尔夫会所出发广场

02 高尔夫专业人才的问题

在短短的二十多年间，中国内地高尔夫产业经历了从无到有的过程，高尔夫球场也从第一个十年间的十多家球场激增到现在六七百家，快速增长出现了巨大的人才缺口。

（1）高校职业教育跟不上

在近年高尔夫行业大发展出现巨大人才市场需求后，一些普通高校才开办高尔夫专业教育，他们的人才输出与高尔夫专业管理人才的需求还需要很长时间的匹配磨合。

（2）“人才跳级”是对球场经营的一种伤害

随着新球场雨后春笋一般出现，大量管理岗位需要有经验的从业人员，而负责人才招聘的行政人事部门缺乏高尔夫人才招聘经验，不明白各个管理岗位对应的职业素质和知识储备，于是出现大量前文所讲的人才“跳级使用”情况。即在一个球场做过球童或出发员，跳槽就是领班、主管，而主管跳槽往往就是经理；如果是在“观澜”、“深高”、“中山雅居乐”等知名老球场做过部门经理的，跳一下内地就是总监甚至副总经理。许多球场的总经理，往往几年前还只是其他球场的部门经理；许多练习场的负责人，之前不过是一名普通教练员。业界曾经出现过某球场总经理，四年前只是某著名球场巡场员的事例。

这些人中，不乏天赋异秉的聪明能干者，但更多的却是综合能力庸常但善于把握机会、人际沟通超强的人，难以胜任高级别的管理职务。

（3）不懂高尔夫的人成为管理者在业内比较常见

国内高尔夫球场的急速兴建引发专业人才的短缺，人才市场出现大量的“跳级”和“跳槽”，助长了从业者忽悠和造假之风。导致许多高尔夫项目虽然硬件高端，但经营管理者的综合素质却无法匹配。

球场投资者对职业经理人群体产生了不信任，干脆让自己的亲朋好友担任球场的最高领导，听闻某些球场的总经理，原来只是老板的司机或老板的表弟、小舅子。这样造成的结果是不懂高尔夫的人，却掌握着球场的经营决策权。

（4）“外行”领导不能引导投资商做出符合高尔夫行业规律的管理策略

在被硬拉进高尔夫管理队伍的投资者的亲信中，有的人愿意智力投资，进入了“上海交大”或“同济”补习高尔夫专业知识和经营管理技巧迅速专业起来。而更多人没选择专业深造，就出现“外行”管“内行”，不能说服和引导投资商做出符合高尔夫行业规律的专业化管理，他们服从的多，建议的少。于是，中国的高尔夫球场出现了许多怪现状，比如老板乱发脾气，手下唯唯诺诺有苦难言，而有能力的职业经理人，不愿屈就“不专业”的领导管理，最终选择离开。

这种情况下，球场经营得好纯属意外，经营得不好却在意料之中。

高尔夫专业笔记

中国内地的高尔夫球场，尤其中西部内陆地区的，大多数亏损，70%经营毫无特色，都是既想卖会籍又要抓大量散客的半公开式会员俱乐部。对有些球场，专业人士嘲讽说其市场定位不如“沙县”小吃店。这与投资者和经营管理者的水平不高，不理解高尔夫文化的成因，不尊重高尔夫专业，胡乱作为有直接关系。

03

SECTION THREE

第三节

高尔夫球场日常管理

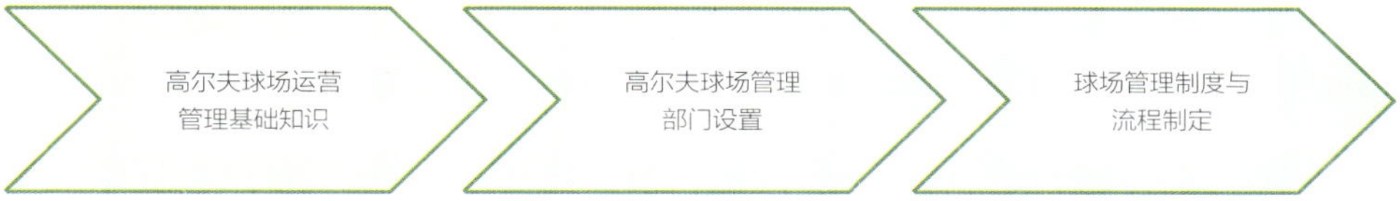

本节阅读导图

图：深圳正中高尔夫俱乐部

一 高尔夫球场运营管理基础知识

高尔夫是一项绅士运动，也是 2016、2020 年夏季奥运会的比赛项目。它已在西方发展数百年，形成了自己固有的传统和运动规则，有严格的成绩计算办法。

高尔夫更是有一套专业的程序化的打球礼仪。作为打高尔夫球的消费者，不一定要知道全部规则礼仪，但常用的知识却是从业者有义务宣传、普及，球员也必须知晓和遵守。高尔夫从业者尤其是营运体系的人，尤其要学习《高尔夫规则》，这是球童培训的重要组成部分。从业者够专业，顾客才能更尊重这个球场。

01 高尔夫球场的运营大致流程

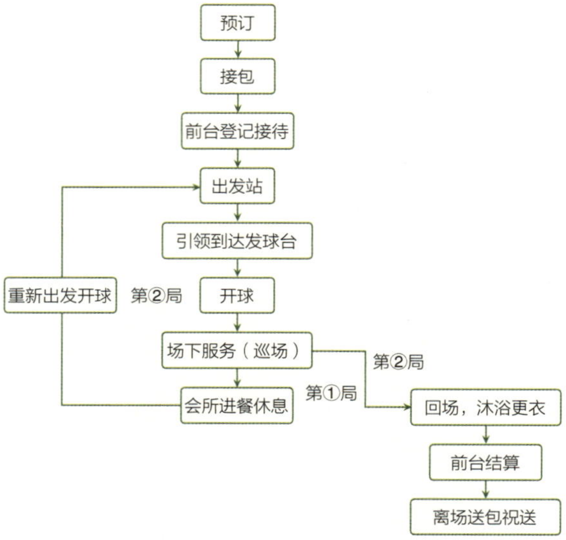

图 6-15　高尔夫球场运营的大致流程

预订→接包→前台登记接待→出发站→引领到达发球台→开球→场下服务（巡场）→会所进餐休息→重新出发开球→场下服务→回场，沐浴更衣→前台结算→离场送包祝送。

这个流程与酒店消费过程比较类似，如果将球场换为客房，将场下服务换为客房服务，则与酒店服务流程大同小异。如果是高尔夫综合度假村，则酒店服务功能更多。在有些大型高尔夫度假酒店，高尔夫只是酒店的一个较大的部门，属于二级单位。

高尔夫专业笔记

有些五星级酒店之所以服务好是因为他们大多聘请专业经营管理公司运营，建立起了一套成熟的运营管理体系。比如，“喜来登”酒店管理集团的服务标准培训手册，仅目录就有几百页，全部内容丰富翔实，各项管理制度、规则、流程应有尽有。

（1）高尔夫球场需要耐心制订系统化的服务标准

高尔夫球场因为场地大，经营方式的类型差异也很大，服务流程线路较长，许多球场管理者对各岗位人员灵活变通的要求比岗位硬性工作标准的要求更多，因此“人治”大于“法治”，对基层管理者的个人综合素质要求较多。

更关键的是，国内高尔夫行业发展历史短，国内没有现成资料和案例可以借鉴和复制，很少有人或专业机构愿意以足够的耐心制定细致的服务标准，做扎实的系统性、基础性工作。因此，目前国内还没有哪家球场制订出类似于五星级酒店业那样专业而详细的服务标准手册，高尔夫球场管理更多的是依靠职业经理人个人能力和他对部下工作状况的把握。

（2）球场岗位手册和工作流程说明要做到丰富细致

各个球场都有自己的岗位手册或工作流程说明，但丰富和细致程度不够，尚未汇总形成完善的标准作业程序（SOP）。

根据笔者所知，有多家经营良好的球场和专业服务机构已在这方面做出非常显著的成绩，他们整理出相对完善的资料，只是他们将这些资料视为自家宝贝，秘不外宣。

中国高尔夫球场的经营服务水平总体不高，良莠不齐。好在，国内已经有少数的高端球场，在硬件品质、文化理念、服务技巧、经营管理能力和赛事接待水平等多方面，可以媲美国外一流球场。行业内也期待他们能宣讲成功经验，愿意公开自己的经营管理心得，为提升行业整体服务水准贡献出自己的智慧。

02 与高尔夫运营相关的知识和概念

结合上述大的流程节点，本小节讲述一些常用的高尔夫运营知识和相关概念：

（1）2 ～ 4 人同组

在打高尔夫球时，一般是将 2 ～ 4 人分成一个组同时出发，很多球场在繁忙时段谢绝 1 个人下场，以避免自费营业资源。

打完一场 18 洞的高尔夫球，一般要四小时至四个半小时。这就决定了一个球场经常有很多组客户在同一球场打球。从球场营业效率来看，生意好的球场一般将营业时间分成上午和下午两个时段，可以承接两轮顾客，以提高营业额。

打高尔夫球最多四人一组，这是为了提高球场运作效率和比赛时间效率，属于约定俗成的规矩。在球客不多的时候，或者有超级 VIP 客户接待时，也未必不能 5 人或 6 人同组打球，要视球场营业状态和对其他同场客人的影响而定。特殊情况下超过 4 人组的 VIP 接待，这一组与其前、后两组客人的下场时间就需要间隔较长，比如 15 或 20 分钟，以便不影响其他客人打球。

（2）T-time

这是一个高尔夫专业术语，所谓 T-time 直译为开球时间。“T”是指开球时将球架起来的器具，“time”就是指预约确定的开球时间。

球场一天的营业时间有限，生意好的球场，尤其是假日，“T-time”是最宝贵的资源之一。

球员在打球时，每组球员下场都会间隔一段时间，以免球员在同一个球道“塞车”，等候太久。有的球场使用单边开球，即每组来宾必须从 1 号洞开球，大多数球场为了提高运营效率，采取双边开球的方式，可以同时在 1 号洞和 10 号洞开球。

球员打完9洞后，会到会所短暂的休息或进餐，再转场打剩下的9洞。客人休息、进餐后，转场时的出发和开球，是球场管理者特别要注意的环节，这里很容易出现混乱。有的客人休息时间短；有的客人吃饭谈事，耽误的时间长；有的客人性格急躁，一吃完就急着下场。这中间，运营管理最重要的作用就体现在与球员的沟通。运营者要与客人做好沟通，安排好客人再次下场的准确开球时间，并清楚地告知客人要遵守这个时间。如果有必要，客人吃饭或休息过程中，需要球童过来再次确认和提醒一次，并提前做好相应准备。

采用双边开球的球场，承接的顾客较多，“塞车”的机率也会大一些。一般每组球员出发下场的间隔在 6 ～ 10 分钟。重视营业额且想多接球客的球场，间隔时间为六七分钟，有的球场为了让客人打球舒服，减少“拥塞”机率，间隔时间在八九分钟，甚至 10 多分钟。怎样规定要视球场的经营定位和短期、长期经济指标的平衡考量，并没有通行的标准，如果更重视顾客尤其是会员打球的舒畅，在意他们的服务感受，球场也愿意少接顾客，可以延长开球间隔时间。

（3）预订

每个球场的接待量有限，尤其是生意好的球场。因此，在球员决定打球之前，首先要预订开球时间。预订部是球场必须要设立的重要岗位，它控制着球场的时间资源，既承接一般会员和访客预订，也承接团体赛事活动，是球场的神经中枢。国内南方有些生意好的球场，预订部甚至直接向总经理负责。

预订阶段的主要工作有两个。

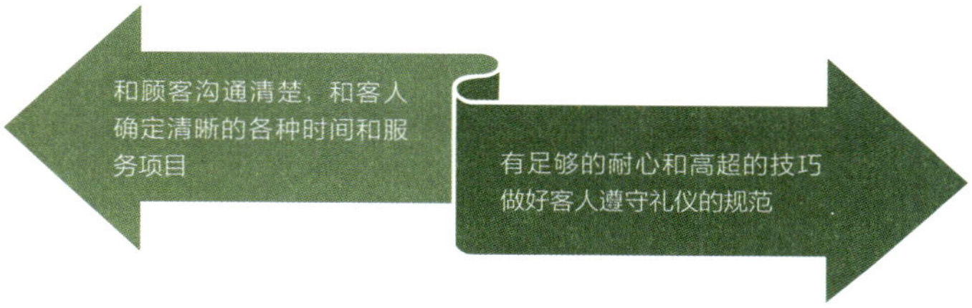
和顾客沟通清楚，和客人确定清晰的各种时间和服务项目
有足够的耐心和高超的技巧做好客人遵守礼仪的规范

图 6-16　预订阶段的两个主要工作

一、和顾客沟通清楚，确定客人清晰的时间和服务项目。

南方一些生意好的球场，即便是会员，也要提前一周甚至更长的时间预订，有些球场的周一上午，是预订周末球场的黄金时间。预订时，预订员有责任提醒球员提前 15 分钟到达球场，做好更衣下场准备。许多客人，尤其是内陆地区，对预订的理解有偏差，认为预订的时间是指到达球场的时间。事实上，客人从到达球场会所大门至做好下场准备，站上发球台，往往还有几分钟甚至十多分钟的过程，从而影响球场运营节奏和下一批预订客户的开球。

这种情况下，要求球场工作人员做好提前告知和提醒工作，教育客户“预订的时间”就是指“开球时间”的正确观念。

二、有足够的耐心和高超的技巧引导客人遵守礼仪规范。

中国高尔夫球员甚至包括部分职业球员，许多人都缺乏高尔夫规则和礼仪教育，文明程度和个人素质并不高，球德、球品不佳，这是行业现状。如何教育他们，需要相当高明的技巧。他们是顾客、会员，又往往身份高贵，经济实力雄厚，如何既顾及他们的面子又做到了提醒和告知，从业者要掌握较好的表达方式和善于找时机的能力。这种能力，在承接团队活动时尤为重要。

（4）接送球包

预订成功后，就是顾客过来打球的流程了。具体工作环节是两个：

一、专门工作人员接送客人球包及行李。

客人一般会自己携带球包自驾车来到俱乐部。到达后，由于球包较大较重，球场不能让客人自己背着球包到处跑，这个环节要求俱乐部有专职人员负责从客人手中接过球包，并将球包送到指定区域，绑上球车，这是接包处的岗位工作。

客人消费完离场时，也需要专职人员为客人送球包、行李，一直送到客人车上，并跟离场客人打招呼，欢迎客人再次光临。

大多数球场安排球童负责，接送球包、行李的工作。有的高尔夫度假村，会有礼宾岗位人员专职负责接送客人球包和行李。

二、客人预订未到或未经预订到达，需做准确沟通。

有许多球客还没养成先预订再到场打球的习惯，这要求接包处甚至球场大门保安员等服务人员要有相当的灵活性和一定的沟通能力。有的高端俱乐部严格执行预约制度，未经预约谢绝接待，但这类球场毕竟是少数。对不严格执行预约制度的球场而言，需要服务人员有良好的应对和快速反应机制，例如第一时间了解到客人的姓名及同组球员信息、能够安排的开球时间、是否先进餐或先打练习场等。经过一轮沟通，将此类顾客纳入到正常营运接待流程之中。

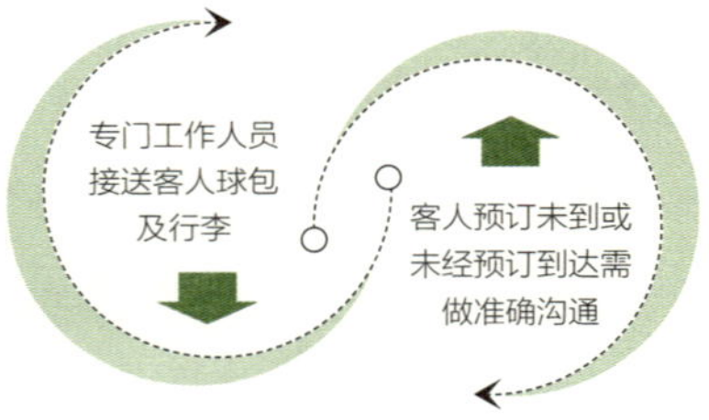

图 6-17　开球前的工作内容

（5）前台接待

跟酒店住宿客人到酒店后不能直接进入客房一样，球场打球客人需要先到会所前台办理打球手续，核实预订信息和消费身份，进行登记，领取消费本才能消费。

高尔夫专业笔记

球员消费本又称通行证。有了通行证，就表明来宾可以在俱乐部进行消费，享受相应设施和服务，按身份的不同享受相应优惠待遇。

球场接待工作主要有 7 项：

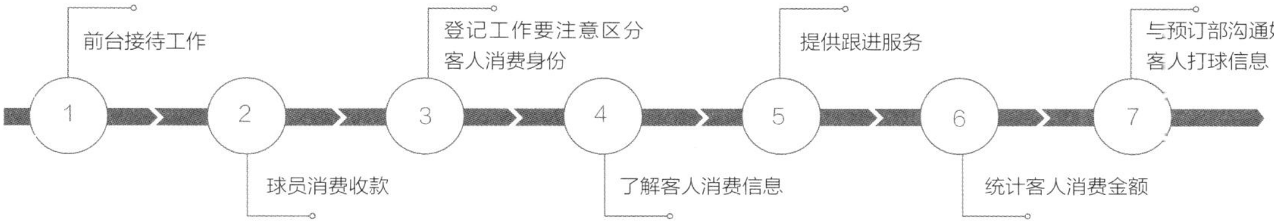

图 6-18　球场接待的 7 项工作

一、前台接待工作。

有的球场，前台接待员分成接待员和收银员两个工种，接待员负责登记客人信息，开消费本，收银员复核。

二、球员消费收款。

客人回场后，收银员提前计算好客人的消费金额后（由出发台通知某客人已回场等消息），接待员复核，收银员负责收款。也有的球场这两个工种是合并的，由同一岗位的不同员工负责，相互监督完成。

三、登记工作要注意区分客人消费身份。

前台登记工作的关键点是注意分清来宾的消费身份。来宾是会员、会员携带的是嘉宾还是散客，或者中介旅行社的客人，要享受什么待遇。不同身份的客人，享受的待遇不一样，这是高尔夫运营与其他服务业的不同之处，也是最能体现会员价值之处。并且，客人消费身份应符合球场价格政策，前台人员无权随意给出和变更。

四、了解客人消费信息。

开卡登记时，需要同步了解客人消费的相关信息，比如客人姓名、同组人数，预订开球时间、年费是否缴纳，是否有提醒语、关心问候语等。不论来宾是否熟知必须要对客人亲切问候，微笑着说欢迎光临。如果是熟知的客人，则应当称呼客人的姓，某总或某先生、小姐或女士，表示他是球场的熟客，表示你记得他的姓名，也表示球场对这位客人的光临很在意，对客人的礼貌和关怀，客人一般会比较开心，愉快接受。

五、提供跟进服务。

开卡登记以及收费结账时，要掌握的工作方法是亲切周到、快速准确，不让客人在这一环节耽搁太多宝贵的时间。当然，如果客人不着急，愿意聊几句，那当然更好，因为我们需要了解更多的客户信息，以便其他岗位人员提供跟进服务。

六、统计客人消费金额。

前台还有一个重要工作，就是提前统计好来宾的消费金额。有时同组客人统计在一起，有时分开统计——

以便客人 AA 制，方便客人打完球及时结账。

现在，大多数球场已使用专业的高尔夫管理软件，客人使用一卡通功能，在球场内的所有消费，通过刷卡自动汇集到前台电脑系统并统计出金额。但有些新开业的球场，在试营业期是采取的手工单，这时就要注意，客人消费单据要及时、准确地汇总到前台，避免漏单。

七、与预订部沟通好客人打球信息。

有的球场，前台与预订部在一起，有的球场是分开的两个部门。无论是否分开，这两个部门的工作关联性非常高，需要及时相互通报信息，比如要确认当天的预订和临时增加的预订等信息。来宾信息和消费身份，最好能提前掌握，以便客人到达前台时开出相应消费卡。一般情况下，客人消费身份一旦确定，不能轻易改变，除非申请相应级别的管理人员同意。这样规定的原因在于，避免前台人员出现失误或有意识错登客人身份，这是违背球场价格政策的大忌。前台擅自给客人一些优惠，涉嫌牟取私利或滥用职权讨好顾客，这种做法不被允许。

（6）出发站

出发站的主要工作职责在于安排客人顺利地下场打球，确保客人在场下打球顺畅。出发站是为来宾提供场下服务的中枢调度部门，它有权利调动相关资源，为来宾提供更多更好的服务，比如下雨时及时送雨衣雨伞等。

有的球场将出发员与巡场员放在同一个部门，都由出发站主管调度。出发员的主要职能是为客人提前安排好服务球童，是一对一服务还是一对二服务；根据分组确定球车；监督球童绑好球包；监督球童做好出场服务准备（包括沙袋、毛巾、客用饮水等）。

出发站的工作细节如下图：

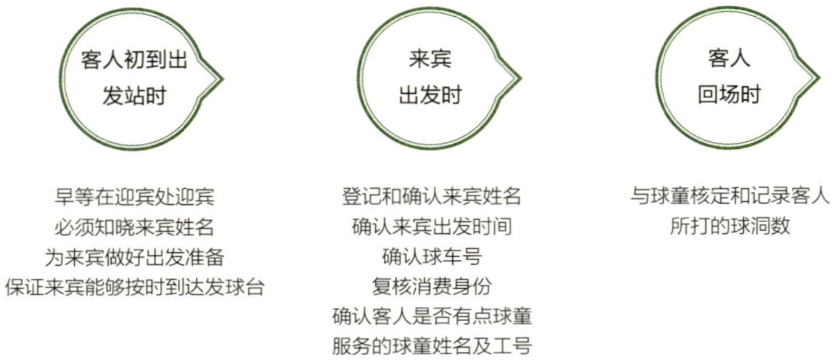

客人初到出发站时
来宾出发时
客人回场时
早等在迎宾处迎宾
必须知晓来宾姓名
为来宾做好出发准备
保证来宾能够按时到达发球台
登记和确认来宾姓名
确认来宾出发时间
确认球车号
复核消费身份
确认客人是否有点球童
服务的球童姓名及工号
与球童核定和记录客人
所打的球洞数

图 6-19　出发站的工作细节

在来宾到达出发站时，球童的工作是，提早在迎宾处迎宾，球童此时必须已经知道来宾的姓名，并为来宾做好出发准备，保证来宾能够按时到达发球台。

在客人出发时，出发站的主要工作是要登记和确认来宾姓名、来宾出发时间、球车号、复核消费身份、是

否有点球童以及服务球童的姓名及工号等信息。

客人回场后，出发站的主要工作是与球童核定和记录客人所打的球洞数，这是重要的收费依据。

高尔夫专业笔记

在小型业余比赛时，如果没有专职的赛事成绩统计人，出发员就要肩负这一工作，收集参赛队员的记分卡，统计和排列所有参赛队员的比赛成绩（总杆、净杆），并能及时打印，提供赛事组织者公布。

（7）巡场员

顾名思义，这个岗位的工作就是场上巡逻。巡场员的英文名称为marshal，这个英文单词的一种意思是乘警，说明巡场员的岗位在球场带有执法意味。

巡场员岗位职能就是俱乐部的眼睛，要善于发现问题、解决问题，他具有一定的管理责任，对违规的球童可以行使监督管理权和处罚权。

巡场员岗位职能	巡场员工作职责
善于发现问题、解决问题 具有一定的管理责任 对违规的球童可以行使监督管理权和处罚权	调节打球秩序 监督客人是否遵守高尔夫规则和礼仪、是否有慢打压场、是否安排后一组球客跳洞 了解球童在场下服务的文明和相应服务项目的及时性 了解球童和客人是否爱护草坪和场地环境 关注球场上是否有无关的人员进入、是否有影响球场安静、安全及经营秩序的情况 球车是否按规定行驶

图 6-20　巡场员岗位职能与工作职责

巡场员主要作用是维持球场良好的经营秩序，工作职责包括：调节球场上的打球秩序；监督客人是否遵守高尔夫规则和礼仪；是否有慢打压场；是否安排后一组球客跳洞；球童在场下服务的文明和相应服务项目的及时性；球童和客人是否爱护草坪和场地环境，比如扒沙、清理打痕、草坪屑块回补及补沙等；关注球场是否有无关的人员进入；是否有影响球场安静、安全及经营秩序的情况并及时汇报和处理；球车是否按规定行驶，比如是否逆行或者是否开上球道区等。

巡场员如何处理球场比较常见的问题?

球场最常见的问题：一是球员打球慢打的问题，另一个是处理新手丢球的问题。

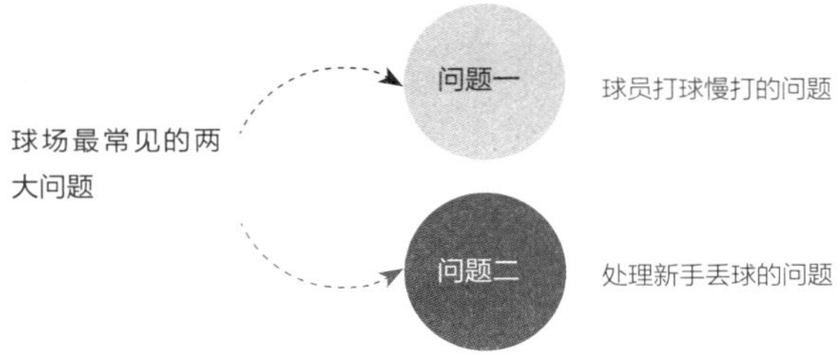

图 6-21　球场最常见的两大问题

有些初学者、赌球客，慢打已经影响到其他后组的客人，需要巡场员礼貌地提醒和催促，但催促一般不由巡场员直接针对客人，而是由服务他的球童委婉地提及较好。

无论何种原因，慢打有违高尔夫礼仪，也影响球场经营，排列其后的客人如有投诉，处理应当讲究方式方法。有时，往往后组投诉前一组慢打，并不一定是前一组慢打形成压场，而是更前组客人慢打造成，要求巡场员对此弄清状况，分析问题成因，如果贸然处理，会让客人不悦。

另一种情况是新手往往打出的球左右乱飞，容易丢球，找球时间就会比较长，也会引起慢打，而且对草坪伤害比较大。如果新手的水平实在不行，巡场可以汇报给领导，看是否需要劝请其离场。

高尔夫专业笔记

打球的客人和服务他的球童都应当遵守高尔夫礼仪，以保障运作的顺畅和球员、球童的安全，体现自觉、守时、有序、礼让、尊重场地和环境的高尔夫精神，这既是巡场员的主要工作责任，球童也应当主动配合。

（8）球童

球童是中国每一家球场最多的服务岗位，也是与打球来宾接触时间最长的专业服务人员。球童的服务水平、应对技巧直接决定了来宾对球场的服务品质的评价。为了保证球童的服务水平，有的球场制订了详细的球童服务手册，规定了若干个条款。

球童岗位的主要职责是：

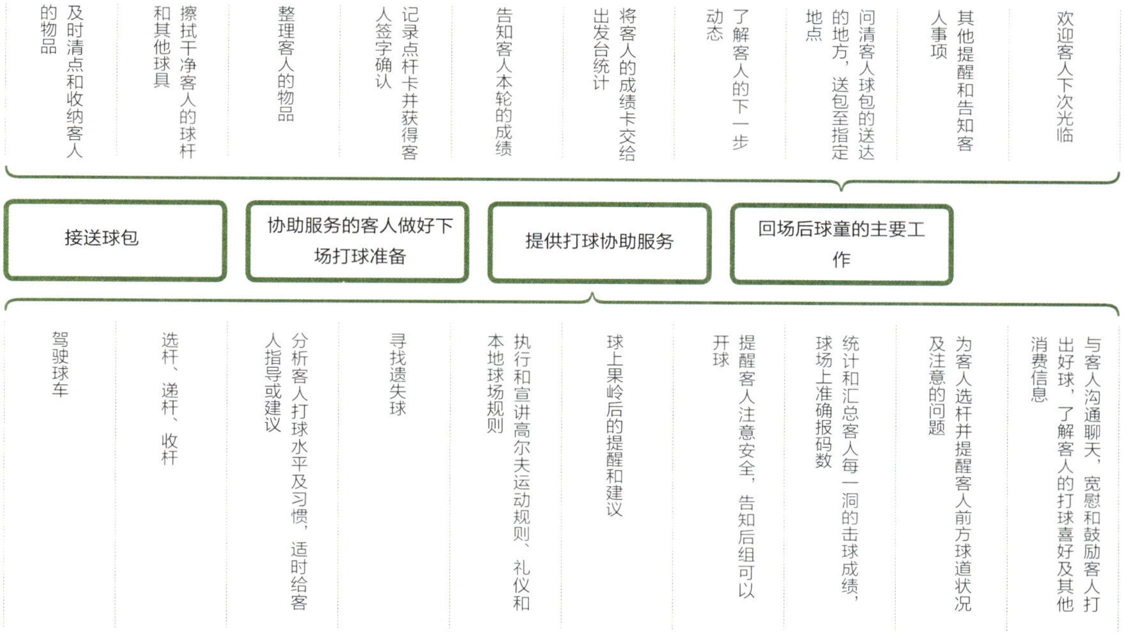
及时清点和收纳客人的物品
擦拭干净客人的球杆和其他球具
整理客人的物品
记录点杆卡并获得客人签字确认
告知客人本轮的成绩
将客人的成绩卡交给出发台统计
了解客人的下一步动态
问清客人球包的送达的地方，送包至指定地点
其他提醒和告知客人事项
欢迎客人下次光临
接送球包
协助服务的客人做好下场打球准备
提供打球协助服务
回场后球童的主要工作
驾驶球车
选杆、递杆、收杆
分析客人打球水平及习惯，适时给客人指导或建议
寻找遗失球
执行和宣讲高尔夫运动规则、礼仪和本地球场规则
球上果岭后的提醒和建议
提醒客人注意安全，告知后组可以开球
统计和汇总客人每一洞的击球成绩，球场上准确报码数
为客人选杆并提醒客人前方球道状况及注意的问题
与客人沟通聊天，宽慰和鼓励客人打出好球，了解客人的打球喜好及其他消费信息

图 6-22　球童岗位的主要职责

一、接送球包；

二、协助服务的客人做好下场打球准备（清点客人球包内的球杆和重要、贵重物品）；

三、提供打球协助服务。

球童的打球协助服务总结起来是十件事：

一是驾驶球车（有的球场允许客人驾驶球车而球童站在车后，有些球场出于安全考虑要求必须球童开车，尤其是坡度较大的山地球场）；

二是选杆、递杆、收杆；

三是看客人的动作熟练程度，分析客人的打球水平和习惯，并适时恰当地做出指导或打球建议；

四是看球的落点，寻找遗失球；

五是执行和宣讲高尔夫运动规则、礼仪和本地球场规则——比如 OB 出界及下水球的罚杆、抛球处理等；

六是球上果岭后的提醒和建议，比如擦拭球及看线、摆线，提醒如何推击，球道及沙坑、果岭上的打痕处理，执旗；

七是提醒客人注意安全，告知后组可以开球；

八是统计和汇总客人每一洞的击球成绩，球场上准确报码数；

九是为客人选杆并提醒客人前方球道状况及注意的问题；

十是与客人沟通聊天，宽慰和鼓励客人打出好球，了解客人的打球喜好及其他消费信息等。

除此外，如果有可能，球童可以邀请客人参加球场活动，告知客人相关市场信息等。当然，跟球场市场相关的信息，不一定要在回场时说，更方便的时机应选在客人下场与他愉快的聊天中。在中场休息前，比如在前7、8洞时，提醒客人是否需要提前点餐，推荐特色菜肴等。

四、回场后球童要整理客人物品，送别客人。

最后这个环节的工作主要包括，及时清点和收纳客人的物品，擦拭干净客人的球杆和其他球具，整理客人物品，记录点杆卡并获得客人签字确认，告知客人本轮成绩，将客人成绩卡交给出发台统计，了解客人下一步动态（进餐、入住球场酒店或其他安排），问清客人球包送达的地方，送包至指定地点（接送包处或存包房），其他提醒和告知客人事项（比如更衣定的位置、餐厅的位置、酒店及其他休闲娱乐的近期的促销活动），最后，欢迎客人下次光临。

二 高尔夫球场运营部设置

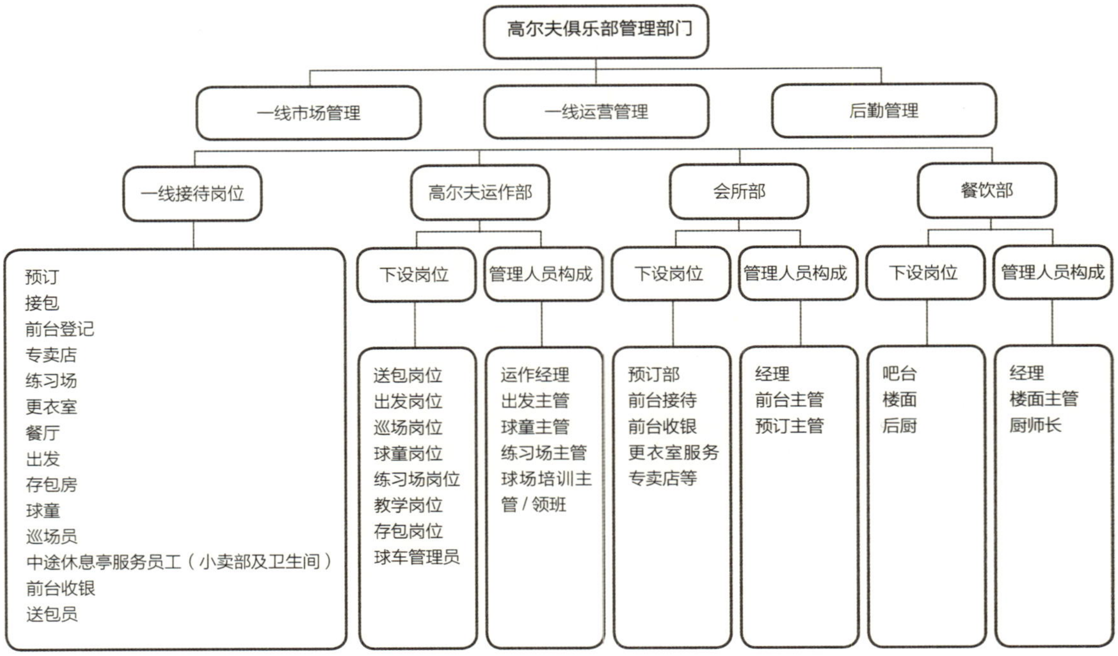

图6-23　高尔夫球场运作管理部门设置

与传统服务行业一样，高尔夫俱乐部的管理分多个部门，即市场管理、运营管理、草坪场务管理和后勤管理。

图6-24　高尔夫俱乐部管理部门划分

相对五星级酒店而言，球客对球场服务标准要求没那么高，因此，球场经营管理艺术的复杂程度显得略低，但如果换做是高尔夫度假村，与酒店比则往往有过之而无不及；这类球场对管理者管理艺术和经营水平等方面的要求并不逊于高级酒店。最主要的原因是，国内酒店业已经是一个发展相对成熟的行业，消费者已经被培养得具有一定的水准辨识度，国内也建立起了普遍认可的服务标准，从业者素质教育和人才培养已达到较高的水平。与酒店服务相比，高尔夫度假村的管理仅仅是多了一个负责草坪养护的部门——场务部（含园林及其工程，但有的球场仅设草坪部，园林及其工程会分开设置，这已在其他章节中做过阐述）。

人事、行政、财务、工程基建等为后勤部门，这样的功能结构设置在管理上与其他服务行业形式大同小异，本节的重点是讲一线运营管理，对后勤管理不做过多阐述。

通常高尔夫球场在一线接待服务岗位会设有：预定、接包、前台登记、专卖店、练习场、更衣室、餐厅、出发、存包房、球童、巡场、中途休息亭服务员工（小卖部及卫生间）、前台收银、送包员等。

一般球场的运作体系的员工就会达到一百多人。为方便管理，高尔夫管理的一线运营以上岗位通常被划归以下三个部门管理：

部门01 高尔夫运作部

这个部门和草坪部（场务部）一样，是专业性非常强的部门，是客人享受高尔夫运动的执行部门，高尔夫运作部下辖单位包括接送包岗位、出发岗位、巡场岗位、球童岗位、练习场岗位、教学岗位、存包岗位、球车管理员等岗位。

高尔夫运作部的管理人员构成设运作经理一名，出发主管一名，球童主管一名，练习场主管一名，有的球场还专设培训主管或领班一名（专伺培训新球童）。

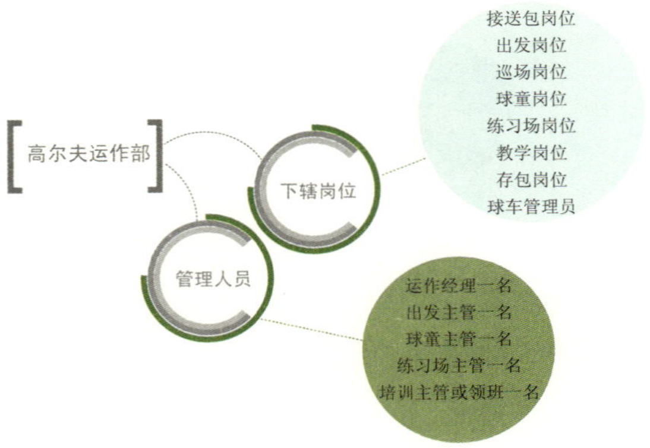

图 6-25　高尔夫运作部组织结构

部门02 会所部

这个部门和酒店、餐饮业的大堂经理有些类似，考量其服务水平的是精确、高效地应对以及资源调度、舒适整洁等。

各球场的职能分工稍有不同，一般高尔夫会所部门下辖预订部、前台接待、前台收银、更衣室服务、专卖店等。

另外，有的球场将赛事活动专项接待的职能也归于这一部门。管理人员一般设经理一名、前台主管一名、预订主管一名。

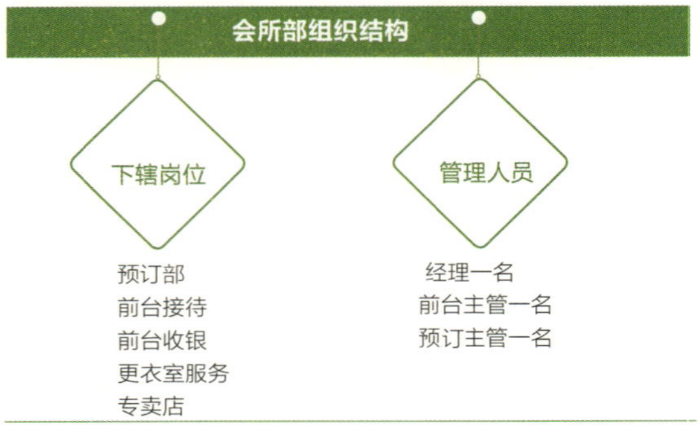

图 6-26　会所部组织结构

部门03 餐饮部

根据打球客人或者赛事活动的需求，球场的餐饮大多为复合型，既能提供日常快捷餐饮（简餐、套餐或自助餐）服务，也能提供点餐及包房服务，还能在赛事活动时提供较多桌的围席服务。餐饮部下辖吧台、楼面和后厨，管理人员一般设经理一名、楼面主管一名和厨师长一名。

有些高尔夫度假村还附带有会议、酒店及其他休闲娱乐设施，这此功能区管辖权设置各有不同。有的并于球场一起管理，也有的将会所、餐饮归属于酒店管理体系来管辖。

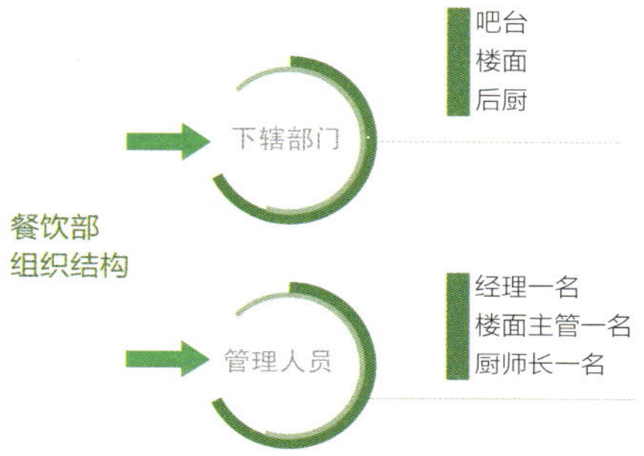

图 6-27　餐饮部下辖部门及岗位设计

三 球场管理制度与流程制订

一套好的制度和流程对一个企业的健康运作非常重要。球场管理架构和所设置部门及其职责、权限，就像人体内各个器官需要协调运作，相互协助。制度、流程就是连通这些器官的血管和脉络。

01 制度与流程是两个不同的管理概念

（1）如何理解制度和流程的关系及区别

所谓制度，就是要求人人遵守，非不得已不得突破、逾越的原则，往往是必须强制执行的官方颁布文件。

所谓流程，则是完成一件工作的过程和步骤，只要不违背初衷和结果，过程中允许变化和一定灵活性。

举例来说。比如厨房里做凉菜的厨师，要求他必须洗干净手才能切菜、摆盘，这就是大流程中的小制度，不能不遵从，否则就是不负责任。但手到底怎么洗，是用肥皂还是用洗手液，冲洗多久才算好？冲洗过后，要不要让双手干燥？如果要干燥，是用毛巾还是用纸擦干净，或者用烘手器烘干双手？这要视情况和环境做决定，也要看企业对这一环节有没有规定，这就是流程。

如果企业作了明确的操作规范要求，就是制度而非流程。比如麦当劳，它的服务标准规定，厨房操作工洗手后必须要用烘干器烘干双手，才能进行下一步的操作，以保证卫生，这就成了制度。

制度的价值体现在不可轻易改变，为达到要求可以增加、减少一些流程环节，它要求人们对制度要理解执行到位。但是有的球场，开发商认为球场由我投资建造，自命为超级 VIP，又不懂管理，经常做出一些违背球场管理制度的事，让职业经理人穷于应对，可以料想，这样的球场如何能够管理得好？

（2）制度重在理解和执行

作为管理人员，一定要知道制度与流程的区别，也要知道如何理解和执行。制度不仅仅是挂上墙就完事，而是对事项、工作职责与标准的规定和执行。制度是原则，必须严肃执行，对于执行过程中“度”的把握以及执行过程中的沟通、宣讲也是一门管理艺术，这是管理者管理展示能力的一个弹性空间。每一家球场都不缺乏制度，而且制度大同小异，但制度如何执行、落实每家球场却都有不同。这也是形成球场管理水准差异性的原因之一。

高尔夫专业笔记

制度和流程涉及球场经营的方方面面，应该怎么建立和健全，需要管理者花费很多功夫。要求管理者有缜密的思考、一定的文字能力和丰富的实际操作经验。一个总经理是否合格，他对制度和流程的把握和安排，是有效的检验标准之一。

作为球场最高管理者的总经理，怎么理解和使用制度和流程，首先应该捋一捋管理思路，分清哪些是基本，哪些是扩展，哪些涵盖全公司，哪些针对部门，哪些针对内部员工，哪些针对外面顾客，哪些针对具体事项，哪些针对具体岗位，理清想法之后，对建章建制步骤的轻重缓急就有了清晰的概念。

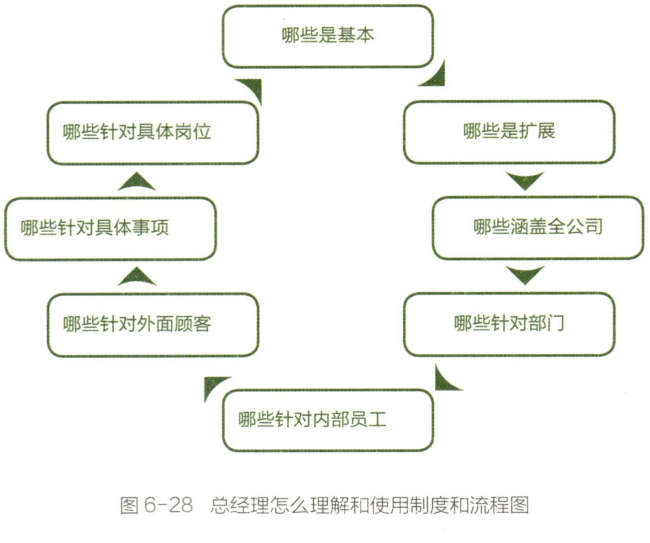

图 6-28　总经理怎么理解和使用制度和流程图

笔者对制度和流程使用的主张是先基本，后扩展；先整体，后局部；先对外，后对内。

02 高尔夫球场基本制度分类

高尔夫球场基本制度主要包括以下几方面：

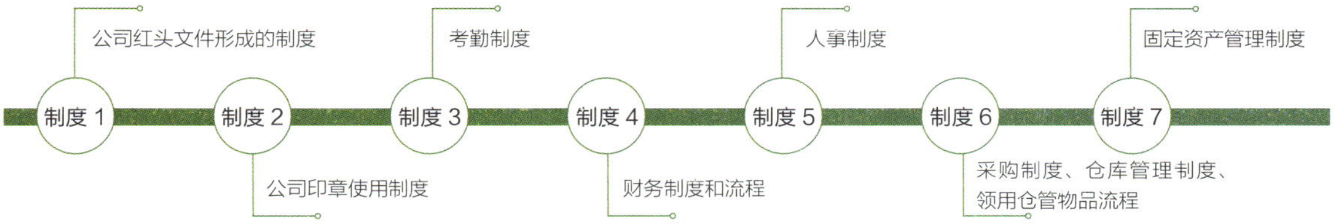

图 6-29　高尔夫球场基本制度

（1）公司红头文件形成的制度

就是什么情况下要发布公司正式文件，公司文件包括了哪些，由谁起草，怎么管理，经过什么审批程序，如何颁布等，这是最基本的制度。

总经理必须通过这个制度，建立起公司政令要用正规文件方式发布执行的工作习惯和方法。特别注意的是，许多重大的管理和经营决策，不能只通过口头表达，比如重大的人事任免、部门架构调整、违规员工处罚等。

总经理口头下达的命令的弊端是受众少、不规范、不严肃，甚至在执行时无据可依。因此，做管理建立文件制度必不可少。

（2）公司印章使用制度

球场作为法人单位有诸多公章，这些公章由谁掌握，什么情况下可以使用，要经过什么审批程序，是总经理对球会全局控制的基本点，同时也为球会构筑了法律责任框架。有些球场，公司公章、财务章等不由总经理管理，因为老板未给予授权，但为了工作的需要，球场下级部门有可能会雕刻一些部门印章，例如预订专用章等。对这类印章也要有管理制度，因为它一旦对外，代表的就是公司的意志，需要公司承担责任。

（3）考勤制度

这点很容易理解：公司每周上几天班，从几点上班到几点下班，都有什么假期，员工怎么休假，必须在考勤制度中说清楚。需要注意的是，高尔夫球场是服务行业，除行政人员外，还有大量服务人员和操作工种，他们的工作时间无法使用普遍的“朝九晚五”来统一概括，企业的基本制度只能解决基本问题，不可能把所有工种和岗位工作时间都列进其中，更何况这些工作时间还要根据季节和客流频繁调整，因此，这个制度要考虑各种情况的可能性，制定时要为具体部门留出便于执行的空间。

（4）财务制度和流程

这里说的财务制度不是所有的财务制度，而是几个最基本的财务，比如现金管理制度、付款流程、合同审批制度、借款流程、费用报销流程、预算编制和审核制度等。有了这几个基本的财务制度，公司的财务和整体运作就可以正常开展，能起到有章可循的管理效果。

（5）人事制度

人事制度包括各级工作人员的招聘、入职、试用、转正、升降级及任免、岗位调动、离职手续的办理流程、各岗位薪资标准及绩效考核制度等，这一套制度有了，才能更规范地管理。

（6）采购制度、仓库管理制度、领用仓管物品流程

这些制度和流程相辅相成，有了这样的制度才能保证大量采购的物品质优价廉、保管使用妥当，不至于管理失控和浪费。

（7）固定资产管理制度

这也是球场最基本的制度之一，球场投资这么多钱，把这么大的一笔资产交给总经理来管理，必须定期给他反馈这笔资产的增减和现状，“盘点”是这个制度的主旋律。

有了上述这几项基本性和全局性的制度后，还要再配以各职能部门的部门职责说明书（包括主要责任、工作事项及职责范围、行政管辖的授权及内外部管理上的关系等），一个球场就可以开展基本运作了。

高尔夫球场运作管理，要视乎实际的需要，及时根据管理环节增加建立新的规章制度，比如在工程进行时，就要跟进出台一些与工程有关的制度，如工程材料管理制度、工程进度款付款流程、工程监管制度等；又比如在筹备开业阶段，行政管理制度还要深化，除前面提到的基本制度外，还要有员工奖惩条例、宿舍管理制度、食堂管理制度、差旅费管理制度、车辆使用管理制度等。

总之，规章制度和管理流程要根据需要，不断扩展、深化，最后形成完善的管理体系。

03 确立制度需要注意的问题

在确定营运和管理架构后，各部门、各岗位再行制定岗位职责、工作标准、事项流程等，汇集成整体球场的规章制度。这里，还需要特别注意几个问题：

图 6-30　确立制度需要注意的 3 大问题

（1）建设期习惯的操作方式只是流程或制度的一部分，不能纳入正式制度

很多新开业的球场，在建设期已形成了规律性的操作方式，这些方式、方法有的也是一种制度，但还不够严谨。工程期，管理方式一般粗放，但转入经营期后，就必须精细起来。解决问题的办法就是把这些制度、流程书面化，用文字把这些习惯和约定俗成的办法表述出来，固定下来，以使日后操作有章可循。

（2）可以借鉴别人的管理和制度，但不能照抄

许多球场都有一大堆的制度规定，有些管理公司的资料库里就更多更全，《高尔夫经营与管理》杂志还出版了《高尔夫球会管理流程丛书》，好像这些制度都是现成的，拿来就行，其实不然。高尔夫球会管理和运作模式，虽然大同小异，但千万别忘了有句话叫做“世界上没有相同的高尔夫球场”，这句话不单只是说没有形态一样的球场，在管理方式上，许多球场也差别很大。有些制度如果直接拿来照套，就会出笑话。我们不反对借鉴别人的制度，但需要针对球场的管理方式和流程做相应的改进，以符合自己球场现状。

（3）制度如法律，制定得要有执行可行性

很多制度起草时是为了要有制度而订立制度，但要么没人好好执行，要么执行时发现不靠谱。那么，不好执行的制度主要体现在哪些方面呢？

原则性的词语太多，忽略细节，制度中涉及的流程交代不清，让事项办理困难	有些要求和标准没有量化	有些事项是不宜量化的，不强求
文字表述要严谨	以服务顾客是第一原则	面客服务流程应当注重实操

图 6-31　不好执行制度的 6 个体现

弊病主要表现在三个方面：

一是制度和流程理解错误，将流程性质文件升级成为制度。

比如，原则性的词语太多，忽略细节，制度中涉及的流程交代不清，办理事项困难。例如，某事项“经审批后办理”，这句话好像没错，但执行时却犯难了，由谁审批（部门经理还是总监、总经理）？通过什么渠道审批（一步步来，还是直接上交）？通过什么形式审批（报告、表格抑或口头）？审批后给谁办理？这些统统没有写，这个制度执行起来就经常犯迷糊。

二是有些要求和标准没有量化。

制度本身只有文字描述，给执行和操作者留下了太多的想象空间。比如违反了什么规定就要“严肃处理”，这“严肃处理”就不知“度”在哪了，因为管理者不同，“严肃处理”的方法和结果也不同，这么规定本质上是把“法治”就变成“人治”，没有强度制度管人的重要性。会出现“多样化执法”的情况出现，比如，同样情节和性质的错误，当着球场老板的面犯了，老板发脾气，那叫倒霉撞枪口，可能处理得更“严肃”；当着客人的面犯了，被投诉，也会很“严肃”，但当着同事的面犯了，他的上级可能会装作没看见，不了了之。

图：深圳聚豪会高尔夫俱乐部更衣室一角

图：深圳聚豪会高尔夫俱乐部更衣室服务台

图：深圳聚豪会高尔夫俱乐部更衣柜

三是有些事项是不宜量化。

缺乏具体标准和准则的事，明知管不了、管不住的事，还硬定成制度，这是对制度是一种伤害。后果就是若干规定成了空话，管理体制权威性整体受到影响。比如某球场市场部要求销售员每天上报 10 个新客户名单，事实上有些时候，尤其是平日，球场就没几个人，又没安排销售员去练习场等场所“扫客户”，这个标准销售员普遍达不到，规定就成了没人搭理的一纸空文。这样形同虚设的“规定”多了，销售员们对管理制度的态度可想而知，带来了许多后遗症。

高尔夫专业笔记

管理者起草制度一定注意可操作性以及制度监督执行细节的合理性。不要让被管理者感觉无从下手，也不能任由他们乱发挥。规章制度起草要做到定性、定量、标准合理，过程可以监控，违规有处罚，模范遵从有表扬，这样的制度才能深入人心。

（4）文字表述要严谨

有些总经理文字功底不高，对文字的理解态度也不审慎，轻率地在手下起草好的管理规定上签字。殊不知，管理制度不严谨留下的诸多隐患会体现在日后工作的方方面面中。文稿起草人鉴于背景、动机、水平和地位的不一，所起草的文稿往往会有倾向性，或者有漏洞，或者有本位主义，对此，总经理要站在一个全面的角度审视文稿，平衡各方面的得失，考虑事项办理过程中各部门的协调和联系，避免出现偏差和扯皮现象，更要防止因阐述不清或概括不够而产生漏洞。俱乐部每一个制度、每一条面客的通知文件，都要求总经理要一一过目，仔细推敲，甚至字斟句酌。这样可能会占用总经理很多时间和精力，但也展现了总经理缜密的逻辑思考能力和管理经验水平。

（5）以服务顾客是第一原则

球场是为客人服务的，做好服务不但体现出球场的管理水平，也决定了球场未来的经营状况。因此，在制订服务客人的相关制度时，千万不能为了内部管理方便制造营业缺失或客人不方便。如果内部管理制度与对客人服务的标准有冲突，首先要做的是检讨或者调整内部管理制度，而不是相反。只要不出现管理漏洞，既能满足客人需要，又可增加球场收入，这是球场建立所有管理制度应当追求的共赢局面。

（6）面客服务流程要注重实操

服务流程在未进入实质操作阶段时，往往只停留在执行想象和制度文字中。具体实施时往往会遇到想象不到的问题。为避免这些问题在投入营运后才显示，给客户造成困惑或误解，伤害客户的良好体验，管理者还应该通过以下几个工作检校流程的完善性：

一是订立流程后进行实际演练，二是做现场模拟，三是通过模拟执行不断检讨，四是随时修订整个流程并从中检索出流程的问题，比如，未描述清楚、细节被漏掉、考虑得不全面的地方，最后还需再把流程完善一次。这样做虽然不能保证达到百分之百的完善，但至少可以避免执行现场出现手忙脚乱的现象。

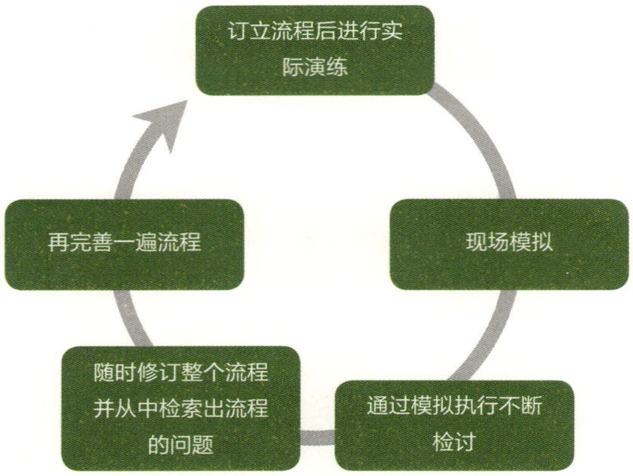

图 6-32　高尔夫球场管理如何检校流程的完善性

高尔夫球会经营管理有其特殊性，管理中涉及的学科较多、岗位较多，管理的范围也较广，还包括管理几百人的员工队伍以及几千亩场地和一定数量的建筑物，因此，要求管理人够专业，够细致。

以上这些内容往往可以集成一本厚厚的大书。事实上，许多球场会制订出制度和流程汇编，形成管理手册，并不断加以查遗补漏。并且，每一家球场的经营方式和管理人员的学识不同，要求达到的标准也不尽相同，球场管理理论还需要在实践中不断丰富、积累和完善。有的球场，因为各种原因，始终没找到适合自己的经营管理方式、方法，总是在“调架构、定规章，梳流程、聘新人”，这有可能是高水平职业经理人或者顾问管理公司的缺失，也可能是投资商没想明白自己要的是什么，对球场的经营定位以及管理和服务要达到什么样的标准不清晰造成的。

高尔夫专业笔记

通常一座新球场是在运营两三年才能经营得比较成熟，形成自己一套比较完善的管理方法和规章制度。

（注：本小节内容参考谭晓辉先生专栏文章《球会总经理在球场投资过程中的角色和任务》改写）

04

SECTION FOUR

第四节

高尔夫会籍日常管理

高尔夫会籍价值构成及定价因素分析

- 高尔夫会籍的 4 个价值
- 影响高尔夫会籍定价的 12 个因素
- 高尔夫会籍市场的马太效应
- 高尔夫项目资源如何服务于房产营销
- 会籍产品及会员权益设置
- 球场如何处理好会员与地产业主的关系

本节阅读导图

图：上海览海国际高尔夫俱乐部球场果岭

高尔夫会籍价值主要体现在实用价值、投资价值、圈层价值、面子价值等几个方面。

图 6-33　高尔夫会籍价值

根据笔者多年俱乐部管理的经验，一家高尔夫俱乐部的会籍是否能让会员或准会员（准业主）感觉到有价值，以及会籍如何定价，都应当遵循一些基本原则，要有市场依据。

作为俱乐部管理者和项目投资者，必须要夯实会籍价值的基本面，才能使俱乐部的会籍产品适销对路，并带给会员实实在在的价值感。有的俱乐部往往忽视俱乐部会籍的实际价值打造，采取霸王硬上弓的办法强行拉高售价——尤其是一些房产项目配套的球场，造成会籍价格虚高，客户难以接受，感觉这是不值钱的噱头。有的球场，会籍一路不管不顾地涨价，而客户已被众多球场的销售员们“教育”了多遍，普遍不认可这种定价标准。几年会籍滞销，二手会籍就会反过来打压一手会籍，让球场的球证更加滞销。

我们必须知道，一个俱乐部二手会籍的市场价格，才是客户内心比较认可的真实价格。

一　高尔夫会籍的四个价值

01　实用价值

实用性是球友们购买会籍的最主要原因，是高尔夫会籍价值的基础。

会员们会预计自己是否经常到某家球场打球，以及去评估对球场的喜爱程度，形成对该球场会籍价值的心理定位，这种心理定位一旦形成很难扭转，除非是有重大的实质性改变，例如球场改造完成新建了 9 洞；球场将举办大型职业赛事；客户将调职到球场附近工作；再或者有较大的促销优惠活动等。

高尔夫球爱好者，购买会籍的主要作用是满足自己和朋友相互邀约打球的需求，因此会籍的实用性有如下要求：

图 6-34　会籍实用性包含的意义

会籍实用价值的前提是地缘性。

即使球场再漂亮，大多数客户不会购买较少去的球场的长期正式会籍产品。交通时间和成本仍是他们首要考虑的问题。只有球友都喜欢还能保证常去的一座球场，才愿意将它当作自己的“主场”，并购买它的会籍。

在高尔夫发达地区的一些高端俱乐部，不是会员或没有接到会员邀请的嘉宾，难以下场打球。即使在内陆欠发达地区，节假日黄金时段也常常订不到场。会员的便利之处就在于随时可以打到球，球场也会非常顾及会员感受。这样的球场里，会员可以是球场的半个主人，有权利对球会投诉、提要求。许多球友为打球方便，往往会购买不止一家球场的会籍。

在国际通行惯例上是会员、嘉宾与访客之间的待遇有天壤之别，只有会员及其嘉宾才可以享受贵宾级的待遇。

以上海某公司的总经理为例。他打球已经六七年了，有一帮球友圈子，许多生意伙伴常相约打球。他每月花在打球上的费用不低于 2 万～ 3 万元，包括往返各地的机票、食宿等相关费用。2008 年前，他还一直认为，买一张昂贵的高尔夫会籍不如认识拥有各球场会籍的朋友。直到他发现，没有会籍对交际的干扰。因为每次轮到由他做东请外地的朋友来上海打球时，订场地总是比较麻烦，还经历过订不到朋友指定的球场的尴尬。最终他购买了一张交通比较便利的某球场高尔夫俱乐部的二手会籍。这是一类会员“社交优先”价值观的结果。

02 投资价值

打高尔夫球是高级商务人士的时尚健身和休闲生活方式，也是商务人士重要的人际交往平台。高端高尔夫俱乐部的一张会籍卡，即便动辄几十万、上百万元，但因为其有保值、增值功效，加之某些高端俱乐部的会籍不断涨价，经常会出现“名额有限”，甚至“一卡难求”的状态。

就是说，在购买会籍时，要兼顾实用价值和投资价值。

近十年来，上海的高尔夫会籍价格不断呈上升趋势，直到2012年后才在较多的外地低价会籍冲击下，出现回落。不断上涨的会籍价格有实有虚，这正是许多人果断出手的重要原因。高品质俱乐部的会籍有限，触动了精英阶层的神经。北京及周边、长三角、珠三角等经济发达地区，品质稍好的球场，假日天晴时总是爆满，接待资源有限，为保证球员的权益，也为保证服务质量，让会员打球不“塞车”，会籍涨价是既增加销售收入也调控客流的一大重要策略，市场需求供小于求时，想不涨都难。

03 圈层价值

高端俱乐部的会员基本都是各界名流，从某种意义上说，它是一个特殊圈子的门票。购买有品质有保证的球场的会籍，不但可以使自己享受更多的“快乐高球”，还能让自己的身份不宣而明，投资价值又令个人资产增值，对于有这样消费能力的人群而言，何乐而不为呢？

04 面子价值

一家高尔夫俱乐部如果品位足够，服务水准达到一流，会员就会觉得有面子，此时，它的会籍，就是一种身份的象征。可以想象，你带着一群朋友们过来打球，一进门，球场管理人员和前台服务员都能谦恭的称呼你的姓名，还奉上亲密的问候，这时，会员享受的就是尊敬和荣耀，这是会籍价值中最大的附加价值。

二 影响高尔夫会籍定价的十二个因素

现阶段，我国高尔夫市场还处在初级阶段，球场为了拉抬同步开发的房地产项目价格，盲目为会籍定价，致使会籍价格虚高，有价无市，成为市场发展的隐患。在会籍产品定价时，我们要站在客户的角度综合分析以下因素，才能制订出合乎市场需求的价格。

影响到会籍定价的因素包括：

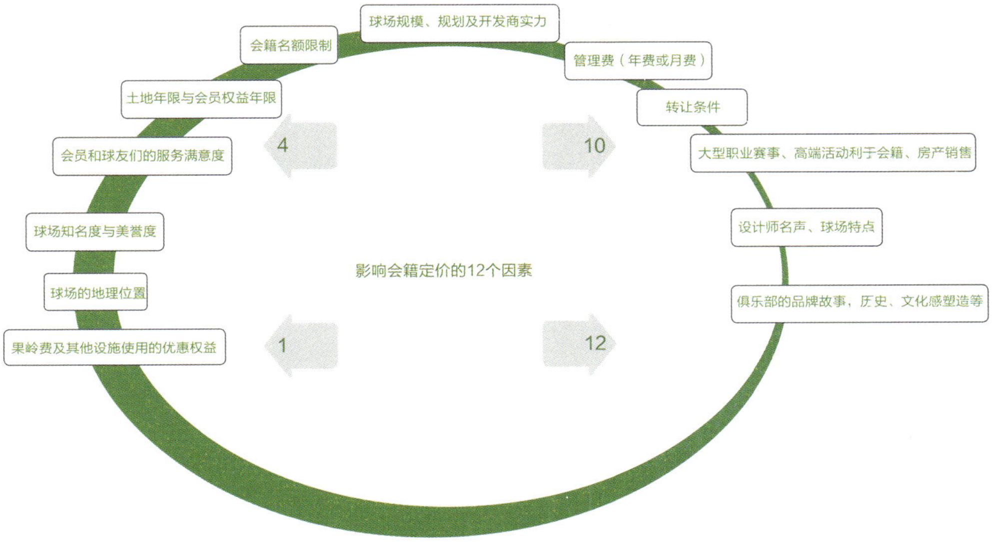

图 6-35　影响会籍定价的 12 个因素

01 果岭费及其他优惠的权利

指会员和嘉宾、访客每次打球时，收取果岭费标准是多少。果岭费在高尔夫行业，相当于场租费。长期正式会员一般免收果岭费。因此，可以据此计算出会员证尤其是短期、限次类型会员证的实用价值。

除了果岭费外，如果项目还有酒店、温泉等度假旅游配套设施，就还要考虑会员在这些消费项目上的优惠。将酒店、温泉等设施的优惠打包进高尔夫会籍，提前为配套项目锁定客户群体，并提高会籍售价是不错的手段。

另外，会籍是否有使用权益的限制，比如，假日限定次数、能否携带无记名嘉宾等，也直接关系到会籍的价格。

02 地理位置

球场的地理位置是决定会籍实用性的重要因素。球场的地理环境越好，当地的经济发展程度越高，会籍的使用价值也越高；未来的城市规划、项目周边的发展远景对俱乐部越有利，则增值潜力越大。

03 球场知名度与美誉度

球场的服务品质佳，受到球友的交口称赞，会籍价值自然较高。

04 会员和球友们的服务满意度

球场的运营管理能力、硬件设施条件、球童及其他工作人员的服务水平、场地维护水平，会员和来宾是否普遍认为打球比较舒畅和受到尊敬，是否有温馨、周到的服务，这些都是会员证保值、增值的有力保证，也是俱乐部品牌的体现。球友在购买一个球场的会籍前，往往会打听既有会员对球场的评价即服务满意度，其他球友对球场的口碑评价对意向客户购买会籍与否有巨大的影响作用。

05 土地年限与会员权益年限

会籍的使用年限一般与球场用地年限或营业执照经营期同期，这是决定会籍价值高低的重要因素。会籍的使用年限越长越有价值，而且业内其他球场所认可的联盟（姊妹）球场，一般相互只认可记名使用的长期个人会籍，不记名的公司会籍、短期会籍或度假会籍等，不被联盟球场认可，这从另一个角度说明了会籍年限的价值。

前文已经讲过，中国的土地为公有制形式，无论是租赁还是取得了《土地使用证》，球场用地都存有使用年限的问题。一般的球场用地属于体育或旅游用地，总使用期限不会超过 50 年。所以，球场的用地合法性、使用年限是否有保障及年限长短，也与会籍价值直接相关。

如果球场用地办理了《土地使用证》，其开发成本自然比租赁土地高，会籍售价很高会员也能接受。但有的球场销售“终身会籍”，土地却只租赁，租赁期只剩下十几年了，客户往往就会担心“终身”的问题。有经验的会籍购买者，会注意会籍合约书中是否会体现这些内容。

06 会籍名额限制

一般来说，一个半开放的 18 洞球场会员数量为 800 ～ 1200 个名额之间，旅游度假型球场的各类会员将达到 1500 名甚至更多，纯会员制的球场则在 400 ～ 600 名，这要视会员来场的频次衡量。

总体而言，球场会籍名额越少，甚至在《会员章程》等文件上有公开承诺，会让会员觉得权益受尊重、私密感好，打球舒畅，会籍的价值就会更高。

07 球场规模、规划及开发商实力

球场的球洞数量、配套项目规模及未来的发展规划越好，开发商的实力越强，会籍价值越高。

08 管理费（年费或月费）

管理费（年费或月费）的高低与会员日后的支出直接相关，这是影响会籍价值的因素之一，也是俱乐部品质的直接体现，高端俱乐部的会员年费也相当高。从会员的角度看，往往更希望球场能免收年费或金额不要设置得太高，但从球场经营的长远来看，如果球场免收年费或年费很低，导致场地维护保养缺乏资金，就会让服务品质没有保障，这对球场还是会员来讲，也都不是好事。

09 会籍转让条件

高尔夫会籍是一种可以流通的商品，它进入流通环节内会兑现保值、增值性。球友免不了会有因长期派遣异地工作、旅居外国、移民等生活变动而让出会籍，他所持有的会籍能否便利地转让，是影响会籍价值又一因素。

会籍转让的条件越清楚，转让流程越简单，越有利于体现会籍价值。转让条件包括转让费的收费标准、提交文件及流程、资格审核、限制因素等。经营不佳或对会员权益不够尊重的球会，往往会在会籍转让环节设置诸多障碍，让会员感受非常不好，这类作法不利于球场品牌建设。

10 举办大型职业赛事、高端活动利于会籍、房产销售

众所周知，俱乐部举办且连续举办过大型知名职业赛事，尤其是举办大型、连续性的赛事，或承办过其他重大国际国内活动的俱乐部，比如有全国影响的财富论坛、奢侈品集团新品发布会等，这些活动既大大提升了品牌知名度，也彰显了企业实力，表明它的软硬品质均得到高度专业的认可，能具有更大的声誉，这会让它的会籍价值倍增。对拉升销售的作用非常明显。

因此，举办、承办大型活动利于会籍提价和增量销售，更有利于促进与球场同步开发的地产项目的销售。当然，举办这类活动花费动辄千万、上亿元，要求俱乐部具有良好的硬件设施，也需要开发商具有巨大的经济实力。

对许多实力一般的企业来说，它的作用是锦上添花，而非雪中送炭，需要测算投入、产出风险。

11 设计师名声、球场特点

球场设计师是明星球手或大牌设计师，设计师设计过球场并举办过大赛赛事，屡有经典作品，本球场的设计极富特点，兼顾挑战性、娱乐性等，对本俱乐部会籍价值会有较好的拉动作用。

图 6-36　什么样的设计师能拉动会籍价值

12 俱乐部的品牌故事，历史、文化感塑造等

除以上各点外，能拉动会籍价值的还有一些其他因素，比如熟人关系介绍，或者意向客户的球友们喜欢这个球场，球场实施促销优惠政策等，都会影响会籍客户成交。

以上所述对会籍有价值的 12 点因素都是会籍客户非常关注的层面，需要球场在制定会籍产品时高度关注和审视。

以上这些 12 种因素中，有些因素不能改变，比如地理位置，也有一些因素通过调整和努力能够改变，比如硬件设施、服务水平等。制订会籍产品策略时，一些人为的、可控的因素可以在产品权益组合中进行放大，以创造独特的卖点。

此外，会籍销售还强烈的受到销售员个人关系和能力影响。优秀的销售员能够影响一帮子球友，左右他们的购买意愿，一些与会员结成朋友的销售员讲究诚信，服务水平强，行业资源多，能为会员提供预订球场、外地旅行安排，甚至家人、朋友接待等超值服务，会员则更乐意购买销售员推介的会籍。

三　会籍市场的马太效应

虽然高尔夫会籍的升值神话在最近几年不断上演，但比较明显的一个趋势是，高尔夫会籍正在走向“两极分化”，即贵者愈贵，廉者愈廉。

01 管理好的俱乐部会籍价格会一直攀升

品质好、管理好的俱乐部会籍越来越贵，会籍价格屡创新高，而且追随者众。

从2008年1月15日开始，深圳观澜湖高尔夫俱乐部将之前售价为128万元的特许钻石会籍调高到168万元，这个会籍品种推出不到一年，价格上涨超过30%。2013年，这个会籍调价涨到218万，令初期投资者振奋。

北京华彬高尔夫俱乐部，2004年10万美元的会籍证已是当时全国最贵的会籍之一，此后又涨到18万美元及至人民币180万元这种高价。

广州九龙湖高尔夫俱乐部，更是涨势惊人，曾经先后调了6次价格，由开业时初始的20多万元涨到了2008年初的49.8万元，价格翻了一倍多，仍然卖得很火。承办亚运会高尔夫比赛后，会籍更是张价到60多万。

02 管理品质欠佳的俱乐部陷入滞销困境

那些品质不是十分有保证的球场，目前正陷入一手会籍滞销、同行激烈竞争的困境。2008年金融危机之后，沿海地区一些变换工作或离开中国的外国人，特别是热爱高球的韩国人、日本人抛售出不少会籍，致使广东、上海周边多家球场的二手会籍价格下跌不少。一些高尔夫发达地区的老球友们，已经被市场教育了一二十年，他们购买的会籍往往不止一个，从投资的角度看，所购买的会籍有赚有亏，产生了严重的被忽悠感，现在这些人都变得十分精明，不会再轻易出手购买会籍。

03 改善服务是高尔夫俱乐部管理之根本

现在，高尔夫会籍市场因为竞争激烈，已基本回复到正常的价格区间。除了极个别的顶级项目会籍仍有较大的投资价值外，大多数项目的会籍定价虚高，消费者从购买的那天起，就面临会籍“跌跌不休”的局面。球友们购买会籍更加理性，往往对比多家，也更乐于听取老球友们的意见。这种情况下，客户对俱乐部美誉度、服务满意度的要求更高，迫使俱乐部提升软硬件水平，切实改善服务品质，而不再是吹嘘概念。

从客户的角度来看，一个俱乐部的会籍价值是从几个类似俱乐部及其项目的比较中产生的，他们会对这个俱乐部的会籍价格有一个大致的判断，而且相互影响，形成共识。比较的依据就是本文说到的地段、交通及其实用性、经营模式定位（纯私人俱乐部抑或其他，决定会籍稀有程度）、客户定位（球友的三六九等）、硬件条件、软性服务品质、企业品牌的知名度、美誉度等多个方面。

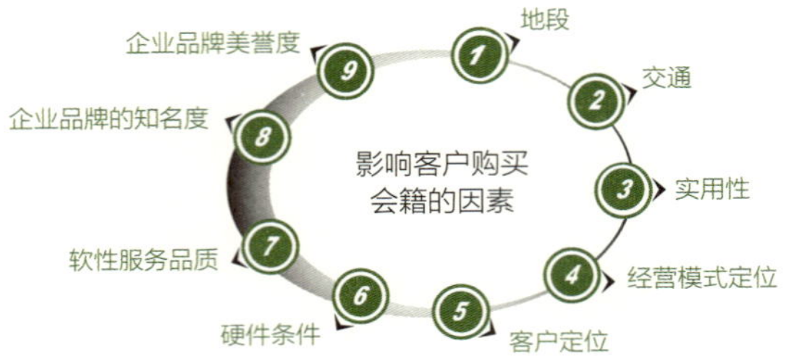

图 6-37　影响客户购买会籍的因素

球友的这个心理价位，俱乐部除非有了质的改变，比如硬件设施改善、举办大型赛事、引进优秀职业管理团队等，一般难以扭转。

04 俱乐部会籍价值成因各不相同

如果对上海及其周边地区的三个知名俱乐部会籍价值及成因做对比，不难看出，不同的俱乐部会籍价值的大小和成因是各不相同的，很多在起步中的俱乐部可以借鉴，但不适合直接模仿。

（1）上海“佘山国际”俱乐部

上海“佘山国际”是中国私人俱乐部经营定位的代表，同位于华东的另一俱乐部也采取了同样的经营模式，但前者会籍价格是后者的 3 倍，上海“佘山国际”会籍现在还有少量高质量客户在托关系购买它的一手会籍，而后者的会籍则出现滞销。两相对比，我们发现主要问题在于，一是前者的地段好，位于上海近郊；二是项目综合品质高，客户群体的定位更高，三是前者连续多届汇丰杯冠军赛铸就的企业品牌在发挥巨大的光环作用。这三点，另一家俱乐部无法与之相比。

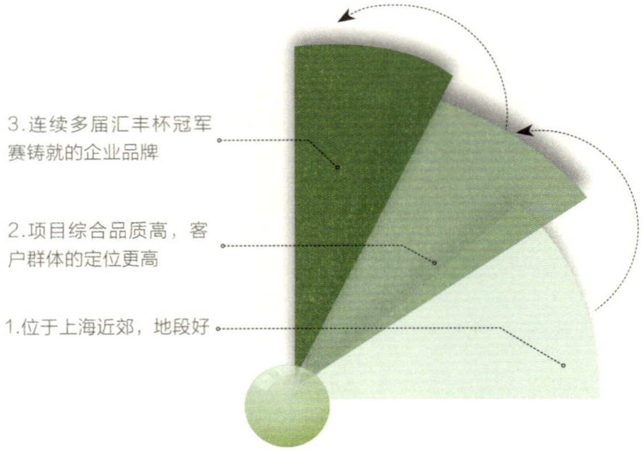

图 6-38　上海“佘山国际”会籍热销的原因

（2）上海另一知名高尔夫俱乐部

上海市内另一家知名俱乐部同样位于市区近郊，并且地段和交通便利性不逊于“佘山国际”，已连续三年举办大型职业男子比赛。这家球场是 36 洞，其中一个 18 洞球场是 2011 年花费巨资新改造的会员专场，但会籍的实际价格与“佘山国际”相差也较大。

主要问题在于，这家俱乐部对会籍价值的酝酿失策，在过往经营中比较多地追求营业指标和客流量，承接了较多的中介客户、访客和小型商业活动、团队赛事。追求客流的结果是客流旺盛、多种营业价格盛行，尽管前期会籍销售量较大，但会籍价值未能更高。现在，这家俱乐部连续举办大赛，会籍却接近售罄，回报有限。

几届赛事将这个俱乐部的知名度进一步拔高，但项目前期给高端客户形成的高端性、私密性不够的阴影仍难消除，与“佘山国际”相比，它的主流客群层次较低，即使连续办各种大赛，却仍面临无会籍可卖的情况，最重要的一点影响是，举办的大赛对房产项目销售的促进作用也不够明显。

通过比较，我们知道，项目给客户的感觉是否真正高端、实用，经营上是否有品质和品位，是否做了清晰的市场定位及坚持，是否兼顾了知名度、美誉度和满意度，这些都决定了会籍价值是否被市场认可。

四 如何保证高尔夫会籍价值的不断上升

前述高尔夫会籍价值的构成因素和定价依据，大部分内容也是高尔夫地产项目的价值构成因素。一个球场的会籍价值受到市场真正的认可，其地产产品也会受到市场追捧，会籍价值与房产价值会相互影响、相互拖累。

01 球场客流与会籍价值反相关，定位高端的球场要控制客流

站在球友的角度上考虑，既希望自己的“主场”有一定人气和知名度，这表明自己的选择不错，却也不希望球场人流太旺，以便打球过程堵塞难受，无法体验会员的尊贵性和会籍价值。

（1）保证会员权益和会籍价值不受冲击

众多中低端俱乐部不太可能公布自己的会员招募数量，迫于经营压力的球场俱乐部需要追求客流增长。但这种追求如何保证会员权益和会籍价值不受冲击，需要企业有清晰的认知，需要平衡短期利益与长期利益的关系。

（2）致力于增加高尔夫打球消费之外的其他收益

在会籍推广销售阶段，为了酝酿较高的会籍价值，不只关注打球人数，经验丰富的经营者会适当控制客流而非片面追求销售对打球消费做促销。配套设施较多的俱乐部或高尔夫度假村，更应当追求单人消费额增长这一指标，以提高来宾的餐饮费、酒店入住率、会议室及会所利用率，增加高尔夫打球消费之外的其他收益，利用各种经营资源的产品组合和提高服务满意度——重复消费，提升经营效益。

02 做房产营销要顾及球场经营

房产营销与会籍营销二者经常会发生销售矛盾。出于地产项目营销推广的需要，开发商希望球场有较大的客流，这些客流是高尔夫地产项目的高质量潜在客户，扩大客户基数益于地产营销。球场增加客流可以为地产项目带来宝贵的客流，并且球友们口碑相传，是项目传播的有效手段，带来现实的收益。这正是高尔夫球场对于地产项目的存在意义之一。但这要求项目的高层决策者充分了解内在关系，分析利弊、得失，掌握长期经营定位的坚守与过程中的妥协、变通的技巧。

03 买房送会籍的策略要区别使用

一些高尔夫地产项目，喜欢采取买房送会籍的促销方式，其利弊本书相关章节论述过。

（1）促销策略要区别使用

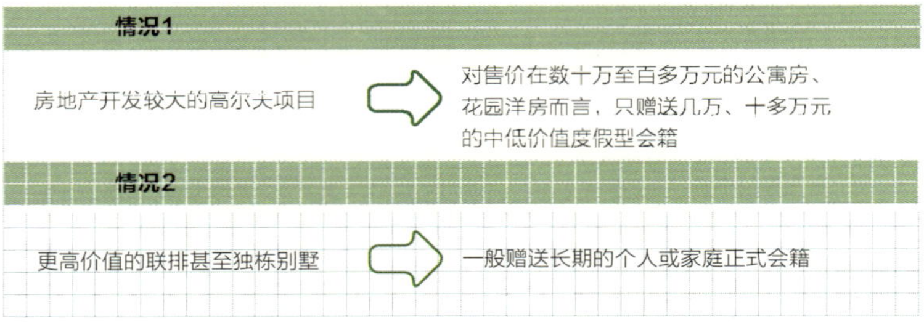
情况1
房地产开发较大的高尔夫项目
对售价在数十万至百多万元的公寓房、花园洋房而言，只赠送几万、十多万元的中低价值度假型会籍
情况2
更高价值的联排甚至独栋别墅
一般赠送长期的个人或家庭正式会籍

图 6-39　买房送会籍需的策略如何区别使用

第一种，房产量开发较大的高尔夫项目。

对于售价在数十万至百多万元的公寓房、花园洋房而言，最好只赠送几万、十多万元的中低价值度假型会籍；

第二种，更高价值的联排甚至独栋别墅。

赠送的会籍价值则更高一些，一般赠送长期的个人或家庭正式会籍。

另外，做营销的一定要明白，这种简单的产品搭配赠送的方式，并不能起到更好的促销作月。

（2）拉动会籍虚高的做法要谨慎使用

高尔夫地产开发商以赠送会籍的方式促销地产项目销售能达到的效果非常有限。高尔夫地产项目是否赠送会籍，赠送什么样的会籍，赠送的会籍设置怎样的权益，需要根据不同的项目及其不同阶段区别对待。

高尔夫地产项目，为了让赠送的会籍有价值，往往采取盲目拉高会籍价格的方式，造成会籍价值虚高。这样的方式只会被买房的球友们接受，他们虽然觉得不值标价那么多，但免费赠送的就无所谓，能享受打球权益还是赚了。对更多不买房的球友们却不会认可和接受虚高的会籍，他们的不满意见会形成负面的市场口碑。球友中买房的人数只占地产成交客户的小部分，大多数购房者未必一定是球友，但他们会向打球的朋友们了解房产口碑信息，了解会籍的实际价格区间以及会籍是否有价值。

赠送的会籍虽然标价几十万，但对不打球的业主没有实际用处，无法体现其价值，每年要缴纳的会籍年费也是一种负担，如果在转让时还设有各种限制，就更不方便他们卖出会籍兑现价值。

还有一部分完全不打球的业主，完全不懂高尔夫会籍价值的客户，他们认为地产附赠的会籍没什么用，不如将包含在房价中的会籍价值扣减掉，更优惠实在，有的甚至认为是地产项目本身价值不够，才会赠送标价几十万的会籍为地产贴金，变相提高了房价，这些都是对地产项目价值和形象的伤害。

04 打好高尔夫生活方式的健康、养生度假牌

根据《胡润 2013 财富报告》显示，中国富豪群体现在第一关心是健康和亚健康问题。在这份报告中显示，37% 的富豪认为自己运动不够，25% 的富豪认为自己健康状况不理想，70% 的富豪偏好旅游，但仅有 30% 左右的富豪喜爱打高尔夫球。

高尔夫项目主打高尔夫生活方式的健康运动牌、休闲养生度假牌、家庭亲情牌，通过推介高尔夫生活方式及内涵，让更多不打高尔夫的精英群体喜爱上这一运动，提前布局养老生活，并将高尔夫球家庭（亲子）教育项目列入家庭计划，中国富豪群体仍有 64% 的人将地产投资作为首选投资方向，他们中 50% 以上的人群拥有超过 400 万元的房产。让富豪家庭接受地段稍偏的高尔夫地产项目才是高尔夫地产营销的方向。

05 内地高尔夫项目，尤其要重视球市培育

对于内地二、三线甚至三、四线城市，当地的高尔夫球友数量有限，缺乏高尔夫氛围。做这类项目的开发商要有市场培育的意识和准备。

（1）有房产销售的高尔夫项目更要重视高尔夫市场培育

有房产销售的高尔夫项目，特别需要培育当地高尔夫市场，发挥练习场的作用，让更多目标消费者喜爱和接受高尔夫生活方式，先将他们培养成练习场的主力客户，再转化成大球场的会员和房产业主。

（2）实力雄厚的高尔夫地产开发商可以经营一座练习场

实力雄厚的高尔夫地产开发商如果有条件，可以考虑在中心城区经营一座练习场，或者与其他练习场建立战略合作关系，以城区练习场及配套设施作为项目在市区的窗口或城市俱乐部，完善项目的造血、输血功能。

中心城区的练习场或城市俱乐部，经营可以更灵活，开发商具有正规大球场（俱乐部）的经验和管理能力，能够保证服务档次和水平，为大项目输送高质量“新鲜血液”。球场内的练习场球应重视经营多做市场推广，以免费的练习券等形式让更多精英人士了解和熟悉高尔夫生活方式的价值和文化，以扩大练习场球卡销售“锁定”客流。

笔者了解到，内地某高尔夫项目推出一种练习场会员卡，主要权益是5年每天一小时免费练球，并提供大球场每年两个假日、5个平日会员待遇以及国内众多联盟球场每年7天会员加价100元击球待遇。这种球卡大受欢迎，起到了良好的蓄客、培育市场的作用，而且满足了会员度假出行要求。这一产品推售成功后，被开发商用于赠送地产业主，取代了原赠送的较高价值会籍产品。

06 高尔夫度假村项目多权益组合，扩大客群

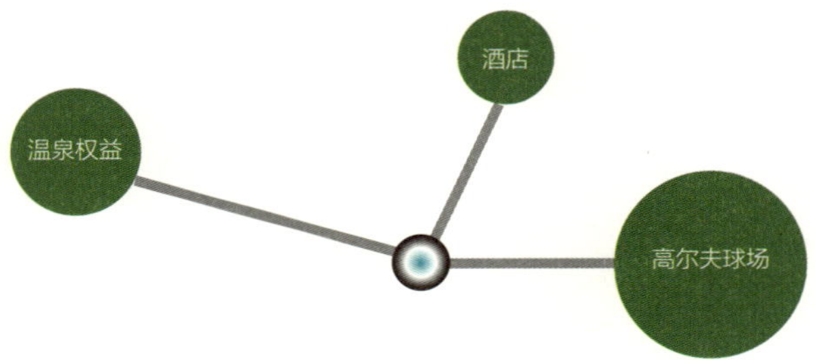

图6-40　高尔夫度假村项目配套经营的捆绑方式

有的高尔夫度假村项目，推出高尔夫球场与酒店、温泉权益三者相捆绑的会籍产品，充分发挥项目配套经营的价值，既提升会籍价值，又为其他经营项目锁定客源，提高经营收入，还能为地产项目“供血”，一箭三雕。

图 6-41　项目配套捆绑经营的作用

欠发达地区的高尔夫项目应当充分发挥练习场、酒店等营业资源的蓄客作用，放水养鱼，以阶段性低廉的价格和丰富的形式，让更多有消费能力的人士接受和喜爱上高尔夫这种高尚、健康的生活方式，让不摸杆的目标客户爱上这项运动，让摸杆球友们中上高尔夫“绿色鸦片”的毒，产生球瘾。

如此，高尔夫俱乐部的会籍及房产更畅销。

除上述外，本书所列的各类借助高尔夫球场、会所举办或联合高端品牌机构共同操办各类营销推广、品牌文化活动，也能充分发挥高尔夫经营资源为地产项目服务的作用。

五　会籍产品及会员权益设置

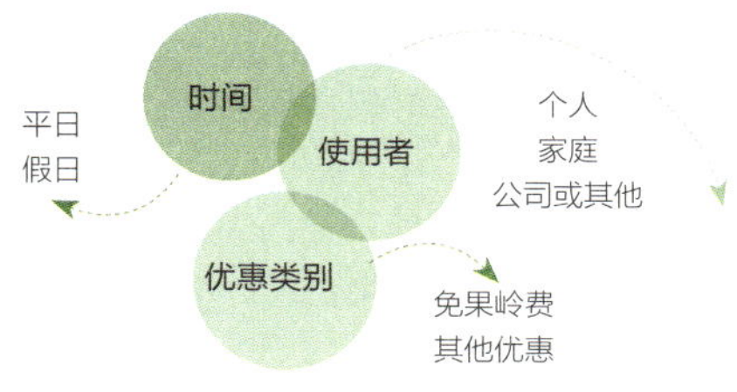

图 6-42　高尔夫会籍

所谓高尔夫会籍，是指球场发展商向球友出售的打球、使用设施和享受优惠服务的权益，它有时间（平日、假日）、使用者（个人、家庭、公司或其他）、优惠类别（免果岭费或其他优惠）等多方面的差别。

需要强调的是，有的球场可以给予会员餐饮、专卖店、酒店住宿等其他消费方面的优惠，但因涉及长期经营问题，最好不直接写入会员权益说明书或会籍合约书，而是以通知、公告信函的方式说明，以便于调整，避免将来想调整会员权益时因白纸黑字有约在先而造成被动局面。

01 高尔夫会籍产品设计

一个高尔夫俱乐部的会籍产品应与市场定位相符，并应利于球场长期经营。它与保险公司销售的保险产品相类似，都是在若干年限以内、对特定对象提供服务、享受约定权益、待遇的承诺。与保险公司不同的是，保险公司是以其资产作信誉担保，消费者权益受国家法律的严格保护，而会员权益更多需要依赖球场业主及其聘请经营团队创造的企业信誉。

会籍产品分为个人产品、公司产品，长期产品、短期产品，限定使用权的产品和不限定使用权的产品（前文所述不记名会员）等。

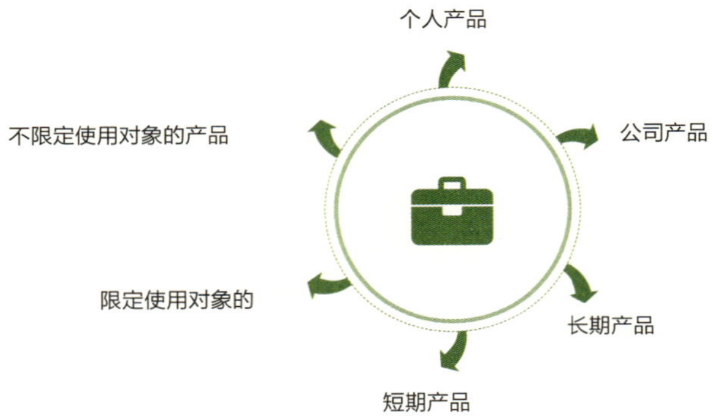

图 6-43　高尔夫会籍产品分类

其中，严格地说，短期卡、储值消费卡等不属于真正意义上的会籍，而只是提前一次性付款而获得了特别的优惠待遇。

02 会籍产品销售文件

下面以某俱乐部的一款会籍产品一整套销售文件为模板，来说明设计会籍产品应注意的问题。

高尔夫管理工具箱

⑩ 高尔夫会籍产品销售文件

（1）×× 全会籍类别及权益

个人会籍：

凡年满 18 周岁以上人士皆可申请成为个人会员，会员合法配偶及一名 5 ～ 18 周岁未婚子女均可申请成为附属会员，须根据 ×× 全会籍之条款及《会员章程》之规定，使用本俱乐部 18 洞球场及其配套设施。

公司会籍：

凡按所在注册国家的法规条例合法注册成立的公司或团体、法人单位，皆可以公司名义申请成为公司会籍。公司会籍按其申请买卖会籍时约定的提名人数，于申请加入本俱乐部即指定相应数量的提名人，该提名人与个人会员享有同等权益。

被提名之人士必须为该公司的董事、干事、股东或雇员。被提名人士的合法配偶及 5 ～ 18 周岁未婚子女可申请成为附属会员，须根据 ×× 全会籍之条款及《会员章程》之规定，使用本俱乐部设施。

会籍转让

经本俱乐部批核及同意，×× 全会籍在加入本俱乐部 × 年后可申请转让，转让费为转让时本俱乐部相应会籍定价的 ×%。本俱乐部将酌情批准或谢绝转让申请。凡公司有收购、合并、接管、更让、自动清盘或涉及大部分股权的注册或真正受益人的股东变动均被视为会籍的转让。

公司会籍代表（提名人）更名

经本俱乐部批核及同意，公司会籍在加入本俱乐部后可申请更换提名人。新提名人必须为该公司的股东、董事或雇员。办理公司会籍更名应缴付本俱乐部规定之更名费。

会籍审核

所有加入本俱乐部的申请、会籍转让或公司会籍提名人变更，需经本俱乐部审核及同意，本俱乐部保留批准或谢绝相应申请之权利。

年费

年费又称球场管理费，个人会员、公司会员均须每年缴付。每年度一次性付清，所有会员必须在每年 × 月 × 日前足额缴纳当年度的球场管理费。逾期未付者本俱乐部将按每日 0.5% 的标准征收滞纳金。本俱乐部保留调整年费及年费滞纳金的权利。

其他权益

×× 全会籍的使用年限与本俱乐部球场的土地使用年限同期，本俱乐部高尔夫球场土地使用年限从 × 年

× 月份始，为期 × 年。

权益之修改、解释

本俱乐部保留对上述内容的解释权，及保留对上述内容及权益范围做修改、调整之权利，且无须预先通知。

本类别及权益以中文和英文书写，如上述两种文本有不符或矛盾之处，以中文版本为准。任何有关此 ×× 全会籍权益的解释及意义理解，与本俱乐部有关事项之规定产生了争议及分歧，应由本俱乐部独立决定，本俱乐部决定将为最终决定，会员应给予理解、支持并遵守。

说明：本文件一式两份。

本人 / 本公司同意并接受上述《×× 全会籍类别及权益》

个人 / 公司授权代表签署：

公司名称（及印章）：

签署日期：

××× 高尔夫俱乐部有限公司

授权人签署：　　　　签署日期：

（2）××× 高尔夫俱乐部会籍合约书

甲　　　方：　××× 高尔夫俱乐部有限公司

公 司 地 址：　×××

乙　　　方：

乙方（个人或公司）地址：

经甲乙双方同意，××× 高尔夫俱乐部会籍按以下约定签发：

1. 经过甲方俱乐部之会籍审核程序对会员资格确认与批准，乙方正式成为 ××× 高尔夫俱乐部会员，有权享用 ××× 高尔夫俱乐部给予相应会员规定的相应设施。

2. 乙方已确认并同意遵守甲方所颁行之各项管理章程，并视为本合约的一部分。

3. 乙方已明确和认同不因其拥有甲方俱乐部的会籍，而对甲方的资产拥有任何形式的所有权。（对于中国高尔夫而言，这一点明确约定非常重要！）

4. 会籍费：

会籍名称、品种：

金额：　　　　　　　　人民币

5. 支付方式：按《会籍申请表》之约定。

说明：购买 ××× 地产项目 ××× 时，所附含的会籍无须另行缴款。

注：这是指买房附送会籍。

6. 本合约书依照中华人民共和国法律而定，一式两份，甲乙双方各执一份。

7. 以上条款自甲乙双方签署之日起正式生效，如有翻译文件以中文版本为准。

8. 本合约书的附件具备与本合约书同等法律效力。

（下为甲方乙方等格式内容，略）

（3）××× 高尔夫俱乐部会籍条款

根据 ××× 高尔夫俱乐部《会员章程》及会籍管理规定，特约定如下：

1. 会员须根据所拥有会籍产品之类别及权益所规定之内容使用本俱乐部设施。

2. 会员须遵守本俱乐部颁布之《会员章程》及各项管理规章。

3. 高尔夫俱乐部设施使用条件：

3.1 果岭费

本俱乐部之会员平日、假日及公众假期打球均免果岭费，并可携带嘉宾入场。嘉宾须由主卡及配偶卡持有人陪同打球，子女卡不可带嘉宾。嘉宾人数须符合本俱乐部之规定，最多不超过 3 名，并按本俱乐部规定之嘉宾待遇缴付相应费用。

3.2 订场

开球时间需提前预订，并遵守本俱乐部之订场规则。采用先订先得的办法，向隅之会员不得异议。

4. 会员享用本俱乐部设施时，必须出示会员证。

5. 会员应及时缴付一切应付予本俱乐部之款项，包括会籍费、球场管理（年费）及其他费用；会员若不能按时缴清应付款项，本俱乐部有权暂停或终止其会籍权益，并保留追讨所有欠款及相关损失之权利。

6. 本俱乐部之会员可申请升级为同型之高级别会员，但须缴付届时本俱乐部规定之会籍费差额。

7. 除特别规定外，本俱乐部之会员可依据所持有会籍的权益规定申请转让，本俱乐部保留最终审批权力。

8. 本俱乐部保留修改、增加或删除某种会籍的权益内容之权利。

（下为甲方乙方等格式内容，略）

（4）××× 全会籍价目表

××全会籍价目表

会籍类别	个人会籍	公司会籍 1 提名	公司会籍 2 提名	公司会籍 3 提名	公司会籍 4 提名及以上，每增加 1 提名
价格（RMB）	//	//	//	//	//

管理费和银行资料：

1. 球场管理费：个人会籍 × 元 / 月，公司会籍 × 元 / 提名人，每年预缴一次。×× 会籍免第一年管理费。

2. 会籍费可以现金、支票或转账、电汇形式付款，具体情况略。

（5）会籍申请表

会籍申请表

<table>
<tr><td rowspan="3">会籍品种</td><td>× × 会籍</td><td rowspan="4">会籍申请人照片</td><td rowspan="4">会籍申请人
家属照片 1</td><td rowspan="4">会籍申请人
家属照片 2</td></tr>
<tr><td>× × 会籍</td></tr>
<tr><td>× × 会籍</td></tr>
<tr><td colspan="2">本人 / 本公司所申请会籍：</td></tr>
</table>

<table>
<tr><th colspan="4">申请人资料</th></tr>
<tr><td>中文姓名</td><td></td><td>英文姓名</td><td></td></tr>
<tr><td>出生日期</td><td></td><td>国　籍</td><td></td></tr>
<tr><td>身份证或护照号码</td><td colspan="3"></td></tr>
<tr><td>婚姻状况</td><td>已　　未</td><td>结婚纪念日</td><td></td></tr>
<tr><td>申请人签名</td><td></td><td>日期</td><td></td></tr>
<tr><th colspan="4">配偶资料</th></tr>
<tr><td>中文姓名</td><td></td><td>英文姓名</td><td></td></tr>
<tr><td>出生日期</td><td></td><td>国　籍</td><td></td></tr>
<tr><td>身份证或护照号码</td><td colspan="3"></td></tr>
<tr><th colspan="4">5～18 岁子女资料</th></tr>
<tr><td>中文姓名</td><td></td><td>英文姓名</td><td></td></tr>
<tr><td>出生日期</td><td></td><td>出生地点</td><td></td></tr>
</table>

续表

联络资料			
个人会籍联系地址			
公司会籍办公地址			
座机电话		传真	
联系人手机		邮编	
电子邮箱		MSN	
以下为公司会籍资料			
公司名称		注册地址	
注册号		开户银行	
银行账号		开户银行地址	
公司会籍申请人签名		法人代表签名及公司盖章	
以下由俱乐部填写			
入会日期		会员编号	
会籍类别		入会费	
档案编号		付款方式	
会员部负责人		俱乐部董事会	
需提交的资料：			
1. 入会申请人身份证 / 护照复印件一份。			
2. 入会申请人及附属会员的近期彩色照片各三张（两寸）。			
3. 公司会籍申请者所在公司营业执照复印件、税务登记证复印件、法人代码证复印件各一张。			
4. 附属会员的身份证明文件复印件各一张（结婚证、子女出生证件或户口复印件，户口本要求申请人、配偶及子女在同一本户口本上，或出具会员户籍所在地社区、派出所证明）。			

会籍销售文件大致包括下述六项内容，另还应有《会员章程》一本。

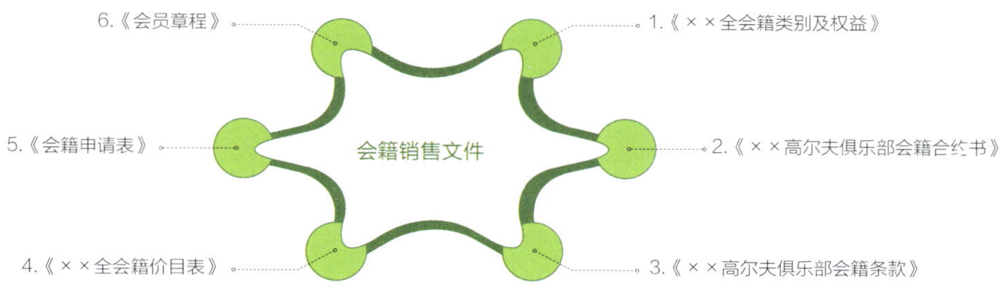

图 6-44　会籍销售文件

《营业价目表》因与会员权益直接相关，也列为重要文件，但它无须客户签署，因为各俱乐部均有权视行业和当地的球市发展、自身经营定位对营业收费价格作相应调整。

《会籍申请表》也是通行格式，依据会员所购买的会籍品种不同而要求填写相应的内容，而且客户填写的内容越详细越好，以使俱乐部在营运接待和将来的会员服务过程中，提供更优质的服务。

《会籍价目表》需要单独印刷，每个不同的会籍品种，甚至同一会籍的不同销售时期价格亦不相同。因此，《会籍价目表》是变化最大的文件，而且无须双方签署。

这些会籍销售文件，许多俱乐部都差不多，大同小异，也有的球场表述得比较含糊，以利保护自身，甚至于忽悠会员。

03 会籍产品专业术语解释

会籍产品的专业术语，这里来做个详细说明。

（1）全会籍

指家庭概念的会籍，也称正会籍。按中国婚姻法和计划生育政策，一个家庭包括夫妇两人和一个孩子，因此全会籍包括一名主卡人（一般是男士）和一名合法配偶（一般是女士）及一名子女。

与全会籍相对应的是纯个人会籍，这种会籍不设配偶和子女附属卡。

（2）球洞数

在会籍权益约定中，球洞数是非常重要的内容。

如果只是 18 洞且无远期加建的计划，会籍的球洞数当然没有变化。但如若是 36 洞或计划建设 36 洞，则可以分为 A、B 两个场，对会籍权益进行约定，在球场 36 洞建成时可以将原出售的 18 洞会籍升级为新品种，也可以设定某会籍只能打 A 场，不能打 B 场等，玩出权益花样。

（3）个人会籍

这与公司会籍相对应，指会籍的所有权人为个人而非公司、团体。个人会籍一般都是记名人，即限定某一固定人士使用，享受相应权益。

（4）公司会籍

指会籍的所有权人为公司

本书中所列的会籍产品既可以个人购买，也可公司购买，即同一个会籍类型既有个人会籍，也有公司会籍品种。

也有的俱乐部单独设立纯“公司会籍”产品，譬如“1+2”或“1+3”会籍，其主要特点是1位记名人加2或3位提名人，或不记名人。

提名人会籍

所谓提名人，是指由会籍拥有者提名某某人在一定时期内使用，且提名人每隔一定年限（一年或两年、三年不等，由俱乐部约定，一般为一年）可以更换，只需缴纳提名人更换费用即可。对于企业来说，可以满足在企业管理人员更替时，会籍使用不受影响。因有了提名人可以更换的便利，即使是同一提名人的公司会籍也会比同品种的个人会籍售价高，一般高出约1万～2万元。

不记名会籍

不记名会籍是指不限定某一固定人士使用的会籍，如果不作任何要求的话，则任何人士持不记名会员卡就可享受会员待遇了。这种会籍是纯招待类型的，能够满足招待其他球友（尤其是外地）比较多的个人或公司的需要，尤以中大型企业居多。

（5）公司会籍提名人

又称公司代表人，至于他们的配偶、子女是否拥有附属会员待遇，各俱乐部的规定各不相同。

公司会籍记名人卡管理

如若公司会籍含有一个记名人（主卡人），则可含有附属卡，如若均是提名人，则不给予提名人附属卡也影响不大，毕竟这些提名人每隔一定年限会作更换，避免会籍管理、会员卡制作、发放和回收的麻烦。如若俱乐部从扩大运营收入和方便提名会员携带嘉宾的角度考虑，给予提名人附属卡则更好。

公司会籍提名人的数量

理论上说，公司会籍的提名人数量没有限制，但以笔者从事高尔夫营销多年的实践，公司会籍的购买者并不会考虑太多的提名人。因为，金融、银行、上市公司等大型企事业单位里虽然打球的高管较多，但受高尔夫政策的影响，打高尔夫球只是个人的事，不会公款消费，否则会被指“腐败”，因此，不会购买多提名的公司会籍。

事实上，公司会籍往往会被民营企业主购买，但他们不会需要多个提名人，往往董事长、总经理一至两名核心人员作提名人就够了。在广东，有些打球氛围深厚的台企、港企也有可能买多个提名人的公司会籍，作为给予到内地工作的高管团队的奖励。

会籍价格影响

在价格上，提名人越多优惠额度越大，有的俱乐部两提名的每名提名人价格比一提名优惠 80%，三提名比两提名再优惠 80%。优惠额度由俱乐部的会籍销售策略决定，无一定之规。

提名人更名费

提名人的更名费由各俱乐部根据当地市场情况决定，5000、8000 或 10000 元 / 人次，也可规定为该会籍届时会籍牌价的 2% ～ 3% 等，亦无一定之规，甚至可以免收若干年度的更名费。

（6）会籍转让及其转让费

一般球场在销售会籍初期（未开业的创始期至开年两三年内）所销售的会籍，均要求若干年内不得转让，以免扰乱正常会籍销售市场。至于转让费，行业内为会籍价格的 10% ～ 15%，视会籍二手市场的紧俏程度掌握。有的俱乐部在会籍销售文件中不作规定，保留今后调整的权利。在纯私人俱乐部尤其是欧美私人俱乐部，转让会籍也存在审核的环节，如若会籍转让的受让人不符合俱乐部的审核标准，可以不予批准。

（7）会籍年费或月费

此项收费可以解释为球场维护管理费，这是球场维持正常运作和养护品质的重要收入，与居民区的物业管理费相同，只是收取方式有年度或月度收费的区别。对于会员来场量不勤的球场，一般每年一次性收取，免去每月向会员催收的麻烦。在美国，入会费并不高，但年费较高，这既有投资商理念的不同，也有市场环境的因素。

（8）创始会籍与免年费

许多球场在球场未开业或营业前期急于回收一部分投资，推出创始会籍，创始会籍与前述全会籍或纯个人会籍没有太大的不同，主要卖点在于价格较低、权益较多，并附赠终身免年费等优惠。

另外，新球场的创始会籍数量也一定要控制，许多俱乐部控制在一百名之内。一座新球场在开业初期，一般需要一定的基础会员量，满足开门营业的客流要求，因此需视当地球市情况，采取相应的创始会籍销售政策。

（9）买房送会籍

这种营销方式在国内很盛行，有利有弊，与项目整体定位相关。

（10）会籍年限

会籍的使用年限是会籍权益的重要组成部分，也是高尔夫球场推出各类短期会籍品种的变化所在。前文述及，一个纯会员俱乐部或定位高端的俱乐部，是否推出短期会籍产品态度要慎重。毕竟纯会员俱乐部的市场容量有限，而且需要许多硬性条件。因此，短期会籍在许多半开放俱乐部很正常，尤其是球市不发达的中西部内地。在高尔夫市场需要培养的地方，先推短期会籍，降低会籍价格，吸引球友消费，先生存后发展，待条件成熟时再将短期会籍升级使用年限，也未必不是一个办法。

（11）果岭费

是否收取果岭费，是会员与非会员的最显著差别。

六 球场如何处理好会员与地产业主的关系

球场建成后，对于经营者来说，既要注重开拓新会员市场，又要提高营业收入，与高尔夫资源结合丰富的社区活动，抓牢社区内的业主是非常可行的办法，他们是最便利和最有消费能力的客源。

01 向业主赠送会籍要谨慎

许多高尔夫地产项目向业主赠送球场的正式长期会籍，这种做法有利有弊。利在让业主免费获得会籍，享受球场资源，是较大的优惠；

弊在业主中打球的毕竟不多，非球友业主认识不到会籍价值，会籍价值与别墅等房产价值相比不是相同等量级别。部分业主会认为免费赠送的东西不值钱，一方面会再向开发商索要更多会籍名额给配偶、子女甚至其他亲戚，另一方面又会考虑抛售会籍，通过变现获得收益，这些都对球场的正常会籍市场形成冲击。

球场对此的应对策略是，对业主会籍设置转让年限，规定一定期限内不得转让，或者规定业主与会籍必须为同一个人，会籍必须随同房产一起转让。但这样的规定也有不合理之处，业主会认为此行为是球场故意刁难，影响他们的投资回报，引发业主抗拒。在不影响正常会籍销售和转让的条件下，有些开发商给予地产业主较大优惠购买权力或者制定独特的会籍赠送产品，例如，限制假日使用次数等，既让业主得到实惠，对球场未来营业资源不形成较大冲击和影响。

02 球场针对不同业主会籍销售管理策略

（1）非球友型业主

球场的非球友业主可以为球场带来新客户。有些球场考虑到部分业主下场打球的频次不高，或购买的是低总价的公寓、洋房等产品，赠送给这类业主的只能是限次数的度假类型会籍。

（2）会员型业主

如果地产业主同时也是球场的会员，对于球场而言，这类客户更加尊贵，需要优待。

（3）业主家庭成员

如果业主不是球场的会员，却购买了小区物业，或者业主的家庭成员及来宾免不了会出现在球场和会所，体验一次高尔夫球，打打练习，或者下场打球，或者在会所有餐饮、洗浴等消费，这种关系球场不太好处理。需要把握一个原则是，这类业主即使不是会员，也是球场尊贵的客人，他们有足够的消费能力，可以为球场带来新客户，通过体验高尔夫生活方式，能够转化成为会员或新的业主。对这样的客人，球场要制订出相应的接待流程，给予价格优惠和热情款待，以提升他们的消费次数。

03 为非会员业主建立专门的服务方式

对于非会员业主及宾朋，球场应欢迎并为他们确定某种身份，球市不太旺的球场，可以给予他们会员嘉宾待遇，市场空间还比较大的球场，可以临时为他们订制介于会员与嘉宾之间的一种身份和待遇，诱使他们消费和转化成正式会员。并且，对这样的客户要作多次的服务体验引导，注重高尔夫文化宣讲，以使他们尊重球场规则和礼仪，不影响运营。较大型的高尔夫地产项目，会单独为业主建立会所，提供餐饮、休闲等服务。

球场还可以与业主会所经营者及物业管理公司联合，共同举办多类型的活动吸引业主参加。针对性举办主题活动，例如面向孩子的青少年高尔夫夏令营、青少年跑步俱乐部、电玩俱乐部等，面向老年人的高尔夫练习及健身、养生等系列课程；面向家庭主妇的瑜伽、塑身、水疗 SPA、美容等，面向家庭男主人的投资理财、企业管理讲座等。

05

SECTION FIVE

第五节

高尔夫球场管理工具箱

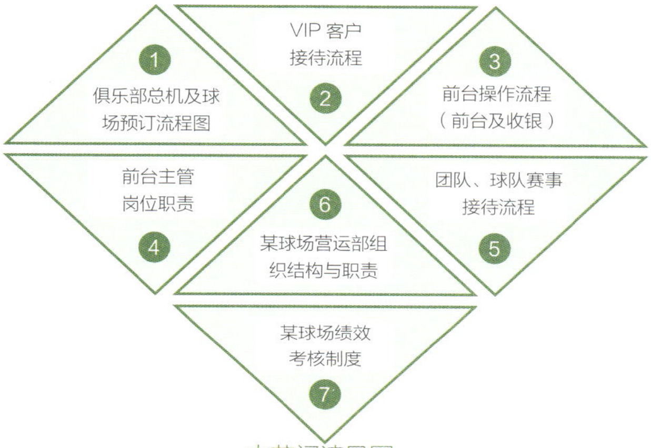

本节阅读导图

图：上海雅居乐滨海高尔夫

正如世界上没有同样的高尔夫球场和树叶一样，高尔夫球场的运营管理也有较多的差异性，有其独有的特点。这种管理是由球场的投资者和历任管理人员，尤其是总经理的个人经营管理水平高低及习惯、方式、特点所决定的，也因球场经营定位、运营方式和部门架构设置及其授权责任范围的不同而产生了差异，但总体而言高尔夫球场管理大同小异。

对球场经营管理班子而言，经营管理上复杂程度最高的项目类型是高尔夫度假村，它的服务项目多、接待流程长和产品类型复杂，要求管理者具备的专业知识和管理智慧更高；管理相对简单的是单纯公众球场，它的管理核心是做好球场日常运营接待和草坪管理、预算管理，而在市场尤其是会籍市场营销方面的工作压力没那么大，工作量也相对较小。

高尔夫球场硬件很重要，它决定球场的品质和档次，但是，好的球场经营管理者可以让硬件品质不太高的球场，仍能赢得客户尊重与良好口碑，照样获得良好的经营效益，达到所谓“先天不足后天补”的效果。做好俱乐部的文化建设、组织构架与职责分配、员工配置与员工素质培训及发展、绩效管理、奖励机制与员工认同这五大基本管理工作，也可以让球场经营和品质更上一层楼，弥补硬件的不足。

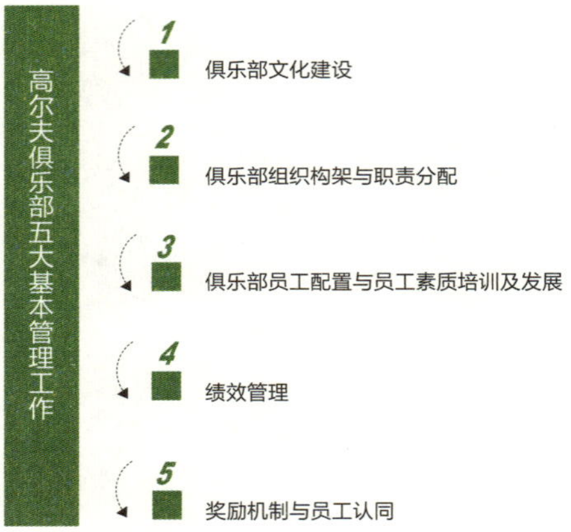

高尔夫俱乐部五大基本管理工作
1
俱乐部文化建设
2
俱乐部组织构架与职责分配
3
俱乐部员工配置与员工素质培训及发展
4
绩效管理
5
奖励机制与员工认同

图 6-45　高尔夫俱乐部五大基本管理工作

本节选录某高尔夫球场的一些重要的工具箱，包括工作表格、服务流程图、规章制度、绩效管理方式、赛事准备注意事项等内容，谨供参考。

一 俱乐部总机及球场预订流程图

高尔夫管理工具箱 十一 俱乐部总机及球场预订

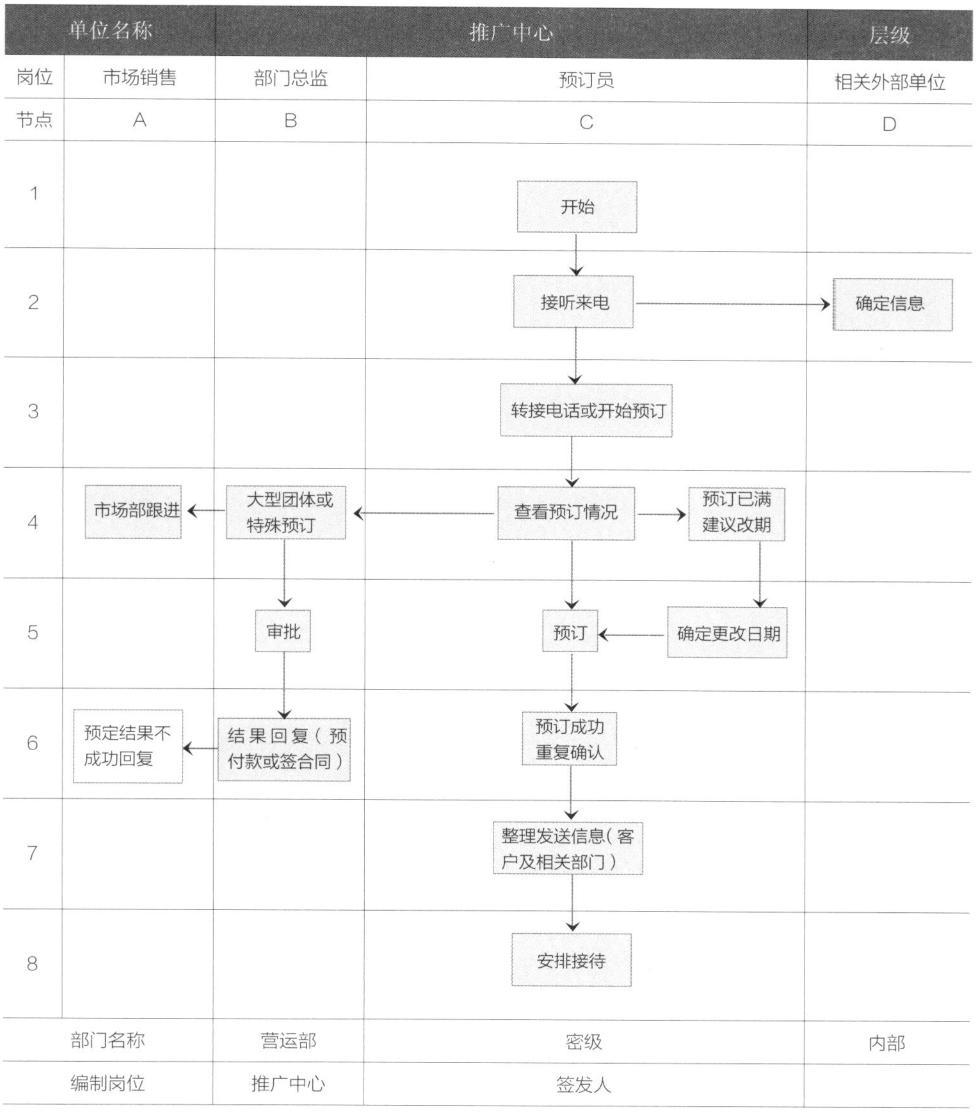

二 VIP客户接待流程

俱乐部接到接待通知后，要与相应人员确认接待级别及接待方式（来场参观、打球、用餐），大型重要接待是否需要场地布置（如布置鲜花、铺红色地毯等），接待重要贵宾，俱乐部总经理或副总经理级别人员需参与接待。

1. 保安部

（1）接到贵宾接待通知，需要确认接待级别、来场日期及时间（最好提供车牌号码以便确认）；

（2）重要接待需各个主要岗位安排保安人员做现场车辆的导引：停车场、售楼处、球会会所等；

（3）检查门岗卫生并做清洁，要求当值每位保安人员必须着工装，做到衣装整洁（重要接待需佩戴白色手套）；

（4）使用统一规范的指挥手势动作；

（5）客人到场门卫保安人员要及时通知相关部门。

2. 玄关

（1）接到贵宾接待通知，需要确认来场日期、人数、参观及是否打球等相关信息；

（2）重要接待需要安排皇家卫士、球童在会所迎接，并铺上红色地毯；

（3）玄关接待人员需着统一工装，并做到衣装整洁，女生需化淡妆；

（4）使用统一招呼用语及标准的引导动作；

（5）向客人礼毕后请客人开启后备箱，将球包、衣物包卸下，并通报相关部门。

3. 前台

（1）接到贵宾接待通知，需要确认接待来场人数、来场日期、参观或是否打球等相关信息；

（2）确认有贵宾下场打球、要与接待贵宾负责人确认下场人数、姓名、开球时间、客人结账方式等；

（3）提前制作消费卡，注意更衣柜区域安排（确认是否有女士）；

（4）使用统一招呼用语、面带微笑迎接客人；

（5）接待人员要全程跟进客人下一步动向，并及时通报相关部门。

4. 餐厅

（1）接到贵宾接待通知，需要确认用餐人数、日期、菜系及用餐标准；

（2）与接待负责人确认菜色：中式、西式、饮用酒水及饮料等；

（3）根据用餐菜系布置桌面摆台，安排充足服务人员，保证服务质量；

（4）客人到来前餐厅服务员要站在自己岗位准备迎接，餐厅经理要在餐厅门口引导客人入座；

（5）出菜时要注意上菜的先后顺序，并要随时更换餐碟、倒酒等服务；

（6）客人离开服务员要欢送客人，并通知相关部门。

5. 专卖店

（1）接到贵宾接待通知，确认是否需要准备下场打球装备：球、服装、球具等；

（2）需要与接待负责人确认要准备的物品品牌要求及商品价额（服装、手套需要询问尺码）。

6. 出发站

（1）接到贵宾接待通知，确认来场人数、日期、参观或是下场打球等信息；

（2）确认贵宾下场，出发站要提前安排 A 级球童给予服务（注意球童仪容仪表的要求）；

（3）球车要求：清洁干净、座位铺白色浴巾、矿泉水（夏天需要准备冰桶）等配备物品；

（4）参观的贵宾出发站要提前安排球车，开车球童、并确认球车停放地点（会所门前、出发站门口）；

（5）检查参观球车清洁及配备物品，参观时前边要安排巡场车在前带队；

（6）服务球童需在客人到场前 20 分钟，站在球车侧方面向客人准备迎接；

（7）出发站要提前联系巡场安排出发洞别（前九洞、后九洞）并由巡场车带领；

（8）客人回场，出发站要提前通知相关部门做迎接准备。

7. 更衣室

（1）接到贵宾接待通知，确认人数、日期等信息；

（2）更衣室人员需提前 1 天将更衣室卫生清洁干净，并提前空留更衣柜（在没有 VIP 独立更衣室时，更衣室人员要注意安排区域，并通知前台）；

（3）检查更衣室沐浴用品是否齐全保证贵宾使用（毛巾要干净整洁、无损坏处）；

（4）提前站在更衣室门口迎接客人，并引领客人至更衣区域更换下场服装；

（5）客人回场要提前将毛巾准备好，并送至客人面前，并将淋浴水提前帮助贵宾开启；

（6）客人离开要提前通知相关部门。

三 前台操作流程（前台及收银）

01 每日工作流程

1. 上岗之前应化妆完毕，着装整洁、头发梳理整齐，并佩戴胸牌；

2. 早班人员要负责清理柜台内及后方办公室的卫生清洁；

3. 开启会所空调，调试适当温度，并播放会所背景音乐；

4. 仔细阅读交接本，是否有交代事项；

5. 准备充足的消费单，会员、嘉宾签到表并摆放整齐；

6. 领取每日备用金 ×× 元，进行清点并填写领用表格；

7. 每日以愉快心情迎接客人，并且注意礼貌，使用统一的服务用语，为客人提供需要之服务及解答疑问；

8. 接待来宾应先招呼，确认身份，签到后，为其指明更衣室、出发站、餐厅的方向，并祝客人打球愉快；

9. 早班于下班前清点账目，制作相应报表、结算营业额记账后与晚班人员交接，将现金与报表存放在指定保险箱中；

10. 晚班于下班前清点来场人数、营业收入，并制作相应报表，结算营业额记账后保管固定的保险箱中，隔日交到财务；

11. 每日营业结束后，关闭各类灯、电脑、收银机、刷卡机电源、背景音乐等设备；

12. 下班时要登记签退表。

02 结账流程

1. 消费单制作

（1）按照预约名单确认来场客人身份并做到准确无误；

（2）根据确认客人身份，开具消费卡并填写打球费用；

（3）团队、球队消费卡要提前 1 天制作；

（4）发放更衣柜号码时要注意更衣室区域区分。

2. 消费结账

（1）根据消费卡上客人在各营业点消费记入，进行消费核算；

（2）告知客人消费金额，并询问客人结账方式（现金、刷卡、预付扣款、挂账）；

（3）询问客人是否需要开具发票（会务费、餐费）并请客人提供开具发票抬头内容（球会目前不提供击球费发票）；

（4）职业选手、职业教练及使用优惠券的客人在签到时需在开卡时出示相应证明（职业选手、职业教练证件需要复印）并核实有效日期；

（5）早班于下班前盘点营收账目及备用金，并与晚班人员交接（交接内容需填写交接本并双方签字确认）；

（6）晚班人员负责当日营收报表制作（统计来场人数、营业收入）；

（7）结算 POS 机当日刷卡费用单；

（8）将制作报表、营业收入放置保险箱，隔日提交公司财务部。

四 前台主管岗位职责

前台主管岗位职责

职称	前台主管	所属部门	会所部	直属上级	会所经理
岗位概要：					
主要职责： 督导本单位的清洁纪律与所有组员的工作效率、出勤及排班等作业。 随时观察每日打球状况，与相关部门保持联系。 协助处理其他部门客人投诉或解决客人问题。 督导所属服务人员的服装仪容、服务态度等问题。 了解会馆的所有营业项目、设备、价格及活动并转答所属人员。 协助督导所属处理有关客人账务，如：客人挂账、旅行社预付扣款等处理。 提供意见，协助建立本部门工作程序、工作制度规定、处理方法及员工遵守事项。 负责建立财产（营业额、备用金、击球率）等登记账本，督导专员（所属）确实将所需使用及保管物品登记管理，务必使账料相符。 负责督导检查大厅区域内的整洁，发现有破损之处向工程部填写保修单；有不洁之处，请清洁组派员处理。 协助部门经理定期与不定期对本部门员工进行培训。 与相关其他部门时常保持联系，取得击球最佳时间、优惠等最新信息。 其他上级交代的事宜。					

五 团队、球队赛事接待流程

01 团队、球队预约流程

1. 小球队 3 组（12 人）以上，相应球队后面空一组为原则；

2. 大型球队：预约组接到预约后与市场部联系并告之当日预约之状况，由市场部赛事负责人跟进比赛名单提供预约组输入预约系统，如有变动赛事负责人要及时与预约组联系更改；

3. 80 人以上的球队可多洞同时开球（需运作经理确认），比赛时间段不准许插入其他散客，假日大型活动需特批，假日期间尽量不接大型球队比赛，只在平日承接赛事；

4. 预约日 3 天前向市场部确认以下所有的信息（与球会市场部赛事组联系）。

（1）确定团体名单及差点；

（2）确定团体人数，是自己分组还是球场分组；

（3）确定开球时间（需提前 7 天预约）；

（4）确定开球方式，是双边开还是 Shotgun；

（5）确定是否要用餐，确定用餐时间、用餐方式（自助餐、围餐）；

（6）确定是否要租用球具（分男、女）；

（7）确认记分事项（固定差点，新新贝利亚方式等）；

（8）确定团体赛事结账方式；

（9）是否有其他的准备事项；

（10）颁奖晚会、音响、颁奖台、幕布，球场内是否要做欢迎牌等事项。

02 报道前的工作准备

1. 与预约组确认打球分组名单，提前制作消费卡（注意更衣柜区域分配）；

2. 提前准备球队签到桌、投放名片托盘、签到处指示牌、签到本等；

3. 收银要提前确认球队的结账方式，并向财务换取充足零钱；

4. 确认主办方是否有发放参加奖品，提前准备签到桌后方空余位置摆放；

5. 如球队送餐，要请餐厅提供用餐券，并与消费单钉在一起，以便与其他散客用餐做区分；

6. 准备公告栏粘贴球队分组名单及赛事规则等公告内容；

7. 开具消费本时注意球队名单中是否有会员，及球队总干事、会长给予优惠价格。

03 现场操作流程

1. 根据球队每组名单，发放来场报道球员消费卡，并请其留下名片及签到；

2. 提示球员分组名单，并发放参加奖品；

3. 如球员签到时，要求调整分组名单，必须经过球队总干事允许后才可调整，并及时通知出发站；

4. 现场接待员要随时掌握球员的行踪，并指引球员至更衣室、餐厅、出发站等方向；

5. 在开球前 10 分钟，接待员要提醒球员前往出发站准备开球；

6. 负责接待人员要控制现场，避免出现混乱的状况；

7. 客人结束依照消费本消费记入收取费用，并询问客人刷卡或现金，是否开具发票（要注意球队的结算方式）。

六 某球场营运部组织结构与职责

某球场营运部组织结构与职责

<table>
<tr><th colspan="4">组织结构与职责</th></tr>
<tr><td>部门名称</td><td>高球部</td><td>部门编号</td><td>02</td></tr>
<tr><td>部门负责人</td><td>营运总监</td><td>直属领导</td><td>副总经理</td></tr>
<tr><td colspan="3">部门组织结构图</td><td>部门编制层级</td></tr>
<tr><td colspan="3" rowspan="4">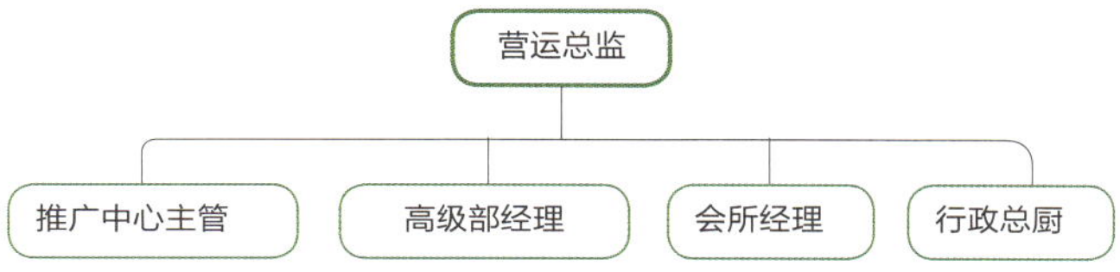
</td><td>总监级 1 人</td></tr>
<tr><td>经理级 3 人</td></tr>
<tr><td>主管级 6 人</td></tr>
<tr><td>领班级 10 人</td></tr>
</table>

续表

部门主要工作职责与任务				
职责一	职责表述	组织管理	工作权重（%）	30
	工作任务	拟定部门年度工作计划和费用预算，经审定后执行		
		所辖各分部门的管理、组织和协调		
		拟定各岗位的岗位说明书和岗位操作规程，并督促执行		
		参与俱乐部发展规划的拟定、年度工作计划的编制等		
		参与俱乐部市场推广计划的制订和推行		
		组建部门安全小组，参与俱乐部安全管理委员会各项安全活动，保障俱乐部安全生产		
		完成副总经理交代的其他工作任务		
职责二	职责表述	营运管理	工作权重（%）	60
	工作任务	制订高效的运作流程，并合理分工，保证顺畅运作		
		依照岗位说明书，明确各岗位的职责和分工，并落实到主管和岗位员工		
		对球场、练习场、餐厅、酒店、专卖店等营业网点下达经营指标和工作任务，并监督执行，落实完成情况		
		定期召开部门周例会和月例会，传达俱乐部政策和会议精神，检讨日常工作，布置工作任务，检查工作进度情况		
		各级管理人员对各岗位实行走动式管理，不定时检查运作流程和服务状况，发现问题及时纠正和处理		
		督促各级管理人员处理各类投诉和突发事件，亲临现场指挥处理，并及时上报上级领导		
		制订员工晋升机制和新员工上岗机制，定期组织新老员工培训和考核，完成培训计划要求的课时		
		统筹协调会议、高尔夫赛事等各类型团体活动，保证顺畅无误		
职责三	职责表述	场地及物资管理	工作权重（%）	10
	工作任务	不定时检查球场草坪和设施，配合草坪部做好球场维护工作		
		每月向俱乐部递交物资消耗计划和物品申购计划，并跟进落实，确保营运需要		
		制订部门仓库管理制度，严格物资进出管理，严格控制物料成本		
		制订固定资产管理制度，动产和不动产全部责任到人，不定时检查资产状况		

续表

权利					
本部门各项管理制度的拟定及解释权					
本部门人员工作安排、监督和检查权					
对所属下级的工作争议有裁决权					
对下属人员有考核权，对下属人员有奖惩、升迁和任免权					
本部门预算内的费用使用权					
相关说明					
编制人数		审核人员		批准人员	
编制日期		审核日期		批准日期	

七 某球场绩效考核制度

01 总则

为规范俱乐部经营管理，根据俱乐部的经营绩效，对俱乐部全体员工进行考核，特制订本制度。

02 考核目的

1. 对各岗位员工以关键指标为指导，在本俱乐部造就一支业务精干、高素质、具有高度凝聚力和团队精神的员工队伍，形成以综合绩效考核为导向的人才管理机制和薪酬体制；

2. 及时、公正地对员工过去的工作绩效成果和表现进行评估，肯定成绩，发现问题，为下一阶段工作的改进做好准备，提升整体服务水平和员工素质；

3. 为俱乐部中层、基层管理人员、岗位员工职业发展规划的制订和员工薪资待遇的提升，以及职业培训提供全面的信息与决策依据；

4. 将考核贯穿经营管理全过程，在本俱乐部搭建一个员工与公司管理者双向沟通的平台，以增进管理效率，实现企业与员工共谋发展的共赢目标。

03 考核原则

1. 根据各岗位职责要求和工作性质差异，以定量定性相结合的关键指标为主导，以员工实现业绩目标与相应岗位职责要求设置合理的权重分值，以员工实际工作中客观存在的问题和工作表现为基本依据，实事求是地反映出工作状况，指出值得肯定、鼓励之处以及需要改进、提升之处；

2. 以本制度规定的内容、程序和方法为操作准则；

3. 以全面、客观、公正、公开、规范为绩效考核理念，给予员工申诉和表达意愿的通道。

04 适用对象

绩效考核的对象为俱乐部正式员工，下列人员不在绩效考核范围内：

1. 尚在试用期，未转正的员工；

2. 绩效考核前申请停薪留职及连续病休假超过两个月，考核时不在岗的员工；

3. 兼职、临时工、实习人员；

4. 在本俱乐部挂职但未办理入职手续，不属于本俱乐部正式员工的相关人员。

05 考核时间表

考核时间表

考核类别	考核时间	复核时间	考核审定时间
月度考核	次月 1 ~ 7 日	次月 8 ~ 10 日	次月 12 日
季度考核	4/7/10 月的 1 ~ 7 日	4/7/10 月的 8 ~ 10 日	4/7/10 月的 12 日
年度考核（结合 4 季度一体考核）	12 月 1 ~ 10 日	12 月 11 ~ 15 日	12 月 20 日前

说明：
1. 新员工转正考核按集团行政人事制度执行，管理人员晋升考核按公司晋升制度执行；
2. 考核时间前，由各部门经理、岗位主管与领班组成该部门绩效考核小组，就各员工的绩效表现，工作改善计划，当期绩效目标共同讨论，制定考核评分标准；
3. 复核时间主要由部门总监、俱乐部总经理及集团人事部对有争议的考核评分进行复核，对员工申诉的事项进行调查了解和回复；
4. 考核审定时间是指俱乐部总经理审批，并报集团行政人事部对考核结果汇总及备案归档的时间；
5. 年度考核是俱乐部对全体正式员工本年度的工作状况进行总体考核，季度考核是对前三个月集中性考核评分中各类人员，包括“优秀”、“良好”的表彰以及对“有待提高”及“急需提高”二类人员的训勉，并在完成当季度经济指标后，根据考核结果颁发绩效奖金。季度考核可与上月月度考核相结合，一起进行，但因考核目标不一样，应分别填写考核表格。

06 绩效考核的机制

1. 绩效考核的主管机构是集团行政人事部，执行机构是由俱乐部总经理、副总经理及各部门总监组成的绩效考核领导小组；

2. 绩效考核实行员工自评、同部门（同组）员工互评（部门主管及以上级别人员增加跨部门负责人互评环节）、直管领导考评所属部门各级员工，部门总监复评审核、总经理对主管、经理或负责人考评复议、总经理接受考评申诉等环节。集团行政人事部对员工绩效考核有抽查、存档权，集团行政人事部对俱乐部员工的绩效考核作最终仲裁。

具体权责及考核办法见下表（以运作部为例，草坪部、园林、市场部和后台行政人员参考本表）：

具体权责及考核办法

考核对象	初评（自评）	同部门互评	跨部门互评	考评责任人	复核责任人
运作总监	自评	主管及以上	有	总经理	集团行政人事领导
运作经理	自评	主管及以上互评	有	营运总监	总经理
球童主管	自评	运作部互评	有关	运作经理	营运总监
运作主管	自评	运作部互评	有	运作经理	营运总监
出发领班	自评	运作部互评	——	运作经理	运作经理
球童组长	自评	运作部互评	——	球童主管	运作经理
球童	自评	同组互评	——	球童主管	运作经理
出发员	自评	运作部互评	——	出发领班	运作经理
练习场主管	自评	运作部互评	有	运作经理	营运总监
练习场发球员	自评	运作部互评	——	练习场主管	运作经理
更衣室服务员	自评	运作部互评	——	练习场主管	运作经理
餐厅经理	自评	运作部互评	有	营运总监	总经理
餐厅主管	自评	餐厅互评	有	餐厅经理	营运总监
餐厅服务员	自评	餐厅互评	——	餐厅主管	餐厅经理
厨师	自评	餐厅互评	有	餐厅经理	营运总监
前台经理	自评	运作部互评	有	营运总监	总经理
前台主管	自评	前台互评	有	前台经理	营运总监
前台接待	自评	前台互评	——	前台主管	前台经理
前台收银	自评	前台互评	——	前台主管及集团财务经理	前台经理 集团财务总监
专卖店店长	自评	前台互评	有	前台经理	营运总监
专卖店员	自评	前台互评	——	专卖店长	前台经理

说明：
对于俱乐部副总经理级以下人员，均是员工先自评，再由同部门员工互评（主管及经上人员需要跨部门互评），直接主管负责考评，员工间接主管（高于员工两级）审核考评，报总经理审核。

07 考核标准

绩效考核应依照不同的岗位特点，以其岗位职责相应的关键指标为主体，忌以呆板的标准来评价不同岗位、不同级别的员工。设计考核标准的核心理念是员工分层、分级考核，客观评价过去，着眼于员工进步。依据员工级别和岗位不同，由部门提交考核标准样表，经总经理审核报集团行政人事部备案批准后执行。公司将员工划分为管理类与技术服务两大类型，管理类突出量化业绩指标，技术服务类突出工作能力、工作态度等定性指标。

公司的考核标准主要是从专业技能、工作态度、任职能力三方面进行。

员工考核总得分＝专业分＋能力分＋态度分

以下表为参考，各部门结合本部门岗位工作的职责特点，自行制定和提交绩效考核表，报俱乐部办公会讨论审批。

市场部客户经理 KPI 关键指标绩效考核表

市场部客户经理 KPI 关键指标绩效考核表

部门：　　职务：　　姓名：

考核项目	考核内容	标准分值	自评得分	团队互评（匿名）平均得分	主管考评得分
工作绩效考核	2015 年 1 季度工作计划完成情况				
销售主体工作	销售指标完成（1 季度会籍销售 __ 万）	60 分			
	非大球场会籍营销收入完成（1 季度指标 __ 万元）	10 分			
	客流人次指标完成（1 季度客流指标 __ 人）或本季度工作计划完成情况	5 分			
	职业操守及工作主动、积极性	5 分			
工作态度	考勤	2 分			
	周报、月报	2 分			
	与其他部门之间协调配合	3 分			
	仪容礼仪	2 分			

续表

<table>
<tr><th colspan="6">市场部客户经理 KPI 关键指标绩效考核表</th></tr>
<tr><td rowspan="5">其他</td><td>会员信息及意向客户资料收集、提交</td><td>2 分</td><td></td><td></td><td></td></tr>
<tr><td>营销活动配合</td><td>2 分</td><td></td><td></td><td></td></tr>
<tr><td>创新性建议</td><td>2 分</td><td></td><td></td><td></td></tr>
<tr><td>市场部团结合作</td><td>3 分</td><td></td><td></td><td></td></tr>
<tr><td>学习培训与调研考察</td><td>2 分</td><td></td><td></td><td></td></tr>
<tr><td>分数</td><td>自评合计</td><td>互评合计</td><td colspan="3">主管领导考核合计</td></tr>
<tr><td>主管领导意见</td><td colspan="5">签字：　　　　　　日期：</td></tr>
<tr><td>被考核人
确认考核得分</td><td colspan="5">（为保证考核公平，如对考核结果不满意，可向总经理申诉。）
签字：　　　　　　日期：</td></tr>
<tr><td>总经理</td><td colspan="5">审核意见：
签字：　　　　　　日期：</td></tr>
</table>

08 考核表存档

1. 各部门提交的绩效考核样表经俱乐部办公会讨论通过后，报集团行政人事部备案，一经确定，不能擅自调整考评结构；

2. 季度和年终考核表原件由集团行政人事部存于员工个人档案中，俱乐部总经办保留考核复印件存档，除俱乐部总监及以上人员可查阅外，其他人员一概不得查阅。

09 考核评价

绩效考核结果级别评定：

俱乐部全体员工的绩效考核成绩按员工考核得分，分为“优秀”、“良好”、“中等”、“有待提高”、“急需提高”五等级，并作如下界定：

绩效考核结果的级别评定

等级	优秀	良好	中等	有待提高	急需提高
考核总分	90 分以上	80 ~ 89 分	65 ~ 79 分	50 ~ 64 分	50 分以下
占比（%）	10	20	40	20	10
绩效结果	岗位津贴标准上浮 30%	岗位津贴标准上浮 20%	岗位津贴标准不变	岗位津贴标准下浮 20%	岗位津贴标准下浮 30%

说明：
占比是指在一个工作职责相对独立的部门，例如，营运部可分为前台、餐厅、高球竞技四个部门；比如，餐厅假设共有 12 名员工，则被评为“优秀”的应为一个指标，“良好”有 2 ~ 3 个，“中等”有 4 ~ 5 个，“有待提高”有 2 ~ 3 个，“急需提高”有 1 ~ 2 个。具体考评应结合实际情况，以个人能力、工作态度和完成业绩指标决定。同时，应注重部门团结，避免争功抢功，要服从大的团体目标。

10 考核程序

考核操作程序：

1. 员工自评：按照“部门 KPI 关键指标绩效考核表”，组织员工在要求的时间和场所内，进行自我评估；

2. 组织同部门员工，对员工的自我评分表进行交叉互评，也可以匿名方式进行；

3. 直接主管考评：直接主管对下级员工的工作表现进行考评，并要求逐一面谈，当面通报考评得分；

4. 主管及以上管理人员应注重跨部门的沟通与合作，在俱乐部管理例会时，由总经理或副总经理主持，进行跨部门互评（可匿名方式）；

5. 间接主管复核：间接主管对考核结果评估，并最后认定；

6. 当部门互评或跨部门互评得分，以及直接主管考评的分数与员工的自评分数差距巨大，甚至跨越档级时，部门总监应进行干预，找相当人员谈话，了解事实真相和缘由，及时与考核对象沟通，指出问题所在；

7. 当员工考核复核分数归入“优秀”及“急需提高”两档时，应在部门会议上公布，予以鼓励和训责。对连续两个月被评为“有待提高”者，部门总监应当面训诫谈话，对连续两个月被评为“急需提高”者，应劝退离职。

11 考核申诉

1. 考核申诉是为了使考核制度完善和考核过程保证公开、公正、合理而设定的特殊程序；

2. 对考核结果不满意的员工，可越级向部总监提出申诉，由部门经理或总监对所在部门组织调查，了解真相。对部门总监的调查处理结果仍不满意的，可再向总经理或集团行政人事部提出二次申诉，相应领导收到申诉后，应在三个工作日内给予回复，俱乐部总经理及集团行政人事部的复审结果为最终考核结果；

3. 提请绩效考核申诉时，请说明具体的事实，主观猜测和传播不利于团队建设的谣言者，严厉处罚。

⑫ 考核结果的奖惩

1. 绩效考核评分与员工岗位绩效相挂钩，根据每个月、每季度和年度绩效考核结果，对员工的岗位津贴进行上下浮动，并对季度、年终的绩效奖的分配产生直接影响；

2. 市场部结合上述规定另行制定本部门绩效考核制度。

⑬ 其他附则

赛事活动客户确认单

<table>
<tr><td>团队名称</td><td></td><td>活动名称</td><td colspan="2"></td></tr>
<tr><td>活动日期</td><td></td><td>活动人数</td><td colspan="2"></td></tr>
<tr><td>报到时间</td><td>am</td><td>开球时间</td><td colspan="2">am</td></tr>
<tr><td>项目</td><td>球场击球</td><td colspan="2">餐饮</td><td>广告制作</td></tr>
<tr><td>形式</td><td>18 洞</td><td colspan="2">自助餐　　桌餐</td><td rowspan="5">1）签到背板 ___ 块
2）开球背板 ___ 块
3）晚宴背板 ___ 块
4）球道广告牌 ___ 块
5）指示牌 ___ 块
6）横幅 ___ 条
7）最近洞最远距牌 2 块
8）比赛规则 ___ 分组名单
9）参赛手册 ___ 本
10）音响设施 ___ 套

（以上费用是本公司代为联系安排的项目）</td></tr>
<tr><td>场所</td><td></td><td colspan="2">会所二楼餐厅　三楼宴会厅　其他：</td></tr>
<tr><td>价格</td><td>■ 击球费：　元 / 人 / 场
含果岭费、球童费、球车费、设施费
■ 烟雾球粒：　元（80 元 /1 粒）
■ 标　房 ___ 元 / 间 / 晚（1 间）
大床房 ___ 元 / 间 / 晚（5 间）
套　房 ___ 元 / 间 / 晚</td><td colspan="2">■ 中餐自助餐 ___ 元 / 人，菜单后附，不含酒水
■ 晚宴：___ 元 / 桌，菜单后附，不含酒水，　桌备 1 桌</td></tr>
<tr><td rowspan="2">预约合计</td><td>最低确保人数：　人</td><td colspan="2">最低确保人数：___ 人</td></tr>
<tr><td>预计：___ 元</td><td colspan="2">预计：___ 元</td></tr>
<tr><td>付费方式</td><td colspan="4">■主办方统一支付击球费、中餐、烟雾球及客房费用，由 ___ 支付（ ___ 元），晚宴及套房费用由 ___ 支付（ ___ 元），如活动人数未达最低确保人数以最低确保人数计，预计费用 ___ 元。如活动人数超过最低确保人数，则以实际人数收取费用。
■来宾发生以上主办方支付费用以外的消费，则由来宾自行支付。</td></tr>
<tr><td>需求备注</td><td colspan="4">1）请于 ___ 时提供参赛人员名单给俱乐部，以便双方商议分组，分组一旦公布谢绝私自调组。
2）___ 时到达俱乐部，俱乐部提供 ___ 人协助分装礼品。
3）___ 时主办方 ___ 人在俱乐部协助签到。
4）参赛领导由 _____ 负责联系、接待，领导休息室在包厢。
5）各相关单位工作人员于 ___ 时邀请参赛嘉宾前往 ___ 号洞参与开球仪式。
6）嘉宾致辞：
7）开球嘉宾：
8）当天活动照片由 _____ 负责拍摄提供，由 _____ 负责冲洗，冲洗张数 ___。
9）领导休息室：由协助引导至小包厢。
10）合影照片发放：_____ 负责。
11）司机及随行人员安排：
12）俱乐部提供 ___ 人协助摆放奖品，___ 人作为礼仪员协助颁奖、抽奖。
13）颁奖晚宴主持人：
14）晚宴表演：
15）颁奖：先颁最近洞、最远距等个人奖项；次颁净杆前三名；最后颁总杆前三名。
16）颁奖嘉宾及奖项：
17）本俱乐部领导参与环节：</td></tr>
</table>

续表

俱乐部备注	1. 来宾迟到须服从本俱乐部出发站新的下场时间和球洞安排；一旦下场，一律按 18 洞标准收费；续打另计。 2. 禁止携带外食或饮料进入俱乐部。		
开球	开球 Tee	奖项设置	
开球方式：Shot-gun 记分方式：新新贝利亚	■ Blue（男）	1）总杆前 3 名	3）远距、近洞奖各 1 名
	■ Red（女）	2）净杆前 3 名	4）其他 ___ 奖 1 名
客户签核			

联系人 ______________ 联系方式 ______________ 传真 ______________

说明：

主办方应提前三天，即 ________ 日前将上述击球、餐费、房费预计共 ______ 元的 50% 作为定金，即 ________ 元支付给本俱乐部，款项如未到账，本活动预订无效，本俱乐部不保证预留场地及作好相应筹备。本活动如因故改期，举办方应提前两天通知俱乐部，协商相关事宜。如取消预定，本俱乐部扣除相关成本费用后将余款退还给主办方。

跋与致谢

写书如同经营企业，需要多方合作。

本书从提出动议到完成书稿竟历时一年多，感谢众多业内有识之士提供无偿帮助，让本书终于得以完成。

除本书三名编撰者，其他编委会成员均为本书提供了热情帮助，协助高尔夫建造、运营等某些专业环节的供稿，提供本书所需的图文资料，以及许多市场信息数据。尤其是“天火同人工作室”的刘丽娟总经理及众位编辑们，将原本干巴巴的书稿编排得如此生动和精致，特此衷心致谢！

本书内容皆来自编撰者多年高尔夫项目经营管理的经验心得及业内交流学习所得，我们编著过程中查阅了大量专业书籍、行业文献，遴选了部分网络资料。本书参考了业内众多前辈的文章，有些内容在相关章节作了引用，并在书中做了标注。

本书还引用了多位专家的文章内容或观点，这些专家包括：上海交通大学海外学院高尔夫分院执行院长吴名先生、资深高尔夫职业经理人谭晓晖先生、吴若成先生、李昆先生、崔志强先生（前“中高协”秘书长，现北京泛华新兴体育发展公司董事长）、李红女士（CLPGA赛事总监）、韩烈保教授（北京林业大学草坪研究所所长暨草业学科负责人）、胡林博士（中国农业大学资源与环境学院负责人，博士后导师）、沈金慧女士（深圳《高尔夫周刊》杂志负责人）、建筑设计师林振中先生等等，在此特别感谢！

我们三位编撰者志大才疏，写书初衷是想对若干年从业经验作出整理，对中国高尔夫产业发展的种种乱象进行一些研究和反思。按符合高尔夫地产行业的运作流程和管理特点，系统地梳理出具有规律性、可供借鉴的知识和文本工具，期望为高尔夫这一朝阳产业的健康发展促力，让投资者、经营者理解高尔夫项目怎样做会更好一些。让大家了解高尔夫项目开发经营过程中应当注意哪些问题，尤其是探讨中国地产投资者在进入高尔夫行业时要如何避免投资和决策失误，怎样获得应有的投资回报等问题。

我们深知个人水平有限，理论高度不够，书中内容都是个人管窥和私下揣摩所得，尚不足以指导业内专业程度更高和思想更深邃、宏大的人士，这本书仅只是经验交流。

在整理编写本书的过程中，我们深感现阶段国内高尔夫产业著作的匮乏，很多开设高尔夫专业教育的高校所选用的教材理论有余，实战不足。同时，很多愿意贡献一己经验的专业人士的著作又往往局限于一面，例如高尔夫球技教学、高尔夫球场设计、球场建造、草坪养护与管理、赛事操作等。目前，对高尔夫地产行业的总体认知和全流程管理的介绍、归纳的图书少之又少。

鉴于这个市场空白，本书旨在帮助高尔夫项目的投资者、经营者对高尔夫球场及综合地产开发的投资、建设与经营、营销建立总体性的战略认知，知晓成功投资、经营一家高尔夫俱乐部应如何达成目标，为整体项目获得良好的市场回报，以及达成目标过程中应把握的原则和注意事项。

如果您看完本书，认为本书已基本实现这一初衷，对您有所启发，我们已深感欣慰。

时间仓促，高尔夫地产项目流程复杂，各个专业领域的创新也在不断进步，这让本书难免有不足和失误之处，欢迎读者批评指正。

感谢各位读者，如果您在阅读过程中有何疑问或对本书有何建议和意见，请以微博私信、微信等方式联系我们，共同交流探讨。

周德喜

杨石文

田野

2014 年 1 月